范东升等著

拯救报纸

南方日报出版社
NANFANG DAILY PRESS

图书在版编目（CIP）数据

拯救报纸 / 范东升等著. -- 广州 ：南方日报出版社，2011.3
ISBN 978-7-5491-0190-0

Ⅰ. ①拯… Ⅱ. ①范… Ⅲ. ①报纸－新闻工作－研究Ⅳ. ①G215

中国版本图书馆 CIP 数据核字(2011)第 029895 号

拯救报纸 范东升等著

出版发行：南方日报出版社
地　　址：广州市广州大道中 289 号
电　　话：（020）83000502
经　　销：全国新华书店
印　　刷：佛山市浩文彩色印刷有限公司
开　　本：889mm×1194mm　1/16
印　　张：23.75
字　　数：400 千字
版　　次：2011 年 3 月第 1 版
印　　次：2011 年 3 月第 1 次印刷
定　　价：38.00 元

投稿热线：（020）83000503　**读者热线**：（020）83000502

网址：http://nf.nfdaily.cn/press/

自　　序

很多做过报纸的人，都对自身从事的职业有一种优越感和特殊情结，认为这个职业是社会舆论的引导者，是高尚神圣的，具有永恒的价值。但曾几何时，在互联网和新媒体的冲击下，传统报业在世界上的地位忽然间变得岌岌可危了。自2008年以来，作为现代报业发源地的美国和欧洲，发生了一场近乎大崩溃式的报业变局。笔者撰写本书，即缘于对彼岸同行命运的关注以及对新闻业前途的一份深切的忧虑。

无论悲观派还是乐观派，各位专家学者对世界报业的前途各持高论，见仁见智，而对此次美欧报业危机的实际状况，却大多语焉不详。笔者相信，只有在细致观察和言而有据的基础之上，才有望作出较为正确的判断与分析。本书尽力避免主观臆断，力图客观而翔实地介绍美欧报业的危机状况，探究其成因，并为感兴趣的读者作若干理论性解读，并希望这种评介和解读做到直白明晰，即使是不甚了解海外报业的读者也能引发兴趣。书中还包含若干实证性研究内容，亦请读者不妨耐心留意，因为其中导出的结论往往更具科学性的价值。

本书大致包括以下内容：

第一章记述了美国报业危机爆发的具体过程及其后果，并对全球范围报业的危机与衰落状况作了概括性评介。

第二章从产业史的角度，记述在互联网兴起后，美国报业是怎样丧失最佳发展时机的，探讨美国报业究竟在哪里走错了棋。

第三章追溯传统报业经营模式的形成、发展和演变过程及原因，讨论两类媒体经营模式的差别，提出新看法。

第四章描述了美国传媒界在 Web 2.0 和“公民新闻”两股潮流冲击下

怎样发生“回归草根”与“超越平面”的历史性嬗变，并评介美国有关新媒体生态学理论的经典性著作与观点。笔者认为，只有从新媒体生态环境变迁的宏观角度去观察，才能深入理解本次报业危机的实质及其必然趋势。

第五章着眼于介绍美欧报界在危机现实中探寻新经营模式的尝试，包括建立“付费墙”、开发 App Store 程序库在内的种种举措。虽然至今尚无多少可供复制的范例，但无论其成败，仍对国内业界与读者有难得的借鉴价值。

第六章旨在回顾总结美欧报业危机和数字报业转型经验，并尝试研制数字报业测评指标体系，为业界制定“数字优先”发展战略提供参考。

从 18 世纪算起，美欧近现代报业的发展史已横跨四个世纪，不少老牌报纸都有上百年历史，有的甚至是在 200 多年前创办的。而中国报业则年轻得多，最“老”的报纸实际上也只有 60 年报史，历史短的只是与改革开放同龄，其商业化资本化程度、读者忠诚度以及市场根基远远不如美欧报业。从这些方面上看，中国报业很可能将更难抵御即将席卷而来的数字化大潮，中国新一代的读者也更容易“背弃”纸媒，转而接受和使用新兴的网络媒体。但无论报界人士的心情与意愿如何，传媒技术的革新只会不断加速，而不会停止变革的步伐。笔者希望本书读者从这样的角度来理解为什么要“拯救报纸”。

目录
CONTENTS

第一章　报业“末日”

第 1 节　“寒冬”真的来了 / 2
第 2 节　生存还是毁灭 / 21

附录一　【案例 1】甘尼特集团：从报界老大到数字先锋 / 49
【案例 2】《纽约时报》：“把航运公司改造成航空公司” / 55
【案例 3】论坛公司破产保护案始末 / 68
【案例 4】华盛顿邮报公司：在生存奇迹的背后 / 74
附录二　美国报纸“死亡”名单 / 80

第二章　十年蹉跎

第 1 节　迟来的醒悟 / 100
第 2 节　“破裂性技术”的陷阱 / 113

第三章　“恐龙”时代

第 1 节　纸上的创意 / 124
第 2 节　报业百年轮回 / 136

第 3 节　经典模式失灵了／147
第 4 节　“报”“网”之辩／158

第四章　嬗变奇观

第 1 节　回归草根与超越平面（上）／174
第 2 节　回归草根与超越平面（下）／194
第 3 节　新媒体生态学／207
第 4 节　传播模式的三重转变／220
专题报告一　CNN 公民新闻栏目 iReport 的创建及启示／231
专题报告二　CNN“明星公民记者”研究／248
专题报告三　维基新闻规则初探／257

第五章　上下求索

第 1 节　寻找新的价值源／278
第 2 节　谁是报业救主／298

第六章　设置路标

第 1 节　确立数字优先战略／322
第 2 节　数字报业评估指标／328
附录　中外报纸网站个案测评比较研究报告／338

后记／366

第一章

报业“末日”

□第1节　“寒冬”真的来了
□第2节　生存还是毁灭

第1节

“寒冬”真的来了

2005年,《京华时报》社长吴海民提出,报业正在进入一场漫长而没有尽头的“寒冬”。吴海民的惊人之语当时在北京乃至全国报界引起了一场激烈争论。① 这场争论随着国内报业的持续繁荣而消解,但也在报界一时遭遇困难之际而旧话重提。

这一次“报业寒冬”真的来了,不过这场寒流正面吹袭的是大洋彼岸。2008年至2009年,美国以及欧洲的报界经历了一场突然袭来的经济飓风的侵袭。进入2010年,这次全球经济危机渐进尾声,但是美欧报界人士仍在前景不明的困境中勉力求存。这一场“报业寒冬”还将持续多久?谁能成为寒流肆虐之后的幸存者?这场凛冽的经济严寒一旦过去,报业将会面临怎样不同的春天?

美国和欧洲是世界现代报业的发源地,至今仍然拥有全球最庞大的报业帝国,这里曾经是世界报业经营的最高水准的象征,今天依然在引领着世界传媒业技术变革的潮流。这场美欧报业的严重危机对中国的报业会有怎样的影响?

中国传媒界早已卷入全球化的进程。今天在美欧报业天空卷起的风暴,哪一天会在亚洲登陆,侵袭中国?中国新闻界不能不对美欧大陆同行的命运感到十分关切。审时度势,未雨绸缪,永远是最明智的选择。

2000年,在世界进入新世纪的时刻,美国《时代》周刊的资深编辑丹尼尔·奥克伦特(Daniel Okrent)曾在哥伦比亚新闻学院作了一篇演讲,题目是《纸媒的死亡?》(Death Of Print?)。虽然题目使用了疑问的口气,但

---

① 吴海民:《报业危局——中国媒体面临大变局——报业的未来走势和〈京华时报〉的战略选择》http://www.cqvip.com/qk/85519A/200512S/20627045.html

演讲却用清晰的分析和逻辑预言：包括报纸在内的纸质媒体在技术与商业的双重革命的冲击下，正在走向死亡。他自称是一位血液里都浸透着油墨的老新闻人，多年搞报纸编杂志，还做了3年《时代》周刊的网站。他对印刷产品有深厚的感情，认为除了衣食住行，报纸杂志是生活中最重要的东西。但他在演说中用确定无疑的口吻说：“所有印刷品的形式，已经死亡。完结了。过去了。”这位1948年出生的老报人说，这可能不是在他这一代人工作的时期内发生，但是肯定会发生在下一代。在演讲结尾时他说：“你们把那个演讲题目上的问号去掉，就是这样，纸媒的死亡。”①

2004年，美国北卡罗来纳大学的荣誉教授梅耶（Philip Meyer）写了一本书，书名是《消失中的报纸》（*The Vanishing Newspaper*），这本书指出和论证了一个久为报界所讳言的事实：30年以来，在新技术变革的影响下，美国报纸的读者群一直在缓慢而不断地流失。为此他提出了一系列挽救报业命运的思路，例如，如何创造更有影响力的经营模式等。但后来被人们引用更多的是他这本书中一个“精确”的预言：2043年第一季度末，美国报纸将不再有读者。梅耶教授是一位严肃的学者，也是一位具有26年业界经验的资深报人，他的研究课题的着眼点是如何提高新闻业的品质，从而吸引投资者而获得经营的成功。他的预测并非信口雌黄，这个“读者末日”是根据上世纪70年代以来显示报纸信誉不断降低的一项调查数据推算出来的。②2006年8月号的《经济学人》（*Economist*）杂志以《谁杀死了报纸?》为题发表一篇专论，文章在论及梅耶教授的观点时，也把报纸称为“濒危物种”，说在互联网给“旧媒体”带来的冲击当中，报纸损失最大。③ 专栏评论家约瑟夫·艾普斯坦（Joseph Epstein）嘲讽地说：“对于现在这样的报纸，说不上它们有什么优点，也就是使用时不用电池吧，你可以用来赶苍蝇，还可以用来包鱼。”④

2006年6月，多年从事科技报道的资深报人和学者保罗·基林（Paul Gillin）在《即将来临的报业大崩溃将如何重新创造新闻事业》一文中预言

① Daniel Okrent：The Death of Print?
http://www.digitaljournalist.org/issue0002/okrent.htm

② Philip Meyer：The Vanishing Newspaper
http://books.google.com/books?id=8NRyFMbhxuEC&dq=the+vanishing+newspaper&printsec=frontcover&source=bn&hl=en&ei=l46bSsKCKKjU6gPfsdDnBA&sa=X&oi=book_result&ct=result&resnum=4

③ The Economist：Who killed the newspaper?
http://www.economist.com/displaystory.cfm?story_id=7830218

④ The Economist：Compose yourself
http://www.economist.com/surveys/displaystory.cfm?story_id=6794240

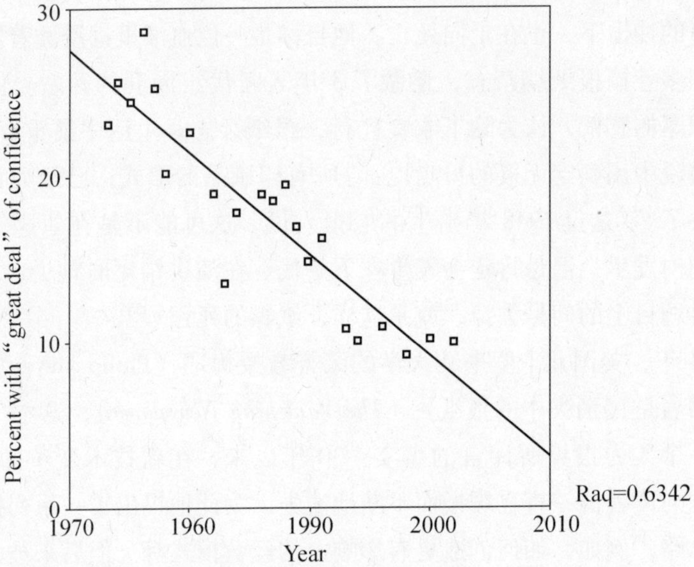

图1－1 逐年下降的报纸信誉①

说："我们所知道的美国报业的几乎完全崩溃是不可避免的。如果任何报纸能够阻止这件事发生的话，很多年以前就已经做了。所有的社会、人口学和经济的趋势都一起与这个产业作对。在未来的10年里，将会发生一连串令人痛苦的裁员、兼并和破产。这些现象将惨不忍睹，但是对于这个产业的创新再造，这个过程是必需的。"② 这项预言的残酷之处，是将报业全面崩溃的时间缩短到2016年以前。但是，2008年以后发生的事实，不仅印证了保罗·基林的预感和洞察力，而且表明他的判断甚至还是"乐观"了。

这些预言家言之凿凿，不能说没有在报界有识之士中引起震动和警惕，不过在当时看来，那毕竟还是在讨论比较遥远而未知之事。

2007年1月1日，现存世界上最古老的报纸——创办于1645年的瑞典《信件与新闻报》（*Post-och Inrikes Tidningar*）停止印刷版的发行，成为世界上第一家改为只在网上出版的数字报纸。这条消息对于报界来说又是一个不祥之兆，但在当时，人们只不过把它当作一条新闻花絮罢了。③

就像是地震预报，无论是长期、中期甚至是短期的预报，谁能说得准事

① 图为梅耶教授在《消失中的报纸》一书中引用的调查资料，显示报纸信誉逐年不断下降。

② Paul Gillin：How the Coming Newspaper Industry Collapse Will Reinvent Journalism
http://paulgillin.com/gillin/tag/newspapers/

③ Associated Press：World's oldest newspaper goes digital
http://www.theglobeandmail.com/news/technology/article739073.ece

情究竟何时会发生呢？即使是有些风吹草动，又何必为此杞人忧天，寝食难安呢？

美国报业历经300年骄人的成长，进入新世纪以后，看来仍在繁荣发展。曾在美国加州州立大学任教的皮卡德教授（Picard）在2004年出版的《美国报纸产业》（*The Media Industry of America*）一书中这样乐观地描述说：“现今的（美国）报纸产业仍是充满生机、富于活力、基础稳固的产业。虽然报纸产业的运作环境正在发生着变化，从而使报纸产业的运作和管理发生变化，然而，报纸产业却是所有事业企业中最为稳固的行业。报纸在深层新闻、特稿以及商业信息方面，将继续成为读者和广告客户最主要的媒介。在全国范围内，报业公司的发行状况良好，正服务于经济上独立发展的城镇和都市。”①

美国的报业大亨们也确实一直在雄心勃勃大张旗鼓地继续扩充实力，跑马占地。例如，1857年创办的美国第二大报业集团——麦克拉奇（McClatchy）出版集团不断地扩张其产业，并购地方报纸。2006年6月，麦克拉奇公司以高额借贷“蛇吞象”的办法，吞并了20世纪70年代曾居全美报业之首的奈特-里德（Knight-Ridder）报业集团。② 美国报界旗舰《纽约时报》（*The New York Times*）则在2003年大手笔花了6500万美元从《华盛顿邮报》（*The Washington Post*）公司手中买下《国际先驱论坛报》（*International Herald Tribune*）一半的股权，从而成为该报的独家股东，尽管这家报纸始终处于亏损状态。《纽约时报》在纽约曼哈顿新建的富丽堂皇的总部大厦在2007年竣工，单这一项就花掉了6亿美元。芝加哥论坛媒体公司直到2007年还在进行多达百亿美元的资本运作。在过去两个世纪一直居于世界报业统治地位的出版人和主编们在竞争对手面前，似乎向来具有强烈的自信，他们相信报业是最有利可图的行业之一，经济的波动只是鲸吞与继续扩张的新的机会。

然而，随着2008年世界金融危机的临近，在报纸产业的深层，一股酝酿已久和不可预知的破坏性力量已经暗流涌动，只是在等待一个可怕的爆发点。

风起于青蘋之末

在2007年的最后一天，美国俄亥俄州的两家地方性报纸宣布关闭。一

---

① （美）罗伯特·皮卡德，布罗迪著．周黎明译．美国报纸产业［M］．北京：中国人民大学出版社，2004：4.

② *USA Today*：McClatchy to buy Knight Ridder for $4.5 billion
http://www.usatoday.com/money/media/2006-03-13-knight-ridder_x.htm

家是叫做《辛辛那提邮报》(*The Cincinnati Post*)的午间出版的日报，另一家是它的姊妹报《肯塔基邮报》(*The Kentucky Post*)。两家报纸同属于著名的斯克里普斯（E. W. Scripps）报业集团。比起那些声名显赫的大报，这两家报纸不甚起眼，但是其报史也可以追溯到1881年，也算是有126年报史的“老字号”了。[①] 尽管在美国这样的新闻业高度市场化的国家，旧报纸关闭了，新报纸又开张，历史上并不算是稀罕事，但在进入2008年以后，人们吃惊地发现，更多的报纸一个接一个地开始出现麻烦，甚至静悄悄地集体消失了。

2008年2月7日，威斯康辛州麦迪逊市的日报《首府时报》(*The Capital Times*)宣布：将从4月26日开始，停止日报出版，改为每周两次刊行免费的小报，同时把网站当作发布新闻的主要渠道。据说这份有2万份销量的日报停刊的原因是因为发行量不断下降。

紧接着，又有一家属于斯克利普斯报业集团的新墨西哥州的报纸《阿尔布开克论坛报》(*The Albuquerque Tribune*)宣布在2月23日停刊，原因也是发行量的减少：1988年该报发行量曾达到42000份，2008年跌到了只有10000份。这家报纸也有86年的报史，特别是其间曾有该报引以为荣的一个亮点——该报一位热情如火的女记者艾琳·威尔森（Eileen Welsome）于1994年为该报赢得一块美国新闻界人人艳羡的金牌——普利策奖。这块金牌得来不易。1987年刚入报社不久的威尔森在查阅档案资料时有一个惊人的发现：美国政府曾经为了研制核武器，须了解放射性物质钚对人体的影响，竟在受害人不知情的情况下，非法和残忍地使用人体进行相关试验！作为一个初出茅庐的年轻记者，在事隔40年之后要查出事实真相，其难度可想而知。然而她锲而不舍，花了整整6年时间跟踪18位受害人留下的点滴线索进行深入调查，终于在1993年独家推出了有关“钚试验”的系列报道，揭露当年官方骇人听闻的非法行为，为那些早已被人遗忘的受害者伸张正义。当时没人想到这个地方性报纸的小记者竟能够写出如此轰动的大新闻。[②]

但昔日荣誉已成明日黄花。报社老板希望将这家曾经光耀一时的报纸出售，却始终无人问津。普利策奖得主威尔森后来离开了这家报社，当她听到这家报社关闭的消息时痛惜地说，今后谁还会去追寻那些重要的线索呢?

---

① Newspaper JOA in Cincinnati will not be renewed after 2007
http://pressreleases.scripps.com/release/662

② Joline Gutierrez Krueger: Eileen Welsome, Albuquerque Tribune made history with “The Plutonium Experiment”
http://www.abqtrib.com/news/2008/feb/22/eileen-welsome-albuquerque-tribune-made-history-pl/

“我们一定会期望有什么东西出现来替补失去的报纸。失去这样水准的报纸，不仅对社区，而且对国家以及对我们如何理解历史，都是很大的损失，这是我们所有人的损失。我真是这样想。”[①②]

每一个曾经将自己的宝贵年华倾注在充满油墨清香的报纸版面上，每一个曾在报社编辑室里度过无数难忘日夜的编辑记者，可能都会这样想。但是，对于报界人士来说，不幸的消息却仍在不断传来。记者威尔森不会想到，不久之后，包括她的丈夫所供职的丹佛市的《落基山新闻报》（*Rocky Mountain News*），也进入了“阵亡名单”。

2008 年，美国的金融危机突然爆发了。

当媒体上充斥着银行倒闭、裁员、失业，以及各行各业陷入经济衰退的坏消息的时候，报业本身的实际经营状况甚至比其他行业更加糟糕。

人们看到更多的报纸接二连三地大出状况。

2008 年 7 月底，1823 年创刊于新罕布什尔州苏纳庇（Sunapee）著名湖区的老牌周报《守护卫士》（*The Argus Champion*）也关门大吉了。这家老报虽说规模不大，但是已有 185 年的报史，是美国报界“元老级”的报纸，可以说比美国大众化报业史年龄还老些。一位当地的资深专栏作家说，“我没法相信这家报纸会停刊”，“我真是太震惊了！”她说，如果这家报纸已经过世的老主编爱德华·德库希（Ed DeCourcy）仍然活着，他一定会很难过，他一定不会相信这个消息，因为似乎这样的报纸是永生不死的。在这家报纸停刊之际，当地舆论评价说，这家报纸“为美国的社区报树立了楷模”，“它的报纸品牌就是勇敢无畏、公正无私、胸怀坦荡、足智多谋和催人上进，它给读者及其服务的社区作出的贡献令人骄傲”。[③] 但是这家报纸的出版人希尔（Hill）在给读者的告别信中，无可奈何地说明报纸停刊的主要原因：新闻纸的价格在过去的 13 个月中上涨了 49%，而且越来越多的读者和广告商的注意力转移到互联网上……[④]更加不幸的是，一年之后，这家报纸

---

① Albuquerque Tribune to cease publication
http://pressreleases. scripps. com/release/1003

② Newspaper JOA in Cincinnati will not be renewed after 2007
http://pressreleases. scripps. com/release/662

③ Argus Champion, 1823—2008: a good community newspaper helpsreaders do their job as citizens and voters
http://www. thefreelibrary. com/Argus+Champion, +1823—2008: +a+good+community+newspaper+helps+ readers . . . -a0183316582

④ Weekly “Argus” ending publication
http://www. concordmonitor. com/apps/pbcs. dll/article? AID=/20080716/FRONTPAGE/807160305&template=single

所属的《鹰时代》（*Eagle Times*）报业公司也宣布破产了。[①]

2008年年中，一个名为“论坛全媒体”（Tribune Total Media）的地方报团，决定一下子关掉七家其属下在市郊发行的周报。

2008年11月，“人民报”（People Newspapers）报团关闭了三家以“人民”冠名的社区系列报纸。

报刊记录报业公司（Journal Register Co.）至2009年1月陆续关闭了34家下属的报纸。

令人不解的是，历来报界所称道的品牌特色、专业水平、历史权威、社区需求，似乎都未能成为报纸的“免死牌”。

上述那些不幸的报纸多是名不见经传的小型社区报纸，但在2008年10月，人们不可思议地看到，全球知名的大报——《基督教科学箴言报》（*The Christian Science Monitors*）也公开宣布即将“停刊转网”。由于无法承受每年1890万美元的亏损，该报决定于2009年3月27日出版最后一期，停刊后主要转为通过网站发布新闻，同时出版一份新闻周刊。这条纸报转网的爆炸性消息引起了强烈的震动。2008年恰值这家报纸创办整整100周年，该报在美国新闻史上曾经获得殊荣：从1950年到2002年，该报由于杰出的国际和国内新闻报道共获得普利策奖达七次之多。该报主编多次担任美国报纸编辑人协会（ASNE）主席，其中凯伊·范宁（Kay Fanning）1987年曾成为ASNE历史上第一位女性主席。该报现任主编约翰·伊玛（John Yemma）看来并不绝望，他宣称，由纸转网，这并不仅仅是为了扭亏为盈，而且是经营模式向数字化转型的积极举措，是为了赢得更多的读者。该报将努力在未来的五年内将网站的每月页面浏览量从500万提高到2500万。自从互联网问世之后，该报的历史似乎也从侧面印证了这种说法：早在1996年该报就建立了网站，2001年建立了PDF版，它也是最早在网站上设立RSS服务功能的，可以说，《基督教科学箴言报》是在媒体数字化方面的先行者之一。[②③④⑤]

---

① Monitor staff and wire：Claremont paper closes today
http://www.concordmonitor.com/article/claremont-paper-cloeses-today

② Washington Post：Christian Science Monitor Goes Online-Only
http://www.washingtonpost.com/wp-dyn/content/article/2008/10/29/AR2008102901960.html

③ 《不列颠百科全书》第15版：《基督教科学箴言报》

④ David Cook：Monitor Shifts from Print to Web-based Strategy
http://www.csmonitor.com/USA/2008/1029/p25s01-usgn.html

⑤ Matt Kinsman：Media Mavericks
http://www.foliomag.com/2010/media-mavericks

《基督教科学箴言报》成为全球第一家主动“停刊转网”的大型专业化日报，该报自称是引领全球报业数字化转型的潮流，当然人们未必都认同这种看法。有专家认为，《基督教科学箴言报》的案例没有普遍性，只不过是一家报社长期经营不善的无奈之举。然而该报的确并非“前无古人，后无来者”，注定还有第二家、第三家报社要步其后尘。

呼啦啦似大厦倾

事实上，2008 年对所有美国报业集团来说，都是灾难性的一年。

美国的大型报业集团多是上市公司。近年来这些报团的股票在股市上已是一路下挫，几乎无一例外。进入 2008 年之后，报业集团的股票更是过山车般惨跌，其下跌幅度远远超过同样受到金融风暴打击的其他产业。

根据美国《编辑与出版人》的资料，在 2008 年一年中：

盖特豪斯公司（GateHouse）股票下跌 99.55%；

麦克拉奇公司股票下跌 93.6%；

李氏公司（Lee Enterprises）股票下跌 97.3%；

报刊记录公司股票下跌 99.58%；

通用传媒（Media General）公司股票下跌 92.47%；

甘尼特集团（Gannett Co.）股票也下跌了 80%；

纽约时报报业集团股票下跌了 56%。①

至 2008 年年底，麦克拉奇公司、李氏公司以及通用传媒的股票都跌到 1 美元甚至以下。至 2009 年 5 月，龙头老大《纽约时报》的股票也被标准普尔公司列为 B 级以下的垃圾股。②

而进入 2009 年，美国报业的形势更可谓雪上加霜，哀鸿遍野。

2009 年 2 月 27 日，位于丹佛市的《落基山新闻报》正式停刊。这是第一家堪称“重量级”的报纸突然决定停止印刷，在时间上比宣布即将停刊的《基督教科学箴言报》还提早了一个月。《落基山新闻报》属于斯克利普斯报业集团，创刊于 1859 年，至今有 150 年的报史，是科罗拉多州最古老和办报时间最长的报纸，是丹佛市两家彼此竞争的大报之一（另一家报纸

---

① Pat kitano：10 Leading Trends in Social Media for 2009
http://mediatransparent.com/2009/01/01/10-leading-trends-in-social-media-for-2009/

② Reuters：S&P cuts New York Times rating deeper into junk status
http://www.reuters.com/article/ousiv/idUSTRE54K5US20090521

是《丹佛邮报》)。丹佛市是美国中西部重镇，人口达300万，在美国人口最多的城市中排名第16位。2006年该报发行量在25万份以上，依据这个发行量，《落基山新闻报》可以排进全美报纸的前30位以内。该报拥有一批专业一流的采编人员，在历史上可谓业绩卓著：1999年以来该报的优秀突发新闻摄影作品以及有关伊拉克战争退伍军人安置的特稿和图片夺得四次普利策奖，其中两次是在2006年获得的。此外还获得莫顿马格林奖（Morton Margolin Prize)、“西部最佳奖”等十多个优秀奖项。

斯克利普斯报业集团于2008年年底便放出风声，说是准备出售该报，但是与投资人谈判未果。据说唯一有点儿兴趣的投资人被告知“如果想参与，至少要花一个亿”，于是便知难而退。该集团于2月26日宣布次日停刊。230名雇员被解雇。

当斯克利普斯集团的首席执行官里奇·贝尼（Rich Boehne）在编辑部宣布这个消息的时候，报社雇员陷入一片悲伤之中，有的人当场哭起来。这位CEO说，丹佛市无法支撑两份报纸，停刊的决定是由于恶劣的经济环境和报业出现的激变。他指出，这家报纸负债1.3亿美元，每年的收入下跌15%—20%。他说：“斯克利普斯集团已经干了130年，我们还想再干130年，如果你不能作出困难的决定，你就无法实现你的目的。”他还断言，现在这样的情况我们过去谁都没有经历过，“报业的麻烦现在非常非常严重”。[①②] 报社主编坦普尔（Temple）仍然像往常一样，要求大家认真编好最后一期的报纸。他说，这是我们的最后一搏，“有人说，这就好像一个人在自己的葬礼上奏乐，这是一个创作和演奏真正美妙音乐的机会，我要自豪地走出报社”。他表示仍然对新闻业的未来感到乐观，但是认为“未来的报纸将会极为不同”。[③]

《落基山新闻报》的停刊，在报社内外和社会各界产生强烈反应。成千上万的读者通过各种方式表达他们的惋惜之情。一位在报社工作了八年的记者南希·米切尔（Nancy Mitchell）十分伤感却并不服气，她说，我们不管什么“营销术”，我们只遵守三条最简单的信条：一是抓到新闻，二是说出

---

① Lynn DeBruin：Rocky Mountain News to close，publish final edition Friday
http://m. rockymountainnews. com/news/2009/Feb/26/rocky-mountain-news-closes-friday-final-edition/

② CNN：Denver paper latest victim of declining readership，ad revenue
http://edition. cnn. com/2009/US/02/27/rocky. mountain/index. html

③ Washington Post：Rocky Mountain News to Shut Down Today
http://www. washingtonpost. com/wp-dyn/content/story/2009/02/27/ST2009022701217. html

事实，三是绝不枯燥，这些我们都完全做到了。[①] 记者劳拉·弗兰克（Laura Frank）对《哥伦比亚新闻学评论》（*Columbia Journalism Review*）感慨地说：“了不起的看门狗死了，更多的新闻没有人会报道了。”[②] 硅谷专栏作家迈克尔·马隆（Michael Malone）评论说，《落基山新闻报》是美国报业历史上第一个由于数字媒体的竞争和冲击而倒闭的大报。[③]

过了20天，赫斯特集团属下的《西雅图邮讯报》（*Seattle Post-Intelligencer*）在2009年3月17日也不幸停刊了。据披露，这家报纸的发行量从高峰时期的20多万份一直跌到11万份，2008年亏损1400万美元。这家报纸于1863年创刊，是一家有不凡历史的“老字号”报纸，其发行量排位可进入美国报纸前100名。1936年到1943年富兰克林·罗斯福前总统的女婿约翰·伯蒂格（John Boettiger）曾出任这家报纸的出版人，总统的女儿安娜也曾经担任这家报纸女性专版的编辑，直至7年后，她离职进入白宫。该报曾由于杰出的漫画作品而两度获得普利策奖。2006年12月15日，由于遭到当时一场太平洋风暴的强烈袭击，该报曾唯一一次被迫停印一天。而2008年面临报业自身的风暴，这家报纸却永远地停止了印刷。不过比《落基山新闻报》幸运的是，《西雅图邮讯报》虽然失去了“纸”的依托，却保留了“数字化生存”，改为单独的新闻网站运营。而且这家网站是美国流量最大的网站之一，超过了它在西雅图当地的竞争对手——《西雅图时报》（*Seattle Times*）。这一事实，使仍然有幸留任的《西雅图邮讯报》的少数员工心存新的希望。[④]在该报停刊时181名员工大部分被裁，只留下二三十人经营网站，一年之后，《西雅图邮讯报》网站成功地保持住每月400万页面

---

① The Daily Show：End Times
http://theory. wikispaces. com/Journalism+2. 0

② Washington Post：Under Weight of Its Mistakes，Newspaper Industry Staggers
http://www. washingtonpost. com/wp-dyn/content/article/2009/02/28/AR2009022801964_pf. html

③ Michael S. Malone：How Newspapers Must Change to Survive
http://www. abcnews. go. com/print?id = 7070973

④ 参见F. D. R. 's daughter载于《生活》（Life）1945年3月5日刊第96页
http://books. google. com. hk/books?id=9VIEAAAAMBAJ&pg=PA96&dq=F. D. R's+DAUGHTER&hl=zh-CN&ei=uESTTOebEozJceeonecG&sa=X&oi = book _ result&ct = result&resnum = 1&ved = 0CC4Q6AEwAA # v = onepage&q = F. D. R's% 20DAUGHTER&f=false
David Horsey Bio
http://seattlepi. nwsource. com/horsey/bio. asp
Seattle P-I to publish last edition Tuesday
http://www. seattlepi. com/business/403793_piclosure17. html

访问量。①②

又过了一个星期，灾难降临到另一家老牌报纸头上：2009 年 3 月 23 日，创刊于 1835 年的《安阿伯新闻报》（*Ann Arbor News*）的女出版人劳雷尔·钱皮恩（Laurel Champion）在编辑部宣布，该报将在当年 7 月月底停刊，其 174 年漫长的历史就此宣告终结。她说，由于收入锐减（如 1 月的广告收入比上年同期下降 20%），“现在的经营模式是不可持续的”。她讲这一番话时，强忍住自己眼中的泪水。一位记者听到这个消息，悲伤地说，“这是一个灾难，我绝没有想到这事会在今天发生，我也曾想到报社会有最后那一天，但没想到会这么快”，他总觉得报纸还会继续出版若干年。面对被震惊与茫然所笼罩的报社员工，出版人钱皮恩在写给读者的信中说：“我们《安阿伯新闻报》拥有最富才华的员工，他们在非常困难的时刻，完成了大量工作，但是无论他们做过什么还是没做什么，都无法维持我们七天印刷出报的经营模式。”③④

《落基山新闻报》和《西雅图邮讯报》在当地各有更强的同行竞争对手，而不同于此的是，《安阿伯新闻报》是当地唯一一份面向社区的日报，它并不是由于优胜劣汰而被迫出局的。出版人钱皮恩承诺说，报纸停刊并不是放弃为地方服务，而是以不同的方式提供服务。她指的是报社作出了向网络转型的决定，将成立一家网络公司，新的网站（annarbor. com）于当年下半年启动。同时这家报社还将出版一份每周两次出刊的报纸。这家报社的办公大楼被出售。这家报社及印刷厂的原有 272 名员工被解雇，不过他们可以申请在新的网络公司继续工作。

该报作出这样的决定其实不是偶然的。这家位于密执安州安阿伯市的报纸属于高级出版报业集团（Advance Publications），发行的绝对数量（45000 份）并不算大，但是密执安州的安阿伯市只有 11 万城市人口，因此该报的发行量已经是十分饱和了。但安阿伯市与众不同之处，是它具有浓厚的大学学区的教育与高科技氛围。在其城市人口中，32% 是来自包括密执安大学在内的七八所大学或是学院的在校学生。当《安阿伯新闻报》宣布即将停刊

---

① Leah McBride Mensching：Seattle Post-Intelligencer celebrates one year as online-only
http://www. sfnblog. com/launches_and_closures/2010/03/seattle_post-intelligencer_celebrates_on. php

② George Tibbits：Seattlepi. com celebrates 1 year of Web-only news
http://www. google. com/hostednews/ap/article/ALeqM5jQAWNKWG7pljEzgfRgceyVELcZgwD9EGMSPO0

③ Jim Knight：Ann Arbor News to close in July
http://www. mlive. com/news/ann-arbor/index. ssf/2009/03/ann_arbor_news_to_close_in_jul. html

④ USA Today：The Ann Arbor News hits the streets for last time
http://www. usatoday. com/money/media/2009-07-23-ann-arbor-news_N. htm

时，该报业集团的互联网部主管史蒂文·纽豪斯（Steven Newhouse）说：“安阿伯是个参与度很高，充满热情和网络集中的社区。我想如果什么人在地球上想找个本地市场上数字项目最有成功机会的地方，安阿伯会是首选之地之一。”他说：“过去的情形是，印刷日报的方式已经不灵了……唯一延续我们新闻事业的机会就是改变经营模式。”①

2009年还有更多的报社被列入“困难户”黑名单。当年3月美国《时代》周刊刊出署名24/7 Wall Street的博文，列出十家最有可能面临关闭或转为网站的报纸，其中8家是全美排名前50名的报纸：

《纽约每日新闻报》（*The New York Daily News*）发行60万份，在全美报业中排名第6位；《明尼阿波利斯明星论坛》（*The Minneapolis Star Tribune*）排名第14位；《芝加哥太阳时报》（*The Chicago Sun-Times*）排位第15位；《旧金山纪事报》（*The San Francisco Chronicle*）排名第16位；《波士顿环球报》（*The Boston Globe*）排名第17位；《克利夫兰平原经销商报》（*The Cleveland Plain Dealer*）排名第18位；《迈阿密先锋报》（*The Miami Herald*）排名第37位；《佛特沃斯明星电讯报》（*The Fort Worth Star-Telegram*）排名第45位，《底特律新闻报》（*The Detroit News*）排名第54位；《费城每日新闻报》（*The Philadelphia Daily News*）排名第94位。②

没有任何一家报社愿意公开承认经营困难。有关报社人士随即反驳这篇博文，费城传媒（Philadelphia Media）集团的首席执行官布莱恩·特尼（Brian Tierney）嘲笑说：“如果我们把这种博客的所谓报道看作是新闻，那就只有上帝能够拯救我们的民主制度了。”③ 但是，这家费城传媒集团的附属公司——费城报业公司（Philadelphia Newspapers Inc.）刚刚提出破产保护的申请，而这家公司又恰恰是十家濒危报纸名单上的《费城每日新闻报》的母公司。

报业的困境如同漫长幽暗的隧道，似乎望不到尽头。不少报业集团债台高筑，周转不灵。为了维持出刊，老板们每天大把美金流水般付出，如剜却心头之肉。出版人仓促间欲将亏损的报社资产出手却往往为时已晚，一时买家难寻。媒体评论家戴维·卡尔（David Carr）评论说，就在不久以前，

---

① Steven Newhouse：The only chance “was to change the model”
http://www.mlive.com/annarbornews/index.ssf/2009/03/steven_newhouse_the_only_chanc.html

② Time：The 10 Most Endangered Newspapers in America
http://www.time.com/time/business/article/0,8599,1883785,00.html

③ Reuters：Tierney Disputes Time.com Blog
http://www.reuters.com/article/pressRelease/idUS226226+11-Mar-2009+PRN20090311

"拥有一家都市报纸就能确保在社会上有一席之地，马上可以受人尊敬，就等于是有了可以印钞票的印刷机。但是现在似乎在报摊上买一份报纸的钱，就可以把整个报社都买下来了"。[①]《圣迭戈联盟论坛报》（*The San Diego Union-Tribune*）2009 年 3 月卖给了一家私人公司，售价只有不到 5000 万美元，实际上只是相当于一些不动产的价值，而在 2004 年，这家曾四次获得普利策奖的报纸被估价约为 10 亿美元。[②③] 于是万般无奈，一些报业集团权衡再三，最后不得不求诸破产保护，此举虽为下策，但至少可以暂续生存。从 2008 年第四季度至 2010 年前四个月，已经连续有 13 家大大小小的报业集团因濒临破产而申请破产保护，1 家报业公司宣告破产。

最早提出破产保护的是一家较小的地方报业集团，叫"创意休闲公司"（Creative Loafing），下辖四家周报。2008 年 9 月 29 日该集团提出申请"破产保护"。

2008 年 12 月 8 日，美国第二大报业出版集团——论坛公司（Tribune Co.）由于经营不善，收入锐减，负债多达 130 亿美元，成为第二家申请破产保护的巨无霸式的多媒体集团公司。该公司拥有《洛杉矶时报》（*Los Angeles Times*）、《芝加哥论坛报》（*Chicago Tribune*）和《巴尔的摩太阳报》（*Baltimore Sun*）等 12 家报社，同时拥有 23 家电视台、一家电台和两个网站。为了偿还债务，该公司被迫大规模裁员，并变卖出售公司拥有的《新闻报》（*Newsday*）等下属报社、论坛大厦、洛杉矶时报大楼等资产。论坛公司已于 2009 年 9 月将其拥有的著名的芝加哥棒球队和瑞格里（Wrigley）运动场以 8.45 亿美元的价格卖给了亿万富豪利克兹（Ricketts）家族。[④⑤⑥]

2009 年 1 月 15 日，拥有《明尼阿波利斯明星论坛报》（*The Minneapolis Star Tribune*）的明星论坛公司也由于发行量和广告收入锐减而负债达 4.8 亿美元，申请破产保护。在其总部所在的明尼苏达州，该报实际上曾一直在同行竞争中保有优势地位。在进入破产保护期间，新投资人以 3 亿美元的资金

---

① If The Globe Were Sold, What Price?
http://www.nytimes.com/2009/06/15/business/media/15carr.html?pagewanted=1&_r=1

② Rimin Dutt: Platinum's Newspaper Deal: Not a Trend
http://blogs.wsj.com/privateequity/2009/03/19/platinums-newspaper-deal-not-a-trend/

③ Shira Ovide & Russell Adams: San Diego Paper Lands Fire-Sale Buyer
online.wsj.com/article/SB123740304667774721.html 转自 Wikipedia: Future of Newspapers

④ About Tribune
http://www.tribune.com/about/index.html

⑤ The Associated Press: Tribune Co. will sell Cubs, Wrigley Field to Ricketts Family
http://www.usatoday.com/sports/baseball/nl/cubs/2009-08-21-cubs-wrigley-sold-to-ricketts_N.htm

⑥ 参见本章附录一案例 3。

抵偿巨额债务，并入主该公司，并与报社工会达成妥协。该公司更名为明星论坛传媒公司。[①]

5个星期之后，在2月21日，竟有两家报业集团——费城报业公司（Philadelphia Newspapers LLC）和报刊记录公司（Journal Register Co.）在同一天宣布申请破产保护。

前者的母公司费城传媒集团负债达3.9亿美元。该公司拥有的著名日报《费城调查者报》（*The Philadelphia Inquirer*）创刊于1829年，是美国最古老的日报之一，在历史上夺得过18次普利策奖而荣耀一时。当地投资者2006年曾以5.15亿美元的价格收购了该公司[②]。但是如今该公司作出计划，将《费城调查者报》和《费城每日新闻报》以5200万美元的低廉价格卖给当地的一家房地产商。[③] 报刊记录公司是拥有22家日报和302家非日报和其他小型出版物的大型报业集团。该公司2007年负债6.46亿美元。在宣布实行破产保护6个月之后，该报业集团因得到来自大通银行等方面的2亿多美元的贷款而终止破产保护程序，但同时被迫退出股市，该公司原拥有投资基金的股东们血本无归。[④]

又过了40天，拥有84家报纸的芝加哥太阳时报传媒集团（Sun-Times Media Group）于3月31日提出破产保护申请。该集团的债务高达8亿美元，这笔债务主要是由于报社主管人员偷税漏税受到税务部门高额处罚所造成的。有关犯罪人员已锒铛入狱。公司有关人士承认，如果该集团缴纳罚金之后，集团的股东将一无所有。该公司的股票每股一度只值5美分。[⑤] 该集团原资产估值4.79亿美元，而在2009年9月，该集团结束破产保护时，芝加哥一位新投资人仅以2650万美元的超低价便买下了该报业集团。一位专栏作家直截了当地说，这总比关门歇业强。[⑥⑦⑧]

---

① The Associated Press：Newspaper Companies that Have Turned the Page from Chapter 11
http://www.editorandpublisher.com/eandp/news/article_display.jsp? vnu_content_id=1004016550

② Key Bankruptcy Hearing in Philly Newspaper Auction Delayed
http://www.editorandpublisher.com/eandp/news/article_display.jsp? vnu_content_id=1004012150

③ Bankruptcy Plan Calls for Philadelphia Papers to be Sold to Local Investors
http://www.editorandpublisher.com/eandp/news/article_display.jsp? vnu_content_id=1004005112

④ Journal Register Co. Says It's Out of Bankruptcy Protection
http://www.courant.com/business/hc-bizdigbrf-0812.art2aug12,0,6936578.story

⑤ Sun-Times Media Group files for bankruptcy
http://www.suntimes.com/business/1503942, sun-times-media-group-bankruptcy-033109.article

⑥ "Sun-Times" Will Keep Chicago a Two-Paper Town Under New Ownership, STMG's Halbreich Says
http://www.editorandpublisher.com/eandp/news/article_display.jsp?vnu_content_id=1004010555

⑦ http://www.editorandpublisher.com/eandp/news/article_display.jsp?vnu_content_id=1004020521

⑧ http://www.google.com/hostednews/ap/article/ALeqM5jTx1ZSEdazxiaqOl2JVRcFUe3TwwD9BJ25180

2009 年 4 月 28 日，总部基地设在达拉斯市的“美国社区报纸集团公司”（American Community Newspapers，简称 ACN）向法院提出申请，成为第七家申请破产保护的报业集团。这家集团公司也颇具规模，共拥有 86 家各类报纸，发行总量达到 140 万份，年收入为 3600 万美元。但是，该集团负债达 1.6 亿美元。由于现金收入不足，从 2008 年 9 月开始，该集团资金耗尽，已经无力支付每季债务。2009 年 6 月，该集团被投资人收购，清偿债务后，公司更名为“美国第二社区报纸集团公司”后继续经营。①②③

三天以后即 5 月 1 日，华盛顿州的哥伦比亚出版公司（The Columbian Publishing Co.）因欠银行 1700 万美元，成为第八家向法院提出破产保护申请的报业集团。该集团广告收入在过去两年中下降了 40%。

7 月 10 日，新罕布什尔州克莱尔蒙特市的《鹰时代》的出版人宣布公司破产，这家创办于上世纪 60 年代的日报以及该公司的另外三家周刊一起停刊，约 120 名员工被解雇。这是小型报业公司，该市人口只有 13700 人，《鹰时代》发行量达到 8000 份。该公司出版人哈维·希尔（Harvey Hill）曾是当地出生的一位成功的造纸商，他是退休之后才决定来做报纸的，一直把经营《鹰时代》作为自己对社区的贡献，非常投入。他说，由于经济危机和全美报业的普遍困境，他已经作了最大努力，但无力继续赔钱支撑这家报纸的运行。

克莱尔蒙特市因此成为这次报业危机中一个失去日报的城市，虽然这是一座小城。该市市长卡兹（Cutts）说：“我不知道一个城市没有报纸会成什么样子，我没法想象。”普利策奖得主埃德加·梅（Edgar May）在得知《鹰时代》停刊的消息时说，任何一家报纸关闭，都是非常可悲的时刻，那就意味着民主的一小部分死去了。他说：“有很多非常重要的问题，需要巧妙和深入的报道，而这只有报纸做得到。”④ 2009 年 10 月，该报在更换所有者之后重新复刊，并得到州政府的财务担保。⑤

9 月初，第 9 家报业集团自由传播公司（Freedom Communications Inc.）

---

① American Community Newspapers Inc.
http://www.bizjournals.com/gen/company.html?gcode=855B4D8873D24170AD2F9A8EE807B8FE

② Doug Buchanan: Suburban News owner files for bankruptcy
http://columbus.bizjournals.com/columbus/stories/2009/04/27/daily24.html

③ Newspaper Companies that Have Turned the Page from Chapter 11
http://www.editorandpublisher.com/eandp/news/article_display.jsp?vnu_content_id=1004016550

④ Eagle Times, 2 other papers close doors
http://www.rutlandherald.com/article/20090710/NEWS04/907100372/0/FRONTPAGE

⑤ John P. Gregg: State to fund loan to save ailing newspaper
http://www.nashuatelegraph.com/News/427626-227/state-to-fund-loan-to-save-ailing.html

宣布申请破产保护。这家报业集团在美国拥有33家日报和77家周报以及8家电视台。该集团的报业旗舰是位于加州的《橘郡记录者报》（*Orange County Register*），该报发行量约为25.5万份，曾三次获得普利策奖。在过去五年集团收入下跌了75%，负债高达7.7亿美元。[①②③] 2010年3月，美国大通银行等债权方获得该公司所有权，作为交换条件，同意削减该公司债务3.25亿美元。[④]

在2009年年底，虽然全球经济已微露复苏的曙光，却又有一家报业集团未能挨过报业的严冬：12月21日，总部设在康州的哈特兰德出版公司（Heartland Publications LLC）成为第十家申请破产保护的报业集团。这家报业集团覆盖佐治亚州、肯塔基州、北卡州等9个州，拥有23家日报和其他出版物，雇员达800名。该公司资产约1.34亿美元，但是负债达到1.66亿美元。该公司的主要债权方通用电气公司同意将其债务从1.11亿美元削减到7000万美元。作为交换，通用电气公司将获得这家报业公司90%的股权。[⑤⑥]

2010年的到来，没能为寒气逼人的美国报业带来多少春天的信息。1月15日，传媒新闻集团（MediaNews）的母公司成为新的一年里首家申请破产保护的媒体公司。该集团欠债多达9.3亿美元。该集团是全美最大的传媒集团之一，平日出版的报纸发行总量居全美第二位，拥有《丹佛邮报》（*The Denver Post*）、《奥克兰论坛》（*Oakland Tribune*）、《圣何塞信使报》（*San Jose Mercury News*）和《底特律新闻报》等著名报纸，在12个州共拥有56家日报和其他出版物以及电子媒体。[⑦⑧]

紧接着，1月19日在美国8个州拥有13家日报和60多家非日报出版物的莫里斯出版集团（Morris Publishing）也宣布了破产保护计划，该集团负

---

① Paper Owner Freedom Plans to File for Chapter 11
http://online.wsj.com/article_email/SB125166593642570507-lMyQjAxMDI5NTMxMDYzNjA1Wj.html

② Michael J. de la Merced: Freedom Communications Files for Bankruptcy
http://dealbook.blogs.nytimes.com/2009/09/01/freedom-communications-files-for-bankruptcy/

③ http://www.freedom.com/

④ Randall Chase: Freedom Communications'Chapter 11 Re-org Plan Approved
http://www.editorandpublisher.com/eandp/news/article_display.jsp? vnu_content_id=1004073754

⑤ Associated Press: Heartland, Owner of 23 Papers, Declares Bankruptcy
http://www.editorandpublisher.com/eandp/news/article_display.jsp? vnu_content_id=1004054886

⑥ Michael J. de la Merced: Freedom Communications Files for Bankruptcy
http://dealbook.blogs.nytimes.com/2009/09/01/freedom-communications-files-for-bankruptcy/

⑦ Erik Sass: MediaNews Enters Bankruptcy, Big Newspaper Chains Remain There
http://www.mediapost.com/publications/?fa=Articles.showArticle&art_aid=120815

⑧ MediaNews Group About
http://www.medianewsgroup.com/about/

债为4.15亿美元。实施这项重组计划，债权人同意减除该集团的债务2.89亿美元，但将加大借款利率至10%—15%。该集团公司最大的日报是《佛罗里达时报》。[①]

4月15日又有1919年创办的老牌周报《巴尔的摩犹太时报》（*Baltimore Jewish Times*）的母公司宣布申请破产保护。[②]

“一个时代的终结”

并不夸张地说，2008年至2009年笼罩在美国报界的是一种生死存亡的氛围，只有战争时期的气氛能够与之相比：美国报纸编辑协会（The American Society of Newspaper Editors）取消了2009年年会，这是1922年创立的该协会有史以来第二次取消年会，上一次取消会议是在第二次世界大战中决战阶段的1945年。会议组织者披露本次会议报名人数寥寥，不少报社因为经费困难无法与会。该协会主席夏洛特·霍尔（Charlotte Hall）说，报业正在面对结构变革和经济大衰退，这是一个特殊的困难时期。主编们应该全力以赴应付各自面临的挑战。[③]

2009年年末，《美国新闻评论》（*AJR*）的资深编辑卡尔·塞申斯·斯特普（Carl Sessions Stepp）以充满怀旧的笔调写了一篇《致老式新闻编辑部的悼词》（A Eulogy for Old-School Newsrooms），文中说，毫无疑问，老式新闻业的衰落有很多理由，但是经济的压力已被证明是硬道理。他引用专栏作家史蒂夫·杜因（Steve Duin）冷冰冰的话说，“我们都被吊在那里，等着下一轮的斧子砍过来”。文章说，不管老式新闻业有什么优缺点，现在已经很难想象它还能重振旗鼓。[④]

在这场报业寒冬达于极点之际，有一条消息令所有美国报界人士感到震惊和悲哀：著名的尼尔森传媒公司（Nielsen Media）于2009年12月10日宣布，该公司属下的美国报业权威刊物《编辑与出版人》（*Editor & Publish*

---

① AP：Newspaper publisher Morris seeks Ch. 11 protection
http://news.yahoo.com/s/ap/20100119/ap_on_bi_ge/us_morris_publishing_reorganization

② Steve Fermier：Baltimore Jewish Times Heading to Bankruptcy Court
http://www.wbal.com/absolutenm/templates/story.aspx?articleid=49635&zoneid=3

③ NY Times：News Editors Call off Convention
http://www.nytimes.com/2009/02/28/business/media/28papers.html

④ Carl Sessions Stepp：A Eulogy for Old-School Newsrooms
http://ajr.org/Article.asp?id=4842

图 1－2　《编辑与出版人》杂志网站 2009 年 12 月 10 日刊发停刊消息

er）在年终停办，包括每月出版的杂志以及每日更新新闻的该刊网站也停办。[1] 尼尔森公司对电视收视率等媒体消费的调查结果和排位一向很重视，甚至可以决定媒体单位的生死，但是这家 2008 年年收入高达 50 亿美元的大公司却不经过繁复的调查分析，直接决定停止自办看来毫无希望的报业期刊。[2] 如果从这家杂志的前身《新闻人》（*The Journalist*）算起，该刊已有长达 125 年的历史，一向被视为北美报业最有影响力的行业期刊。据 2001 年对 350 家报社的一项调查，80.6% 的报纸编辑和 90.6% 的报社主管都经常或有时阅读这个刊物。[3][4] 该刊曾 11 次获得美国商业媒体尼尔奖。听到该刊停办的消息，许多媒体的评论不约而同地使用了同样的标题：《一个时代

① 该刊正式停刊两周后，一家游艇出版公司（Duncan McIntosh Co.）购买并续办该刊。参见：http://www.reuters.com/article/idUSTRE60D6ID20100115

② 《大英简明百科（2004）》P1436：尼尔森收视率调查

③ The Nielsen Company Reports Full Year 2008 Results http://en-us.nielsen.com/content/nielsen/en_us/news/news_releases/2009/march/the_nielsen_company0.html

④ Connecting with the News Culture: Trade-Press Readership among Copy Editors and Their Supervisors AEJMC Conference Paper, Retrieved 14 October 2008 http://list.msu.edu/cgi-bin/wa?A2=ind0109b&L=aejmc&P=20621

的终结》。纽约的著名博客网哈芬顿邮报（Huffingtonpost. com）发表评论说："今天的新闻是悲惨的，传统新闻行业正在缓慢死亡，结果是125年来最广泛地掌握这个产业发展动向的机构也关闭了。《编辑与出版人》杂志记录了报业的兴衰史，现在它自己也倒下了"。文章称之为"总体的死亡"(meta-death)。①

① End Of An Era As Editor & Publisher Ceases Publication
http://www. huffingtonpost. com/2009/12/10/end-of-an-era-as-editor-p_n_387379. html

第 2 节

生存还是毁灭

美欧报业当前所面临的局面，正如莎翁《哈姆雷特》中那句经典台词：“生存还是毁灭，这是一个问题。”

一场集体的噩梦

从经济周期的理论看，这一次全球经济衰退不过是以往历次经济危机的重复。从上世纪初以来，美国报业伴随着经济危机，也一次次地上演着优胜劣汰的商业游戏：随着一批经营不善的报纸不幸消失，同时一批数量更少但实力更强的报业集团在地平线上崛起。

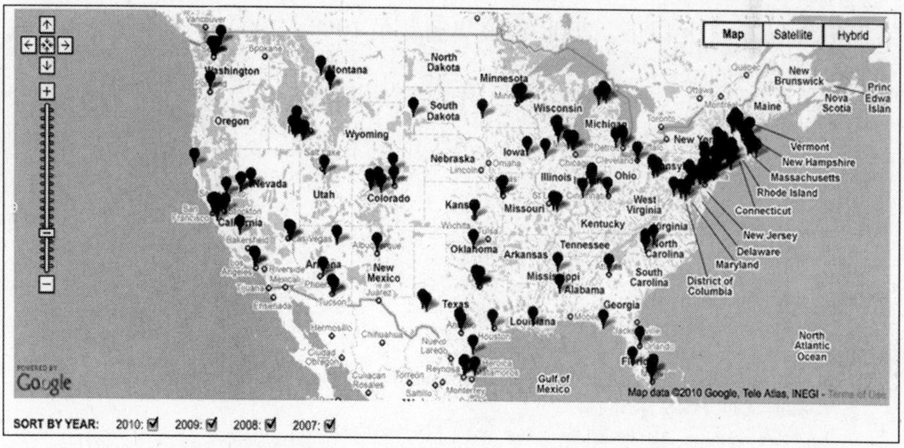

图 1-3 美国报纸停刊情况示意图（2007 年至 2010 年 3 月）①

---

① 图片来源：http://graphicdesignr.net/papercuts

与20世纪30年代的大萧条时期相比，近两年真正停刊的报纸数量不算太多①，而且多为比较小型的地方性报纸。据本书统计，从2007年年末至2010年3月，美国共有200家报社关闭，其中13家停刊后转为网站继续出版，有的付费报纸停刊后转为免费报，或减少出版刊期。②

2008年突如其来的报业危机，其严重程度不仅在于报纸种数的削减，而且体现在危机的根本性质方面。与以往报业在竞争中弱肉强食重新洗牌完全不同，这一次是美国报业全行业陷入经营困境，无论规模有多大，历史有多长，无论是强者还是弱者，几乎没有一家报业集团能够侥幸逃脱这场集体的噩梦，即使是最有影响和最有实力的报业集团也不例外，甚至在某地独家垄断的报纸也同样可能遭遇倒闭厄运（如《安阿伯新闻报》）。更多的报纸在成本压力下被迫大量减少版面、压缩业务和裁减人员，因而报纸内容质量受到严重损害，变得"无足轻重"，"扔到订户门前都没有足够的分量"。③

甘尼特集团公司（Gannett Inc.）于1906年创办，是美国第一大传媒巨头。该集团在美国出版90家日报（其中包括全美发行量最大的报纸《今日美国》）。同时甘尼特集团还以"Newquest 出版公司"的名义在英国经营，旗下包括17家日报和200多家周报、期刊，是英国第二大出版公司。除此之外，甘尼特集团公司还拥有23家电视台以及众多网站，公司雇员总数多达近5万人。据统计，2009年1月该集团网站网上独立访客总数达到2710万，据称占互联网访客总数的16.1%。但是近年来，甘尼特集团公司的经营却每况愈下，公司股票从2004年每股近90美元的价位一直下跌，2010年年初跌至20美元以下。2008年该集团裁员10%，2009年7月，又宣布裁员1400人。④⑤⑥⑦

---

① 参见本书第三章第2节。

② http://graphicdesignr.net/papercuts 参见本章附录二。

③ PEW：The State of the News Media 2010
http://www.stateofthemedia.org/2010/newspapers_summary_essay.php

④ Gannett：A Brief Company History
http://www.gannett.com/about/history.htm

⑤ Gannett：Company Profile
http://www.gannett.com/about/company_profile.htm

⑥ 详见本章附录一案例1。

⑦ Gannett Daily Newspapers and TV Stations
http://www.gannett.com/about/map/propmap.htm

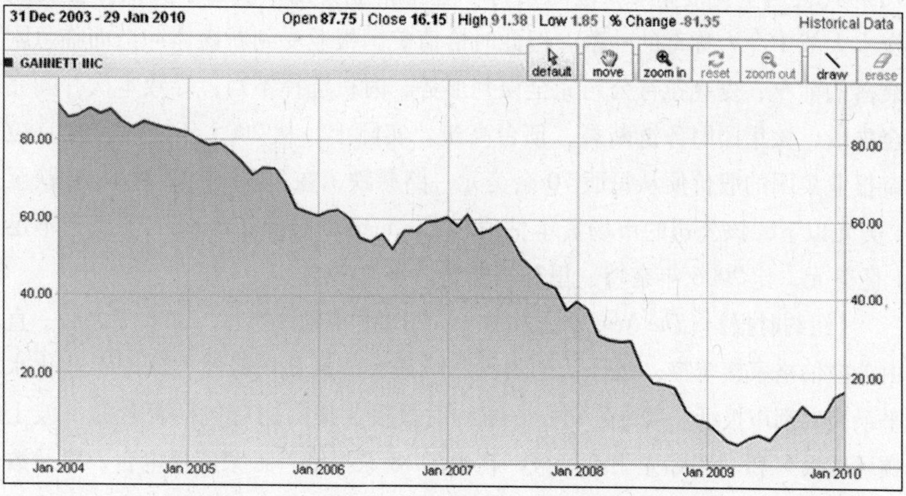

图 1－4　甘尼特集团公司股市走势图（2003 年 12 月—2010 年 1 月）①

麦克拉奇报业集团（McClatchy Co.）于 1857 年创办，已有 153 年的悠久历史。该集团旗下在 29 个市场地区拥有 32 家日报，总日报发行量 330 万份。直至上世纪 90 年代中期，麦克拉奇公司一直在通过资本运作，不断扩张其产业，连续并购地方报纸。2006 年 6 月，麦克拉奇公司吞并了 20 世纪

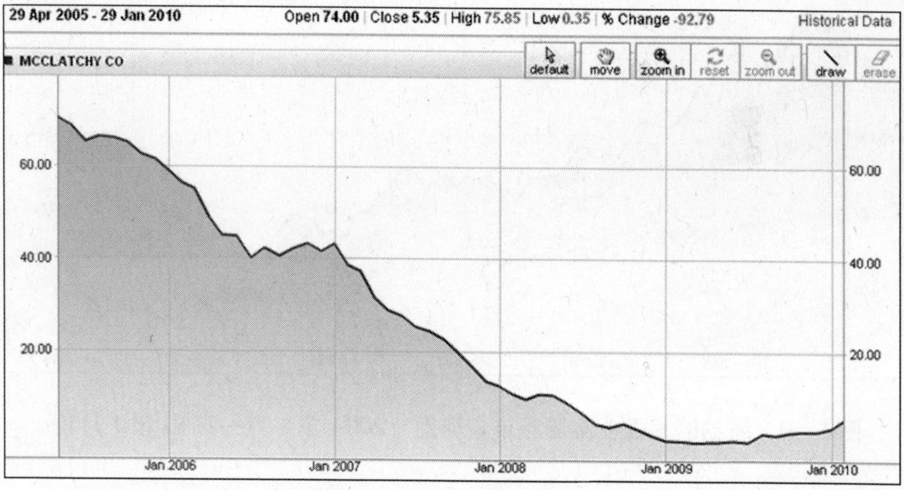

图 1－5　麦克拉奇报业集团股市走势图（2005 年 4 月—2010 年 1 月）②

---

① 资料来源：http://money.aol.com/?icid=navbar_Finance

② 资料来源：http://money.aol.com/?icid=navbar_Finance

70 年代曾居全美报业第二位的奈特－里德报业集团，演出了美国报业史上资本大战中令人称奇的一幕。但此时恰值美国报业受到新媒体冲击面临急剧衰落的前夕，麦克拉奇公司完全误判形势，时机选择不当，导致本次并购完全失败，该集团财务链断裂，债台高筑。实际上，从 2005 年之后，麦克拉奇报业集团的股价便从每股 70 余美元一路暴跌，在 2008 年 12 月 18 日跌至 1 美元以下，该公司的市场资本估值（The market capitalization）下跌到不足 1 亿美元，比 2006 年奈特－里德并购案时下跌 98% 以上。[①]

《纽约时报》（*The New York Times*）于 1851 年 9 月创办，1896 年之后一直由苏兹伯格家族掌控，是公认的美国影响最大、最具权威性和新闻专业化水平最高的都市报纸。其母公司——纽约时报报业集团拥有包括著名的《波士顿环球报》和《国际先驱论坛报》在内的 18 家报纸，一家广播电台，以及数十家网站。旗舰报纸《纽约时报》至今已独得 104 次普利策奖，《波士顿环球报》也获普利策奖达 20 次之多，令其他报业同行望尘莫及，《纽约时报》网站的独立访客超过 1800 万，居美国报业网站之首。[②③]但该报的一切努力都未能扭转读者明显流失和广告收入不断减少的趋势。在 2008 年报业危机

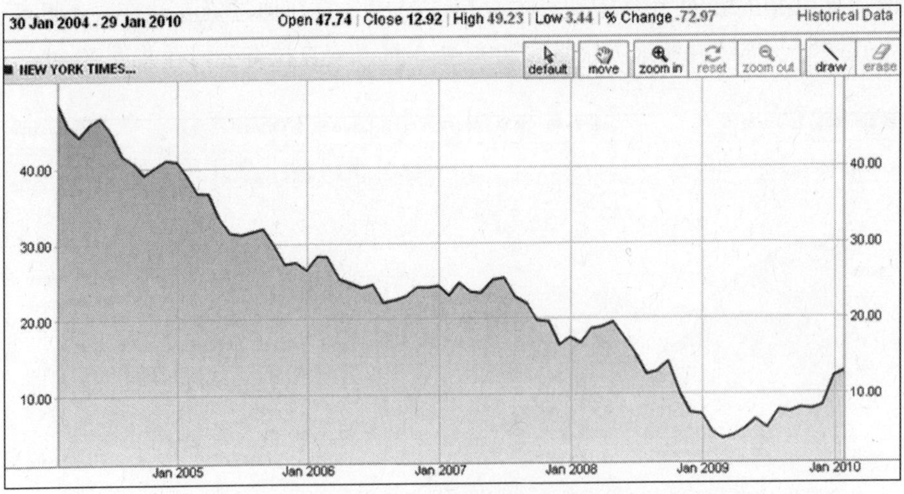

图 1－6　纽约时报报业集团股市走势图（2004 年 1 月—2010 年 1 月）[④]

① Wikipedia：The McClatchy Company
http://en.wikipedia.org/wiki/The_McClatchy_Company

② http://www.nytimes.whsites.net/mediakit/index.php

③ Web Traffic to Top 10 Online Newspapers Grows 16 Percent Year-Over-Year in December，according to Nielsen Online
http://www.reuters.com/article/pressRelease/idUS147719+27-Jan-2009+MW20090127

④ 资料来源：http://money.aol.com/?icid=navbar_Finance

爆发时，《纽约时报》负债达10亿美元，该集团2008年第四季度收入下降48%。该集团股票从2004年以来便从每股40余美元开始下跌，2009年5月被标准普尔公司列为B级以下垃圾股。为了改善财务状况，该报业集团只能靠借债，变卖资产，大量裁员和全员减薪，以渡过当前危机。①②③

《华盛顿邮报》(*Washington Post*) 创办于1877年，是在美国首都华盛顿历史最长、规模最大的时政性报纸，曾以水门事件报道迫使尼克松总统下台而享誉全球。与一家家深陷经营泥淖的报业同行相比，《华盛顿邮报》在危机中略显亮色，其2008年经营收入比2007年继续保持增长。尽管从股市走势上看，2009年对《华盛顿邮报》同样是灾难性的一年，但当年一大批其他报业集团的股票都曾跌到每股1美元以下，而该报股票市值始终保持在每股400美元左右的较高水平，这样的经营表现在美国报业中可谓绝无仅有。俗话说“有心栽花花不发，无心插柳柳成荫”，如果深入分析该报的经营状况，可知其取得收支平衡的主要支柱并非在报业本身，而是得益于该报业公司的一项特殊副业——为梦想金榜题名的莘莘学子举办的“应试教育”。如果观察该报报纸业务收入部分，则与其他报社并无分别，一样是噩梦连连，下滑不止。④

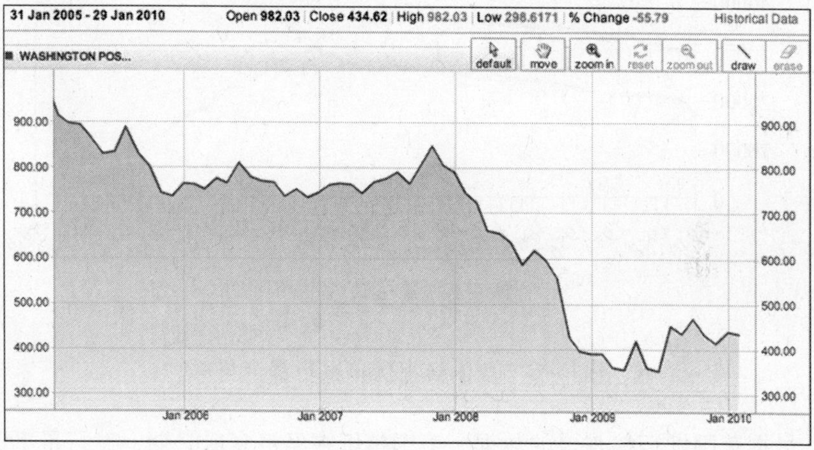

图1-7 华盛顿邮报公司股市走势图（2005年1月—2010年1月）⑤

① 纽约时报公司2008年年度报告
http://www.nytco.com/pdf/annual_2008/2008NYTannual.pdf

② Wallace Witkowski: S&P cuts New York Times to BBB - on newspaper ad revenue
http://www.marketwatch.com/story/sp-cuts-new-york-times-to-bbb-on-newspaper-ad-revenue?siteid=yhoo&dist=yhoo

③ 详见本章附录一案例2。

④ 详见本章附录一案例4。

⑤ 资料来源：http://money.aol.com/?icid=navbar_Finance

报纸发行惨跌不止

报业一向把广告视为经营命脉，把发行量看作是吸引广告商的最大筹码，因而发行量的变动总是牵动报业人士最敏感的神经。据美国报业协会的统计，自上世纪60年代以来直到90年代初期，美国日报的发行总量一直相当稳定地保持在6000万份上下，但自1993年开始，日报发行量开始令人不安地缓慢下降，并毫不回头地走上下行道，2007年终于跌至5074万份，2008年则继续大幅下跌至4860万份，这个数字只相当于1945年的报纸发行总份数。①

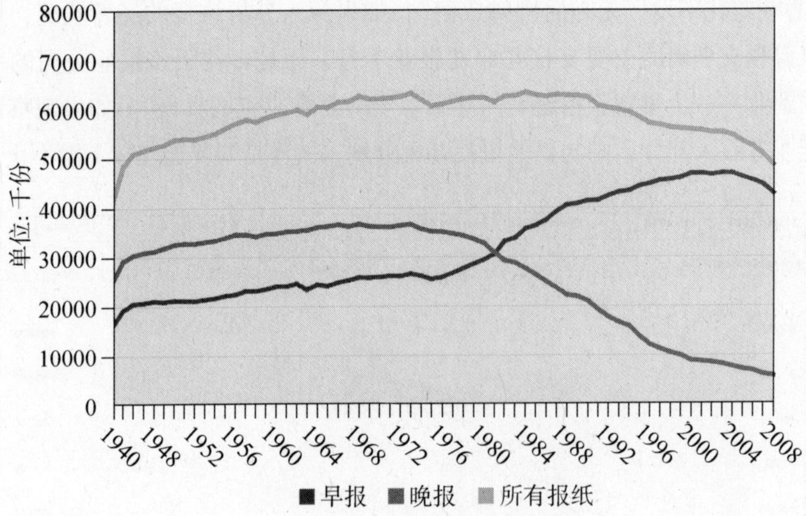

图1-8　美国日报历年发行量走势②

另据美国发行核查署的数据，美国报纸在经济衰退时期，发行量下跌进一步加剧。在2008年10月至2009年3月这半年期间，395家美国日报发行总量比上一年同期下跌了7.1%。而此前2007年10月至2008年3月，这个数字是3.6%；2008年4月至9月，下跌幅度是4.6%。其中全美发行量最

---

① NAA：Total Paid Circulation
http://www.naa.org/TrendsandNumbers/Total-Paid-Circulation.aspx

② 根据http://www.naa.org/TrendsandNumbers/Total-Paid-Circulation.aspx数据绘制

大的报纸《今日美国》发行量缩减了7.5%。①

而据皮尤（PEW）研究所“卓越新闻项目”《2010年新闻媒体状况报告》（State of the News Media 2010），2009年全美报纸发行量出现更大的跌幅，3月至9月美国日报发行量比上年同期下降10.6%，周日报下降7.5%。报告预计2010年报纸发行量还很可能会继续有明显下降。报告称，美国报纸发行量三年来共下降了16.9%，而自2000年以来，总共下降了25.6%。②

长期以来发行量居首位的《今日美国》也遭遇历史上最大跌幅——按2009年3月至9月发行数字计算，该报平日发行份数从上年的230万份下跌至190万份，下跌17%。③另有统计数据显示，在1990年至2010年的20年期间，除《华尔街日报》等少数报纸外，《洛杉矶时报》、《纽约时报》、《华盛顿邮报》、《纽约每日新闻》等主要报纸发行量均呈明显下跌趋势。④（见图1-9）

此外由于读者群正在发生的明显变化，很少有人认为报纸发行这种下降趋势将发生逆转。根据美国报业协会发布的数据可以看到，从1998年至2007年，日报成人读者量由7904.6万人下降至7471.4万人，占成年人口的比重也从58.6%降低到48.4%。⑤

据皮尤研究所的调查显示，2007年至2008年期间，全美各个年龄段的报纸读者数量均出现了不同程度的下滑。在日报读者当中，处于18—24岁和25—34岁这两个年龄段的读者数量下降程度最高：年龄在18—24岁之间的读者只有31%的人阅读过昨天的报纸，同期相比下降了2个百分点；而年龄在25—34岁之间的读者数量则下降了32%，与2007年相比下降了2个百分点。在2008年，年龄在35—44岁以及45—54岁之间的读者数量也有明显下降，跌幅分别为41%和51%。⑥

---

① Rachel Metz: Newspaper circulation decline picks up speed
http://www.usatoday.com/money/media/2009-04-27-newspaper-circulation_N.htm

② PEW: The State of the News Media 2010
http://www.stateofthemedia.org/2010/newspapers_summary_essay.php

③ Shira Ovide: USA Today Likely to Fall to No. 2 in Circulation
http://online.wsj.com/article/SB125513318195777441.html

④ Choire: A Graphic History of Newspaper Circulation over the Last Two Decades
http://www.theawl.com/2009/10/a-graphic-history-of-newspaper-circulation-over-the-last-two-decades

⑤ NAA: Readership
http://www.naa.org/TrendsandNumbers/Readership.aspx

⑥ PEW: The State of the News Media 2009
http://www.stateofthemedia.org/2009/

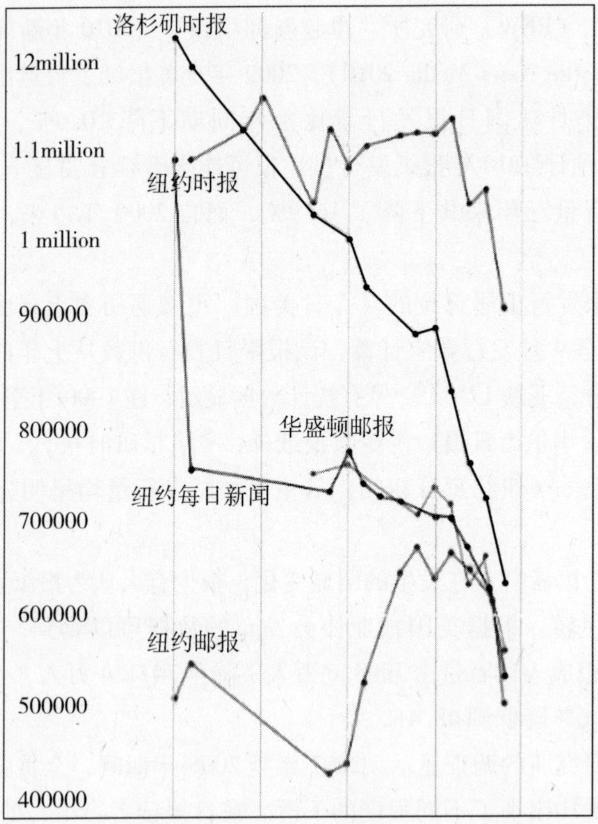

图 1－9　《纽约时报》等五大报历年发行量走势①

甚至那些曾经最忠诚的报纸读者——五六十岁的中老年读者数量也出现了下滑。据该研究所的调查，在 2009 年，年龄处于 55—64 岁之间的报纸读者数量仅占该年龄段受访者总数的 54%，相比 2008 年下降了 3 个百分点；65 岁以上的高龄读者数量仅占该年龄段受访者总数的 62%，相比 2008 年下降了 2 个百分点。② 事实上，自 1999 年开始，美国报纸的读者数量就一直处于持续下滑的状态。

---

① Choire：A Graphic History of Newspaper Circulation over the Last Two Decades
http://www.theawl.com/2009/10/a-graphic-history-of-newspaper-circulation-over-the-last-two-decades
本图自原图截选改制。

② PEW：The State of the News Media 2010
http://www.stateofthemedia.org/2010/newspapers_audience.php

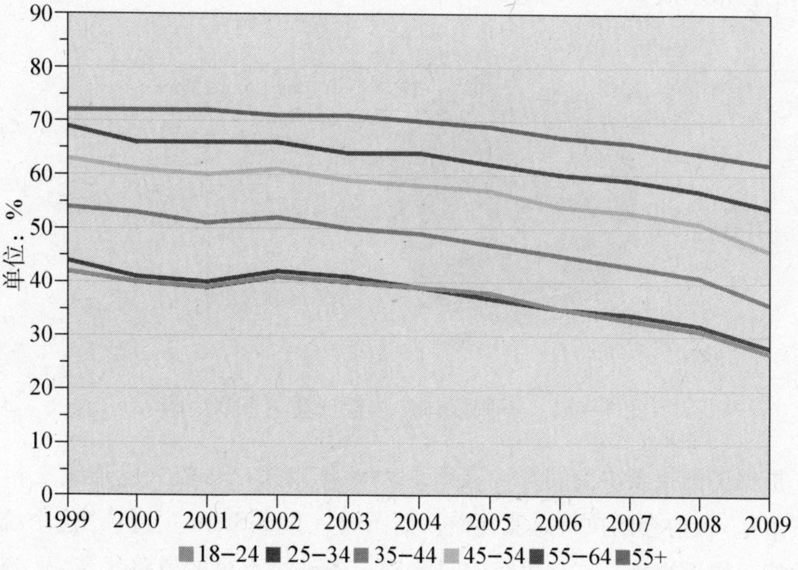

图 1－10 美国报纸（日报）各年龄层读者变化示意图①

广告支柱瞬时倒塌

100 年多来报业与广告相互依存，广告收入是报业赖以生存的经济命脉。据经济合作与发展组织（OECD）2010 年 6 月发布的关于新闻与互联网业演进的报告，全球报业出版市场中，57% 的收入来自广告。② 如纽约时报集团 2008 年广告收入占总体收入 59% 左右。③ 读者的不断减少和发行量持续的大幅下滑，必然影响到报纸对广告商的吸引力。广告这根报业主要经济支柱受到严重冲击，变得十分脆弱，不再可靠。

据美国报业协会提供的数据显示，美国报业在广告市场上的比重十多年来持续下滑，近年来广告收入总额则突然开始加速跌落：

1993 年美国报纸广告额为 318.69 亿美元，占美国媒体广告市场的 23.1%，居龙头老大地位；到 2000 年报业广告额达到 486.7 亿美元，但市场总额比重减少到 20%；2005 年报纸广告收益为 474.08 亿美元，只占美国

① 根据《2010 年（美国）新闻媒体状况报告》的调查数据绘制

② The Evolution of News and the Internet P8

③ 数据来源：纽约时报公司 2008 年财务报告 http://www.nytco.com/

媒体广告市场的18%。（见图1－11）

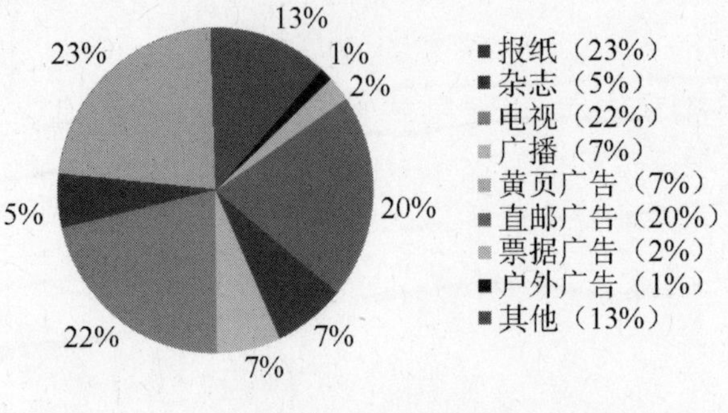

图1－11　不同媒体广告额比重（1993年）①

根据美国报纸协会的统计数字，2006年以来广告收入已连续三年“自由下落”。该协会的执行总监约翰·斯图姆（John Sturm）说：“这个统计数字就像一块后视镜，在这里我们只看到一条破烂不堪的道路。”② 从2006年开始，报纸广告收入总额减少至466.11亿美元；进入2007年，报纸广告收益进一步大幅缩水至422.09亿美元，比上一年跌幅达9.4%；而在2008年经济衰退开始之后，当年报纸广告总体收益骤减为347.4亿美元，比上年跌幅竟达17.7%之多，令业界人士叫苦不迭。③（见图1－12）

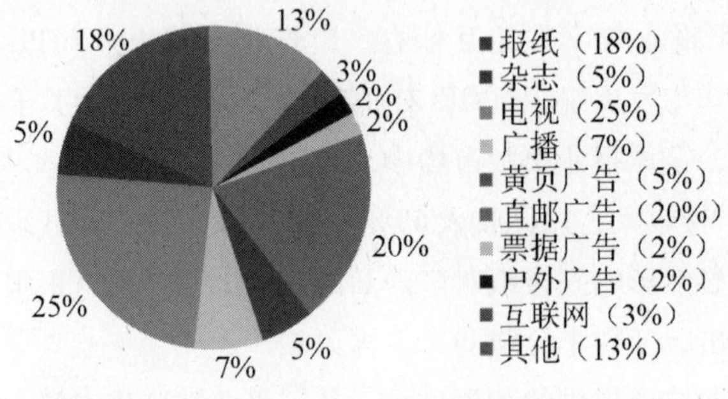

图1－12　不同媒体广告额比重（2005年）④

① 资料来源：Newspaper Association of America Annual AD Volume http://www.naa.org/TrendsandNumbers/Advertising-Expenditures.aspx

② NAA：Ad Sales Down 29% in 2Q，Biggest Downturn Yet http://www.editorandpublisher.com/eandp/news/article_display.jsp?vnu_content_id=1004007458

③ NAA：Advertising Expenditures http://www.naa.org/TrendsandNumbers/Advertising-Expenditures.aspx

④ 资料来源：Newspaper Association of America Annual AD Volume http://www.naa.org/TrendsandNumbers/Advertising-Expenditures.aspx

在连续 3 年负增长之后，2009 年报业境况更是一片惨淡。

由咨询公司 TNS 媒体信息所发布的数据显示，2009 年上半年美国广告业营收总量同比下降了 14.3% 跌至 608.7 亿美元，报纸广告跌幅则达到 24.2%。[①]同样糟糕的是，报业网站的广告收入在 2009 年第二季度也只有 6.53 亿美元，比上年同期下降 16%。[②]

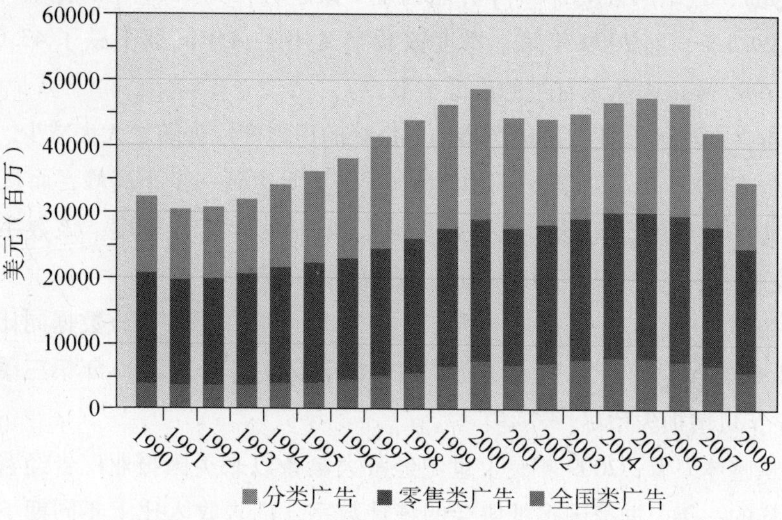

图 1－13　美国日报印刷广告收入分类情况图（1990—2008 年）[③]

报纸的分类广告是下跌最惨的部分，2009 年第二季度下跌幅度达到 40%。分类广告历来是美国报纸广告最大的来源之一，一向被视为报纸的摇钱树，以 2000 年为例，报业分类广告收入占广告总额的 40.3%。[④] 但此类广告已大量转移到免费或低廉的互联网分类广告网站上，如著名的克雷格列表（Craigslist）网站。[⑤]

汽车、房地产、金融、家电、医药等行业是投放报纸广告的大户，这些

① New York：TNS Media Intelligence：TNS Media Intelligence Reports U. S. Advertising Expenditures Declined 14. 3 Percent in First Half 2009. 2009，September 16.
http：//www. tns-mi. com/news/09162009. htm

② NAA：Ad Sales Down 29% in 2Q，Biggest Downturn Yet
http：//www. editorandpublisher. com/eandp/news/article_display. jsp?vnu_content_id=1004007458

③ 资料来源：Newspaper Association of America Annual AD Volume
http：//www. naa. org/TrendsandNumbers/Advertising-Expenditures. aspx

④ NAA：Advertising Expenditures
http：//www. naa. org/TrendsandNumbers/Advertising-Expenditures. aspx#spotlight-QuarterlyClassified

⑤ NAA：Ad Sales Down 29% in 2Q，Biggest Downturn Yet
http：//www. editorandpublisher. com/eandp/news/article_display. jsp?vnu_content_id=1004007458

产业一旦发生风吹草动，媒体广告收入必然随之跌宕起伏。2008 年美国房产次贷危机使实体经济产业普遍遭受到巨大打击，房产、汽车、奢侈品等领域的广告因而严重受挫。2000 年以来，报业广告在新媒体竞争面前本已显露颓势，此刻再遭变故，更加显得不堪一击。

根据美国报业协会的统计，报纸汽车广告的顶峰出现在 2003 年（51.9 亿美元），汽车广告从 2004 年开始出现下跌趋势，到 2008 年时比上一年下降了 29.1%，而 2009 年第三季度该数字又比上一年同期下跌了 43.03%，是自 1995 年以来从未有过的最低水平。①

本次金融风暴狂扫房地产市场，报纸的房地产广告随之大大减少。房地产广告在 2005 年第四季度时还以 15.06 亿美元达到一个小高峰，而从 2006 年第四季度起就毫无悬念地一路滑坡，到 2009 年第三季度，该数字仅有 3.6 亿美元，与 2008 年同期相比，又下降了 43.02%。

招聘类广告境况更是苦不堪言，在 2009 年第三季度，该数据同比下降了 64.67%，只达到 1.76 亿美元，这个数字仅仅相当于 2000 年第三季度的 8.2%，可谓损失殆尽。②

从整体来看，2009 年是上世纪经济大萧条以来美国报业广告经营境况最糟糕的一年，据美国报纸协会的统计数字，广告收入比上年同期下跌了 27.2%，减收 100 亿美元以上。与 2005 年相比，报业广告收入下跌了 44.2%，从 494 亿美元减少到 276 亿美元。报纸网站的收入 2009 年也下降了 11.8%。③

据《哥伦比亚新闻学评论》商业版评论员赖安·切顿（Ryan Chittum）的统计和分析，如果作长期趋势的比较，减除通货膨胀的因素，2009 年美国报业的广告收入状况已倒退到 46 年前（1963 年）的水平。而 2008 年报业在广告收入总额中的比重仅相当于 1965 年的一半。④⑤美国报业直到上世纪末仍然似乎欣欣向荣的景象，已经荡然无存。《2010 年新闻媒体状况报

---

① 数据来源：NAA：Quarterly-Newspaper-Classified-Ad-Expenditures-Q2-2009
http://www.naa.org/TrendsandNumbers/Advertising-Expenditures.aspx#spotlight-QuarterlyClassified

② NAA：Advertising Expenditures
http://www.naa.org/TrendsandNumbers/Advertising-Expenditures.aspx#spotlight-QuarterlyClassified

③ By Richard Pérez-Peña：It's Official：2009 Was Worst Year for the Newspaper Business in Decades
http://mediadecoder.blogs.nytimes.com/2010/03/24/its-official-2009-was-worst-year-for-the-newpaper-business-in-decades/

④ Ryan Chittum：Newspaper Industry Ad Revenue at 1965 Levels
http://www.cjr.org/the_audit/newspaper_industry_ad_revenue.php

⑤ Ryan Chittum：Newspaper Ads Tumbled to 1963 Levels Last Year
http://www.cjr.org/the_audit/newspaper_ads_tumbled_to_1963.php

告》预计 2010 年美国报业收入还将继续下跌，幅度在 10% 左右。该报告说：“在最坏的情况下，报业可能会一直萎缩下去，作为一个行业停滞不前，而没有留下资源来再造自身。”①

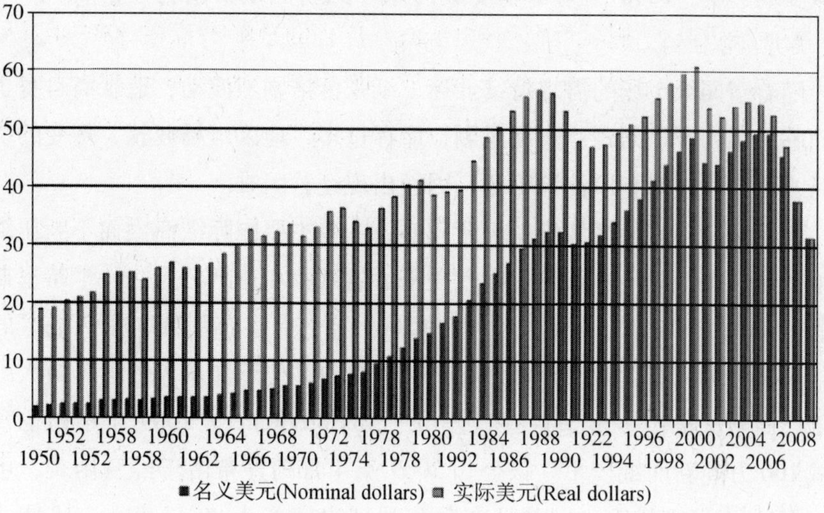

图 1－14　美国报业广告收入（1950—2009 年）②

新闻纸价格如过山车

一般地说，新闻纸费用在美国报业成本中占 20%—35%。③新闻纸价格的波动，对报业的经营有至关重要的影响。

在 2008 年和 2009 年，随着美国报业陷入危机，美国报业新闻纸需求量急剧减少，全年新闻纸的需求数量从 10 年前的 1300 万吨，缩减至 2008 年的 850 万吨。由此造成美国新闻纸市场供求严重失衡，价格出现极不正常的大幅波动，使已经深处窘境的报业经营难上加难。2008 年第一季度国际新闻纸价格为 660 美元/吨，第二季度上升至 760 美元/吨，第三季度又降到 520 美元/吨的低位，到第四季度时急剧攀升至 960 美元/吨，接近 1995 年同期的历史最高价（1000 美元/吨），2009 年 1 月又骤降至 600—650 美元/

---

① PEW：The State of the News Media 2010
http://www.stateofthemedia.org/2010/newspapers_summary_essay.php

② 原图地址：http://www.cjr.org/the_audit/newspaper_industry_ad_revenue.php
本图根据原图改制

③（美）罗伯特·皮卡德，布罗迪著．周黎明译．美国报纸产业［M］．北京：中国人民大学出版社，2004：54. 另有分析文章称，新闻纸消耗占报纸生产成本的 50%—55%，参见注 41。

吨。新闻纸生产商警告说，这样的价格下降仅仅是暂时的，无法长时间维持的。[①] 但至2010年1月，新闻纸需求量比同期继续下降15.1%，占新闻纸总消费量的75.7%的日报1月也比同期下跌了17.1%。[②] 由于报业需求大幅减少的影响，2010年第一季度美国东岸的新闻纸价格再度降低到530—570美元/吨。[③]

随着新闻纸市场的需求持续低迷，纸张价格剧烈波动，造纸商自身也同时面临一系列严重问题：产能过剩，库存过多，地区市场疲软，多变的货币市场，以及原材料和原油涨价等，因而出现经营困难。

为了保持较高价格和维持经营利润，一些主要国际纸商因而不断压缩新闻纸产量，甚至关闭造纸厂。如北美最大的纸浆和造纸公司之一卡特里斯特纸业公司（Catalyst Paper Corp）也在2009年1月宣布削减3家造纸厂的产量，包括在第一季度减少新闻纸生产55000吨。位于加拿大的世界最大的新闻纸厂商阿比蒂比·宝华特有限公司（AbitibiBowater）2009年年初也宣布削减100万吨新闻纸产量。该公司2009年4月则宣布由于经营困难，申请破产保护。[④]阿比蒂比·宝华特有限公司列出资产为99亿美元，负债达到87.8亿美元。[⑤]

面对新闻纸价的波动，各报业集团也被迫使尽浑身解数开源节流。在2008年新闻纸涨价期间，各家报纸冒着发行量下跌的风险，纷纷提高售价：《华尔街日报》从7月起将零售价从1.5美元涨到2美元，《纽约时报》售卖价格从8月起从1.25美元提升到1.5美元，《今日美国》于10月将零售价从75美分调高到1美元。[⑥] 另一方面，为了减少纸张的费用，各报或减少出专刊，或压缩版面。如《华盛顿邮报》在2009年3月宣布停止财经版的每日出版发行，只在每周日出一期。[⑦]

---

① Anushree Chandran：Global Newsprint Prices Likely
http://www.livemint.com/2009/02/03214135/Global-newsprint-prices-likely.html

② Debra Garcia：Newsprint Inventories up, Consumption down in January
http://www.editorandpublisher.com/eandp/columns/forestwebs_display.jsp?vnu_content_id=1004073586

③ The Pix Paper Benchmark Indexes
http://www.foex.fi/default.asp?navigate=pix_paper_select.asp

④ Anushree Chandran：Global Newsprint Prices Likely
http://www.livemint.com/2009/02/03214135/Global-newsprint-prices-likely.html

⑤ Dawn McCarty & Christopher Donville：AbitibiBowater Seeks Bankruptcy as Refinancing Fails
http://www.bloomberg.com/apps/news?pid=20601082&sid=aGQAU2danfP0

⑥ USA Today hikes price to $1 on newsprint costs
http://www.azcentral.com/business/consumer/articles/2008/10/10/20081010biz-USATodayPrice1010.html

⑦ Robert MacMillan：Washington Post to cut business section
http://in.reuters.com/article/businessNews/idINIndia-38500120090313?pageNumber=1&virtualBrandChannel=0

“无冕之王”身价暴跌

许多报业公司在面临业绩不断下滑，广告收入大幅缩水的情况下，都采取减薪或强制员工无薪休假的方式来降低经营成本。据《2010 年新闻媒体状况报告》，在 2007—2009 年三年期间，美国报业编辑部的 55000 个工作岗位缩减到大约 40000 个，大约有 15000 名全职记者和编辑被解雇，即编辑部人员缩减了 27%。①

据美国劳工局的统计，到上世纪 80 年代末，美国报纸从业人员数量停止长期上升势头，转为下滑之势，在 90 年代中期之后下滑加速，在 2009 年更暴跌至 50 年代中期的水平。②（参见图 1－15）

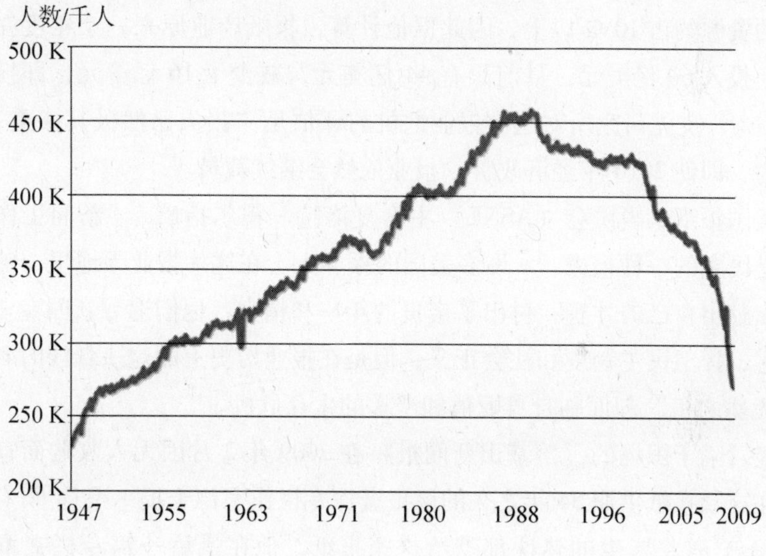

图 1－15　美国报业从业人数变化图③

在这次报业危机中，许多报社连番裁员，以致损兵折将，伤筋动骨。据圣路易斯图像设计师艾瑞克·史密斯（Erica Smith）创制的 Papercuts 网站

① PEW：The State of the News Media 2010
http://www.stateofthemedia.org/2010/newspapers_summary_essay.php

② Jay Yarrow and Kamelia Angelova：Chart of the Day：The End of Newspapers
http://www.businessinsider.com/chart-of-the-day-workers-employed-in-newspaper-publishing-2009-12

③ 原图地址：
http://www.businessinsider.com/chart-of-the-day-workers-employed-in-newspaper-publishing-2009-12
本图根据原图改制

上的数据统计显示，2008年及2009年报纸裁员总数分别为15992人和14775人。在2009年裁员的报社达584家，平均每天裁员40.7人，最多的一次裁员是《橘郡记录者报》在9月一次解雇919人。[①]

《洛杉矶时报》在2003年曾有1100多名采编人员，2008年减少到900名编辑记者。在大量减少报纸版面的同时，2008年2月、7月、10月和2009年2月又连续裁员，该报编辑部人数仅剩570人，连2001年（1200人）的一半都不到。[②]《华盛顿邮报》在经历了两次裁员之后，2008年约100名员工离开工作岗位，人数减少了将近23%。[③]

据媒体专家瑞克·埃德蒙（Rick Edmonds）估算，在2004至2006年，报纸产业每年广告收入为490亿美元，加上发行收入110亿美元，合计大约为600亿美元。他估计2009年报业广告总收入跌至285亿美元，发行收入估计跌至85亿美元，两者合计为370亿美元。而报社一般投入编辑部采编业务的资源约占10%以上，因此据他计算，报纸产业原来一个年度在采编业务上投入60亿美元，目前只有44亿美元，减少了16亿美元，即损失了近30%。[④] 皮尤研究所对这次报业危机的评估是“损失已然极其惨重”，报告认为，即使2010年经济改善，报业依然会继续裁员。[⑤]

美国报纸编辑协会（ASNE）主席夏洛特·霍尔指出，“新闻工作者的减少是民主的一种损失。”[⑥]许多美国的报界人士在这片报业天地里，曾经热情地奉献出自己的才智，付出了宝贵的年华和精力，他们追寻新闻专业主义的理想，捍卫民主制度和社会正义，但是在报业历史上的这一黯淡时刻，这些“无冕之王”却面临自身贬值和严重的生存危机。

经营陷于困境的《落基山新闻报》在2009年2月因无人收购而宣布关闭，在这家报纸供职54年之久的该报资深专栏作家德士提·桑德斯（Dusty Saunders）曾将毕生的热忱都献给这家报纸，他在最后一篇专栏文章中写道，“《落基山新闻报》就像我的家一样”，得知报纸即将关闭的消息以后，

---

① 参见 http://graphicdesignr.net/papercuts/2009-layoffs/

② PEW: The State of the News Media 2009
http://www.stateofthemedia.org/2009/narrative_newspapers_newsinvestment.php?cat=4&media=4

③ Richard Pērez-Peña: Gannett to Cut 10% of Workers as Its Profits Slip
http://www.nytimes.com/2008/10/29/business/media/29gannett.html?_r=1

④ Rick Edmonds: Shrinking Newspapers Have Created $1.6 Billion News Deficit
http://www.poynter.org/column.asp?id=123&aid=171536

⑤ PEW: The State of the News Media 2010
http://pewresearch.org/pubs/1523/state-of-the-news-media-2010

⑥ E&P: Newsroom Employment Drops to Lowest Level Since 1978—But Online Jobs Up
http://www.editorandpublisher.com/eandp/news/article_display.jsp?vnu_content_id=1003963229

他对报纸工作的“骄傲与阴沉的怨愤和极度的悲伤交织在一起”。他充满怀旧之情地回忆当年走进报社时的一个细节：1935 年劳工节时他大学毕业来到报馆当了一名勤杂工，第一天他给一个著名的体育记者送一杯咖啡，由于心情激动，忙乱中却把咖啡全洒到记者的桌子上了。回想自己的报业生涯他夜不能寐，他说，“在《落基山新闻报》的每个年头都令我感到快乐，即使当勤杂工每周只挣30 块钱时也是这样”，“我最珍惜的是报社内的人际关系，总的来说，报人是属于地球上最有智慧、善于表达、悲天悯人和充满情趣的那种人”，“我在报道时与权贵人物对话，《落基山新闻报》过去和现在的记者是印刷新闻业最杰出的代表”。然而这一切已经结束了，他激愤地说，“见鬼去吧，《落基山新闻报》的编辑记者们该有更好的命运才对”。但这一切应该怨谁呢?①

来自《圣何塞信使报》的制图员马丁·吉（Martin Gee）在网上公布了该报裁员中的照片：空荡荡的房间里不再喧闹的电话机、凌乱堆砌的桌椅、被遗弃的电脑、无用的饮水机等等，从照片中可以深切地感受到他的伤悲。他记述道，“我在（2008 年）6 月 26 日被裁掉了，这一天我还在度假中，两天后将迎来我的生日”，“没有人在意去通知我。这同我失去父亲时的感受一样。这是我生活中最糟的一个月”。他形容编辑部像是一个“太平间”。②③

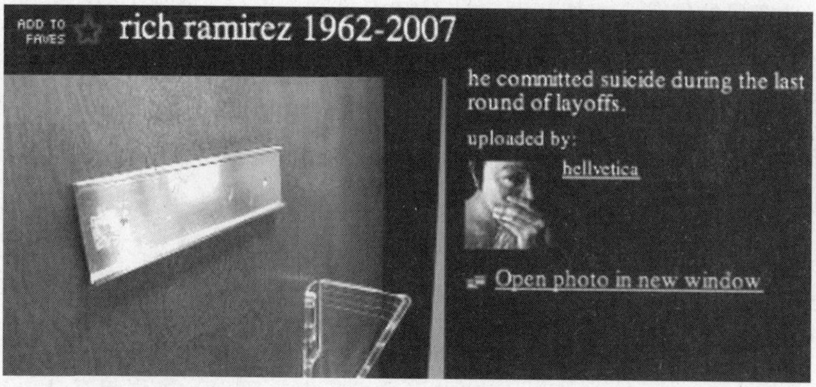

图1－16 《圣何塞信使报》职员瑞奇·拉米雷斯（Rich Ramirez）在裁员时自杀④

---

① Dusty Saunders: It was 50-plus years of fun
http://m. rockymountainnews. com/news/2009/feb/27/it-was-50-plus-years-of-fun/

② Robb Montgomery: Merc journalist photo documents impact of depleted newsroom staff
http://www. robbmontgomery. com/2008/04/merc-journalist-photo-documents-impact-of-depleted-newsroom-staff

③ Reduction in force
http://www. flickr. com/photos/hellvetica/sets/72157604470612285/

④ 图片来源：http://www. flickr. com/photos/hellvetica/sets/72157604470612285/

裁员固然可以减少报纸开支，降低新闻运作成本，但毕竟是饮鸩止渴，裁员所带来的消极后果也是显而易见的。由于人手短缺，报纸势必被迫缩减报道范围，放弃耗时费力的深度报道，用肤浅空洞和同质化的材料填充版面，从而降低新闻质量，损害报纸的信誉。

一家求职网站根据职业环境、收入、任职前景、对身体要求以及工作压力等五方面因素对2009年美国200种职业进行评估，得出了一个令人吃惊的结果："报纸记者"排位竟低至第184位，排位在货轮搬运工之前，地位却低于守门人（第83位）、教师（第116位）、女佣（第131位）、公交车司机（第137位）和专职轿车司机（第160位）。[①]在美国，报社记者原本是在社会上十分受人尊敬的职业，如今却一落千丈，不禁令人慨叹。报人身价如此贬值，也使日后报纸行业更难吸引到可用之才。

西方报业寒风劲吹

北美和欧洲是世界报业的发源地，迄今为止也是全球报业最繁盛的地区。在传媒生态环境急剧变迁的大背景下，经济危机的飓风两年来横扫传统报业繁华领地，留下满目疮痍。美国是本次报业危机的重灾区。西方诸国同遭报业寒风的侵袭，但相对而言状况好于美国。据经合组织2010年研究报告的数字，2004年至2008年，美国报业收入下跌20%，日本下跌9%，英国下跌7%，加拿大下跌2%，荷兰下跌1%，而其他属于经合组织的市场经济国家的报业四年间仍有不同程度的增长。但是到了2009年，所有经合组织国家的报业皆呈跌势，半数国家报业收入低于2004年水平，其中美国、英国和日本分别比2004年下跌34%、22%和18%。各国大多数主要的报纸在2001年到2008年期间，发行量都有明显下降。[②]

加拿大最大的媒体集团——加西全球通讯公司（Canwest Global Communications）于2009年10月申请破产保护进行资产重组。该集团系从电视业起家，扩张迅速，2000年更出资32亿美元兼并了一家报业集团，但此举被

① Newspaper Reporter Ranks Poorly in Career Ranking
http://www.huffingtonpost.com/2010/01/06/newspaper-reporter-ranks_n_413514.html

② Sacha wansch-Vincent. The Evolution of News and the Internet. CAMECO. 2010：17，26.

视为导致今日濒临破产局面的最大败笔。该公司报业集团负债达 15 亿加元。①②

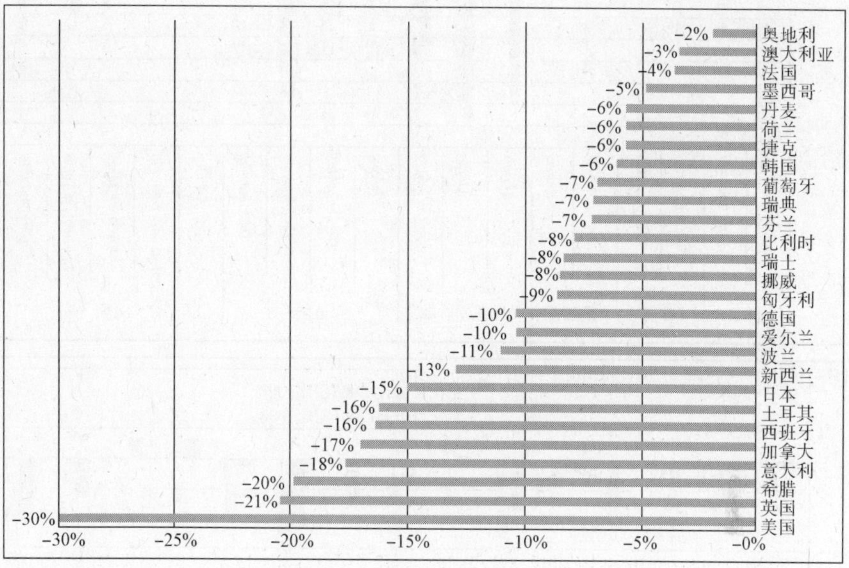

图 1 - 17 经济合作与发展组织成员国报纸出版市场萎缩情况示意图（2007—2009 年）③

英国《卫报》所属网站 paidContent：UK 主编罗伯特·安德鲁斯把 2009 年描绘成“对英国传媒的一场大屠杀”。（参见图 1 - 17）④

根据他的统计，五家英国主要报业集团在 2009 年的年度总收入从 20.5 亿英镑下跌到 15.4 亿英镑，出版商收入损失了 5.097 亿英镑。为了维持利润，各报业集团将成本平均削减了 15%，报社员工成为最大的牺牲品。这些报团解雇了 1/5 的员工，共约 5000 人。

其中，三一镜报集团（Trinity Mirror）利润下跌了 47.7%，收入下降了 23.5%；卖掉了 30 家不赚钱的报纸，裁减了 1700 名雇员（占员工总数的 20%）；并将下属的《伯明翰邮报》改为周报。

---

① Andrew Clark：Can West Global Communications files for bankruptcy protection http://www.guardian.co.uk/media/2009/oct/06/television-pressandpublishing

② Ian Austen：CanWest Newspaper Unit Files for Bankruptcy http://www.nytimes.com/2010/01/09/business/media/09paper.html

③ 图表来源：The Evolution of News and the Internet P18 本图根据原图改制

④ Kevin Anderson：Media downturn 2009：Looking for bottom http://www.guardian.co.uk/media/2009/dec/30/media-downturn-looking-for-bottom

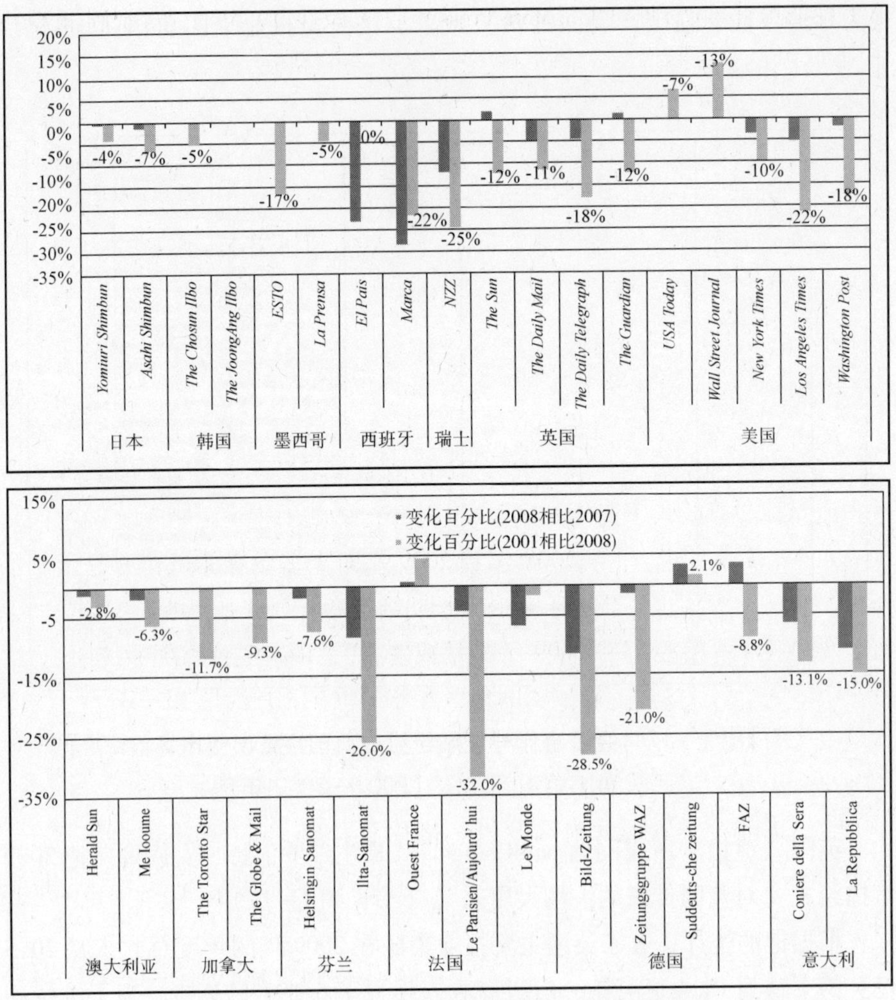

图 1－18　OECD（经济合作组织）成员国国内主要报纸订阅量变化①

新闻咨询集团（Newsquest）当年利润下跌 26%，广告收入下跌 32%。压缩成本 23%，关闭亏损的报纸，自有的 11 台印刷机只用 6 台，外包到其他印刷厂去印报，裁员 1500 人。

北岩传媒集团（Northcliffe Media）经营利润下降 64%，收入下降 21.9%，在英广告销售下跌 30%，发行收入下降 7%。裁员 1131 人，关掉三家印刷厂，整合外包发行。

阿钱特集团（Archant）利润下跌 32%，收入下跌 19%，广告销售减少 29.5%，减员 18.7%。

---

① 图表来源：The Evolution of News and the Internet P26 本图根据原图改制

乔斯顿报业集团（Johnston Press）收入减少 19.5%，税前利润减少 56%，[①] 广告销售减少 26.5%，裁员 438 人。虽然该集团大力压缩成本有所见效，但至 2010 年仍然净负债 4.22 亿英镑。[②] 这家有 243 年历史的报业公司将进行管理层重大调整，公司董事会中唯一一位乔斯顿家族成员费雷迪·乔斯顿（Freddie Johnston）在公司担任总裁达 50 年以上，已决定离职。[③]

安德鲁斯预计，2010 年报业集团仍将继续压缩成本，他感叹地说，这些报业集团“对自身业务的戕害已是如此之深，他们还有能力通过创新去找到拯救（报业）的办法吗？”[④]

《卫报》传媒集团（Guardian Media Group）到 2009 年 3 月底为止，全年税前亏损达到 8980 万英镑，《卫报》的全国性报纸部分全年运营亏损 3680 万英镑。地区性报纸收入从 2008 年的 1.205 亿英镑减至 9400 万英镑。该集团总体经营收入下降 7.6%。《卫报》传媒集团主席阿米莉亚·福西特（Amelia Fawcett）说：“从 2008 年到 2009 年对大多数媒体机构都是困难的年份，我们的集团也不能免于衰退和长期结构变化合在一起的影响。”[⑤]《卫报》的新闻与传媒公司在 2009 年 3 月裁减 50 个编辑职位，随后 11 月再次裁员 100 人。《卫报》传媒集团的地区媒体部也在 3 月裁员 150 名。

安德鲁斯估计，英国无论是全国性还是地区性报业，比 2008 年的收益都减少了 1/3。他预计 2010 年减收趋势仍将继续，但可能趋缓。[⑥]

据《卫报》专业媒体博客罗伊·格林斯兰德（Roy Greenslade）统计，从 2008 年 1 月至 2009 年 2 月，英国有 53 家报纸被关闭。同期另新办报纸有 11 家。[⑦]

在 2009 年英国报业的萧杀气氛中，安德斯分析（Enders Analysis）媒体研究所 6 月在英国国会的文化、传媒与体育委员会听证会上提出一份看来过于悲观的报告，称由于报业收入可能在未来五年减少 52%，因此在 1300 多

---

① Mark Sweney & Stephen Brook：Profits Dive 56% at Johnston Press
http://www.guardian.co.uk/media/2010/mar/11/johnston-press-2009-results

② Robert Andrews：Scorecard'09：UK's Top Regional Papers Have Lost Half a Billion in Sales
http://paidcontent.co.uk/article/419-scorecard-09-uks-top-regional-papers-have-lost-half-a-billion-in-sales/

③ Mark Sweney & Stephen Brook：Profits Dive 56% at Johnston Press
http://www.guardian.co.uk/media/2010/mar/11/johnston-press-2009-results

④ Robert Andrews：Scorecard'09：UK's Top Regional Papers Have Lost Half a Billion in Sales
http://paidcontent.co.uk/article/419-scorecard-09-uks-top-regional-papers-have-lost-half-a-billion-in-sales/

⑤ Mark Sweney：Guardian Media Group posts pre-tax loss of nearly £ 90 m
http://www.guardian.co.uk/media/2009/jul/31/guardian-media-group-pre-tax-loss

⑥ Kevin Anderson：Media downturn 2009：Looking for bottom
http://www.guardian.co.uk/media/2009/dec/30/media-downturn-looking-for-bottom

⑦ Roy Greenslade：Britain's vanishing newspapers
http://www.guardian.co.uk/media/greenslade/2009/feb/19/local-newspapers-newspapers

家英国地方报纸中，可能有多达半数的报纸将在 2014 年前被关闭。① 2010 年 3 月，在英国报业普遍困难的情况下，苏联 20 世纪 80 年代驻伦敦的克格勃间谍、俄罗斯富豪亚历山大 · 列别杰夫（Alexander Lebedev）采取“不可思议”的举动，以 1 英镑的象征性出资，购买了陷入经营困境的伦敦《独立新闻报》（*Independent News*），同时同意承担其 925 万英镑的债务。《独立新闻报》2009 年经营亏损达 8780 万欧元，经营收入下跌 15%。据称即使关闭这家报纸，也需要耗资 3000 万英镑。而在一年多以前，列别杰夫已经以同样的办法，收购了另一家伦敦下午报《伦敦旗帜晚报》（*London Evening Standard*）。②

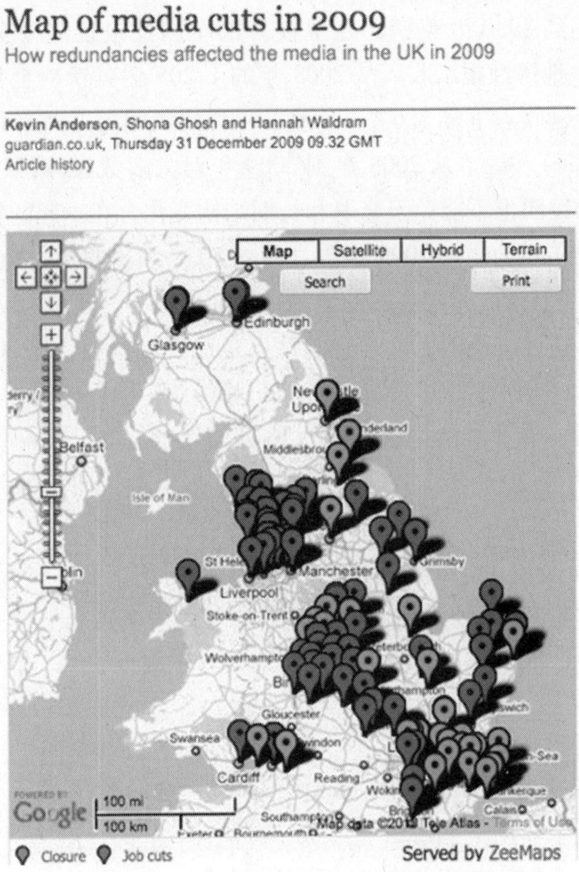

图 1 – 19　英国 2009 年媒体危机示意图③

① Stephen Brook：Half U. K. local and regional papers could shut by 2014，MPs are told http://www. guardian. co. uk/media/2009/jun/16/half-local-papers-could-shut-2014

② Paul Sonne：Russian Tycoon Buys U. K. 's Independent for £ 1 http://online. wsj. com/article/SB10001424052748704094104575143653952079836. html

③ 图示来源：http://www. guardian. co. uk/media/2009/dec/30/map-media-cuts-2009

法国报业与英国相比，缺少大型全国性报纸，实力及对社会的影响力一向较弱。自 2000 年以来，由于免费报的兴起、经济衰退和互联网的影响，几乎所有法国报纸都出现了发行下跌和读者流失的现象。《世界报》（*Le Monde*）、《解放报》（*Libération*）、《法兰西晚报》（*France Soir*）等生存都受到威胁。[①] 根据世界报业协会的统计，按照人均计算，法国报纸的销量只及英国和德国的一半，尤其是在年轻人当中读者比重更低。据法国政府的一项调查，2007 年 15—24 岁的年轻人中只有 10% 每天阅读付费报纸，而在 10 年以前这个数字是 20%。

与欧美许多国家政府对报业危机“袖手旁观”的审慎做法不同，法国政府通过对报业状况的调查，对处于困境的报业出以援手。2009 年 10 月，法国政府宣布了一项名为“我的免费报纸”的政府资助项目：所有 18—24 岁的年轻人，可以免费阅读由其选择的一种报纸，为期一年。政府期望这个计划可以把更多年轻人转变为忠实的报纸读者，对此法国的文化部长说：“赢得年轻读者，对于报业的财务方面的生存以及对国计民生非常重要。”目前，法国有 60 多家报纸参加这个项目，政府为支持这个项目，在三年内出资 1500 万欧元。但是这个项目也遭到了质疑，一位媒体专家说：“这个项目只能是强化了报纸必须免费的观点，这是一个很糟糕的想法。”而且自相矛盾的是，政府为了推广这个项目，却决定主要通过网站来刊登广告。[②]

德国的出版商阿克塞尔·斯普林格（Axel Springer）拥有德国发行量最大的报纸《图片报》（*Bild*），在 35 个国家拥有 170 多家报刊和 60 多个网站。该公司 2008 年净利润为 5.71 亿欧元，2009 年净利润为 3.14 亿欧元，同期相比下跌了 45%。收入下降的主要因素是报刊需求的下降。[③]

欧洲麦卡姆报业集团（Mecom）在荷兰、波兰、挪威和丹麦拥有 300 家报纸和 200 多个网站。该集团 2009 年前六个月的运营利润比同期惨跌 75%，广告收入比同期减少 22%，其中招聘广告下跌达 54%。经营总亏损额从前一年同期的 70 万欧元，猛增到 2009 年的 2500 万欧元。[④] 2009 年全年经营利润比上年同期下跌 28%。为了降低成本，麦卡姆集团在 2009 年解

① Daily Newspapers and Sunday Newspapers in France
http://about-france.com/french-newspapers.htm
② Eric Pfanner: French Papers Aim at Younger Readers
http://www.nytimes.com/2009/10/28/business/media/28papers.html?_r=3
③ AP: German publisher Axel Springer 2009 net income falls 45 percent to $427 million
http://www.startribune.com/business/87221667.html?elr=KArks: DCiU1OiP: DiiUiD3aPc: _Yyc:aUU
④ Mark Sweeney: David Montgomery's Mecom posts 75% fall in operating profits
http://www.guardian.co.uk/media/2009/aug/06/mecom-posts-fall-operating-profits

雇850名员工，并且不排除今后继续裁员。

尽管麦卡姆集团报业经营状况不佳，但其网站的流量在2009年却增长了31%。该公司在波兰的网络收入比上年同期增长了29%，2009年由于建立了15家社区门户网站，网站的独立访客量几乎增加了90%。集团总裁戴维·蒙哥马利（David Montgomery）认为，“我们不能再继续单纯依赖印刷品的销售和广告收入，尽管今后很多年这些还是我们获取利润的立足点”。对此集团于2010年3月推出了1亿欧元的三年计划，来创建印刷产品之外的新的赢利渠道，如网络产品收费和网络广告等。网络产品包括付费网络时尚杂志、用于智能手机iPhone的App应用程序、网络城市指南等。①②

世界五大传媒巨头之一、欧洲最大的出版商贝塔斯曼集团公司（Bertelsmann），旗下包括德国卢森堡广播电视台（RTL）、英国Ailing电视第五频道、蓝登书店（Random House Book）等，该公司在2009年上半年净亏损3.33亿欧元，而就在前一年同期公司还赢利3.72亿欧元。该公司总裁将经营的失败归咎于“困难”的广告市场。《金融时报》（*Financial Times*）对它的评论是，“任何人想归纳出版行业的困扰，只要第一手去了解贝塔斯曼就够了”，该集团的亏损“反映出今年以来广告业的急剧跌落，以及传媒界进行的长期结构性转移，媒体公司正在努力抓住分裂化的受众和应对数字时代变化中的经济学”。贝塔斯曼公司在经济繁荣时期曾进行一系列兼并，但2009年负债却高达68亿欧元。《卫报》著名媒体博客罗伊·格林斯兰德就此案例评论说：“看来没有哪家传媒公司能够免于衰退的影响，不管规模大小，甚至是像贝塔斯曼这样严格管理的公司也是一样。”③

“最后的兴盛期”：西方不亮东方亮？

在亚洲和世界其他一些地区，报业同样受到全球金融危机的震荡，但影响程度相对小于美国和欧洲。如韩国2007年到2009年报业收入下降幅度为6%，澳洲报业仅下跌3%。④ 由于社会经济发展状况和文化的差异，亚洲一

① Mark Sweney：Mecom sets out three-year digital targets as profits fall 28%
http://www.guardian.co.uk/media/2010/mar/17/mecom-digital-targets-profits-fall

② Mark Sweney：Mecom's digital growth will come from ads, not paywalls
http://www.guardian.co.uk/media/2010/mar/17/montgomery-mecom-digital-not-paywalls

③ Roy Greenslade：Now Bertelsmann suffers big loss
http://www.guardian.co.uk/media/greenslade/2009/sep/01/downturn-germany

④ Eric Pfranner：Preserving Journalism, If Not Papers
http://www.nytimes.com/2010/06/14/business/media/14cache.html

些国家的报业依然享有继续增长的广大读者群与相对稳定的广告市场，而为西方同行所羡慕。

2009年2月美国《时代》周刊载文认为，由于教育文化普及以及新闻的事业改革的推动，亚洲可能正在经历着世界报业的最后一次兴盛期。文章指出，根据世界报业协会（WAN）的数据，全球十大付费日报中的八个都是在亚洲出版，全球最大的报业市场分别是在中国、印度和日本，美国仅居第四位。与美国和欧洲的情形相反，2006年到2007年亚洲的报纸订阅量增加了4.74%。[①] 世界报业协会举办的“建立报业的未来”（Shaping the Future of the Newspaper）项目提供了一份题为《纸媒的力量》（The Power of Print）的报告，据该报告统计，从2004年到2008年，虽然北美地区报纸数量有所下降，但是在亚洲、非洲和南美地区报纸种数都分别增长了27.09%、21.67%和18.77%。报告指出，尽管受到经济衰退的影响，全世界付费与免费报纸的数量仍然在增长，2007年全球共有报纸12220种，2008年增加到12580种。（详见图1-20）

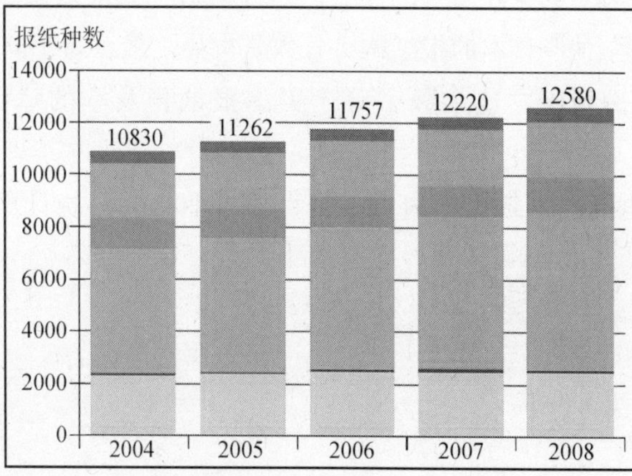

变化百分比	2008/04	2008/07
非洲	21.67%	4.25%
北美洲	-0.42%	-0.19%
南美洲	18.77%	11.68%
亚洲	27.09%	4.04%
澳大利亚&大洋洲	1.12%	-1.10%
欧洲	7.11%	-1.08%
总计	16.16%	2.95%

图1-20　全球各地区报纸种数变化图（2004—2008年）[②]

据世界报业协会的统计，在至2007年的五年中，印度报业的发行销售增加了35.51%。[③] 据报道，2008年印度报纸读者增加了1150万人，广告增

① Hannah Beech: Newspapers in Asia: A Positive Story
http://www.time.com/time/magazine/article/0,9171,1880571,00.html

② 图片来源：World Press Trends 2009, World Association of Newspapers

③ World Press Trends: Newspapers Are a Growth Business
http://www.mynewsdesk.com/se/pressroom/world_association_of_newspapers/pressrelease/view/world-press-trends-newspapers-are-a-growth-business-219757

长率约10%。[1] 不过到了2008年的最后两个月，金融危机的冲击终于中断了印度报刊业连续四年的快速增长。如《印度时报》（*The Times of India*）的广告在2008年10月至2009年4月间下跌了25%。报纸也出现减薪裁员的情况，版面减少了，小型的报纸被关闭，扩张计划被搁置。[2] 印度报业在这一时期经历了一个从“厚变薄，又逐渐转厚”的过程。经济危机发生后，《印度时报》的新德里城市版最多时可达20多页，到2008年12月最少时只有4页。[3] 但是有关人士认为，从长远来看，印度传媒业的发展前景仍然看好。印度媒体专家拉杰什·贾因（Rajesh Jain）认为，印度现在只有23%—24%的人口读报，随着文化普及和经济收入水平的提高，报纸的读者率也会水涨船高。他预计印刷媒体将每年增长9%，至2013年行业年收入可以达到77亿美元。他期望这个数字10年内可以翻一番。[4]

日本素称报业第一大国，日本的《读卖新闻》（*Yomiuri Shimbun*）、《朝日新闻》（*Asahi Shimbun*）和《每日新闻》（*Mainichi Shimbun*）的发行量在世界位居三甲。[5] 日本每日报纸发行总量达5100万份，在经合组织国家中居第一位。[6] 日本平均一个家庭至少订阅一份报纸，如日本第一大报《读卖新闻》发行高达1400多万份。[7][8] 日本的报纸购买人数是世界之最，每1000个成年人中能够销售624份报纸，这个数字等于美国报纸普及率的2.5倍。[9]

但近年来日本的报业也开始出现衰落迹象。据世界报业协会的统计数

---

① Hannah Beech：Newspapers in Asia：A Positive Story
http://www.time.com/time/magazine/article/0,9171,1880571,00.html

② Geoff Hiscock：End of boom time for India's newspaper market
http://www.theaustralian.com.au/business/media/indias-newspaper-boom-is-over/story-e6frg996-1225700219964

③ 王耀东：经济危机冲击各国报业 印度报业：痛并快乐着
http://cjr.zjol.com.cn/05cjr/system/2009/06/24/015616833.shtml

④ Geoff Hiscock：End of boom time for India's newspaper market
http://www.theaustralian.com.au/business/media/indias-newspaper-boom-is-over/story-e6frg996-1225700219964

⑤ 世界报协公布全球报纸发行量排名
http://www.cetin.net.cn/cetin2/servlet/cetin/action/HtmlDocumentAction?baseid=1&docno=273067

⑥ The Evolution of News and the Internet P. 20

⑦ Hannah Beech：Newspapers in Asia：A Positive Story
http://www.time.com/time/magazine/article/0,9171,1880571,00.html

⑧ 日本《读卖新闻》如何发行1400万份
http://www.vdcm.at/shownews.asp?id=14

⑨ Blaine Harden：Japan's Papers, Doomed But Going Strong
http://www.washingtonpost.com/wp-dyn/content/article/2008/10/24/AR2008102403590.html

字，2003 年至 2007 年，五年间日本报纸的发行量下降了 2.7%。[①] 据经合组织的资料，2007 年至 2009 年，日本报业的总体收入下降了 15%。[②]《华盛顿邮报》评论说，与美国和欧洲的报纸相比较，日本的报纸状况依然算是“出乎意料地活跃”，“几乎保住了所有读者”，但是日本报人和其他国家的同行们一样担忧，“因为他们可以看到自己的未来”。《朝日新闻》的一位资深编辑说：“我是在一个正在衰亡的行业里，年轻人都不读报，我们的人口在非常迅速地老化。”[③] 据中新社报道，2008 年日本报业出现了前所未有的生存危机，在 2008 年 12 月 25 日《朝日新闻》、《产经新闻》（*Sankei Shimbun*）等公布的年度上半期决算中，日本各大报发行量下降，其中《每日新闻》销售额比 2007 年减少 4.2%，广告收入也锐减，各大报均出现了高额经营赤字。《每日新闻》经营赤字达到 9.19 亿日元，《产经新闻》的赤字达到 19.84 亿日元，《朝日新闻》出现了创业 130 年以来首次财政赤字，这一数字竟高达 100 亿日元。[④] 另据中新网报道，日本报纸广告额在 2009 年下跌了 18.6%。[⑤]

值得庆幸的是，在本次经济衰退中，虽然日本报纸广告额出现了前所未有的下跌，但报业发行量没有像美欧报业那样大幅跌落。[⑥] 其中的主要原因，应归功于对报纸情有独钟的日本老龄读者群以及日本独有的稳定的发行系统。日本是世界上人口老龄化程度最高的社会，65 岁以上的老年人占 22%。日本政府预测，2040 年这部分老龄人口与 14 岁以下的年轻人的比例将几乎达到 4:1。而日本老年人一生养成读报习惯，却很少上网。此外，报业的发行系统密布日本全岛，日本 95% 以上的报纸是直接送到订户家中的，而送报到户的比例在美国仅为 70%。在日本，订报收入占报纸总收入的 54%，远远高于美国报业订阅费占收入总额的比例（仅为 20%）。[⑦] 老龄化

---

① World Press Trends：Newspapers Are a Growth46 Business
http://www.mynewsdesk.com/se/pressroom/world_association_of_newspapers/pressrelease/view/world-press-trends-newspapers-are-a-growth-business-219757

② The Evolution of News and the internet P18

③ Sarah Perez：How Japanese Newspapers Are Trying to Save Themselves
http://www.readwriteweb.com/archives/how_japanese_newspapers_are_trying_to_save_themselves.php

④ 中新社：报业大国日本面临“报业危机”
http://www.takungpao.com/news/08/12/27/_IN-1010566.htm

⑤ 中新网：日本去年广告额同比剧降 11.5% 网络首次超报纸
http://news.eastday.com/w/20100223/u1a5036715.html

⑥ Nestor Bailly：Japan's newspapers in a good spot despite recession
http://www.editorsweblog.org/newspaper/2009/11/japans_newspapers_in_a_good_spot_despite.php

⑦ Blaine Harden：Japan's Papers，Doomed But Going Strong
http://www.washingtonpost.com/wp-dyn/content/article/2008/10/24/AR2008102403590.html

社会读者的忠实性，稳定方便的递送系统，以及高比例的订阅收入，使日本报业具有更强的抵御新媒体冲击和广告业波动的能力。

与此同时，日本报人也在积极采取措施应对未来后老龄化社会必然发生的读者断层。例如，三家日本主要报纸面对年轻读者的需要，共同开发在智能手机 iPhone 上使用的统一界面的 App 应用程序，以便用户下载各报的新闻内容摘要，并期望借此吸引和促使年轻读者阅读纸质报纸。[①]

尽管新媒体技术变革的冲击遍及全球各个角落，但是每个国家的历史文化传统、社会体制、经济发展水平等诸多国情差异，都会给本国报业带来不同的命运。

据联合国教科文组织（UNESCO）的统计数据，美国 2004 年千人日报拥有量是 193. 19 份，英国则为 289. 75 份，日本为 551. 23 份；而同年印度千人日报拥有量为 70. 94 份，中国则为 74. 10 份，两个发展中的亚洲大国在报业发展方面基本处于并驾齐驱的水平。[②]如果仅以发达国家的报纸普及率为主要参照标准，中国与印度一样同为亚洲国家，随着经济的快速发展、都市化进程以及文化的普及，报业理应还有较广大的市场和较长远的发展提升空间。

但是，由于中国疆域广大以及城乡和地区的巨大差异性，中国报业无法像岛国日本那样，承受覆盖大部分人口的高昂印刷与发行成本；而与实行自由竞争的印度报业相比，中国现行的管理体制无疑是报业市场资本准入与自由流动的刚性瓶颈。此外，观察这次美欧报业大危机，已经可以作出这样的判断：由于新媒体技术革命带来传媒生态环境的急剧变化，20 世纪全球报业的繁荣时代已告结束，传统报业总体上已进入历史衰落期，因而中国报业已不可能也不需要重复西方发达国家报业走过的道路。

即使不久中国进入发达社会阶段，新一代媒体消费者将不会再像老一代西方读者那样依赖报纸获取信息，互联网、移动网络和其他新媒体将继电视之后，成为城乡居民消费者使用媒体的主要方式。因此传统报业将不可避免地面临数字化转型，这既是整个传媒业最大的历史机会，也是最严峻的挑战。美欧报业在数字化方面的探索历程及其得失成败，恰为进入转型期的中国报业提供了不可多得的经验与镜鉴。

---

① Sarah Perez：How Japanese Newspapers Are Trying to Save Themselves
http://www. readwriteweb. com/archives/how_japanese_newspapers_are_trying_to_save_themselves. php

② http://stats. uis. unesco. org/unesco/TableViewer/tableView. aspx

附录一【案例1】

甘尼特集团：从报界老大到数字先锋

1906年，一位名叫弗兰克·甘尼特的美国人以10万美元买下了《埃尔迈拉公报》（*Elmira Gazette*）公司的一半股权，此后，他又先后购买了若干家报纸，并于1923年组建了甘尼特有限责任公司（Gannett Inc.）。此时的甘尼特还是只有6家报纸的一间小公司，而经过一个世纪的不断吞并与扩张，如今的甘尼特集团已经坐上美国报业帝国的第一把交椅。它在美国41个州和6个国家拥有100多家日报，近1000家周报，23家电视台，是名副其实的“报业之王”，其报纸发行总量和经营总收入均居美国第一，旗下报纸《今日美国》是全国发行量最大的报纸。①

在美国报业最近100年的发展史中，甘尼特公司无疑是一个传奇，一些历史上赫赫有名的报业集团渐渐沉沦，而甘尼特却保持着强劲的发展势头。那么，在如今这场金融危机与报业寒潮的双重冲击之下，甘尼特公司的境遇如何？这位报业老大能否和如何躲过这场劫难呢？

“报业的时代即将过去”

对于美国一些商业大亨来说，高回报的报纸产业一向是投资的最佳选择之一。即使是在经济不景气的时期，选一只适合长期持有的报业股也不是一个太糟的主意。

那么现在报纸还值得去投资吗？答案却是：不值得。

“股神”巴菲特在其执掌的伯克希尔·哈撒韦公司（Berkshire Hathaway）2009年5月举行的股东大会上，面对包括比尔·盖茨在内的与会者说出了以下这句话：“对美国的绝大多数报纸，我们都不会在任何价位上购入。”②

而在这之前，巴菲特对报业股却一直钟爱有加，他认为报业拥有“令

① Gannett Company：About Gannett
http://www.gannett.com/about/

② Megan McArdle，Berkshire Hathaway Liveblogging：“Unending Losses” for Newspapers
http://business.theatlantic.com/2009/05/berkshire_hathaway_liveblogging_unending_losses_for_newspapers.php

人满意的长期发展前景"，"即使三流报纸，如果在同一城市中仅此一家，也会创造出足够的利润"。[①] 也许正是怀着这样的信心，巴菲特从2000年第二季度开始持有甘尼特公司的股票3636800股。不出其所料，甘尼特公司的股价一直稳步增长，到了2003年第三季度涨到了历史高价每股88.1美元。这时巴菲特卖出了甘尼特公司的一部分股票，并期待剩下的股票能够带来更大的收益。[②] 可那时这位"股神"一定没有想到，属于报纸的时代即将过去。

就在巴菲特售出这部分股票之后，甘尼特公司的股价开始下跌了，但他并没有将手里剩下的股票卖掉。到了2006年5月，甘尼特股价跌到了60多美元，巴菲特依然有信心，他认为当一种行业有了更多的竞争者时，这种行业的经济状况当然会趋向恶化，但是报纸仍然是非常有利可图的，只是利润正在下降。[③] 而到了2007年，巴菲特却在给股东的信中写下了这样一句话："从我们的报纸中获取丰厚利润的日子已经结束了。"[④]

事实也正是如此，甘尼特公司的股票仍然持续下跌，在2009年3月，甘尼特的股票价格狂跌到了20年来的最低价：1.85美元，与2008年年底的价格相比，缩水了72.5%，成为巴菲特所持股票中业绩最差的几只股票之一。此时的巴菲特对报纸已经不抱任何信心了，认为报纸"可能会无休止地亏损下去"。巴菲特说："30年前，报纸这门生意是必不可少的，假如你想知道体育比赛得分和新闻的话。报纸只有在对于读者是必不可少的时候，对于广告主才能必不可少。这种情况已经变了，每天都在变，而且我看不到未来这种趋势有改变的可能。"[⑤]

"我们的墓志铭"

2009年5月16日，一份叫做《图森公民报》的地方报纸走完了它138年7个月零1天的生命旅程。《图森公民报》是甘尼特公司属下的一份日报，创办于1870年10月15日，是亚利桑那州历史最悠久的报纸。在《图

① （美）小罗伯特·G. 海格士多姆. 朱武祥，樊勇译. 沃伦·巴菲特之路［M］. 北京：清华大学出版社，2007.

② （美）小罗伯特·G. 海格士多姆. 朱武祥，樊勇译. 沃伦·巴菲特之路［M］. 北京：清华大学出版社，2007.

③ Buffett：Newspapers are "a business in permanent decline"
http://www.hypergene.net/blog/weblog.php?id=P338

④ Frank Ahrens：Buffett Pessimistic about Newspapers
http://www.washingtonpost.com/wp-dyn/content/article/2007/03/02/AR2007030201278.html

⑤ Megan McArdle，Berkshire Hathaway Liveblogging："Unending Losses" for Newspapers
http://business.theatlantic.com/2009/05/berkshire_hathaway_liveblogging_unending_losses_for_newspapers.php

森公民报》的鼎盛时期，报纸发行量曾达到60000份（1960年），而在2009年报纸关闭时，发行量仅有17000份。

在《图森公民报》最后一期的头版上，“Our epitaph（我们的墓志铭）”这两个单词显得格外醒目。100多年来，这家报纸一直都在为亚利桑那州的居民们讲述着身边的生活故事，而在此刻，却为自己书写了墓志铭。

“这些报纸不只是关闭了，它们死去了。”《图森公民报》的编辑詹妮弗·波伊斯在《我们的墓志铭》这篇文章中写道，“报业是如此的惨淡，我们当中很少有人能再度成为记者、报纸版面设计师、编辑或是摄影记者了。”而对于《图森公民报》的母公司甘尼特集团来说，关闭报纸似乎是最佳选择，因为“制作、印刷和发行报纸的花费远多于所获得的收入”，关掉报纸无疑能节省一大笔开销。“对于母公司甘尼特而言，《图森公民报》死掉比活着更有价值，知道这一点时是很令人悲伤的。”波伊斯说。①

图1 垃圾桶里《图森公民报》②

甘尼特公司的日子的确不那么好过了。从2007年开始，甘尼特公司的收入出现明显下滑。据甘尼特公司2007年年度报告显示，该年度公司的收入相比上一年下降了5.2%，其中广告收入下降了6%，发行收入下降了2%。③

进入2008年后，公司的经营状况继续恶化，第一季度公司净收入相比2007

① Jennifer Boice：Our epitaph
http://www.tucsoncitizen.com/ss/related/116643
② 图片来源于 tucsoncitizen.com
③ 甘尼特公司2007年年度报告
http://gannett.com/07GCIAnnualReport.pdf

年同期又下降了8.9%。[①] 处于这种形势之下，甘尼特不得不通过大规模裁员节省开支以渡过难关。

2008年8月，甘尼特公司宣布裁员1000人。4个月后，又削减了其位于新泽西州的6家报纸共计206个工作岗位。[②] 而这似乎对改善经营并没有多大帮助，到了2008年年末，公司收入的下降幅度甚至比2007年还要高，并且出现了巨额亏损。迫于无奈，甘尼特公司在2009年1月要求数千名员工进行一周的无薪休假，希望借这种方式来减少开销。[③] 而2009年第一季度的财务报告更加让人胆战心惊，该报告称，由于旗下报纸及电视部门的分类广告与其他广告销售持续疲软，造成第一季度赢利锐减60%。7月，甘尼特公司再度宣布裁员，这次裁员的数量为1400名。[④]

进入2010年后，甘尼特公司的财务情况出现好转，第一季度甘尼特公司挣得的利润相比去年同期高出了54%。但这种赢利能力的提高主要归功于其电视部门的收入，而报纸部门的广告收入和发行收入仍在下跌，其中广告收入下降了8.5%，发行收入下降了5.1%。[⑤]

现实如此残酷，究竟路在何方？也许应该在甘尼特公司数字化转型的努力中寻找答案。

绝望中的希望

与其他报业集团相比，甘尼特公司的革新意识是十分令人称道的，在其长达一个世纪的发展历史当中，可以看到它为美国报业技术创新所作出的许多贡献。上世纪20年代末，历史上第一台电传排机由甘尼特公司投资发明。不久，新兴的短波电台又成了公司新闻编辑部加快远地新闻报道的工具。1945年，甘尼特公司成为加入电报图片网（Telephoto Network）的首家美国报业集团。而这种创新精神一直延续到现在。[⑥]

2006年，这个美国第一大报团的一场大规模变革引起了业界的广泛关注。在这年年初，甘尼特公司开始酝酿一个名为“信息中心”的改革计划，旨在对

---

① 甘尼特公司2008年年度报告
http://gannett.com/08GCIAnnualReport.pdf

② Gannett to cut 1,000 newspaper jobs
http://www.reuters.com/article/idUSN1427376520080814

③ Gannett orders company-wide one-week furlough
http://www.google.com/hostednews/afp/article/ALeqM5iQx89tuRBy3khReKcrE99THcZeFA

④ Gannett to Cut about 1,400 Newspaper Jobs by July 9
http://www.bloomberg.com/apps/news?pid=20601103&sid=akQlyUshJpjs

⑤ Looking behind Gannett's 54% profits leap
http://www.guardian.co.uk/media/greenslade/2010/apr/21/gannett-newsquest

⑥ 辜晓进．走进美国大报［M］．广州：南方日报出版社，2004.

报纸进行数字化转型，这一计划是十分具有前瞻性的。

自2003年以来，新媒体在内容和形式上不断创新，甘尼特公司显然已意识到了这种变化。在2006年10月公司所召开的一次编辑会议上，来自甘尼特旗下各大报纸的执行总编、负责人们针对数字化议题展开了讨论。从此次会议的摘要中，可以看出与会者对新的发展与形势有着清醒的认识。

他们认为，年轻人喜欢通过网站来获得所需要的本地化的新闻和信息，并且希望网站的更新速度能够更快些。因此报纸网站就需要提供实时新闻和信息以满足受众的需求，新闻编辑室必须将即时新闻放在首要位置，将资源用于加快即时新闻的更新上。

因此，甘尼特计划在每家子报都建立一个"数字神经中枢"（digital nerve center），它可以"加快新闻更新的速度和数量"，并能从记者、社区以及其他来源等多种渠道获取信息，使"信息流得到持续的更新"。①

这还只是"信息中心"计划的一小部分。2006年11月，甘尼特公司正式实施了这项新计划，旗下所有报纸都将设立全新的"信息中心"，全面取代已有的新闻编辑室，旨在打破报纸传统的资源配置方式，确立以网站等新媒体为主、报纸等纸质媒介为辅的数字化资源配置方式。信息中心摒弃了传统新闻编辑室的部门设置，将整个中心划分为七个功能部：数字部、公共服务部、社区对话部、本地新闻部、内容定制部、数据部以及多媒体内容制作部。

在人力资源方面，传统记者和编辑的工作方式也有了较大的改变。要求记者文字、摄影、制作一专多能，这样才能利用多媒体形式进行现场采访，并在第一时间完成报道；编辑则必须适应现有的工作节奏，进行24小时全天候不间断发稿。②③

公司各报社实施"数字优先"的战略转型后，都把网络业务放在第一位，报纸则退居二线。"我们过去习惯于从报刊投递员那里获取每天的早报"，而现在"用户可以通过包括网络、短信、PDA、手机或者也许是我们所未知的未来其他方式从数字部那里获取信息"。此外，网报互动也是这次改革所强调的，如果一条新闻在网站上一整天很受欢迎，报纸就会考虑在头版报道这个新闻故事。④

---

① Building a digital operation structure resources around a strong breaking-news report.
http://www.gannett.com/go/newswatch/2006/november/nw1102-3.htm

② 邓建国."信息中心"：未来报纸的新闻编辑室？——美国甘耐特集团的"激进"报业改革［J］.新闻记者，2007（1）.

③ 孙镜.解读甘尼特的数字化改革［J］.新闻导刊，2007（3）.

④ 甘尼特公司2008年年度报告
http://gannett.com/08GCIAnnualReport.pdf

"信息中心"计划执行两年多以来，甘尼特公司又对其进行了更深入的改进和完善，如加强受众与其数字产品和印刷产品的联系，制作更多更好的全平台公共服务新闻以满足受众需求等等。

这一切努力是卓有成效的。2009年，甘尼特公司社区出版部（Community Publishing Division）信息中心副总裁凯特·玛丽蒙特（Kate Marymont）写下了以下这些文字，话语间难掩自豪之情：

"每当新闻发生时，甘尼特的网站使用全国最先进的新型数字工具来传递信息。重大的新闻故事——无论是经过策划的报道还是突发性新闻——都能以令人印象深刻的深度、权威性和创造力展现出来。"

即便是面对报纸全行业的危机，玛丽蒙特也显得很有信心，她认为报纸的内容要足够新颖并且独一无二，"要使报纸继续存活下去，我们必须确保只有报纸才能提供读者和广告商所需要的内容"。①

而数字部的业绩也是令人欣慰的，2008年甘尼特公司数字业务收入为2.81亿美元，比2007年大幅增加2.11亿美元。

2009年甘尼特公司数字部的运营收入也一直保持着增长的势头。在第三季度，数字部的运营收入达到了1.43亿美元，比2008年同期的7760万美元增加了几乎一倍。②

希望总是存在于绝望当中。多数人习惯在绝望中等待希望，而少数人却于绝望中创造希望。甘尼特公司应属于报业的"少数人"之列。

（撰文　王颖）

---

① New tools being developed to protect journalism in tough times
http://gannett.com/go/newswatch/2009/mar/nw0319-1.htm

② Gannett Co., Inc. Reports Third Quarter Results
http://www.gannett.com/news/pressrelease/2009/3Q09.pdf

附录一【案例2】

《纽约时报》：“把航运公司改造成航空公司”

在报业寒冬中，《纽约时报》并非是受到冲击最严重的一个，也不是最无力招架的一个，但却是最受人关注的一家报纸，因为它负载着太多的意义。

《纽约时报》创刊于1851年9月18日，原名为《纽约时报日刊》(*The New York Daily Times*)，1857年改为现名。该报与《华盛顿邮报》和《洛杉矶时报》并称为美国三大报，同为美国影响最大的报纸。读者对象主要是美国上层社会，包括企业家、国会议员、政府官员和高级知识分子。[①] 在很多报界人士眼中，《纽约时报》是一面旗帜，它代表着严肃报纸的立场，彰显着主流报纸的品质。著名的纽约时代广场就是因为毗邻《纽约时报》的原办公大楼而得名，足见《纽约时报》的巨大影响力。

历经美国报业150多年风云变幻，当初的《纽约时报》已经发展成为了如今的纽约时报公司。纽约时报公司坐拥《纽约时报》、《国际先驱论坛报》、《波士顿环球报》三家知名大报，另外拥有近24家美国其他地区报纸(包括15家日报)，以及包括NYTimes. com，Boston. com和About. com在内的35家网站，是不折不扣的媒体巨型航母。[②]

在发展过程中，《纽约时报》也曾出现过低谷，爆出过丑闻，但是它总是能将危机化解，以崭新的姿态应对挑战。

然而这次的危机似乎并不同于以往，整个美国报界都在经受发行下跌、广告销售不景气以及新媒体崛起的多重压力，纽约时报公司也不例外。

报业旗舰遭受重创

2008年，纽约时报公司被曝深陷财务危机，甚至屡有传言称公司因入不敷出而不得不准备拱手让人。2009年4月21日，纽约时报公司2009年第一季度的财务报告在众人关注的目光下公布了，报告结果依然令人失望：纽约时报公司2009年第一季度的总收入约为6.08亿美元，相比2008年同期

---

① 美《商业周刊》：《纽约时报》的未来
http://finance. sina. com. cn/j/20050114/09101294221. shtml

② http://www. nytco. com/company/

下降了19.1%，其中广告总收入为3.35亿美元，相比2008年同期大降28.4%。数据还显示纽约时报公司第一季度出现巨额亏损，亏损额由上年同期的33万美元增至7450万美元（见图1）。①

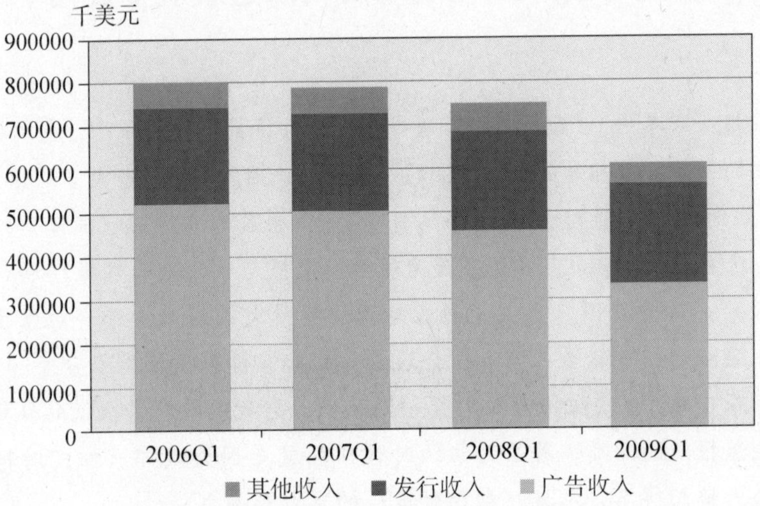

图1　纽约时报公司2006—2009年第一季度收入情况对比②

1. 广告销售

纽约时报公司的财务状况堪忧，很大程度上是被整个报业广告销售不景气所累。

纽约时报公司的收入主要由三大部分构成：广告收入、发行收入和其他收入。如图1所示，纽约时报公司的广告收入下降幅度最大，其次是其他收入，而发行收入则略有增长。实际上，自2006年以来，纽约时报公司的广告收入一直处于持续下滑状态。

图2是一张纽约时报公司2006年到2008年的广告收入情况对比图，如图所示，纽约时报公司在这三年内每一季度的广告收入相比前一年同季度的广告收入均有所下滑。

---

① Michael Liedtke：New York Times Co. losses worsen as ad sales plunge 27%
http://www.usatoday.com/money/companies/earnings/2009-04-21-new-york-times-co_N.htm?csp=34

② 数据来源：
纽约时报公司2008年年度报告
http://www.nytco.com/pdf/annual_2008/2008NYTannual.pdf
纽约时报公司2009年年度报告
http://www.nytco.com/pdf/annual_2009/2009NYTannual.pdf

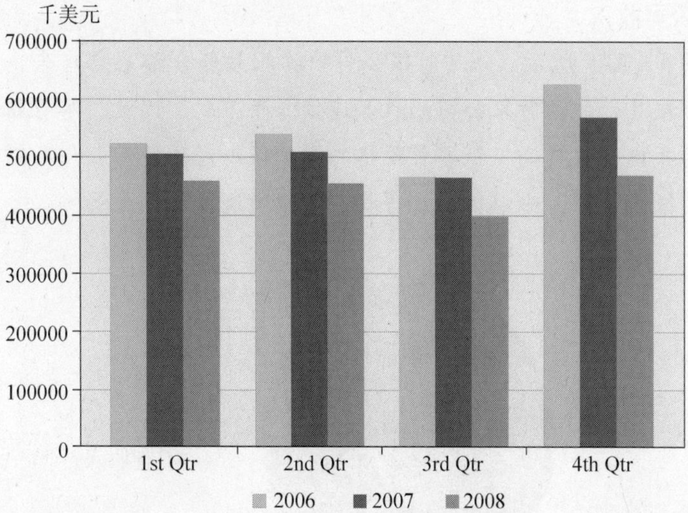

图2 纽约时报公司2006—2008年广告收入情况对比（按季度）①

纽约时报公司的广告销售十分惨淡，分类广告缩水尤甚。纽约时报公司2006年第一季度的分类广告收入为1.54亿美元，2007年第一季度的分类广告收入下滑至1.36亿美元，到了2008年第一季度分类广告收入则缩水到了1.05亿美元（见图3）。这一方面是由于美国经济危机对房地产、汽车等行业的打击，使其放弃在报纸上投放广告；另一方面也是因为网络分类广告网站的蓬勃兴起，占据了报纸分类广告原有的市场份额。

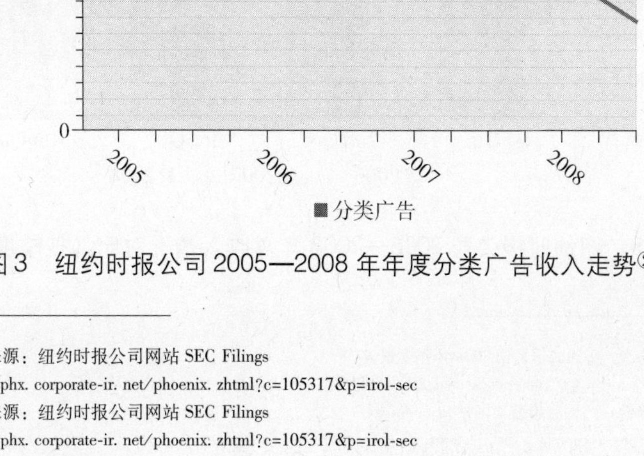

图3 纽约时报公司2005—2008年年度分类广告收入走势②

① 数据来源：纽约时报公司网站 SEC Filings
http://phx.corporate-ir.net/phoenix.zhtml?c=105317&p=irol-sec

② 数据来源：纽约时报公司网站 SEC Filings
http://phx.corporate-ir.net/phoenix.zhtml?c=105317&p=irol-sec

2. 公司收入

如图4、图5所示，纽约时报公司的收入大部分都来自广告，广告收入的下降直接导致纽约时报公司的收入连续三年下跌。因此，尽管纽约时报公司在这两年内多次提高报纸零售价格并增加报纸递送费用，但所增加的财政收入也是微乎其微，难以抵消广告收入下降所造成的巨大影响。

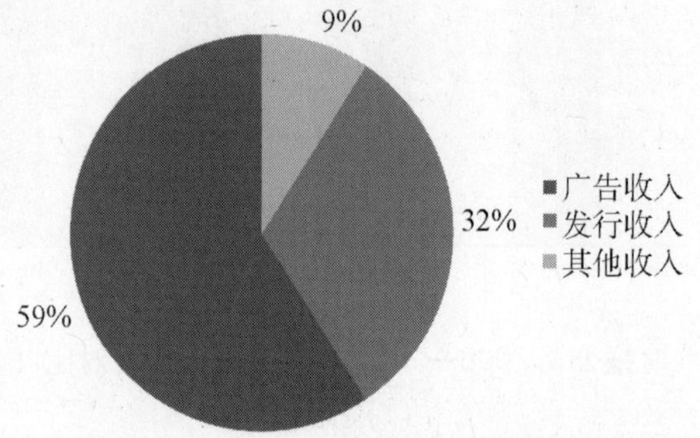

图4　纽约时报公司的收入比重①

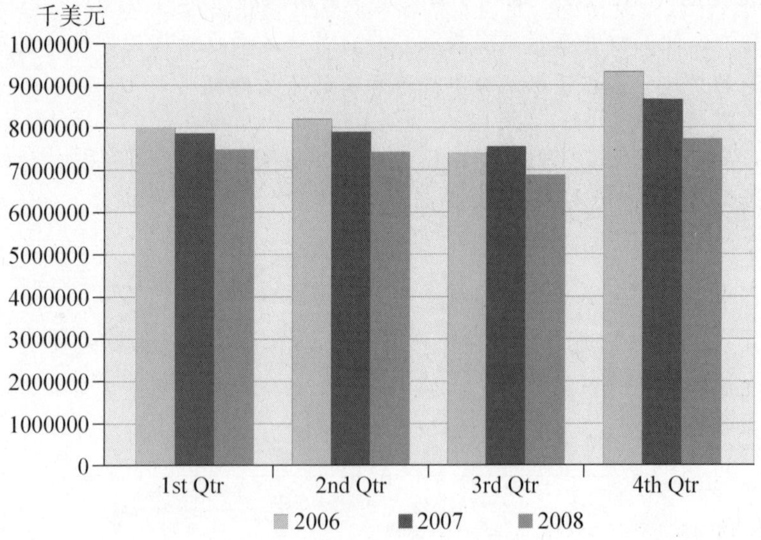

图5　纽约时报公司2006—2008年总收入情况对比（按季度）②

① 数据来源：纽约时报公司2008年年度报告
http://www.nytco.com/pdf/annual_2008/2008NYTannual.pdf

② 数据来源：纽约时报公司网站SEC Filings
http://phx.corporate-ir.net/phoenix.zhtml?c=105317&p=irol-sec

3. 资产与债务情况

从2005年2月开始，纽约时报公司的股价开始缓慢下跌，到了2006年6月底，纽约时报公司的股价已从每股36.66美元跌至24.54美元。从2006年7月开始，美国股市大盘呈现出走高之势。纳斯达克指数、标准普尔指数、道琼斯工业指数在2006年7月至2007年10月间均显示出上涨的势头，这虽然小幅拉高了纽约时报公司的股价，但依然没能挽回颓势。2007年6月，纽约时报公司的股价又开始持续下跌，到了2009年2月19日已跌至每股3.51美元，为20年来纽约时报公司股价的最低点。①

与此同时，纽约时报公司还背负巨额债务，仅长期借贷就多达6亿多美元。为了偿还债务，纽约时报公司采取了种种措施。2008年12月，纽约时报公司宣布以2.25亿美元的价格抵押其新总部大楼，随后又宣布将考虑以1.5亿美元至2亿美元的价格出售持有的波士顿红袜队股份，用以偿还即将在2009年5月到期的4亿美元的债务。② 而在当时，纽约时报公司手上持有的现金仅有4600万美元。

资产缩水、债务缠身，收入也得不到保证。早在2008年4月，标准普尔公司（S&P）就把纽约时报公司的债务评级降至BBB－，这一级别距离最低的投资级别垃圾级也只有一步之遥，公司想要再借款渡过难关恐怕也难了。③

惨痛的经营失败引起《纽约时报》人沉重的反思。普利策奖获得者、专栏作家罗素·贝克（Russell Baker）形容他在1954年加入的《纽约时报》编辑部是“滑稽的臃肿”（comically overstaffed）。在那时，总有许多空闲记者无所事事地玩着桥牌和填字游戏，《纽约时报》富有传奇色彩的记者梅耶·伯格（Meyer Berger）有些打趣地说这是因为阿道夫·奥克斯（Adolph Ochs）④ 总是喜欢在“泰坦尼克号”沉没现场周围有足够的人手进行采访。⑤

正如伯格所描述的那样，《纽约时报》总是竭尽全力地发展与扩张，而不去管这要花费多少金钱，付出多大代价。

---

① 数据来源：美国在线网站（AOL.com）财经版
http://www.dailyfinance.com/?icid=navbar_Finance

② Sarah Rabil: New York Times Seeks Asset Sale as Debt Payment Looms
http://www.bloomberg.com/apps/news?pid=20601103&sid=auJ8SwZR7ILI&refer=us

③ Wallace Witkowski: S&P cuts New York Times to BBB－on newspaper ad revenue
http://www.marketwatch.com/story/sp-cuts-new-york-times-to-bbb-on-newspaper-ad-revenue?siteid=yhoo&dist=yhoo

④ 《纽约时报》前任老板，于1896年买下《纽约时报》。

⑤ Clark Hoyt: Recession, Revolution and a Leaner Times
http://www.nytimes.com/2009/11/01/opinion/01pubed.html?_r=1

在1998—2004年间，纽约时报公司花费27亿美元在历史最高价位上回购自己的股票，超出了公司市值的3倍。2002年，纽约时报公司花费6500万美元从华盛顿邮报公司手中购得当时处于亏损状态的《国际先驱论坛报》，之后尽管纽约时报公司对其进行了大量的投资，却仍然未能摆脱亏损。最近的一笔开销是于2007年建成的位于曼哈顿中心区的新办公大楼，建设费用为6亿美元。①

这种不断的扩张显示出纽约时报公司历经百年历史所积累的自信，然而这种建立在报业传统经营模式之上的自信，却在这次报业寒冬中显得格外脆弱与盲目。

舍车保帅绝境突围

为了应对金融危机带来的强烈冲击，解决资金和债务的困扰，纽约时报公司不得不尽最大努力开源节流，以降低成本维持资产稳定。它在经营层面忍痛“割爱”，推出一系列不得已而为之的措施：

1. 出售头版广告

《纽约时报》为了显示其新闻专业主义的尊贵，一直拒绝在头版刊登广告，然而由于遭受这一次报业危机的冲击，该报不得不放下身段，作出妥协，决定开始出售其头版广告位。2009年1月5日，《纽约时报》头版首次刊登了哥伦比亚公司的广告，广告位于头版底部。硅谷内线（Silicon Alley Insider）的一位编辑撰文称，非周日在《纽约时报》头版刊登广告的价格为7.5万美元，周日为10万美元，每年有52个周日头版广告和313个非周日头版广告，这将为《纽约时报》一年带来2800万美元的广告收入。②

2. 出售总部大楼

2009年3月9日，纽约时报公司同意以2.25亿美元的价格将总部写字楼的一部分出售给W. P. Carey公司及其两家子公司，并进行回租。双方已经完成为期15年的售后回租协议。纽约时报公司计划利用此次交易的收益支付长期债务。根据协议，这些楼层在今后15年内由买家回租给《纽约时报》使用，租期为15年，纽约时报公司可选择在租赁期的第10年以2.5亿

---

① NY Times：Resilient Strategy for Times Despite Toll of a Recession
http://www.nytimes.com/2009/02/09/business/media/09times.html?pagewanted=2&_r=2

② Nicholas Carlson：The New York Times Frontpage Ad：$75,000 A Pop，$100,000 on Sundays
http://www.businessinsider.com/2009/1/an-ad-on-the-new-york-times-front-page-costs-75000-a-pop----100000-on-sundays

美元的价格买回它们的共管权益（condominium interest）。①

3. 裁员、减薪

为了减轻负担，早在2008年9月纽约时报公司就宣布于2009年1月关闭主要负责纽约市区发行工作的“城郊发行部”（City & Suburban），该部门的约550名员工也因此失去工作。另外因为收入的巨大下滑，纽约时报公司通知其旗下报纸《纽约时报》的雇员，2009年将不会得到加薪。减薪将从2009年4月持续到12月，这会影响到绝大部分非工会雇员，并波及到包括《纽约时报》、《波士顿环球报》、公司部门的主管人士等。

4. 出售非核心资产

2009年3月，纽约时报公司将其旗下位于阿尔巴马州弗佛伦萨的《时代日报》（*Times Daily*）及其网站TimesDaily. com出售给了出版公司Tennessee Valley Printing Co.。随后，纽约时报公司又表示将出售手中持有的波士顿红袜棒球队17.5%的股份。

5. 计划关闭《波士顿环球报》

纽约时报公司2009年4月3日表示，除非工会让步，同意削减2000万美元的成本，否则它将关闭旗下的《波士顿环球报》。《波士顿环球报》是美国最受尊重的报纸之一，该报创刊已有137年，共获得过20次普利策奖，并且它报道的诸多重大事件使其赢得了普遍赞誉。1993年，纽约时报公司以创纪录的11亿美元收购了《波士顿环球报》，但分析人士称，自从被收购后，《波士顿环球报》就一直亏损。②

6. 寻求资金支持

2009年1月，纽约时报董事会达成协议，他们将获得来自墨西哥亿万富翁卡洛斯·斯利姆（Carlos Slim）的2.5亿美元注资。卡洛斯向纽约时报公司投资2.5亿美元，帮助纽约时报公司减轻部分债务负担，代价是该公司17%的股份。③

7. 报纸涨价

2009年5月8日，《纽约时报》高调宣布涨价，计划从6月1日起，周一到周六的零售价从1.5美元调涨到2美元，纽约地区星期日版的零售价从

---

① Daniel Nasaw：New York Times publisher to sell headquarters
http://www. guardian. co. uk/media/2009/mar/09/new-york-times-publisher-headquarters

② Threat to shut Boston Globe shows no paper is safe
http://www. newsvine. com/_news/2009/04/04/2641479-threat-to-shut-boston-globe-shows-no-paper-is-safe

③ Eric Dash：Mexican Billionaire Invests in Times Company
http://www. nytimes. com/2009/01/20/business/media/20times. html

4美元涨到5美元，这是《纽约时报》两年内的第三次涨价了。[1] 2007年7月，《纽约时报》从1美元涨至1.25美元，2008年8月又由1.25美元提高至1.50美元。

然而，降低成本固然可解燃眉之急，却始终不是长远之计。在“后印刷时代”里，新媒体发展迅猛，报业面临数字化转型，同所有的传统媒体一样，《纽约时报》也无法拒绝网络新技术带来的渗透和改造。事实上作为全美最具影响力的报纸，《纽约时报》在开发新媒体方面的努力走在了美国报业的前列。

《纽约时报》的新媒体之路

《纽约时报》的掌门人苏兹伯格就数字报业转型打比喻说，我们正在试图将一个航运公司改造为航空公司。[2]

2009年3月，《纽约时报》研发实验室（Research & Development）的尼克·比尔顿（Nick Bilton）作了一场演讲，讲述《纽约时报》对未来形态的新闻发布所作的准备，并探讨如何利用日常生活中无处不在的探测器，向用户设备提供相应的智能内容。[3] 他指出，“报纸只是一个载体”。下一代人将习惯于即时获取信息，届时将出现可折叠显示器、完全制定的视频和图片服务、更多的用户生成内容。

事实上，纽约时报公司早于1996年就开始了互联网业务的开发，而在这次金融危机中，《纽约时报》在利用新媒体方面又作出了诸多努力。

纽约时报公司报纸网站NY Times. com在1996年1月建立，为读者提供《纽约时报》的在线阅读，仅在当年4月，网站日均用户就多达140万。1999年，纽约时报公司成立“纽约时报数字部”（New York Times Digital），将当时公司旗下的NYTimes. com，Boston. com，NYToday. com等所有互联网部门整合在一起，自主经营、独立核算。纽约时报网站在创办第一年就开始赢利，2002年网站创造利润1600万美元，2003年为2043.1万美元，2004年上半年又赢利1730万美元。[4]

纽约时报网站的巨大影响力也不容小觑，据尼尔森在线（Nielsen On-

---

① Michael Liedtke：New York Times Price Hike Daily，Sunday Edition Prices Both Go Up http://www.huffingtonpost.com/2009/05/05/new-york-times-price-hike_n_197007.html

② 参见本书第三章第4节。

③ Sensors，Smart Content，and the Future of News http://www.readwriteweb.com/archives/sensors_smart_content_and_the_future_of_news.php

④ 参见杨晓丽．媒介融合的先行者——《纽约时报》［J］．东南传播，2008（9）．

line）最新调查数据显示，在全美新闻类网站当中，纽约时报网站的访问量排名第五，居于报纸类网站首位（见图6）。

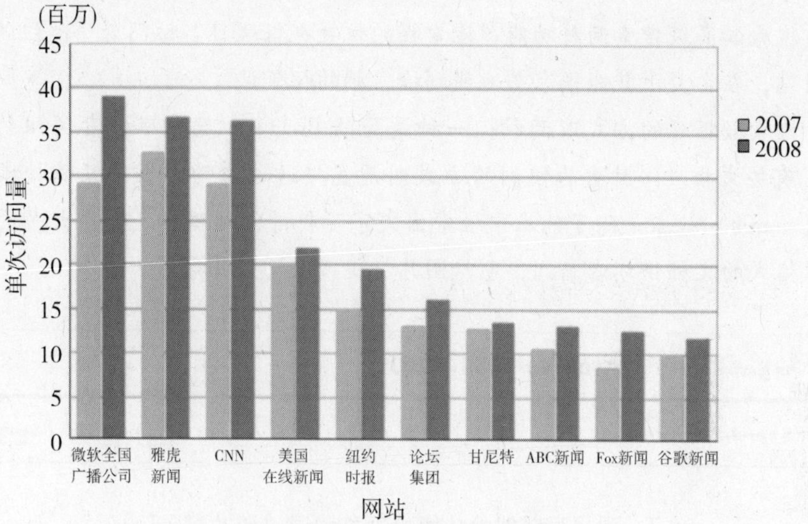

图6　全美新闻类网站访问量对比[①]

2001年10月，《纽约时报》推出时报电子版，在网站NYTimes. com和Newsstand. com提供收费订阅，用户可以将电子版下载到电脑或者笔记本上进行离线阅读。[②]

纽约时报网站的出众之处尤其体现在网站对多媒体形式的应用、数据库建设、搜索引擎开发、多终端内容输出以及对SNS的探索上。

对多媒体形式的应用

纽约时报网站除了为用户提供大量的文字内容，还特别注重对图片、幻灯片、音频、视频、互动图式等多种媒体形式的应用。[③]

数据库与搜索引擎

数据库是纽约时报网站2002年7月开始推出的一项服务，网站访问者通过数据库查询的方式，可以回顾《纽约时报》自1851年以来的全部内

① The State of the New Media 2009
http://www. stateofthemedia. org/2009/index. htm
② New York Times Electronic Edition
https://www. nytimesee. com/offer. php?id=15
③ 参见本书第六章《中外报纸网站个案测评比较研究报告》相关部分。

容。这项服务是以制作网络信息检索系统而闻名的ProQuest公司与纽约时报公司共同合作开发的，数据库以数字化的形式保存了《纽约时报》1851年至今每一期报纸的每一个页面，方便读者查询。① 纽约时报网站数据库提供简单搜索和高级搜索两种功能，检索栏的位置也很醒目。访问者登陆纽约时报网站，在主页上就能很容易地找到检索栏的位置了。

检索数据库的方式有两种：一种是登陆ProQuest数据库检索《纽约时报》有关文档。一种更为便利的方式则是直接通过纽约时报网站的搜索功能（search）检索。除了能从中检索出文字资料外，数据库还提供大量的多媒体格式的文档供读者查阅，包括图片、视频、幻灯片等等。

图7　利用高级搜索功能检索关键词“鸦片贸易”②

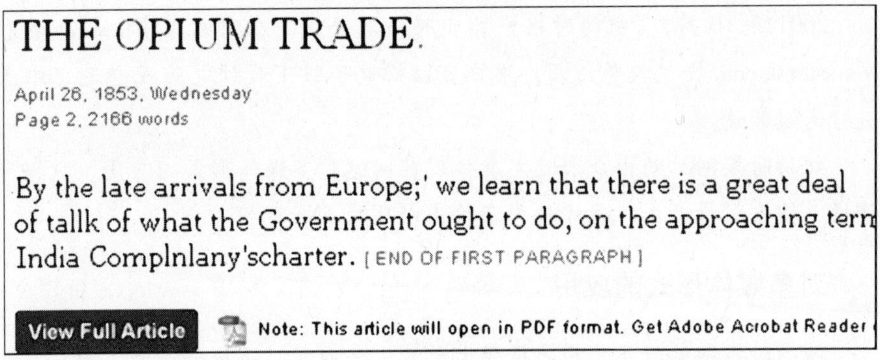
THE OPIUM TRADE.

April 26, 1853, Wednesday
Page 2, 2166 words

By the late arrivals from Europe;' we learn that there is a great deal of tallk of what the Government ought to do, on the approaching term India Complnlany'scharter. [END OF FIRST PARAGRAPH]

View Full Article
Note: This article will open in PDF format. Get Adobe Acrobat Reader

图8　数据库里的一篇发表于1853年的新闻报道，提供PDF免费下载③

多终端内容输出

2006年纽约时报公司同微软合作开发了一款可以支持多终端使用的收费阅读程序——Times Reader，只要通过电脑或手机等移动终端下载，就可

① 《纽约时报》完成在线数据库
http://www.ycwb.com/gb/content/2002-07/31/content_397559.htm
② 图片截取自纽约时报网站 http://www.nytimes.com/
③ 参见杨晓丽. 媒介融合的先行者——《纽约时报》[J]. 东南传播，2008（9）.

以随时更新和接收《纽约时报》发送的新闻。这款软件采用了微软 Vista 的新技术，可以使其各个新闻专栏根据用户屏幕、窗口尺寸进行自动排列，字体等最基本格式可以随意更改，也可以根据自己的爱好，通过个性化设置进行选择性阅读。[①][②]

纽约时报网站还有一系列针对手机用户的服务。用户可以利用手机浏览器浏览纽约时报网站手机版，还可以下载各种应用程序更方便地使用纽约时报网站提供的内容。如下载“Times Reader”阅读新闻、下载“Podcast”收听纽约时报网站的音频栏目、下载“crossword”玩填字游戏等等。在 2010 年 4 月苹果公司的 iPad 上市之后，《纽约时报》抓住 iPad 带来的扩大读者群和开发新形态广告的机会，随即制作推出“编辑精选”iPad 版（含六部分版面内容）。

对社交网络服务的探索

2008 年 6 月，纽约时报网站开通“时报人”（TimesPeople）社区，开始涉足 SNS[③] 领域。

相比脸谱网（Facebook），“时报人”并不是一个以社交为主要目的的社区，它的主要目的在于通过读者之间对网站内容的分享，使读者用户花更多时间在纽约时报网站上阅读更多的内容。纽约时报网站希望将“时报人”建成一个《纽约时报》读者的聚合中心。读者可以在这里与社区里的其他人分享在纽约时报网站读到的感兴趣的文章。当某位读者成为“时报人”注册用户后，会在网页顶部出现一个工具栏，当这个用户关注的朋友推荐了一篇文章，在一篇博文后面作了评论，或是为一部电影或饭店进行了评分，都会在“时报人”用户顶部的工具栏显示，用户如果对该内容感兴趣，就可以直接链接过去了。

与 Kindle 合作

纽约时报网站还与亚马逊公司合作，将内容输出至亚马逊 Kindle 阅读器。Kindle 用户可以在亚马逊网站上订阅《纽约时报》电子版，价格比订

---

① 微软 Vista 功能帮助《纽约时报》推出 Times Reader。
http://news.chinaitlab.com/soft/381172.html

② Robert Larson：Times Reader 2.0 Is Now Available
http://firstlook.blogs.nytimes.com/category/times-reader/

③ SNS 通常有两种解释，一种是 Social Network Site，即“社交网站”或“社交网”；另一种解释为 Social Networking Services，专指旨在帮助人们建立社会性网络的互联网应用服务。

阅纸质版《纽约时报》更加便宜。

推进公民新闻

2009年3月2日，纽约时报网站宣布开办一个地方社区新闻信息网站。网站主要以《纽约时报》记者和社区成员发布的帖子为特色，记录社区成员的日常生活，包括关于学校、餐厅、商业、房地产、经济生活、犯罪等等的相关资讯。这也是该报推进“公民新闻”发展的一个尝试。

网络版收费计划

《纽约时报》执行编辑比尔·凯勒（Bill Keller）在2009年2月表示，《纽约时报》将考虑对网络版进行收费。凯勒认为，期望实行收费的，是指那些难以发掘、真正优质、真实可靠、清晰有序和充分解读的信息。①

硅谷内线的创始人兼CEO亨利·布拉杰特（Henry Blodget）也建议《纽约时报》像《华尔街日报》一样采取一种混合式收费的模式（hybrid subscription-free business）。他指出，《华尔街日报》的混合式收费模式很值得借鉴，而《纽约时报》地位重要，并且也拥有很多如同《华尔街日报》读者一样的忠实订户。

布拉杰特分析了《华尔街日报》收费方式的特点：第一，在WSJ. com上，部分信息是免费的，非订户也可阅读，这部分用户带来的网站流量同样值得重视。第二，《华尔街日报》的所有内容都可以通过Google或其他搜索引擎看到索引。第三，一些网站同《华尔街日报》达成协议，读者可以免费阅读该网站链接到华尔街日报网站的部分内容，“这将促使博客们和出版物能够在对话经济中纳入WSJ的内容”。第四，非订户无法通过搜索引擎看到WSJ. com的完整页面。②

然而关键在于，《纽约时报》能否成功克隆《华尔街日报》的收费模式？

从某种意义上说，核心竞争力与内容同质化是一对反义词。专业性就是《华尔街日报》网络版的核心竞争力。财经报道的独特性，全球顶级职业财经撰稿人的独家性，使得华尔街日报网站的成功有了一定的不可复制性。诚然，《纽约时报》的高品质和严肃性同样值得尊重，但也如同迈克尔·赫斯

---

① Greg Bensinger：New York Times Considers Charging for Its Web Site
http://www. bloomberg. com/apps/news?pid=20601103&sid=at4KmZvYijEM&refer=us
参见本书第五章第1节。

② Henry Blodget：Our Plan to Fix The New York Times
http://www. businessinsider. com/2009/1/our-plan-to-fix-the-new-york-times-nyt

科恩（Michael Hirschorn）在《终结时代》（End Times）[①] 一文中指出的那样，《纽约时报》一直在追逐具有生活化、时尚化风格的衍生产品，如《纽约时报》旗下走风尚路线的杂志 *T-magazine*。这种追逐暂时是有利可图的，也从一定程度上为《纽约时报》的专题调查性报道以及瞄准普利策长篇报道奖的记者提供了资金保障。但是这种生活化与时尚化也逐渐地使品牌的新闻价值空洞，使《纽约时报》成为一份用后即弃的报纸。何况在信息时代里，获得资讯的渠道如此通畅，《纽约时报》是否足以吸引更多的人非花钱订阅该报网络版不可呢？

时间进入了2010年，寒冬之中的美国报业开始慢慢解冻。从纽约时报公司在这一年2月公布的财务报告中，似乎已经可以看见一点点春天的迹象了。报告显示，纽约时报公司2009年第四季度广告收入的跌幅明显放缓：该季度的广告收入为9090万美元，而2008年同期广告收入仅为2760万美元。这是一个不坏的消息，尽管报纸印刷广告的收入同比仍下降了20%，但报纸网站广告收入和发行收入的增长，却使纽约时报公司在2009年略有1990万美元的赢利。2010年第二季度财务报告进一步显示，该报总收入为5.9亿美元，同比增加1.2%，运营成本同时下降了4.3%。值得注意的显著变化是，其中数字广告收入增加了21%，而印刷广告下跌了6%，网络广告的收入已占广告总收入的26%。由于经营状况的改善，标准普尔公司已经将该报的信用评级从B级调整到B+级。但是目前纽约时报公司的净负债仍高达6.7亿美元。[②]

财务情况的好转使纽约时报公司稍稍松了口气，尽管公司在2010年4月还是变卖了其对波士顿红袜队的少量股权，但是在最困难时期预备出售的《波士顿环球报》与《伍斯特电讯公报》总算不用离开母公司的怀抱了。[③④⑤]

严寒渐渐开始消退，《纽约时报》涉险渡过了这次报业危机最艰难的时刻。冬天不会是永远的，但通往春天的道路依然布满泥泞。

（撰文：王颖、段悦）

---

① Michael Hirschorn：End Times
http://www.theatlantic.com/doc/200901/new-york-times

② Jeremy W. Peters：Times Co. Posts Operating Profit Gain
http://www.nytimes.com/2010/07/23/business/23times.html

③ NY Times：Times Company Reports Profit for Quarter and Year
http://www.nytimes.com/2010/02/11/business/media/11times.html

④ Times Company Reverses Its Plans to Sell Worcester Telegram & Gazette
http://www.nytimes.com/2009/12/08/business/media/08times.html

⑤ The Times Company Sells Part of Its Boston Red Sox Holdings
http://www.nytimes.com/2010/04/02/business/media/02times.html

附录一【案例3】

论坛公司破产保护案始末

北密执安大道上华丽的哥特式建筑——芝加哥市的论坛大厦是闻名遐迩的建筑珍品，2008 年 12 月 8 日，一场震惊全美的报界地震就是在这座大厦内发生的。论坛公司（The Tribune Company）是美国第二大报业出版集团，该公司因收入急剧下降和严重资不抵债，在这一天正式宣布申请破产保护，成为美国报业危机发生之后申请破产保护的最大一家报业集团。消息一经传出，论坛集团即成为报业关注的焦点话题。

昔日的辉煌

作为老牌报业巨擘，论坛集团有着百年的基业和辉煌的历史。1847 年 6 月 10 日，论坛公司与《芝加哥论坛报》共同诞生，距今已有 163 年历史，现有雇员约 14000 人。其总部设于伊利诺伊州芝加哥市，立足于此，论坛集团连同旗下各类媒体覆盖了美国都市超过 80% 的人口。该集团同时也是美国最大的雇员拥有制媒体公司，主要从事两种商业运营，即广播娱乐和出版业。论坛集团还是唯一在纽约、洛杉矶和芝加哥三大市场同时拥有报纸和电视台的传媒集团。从年收益来看，论坛集团居于全美第二，而报纸总发行量为全美第三。①

长期以来，论坛集团都占据着美国媒体的领军地位，旗下不仅拥有《芝加哥论坛报》（全美发行量第八）、《洛杉矶时报》（全美发行量第四）、《巴尔的摩太阳报》、《太阳先驱报》、《哈特福德科伦特报》、《早报》、《每日新闻》等 10 家报纸，② 占据了平面媒体的半壁江山。事实上，论坛集团在报业方面获得的成功不仅体现在拥有数家不同的报纸和巨大的发行量上，论坛集团还获得过 94 次新闻界的至高荣誉——普利策奖，其中《洛杉矶时报》获得过 38 个普利策奖项。

---

① Tribune Company
http://www.tribune.com/

② Tribune Company Facilities
http://projects.publicintegrity.org/telecom/search/profile.aspx?id=M000051&sec=facilities

另外一方面，论坛集团旗下拥有的23家电视台所带来的利润也相当可观。属于论坛集团子公司的论坛广播、论坛娱乐、论坛媒介服务等机构，也成为论坛集团资产的重要组成部分。而美国大联盟职棒名门芝加哥小熊队与瑞格里球场，也都隶属于论坛公司。

2000年8月，论坛公司以83亿美元的高价收购了时报－镜报公司，创世界报业史上金额最大的报纸并购纪录。两大豪门联姻之后，论坛公司扩大了一倍，一跃成为美国第二大报业公司。2007年，美国房产大亨山姆·泽尔（Samuel Zell）以82亿美元收购了论坛集团，以员工持股的方式，将论坛公司由公众上市公司变为“私有化”，这在当时最令人瞩目的新闻。然而，这场气势如虹的收购，并没有续写论坛集团的辉煌篇章，反而奏响了一曲破产哀歌。

“坟墓上的舞者”自掘坟墓

成功也许是一系列必然的组合，但失败不仅仅出于一个偶然。

事实上，面对经济不景气带来广告锐减，互联网、新媒体异军突起造成读者流失，论坛集团长期以来已经采取了应对措施。一方面加强管理，裁员减薪严控成本；另一方面，论坛公司并未墨守成规，而是不断开拓创新，增加收入来源，适应新的媒介环境，持续推行多元化发展战略，2000年论坛公司在收购时报－镜报公司时曾经提出过著名的“4M战略”，[①] 即主要市场（Major Market）和多种媒体（Multi Media），大力发展广播电视、数字电视业务以及新媒体业务。为了适应手机媒体的发展，论坛集团还建立起多家手机域名网站。

然而，在人们感慨报业传统经营模式日渐式微之际，论坛集团之所以陷入破产困局的直接原因，与其说是受到新媒体崛起和经济衰退的双重夹击，不如说是论坛集团在错误的时机作出错误的决策所致。

67岁的亿万富翁山姆·泽尔以善于收购廉价资产并从中获利而著称，“逆势投资”是他的一个信条，并自称“坟墓上的舞者”（the grave dancer）。论坛公司宣布破产后，掌舵人泽尔成为众矢之的，更有人评论说这个“坟墓上的舞者恰恰是论坛公司的掘墓人”。2007年12月，山姆·泽尔接任论坛公司首席执行官时曾经满怀激情地向众人宣布：“我深感我需要成为这

---

① 苏荣才．对话美国报业总裁［M］．广州：南方日报出版社，2005：74.

场变革的直接推动者，我保证会实现目标，不令你们失望。”[①] 然而最终泽尔不得不承认，收购论坛报业集团是他损失最惨重的单笔交易。

金融危机打破如意算盘

泽尔收购的首付款仅为成交价的4%，其余资金则通过融资贷款筹集，这种“四两拨千斤”的融资方式以及私有化重组无疑筑高了公司的债台，而泽尔计划主要通过资产出售来偿还这些债务。[②] 另外一方面，山姆·泽尔认为交易是有利可图的，前提是广告收入年降幅不超过3%，就能实现赢利，若年降幅保持在6%上下，则能保证收支平衡[③]。

正如沃伦·巴菲特所说，过分乐观是理性投资者的敌人。事实上，泽尔在收购论坛报业集团之时美国报业的颓势已经初露端倪，论坛报业集团的报告显示公司在2007年净收益为8700万美元，比2006年减少了5.94亿美元。[④] 尽管泽尔接受论坛报业集团时企业仍然有所赢利，但这些收益却必须用来弥补债务。泽尔更完全没有想到，2008年金融风暴突然爆发，传统传媒业全无招架之功，随着广告收入大幅度下跌，论坛公司通过稳定的广告收入还息还贷的如意算盘化为泡影。泽尔收购案后仅一年，公司就陷入严重资不抵债的困局。

事实上，在提交申请破产保护这一无奈之举以前，论坛公司一直竭力试图通过变卖资产和裁员减薪、报纸改版等方式渡过难关。2008年5月，论坛公司将旗下《新闻日报》（*Newsday*）以6.5亿美元价格出售给美国有线电视公司；9月，又出售求职网站Career-Builder.com的部分股份，筹集1.35亿美元资金，[⑤] 借此来解决公司的一些短期债务。此外，论坛公司在2008年6月宣布将位于芝加哥和洛杉矶的总部大楼公开出售。[⑥]

为减少开支，2008年2月，论坛公司宣布裁减编辑部门14%的员工。

---

① Zell make himself known in a hurry
http://archives.chicagotribune.com/2007/dec/21/business/chi-fri_phil_1221dec21

② Daniel Gross: The Road to Zell: How the Tribune deal went so bad, so fast
http://www.slate.com/id/2206353/

③ Katharine Q, Seelye & Terry Pristin: Sam Zell, the “grave dancer,” sees profit in newspapers
http://www.nytimes.com/2007/03/25/business/worldbusiness/25iht-zell.4.5018690.html

④ Richard Pērez-Peña: Sam Zell: A Tough Guy in a Mean Business
http://www.nytimes.com/2008/04/07/business/media/07zell.html?_r=1

⑤ 陈宜轩：论坛报集团破产申请的背后
http://chinesejournalist.xinhuanet.com/html/200901/cyx2.htm

⑥ Thomas S. Mulligan & Roger Vincent: The Times'downtown building could be sold
http://articles.latimes.com/2008/jun/26/business/fi-tribune26

2008年6月《巴尔的摩太阳报》削减100个职位，[1] 7月《洛杉矶时报》共裁员250名职员，包括150个新闻方面的职位，[2]《芝加哥论坛报》裁减80个编辑职位。[3] 据统计，《芝加哥论坛报》与《洛杉矶时报》2008年内已裁员超过400人。《洛杉矶时报》还关闭了其在全球的多个海外记者站，并于7月宣布减少14%的版面。[4]

然而，这一切努力最终还是没能扭亏为盈，阻止公司滑向破产深渊。2008年11月，论坛公司公布的当年第三季度财务报告[5]显示，公司在连续性经营中亏损1.24亿美元，而在2007年同期，公司赢利8400万美元。在非连续性经营中，2008年第三季度公司收入仅为300万美元，而在2007年同期公司收入为6900万美元。

公司在呈交证券交易委员会（SEC）的文件中称，2008年前九个月总收入为31亿美元，下降了7.9个百分点，出版方面赢利下降11.6个百分点，只有21亿美元，广播与娱乐收益基本持平，约11亿美元。另外，公司整体收入已下降10%，只有10亿美元。[6]

论坛公司向特拉华州威尔明顿的联邦法院提交的破产保护申请显示，截至2008年12月8日，公司资产为76亿美元，负债129.7亿美元，[7] 负债比率高达170%。

在破产保护名义下自救

《美国联邦破产法》第11章规定，企业债务人在申请破产保护后，继续日常运营以解决财务困难。企业现有的董事会和管理层将继续留任，并在法院和股东监督下运营业务，通常情况下申请人拥有120天的保护期，在此期间内，申请人可以不受债权人追讨债务的侵扰，不必进行资产清算，并且

---

① Baltimore Sun Cutting 100 Jobs
http://www.nppa.org/news_and_events/news/2008/07/baltimore.html

② Michael A. Hiltzik：Times to cut jobs，reduce pages
http://articles.latimes.com/2008/jul/03/business/fi-times3

③ Chicago Tribune Cutting 80 Newsroom Jobs
http://www.nppa.org/news_and_events/news/2008/07/tribune.html

④ 特约撰稿人IPEC. 美国报业的生死难关［J］. 凤凰周刊，2009（1）.

⑤ Tribune Company Third Quarter Results of Operations
http://www.tribune.com/media/pdf/earnings_q3_08_tables.pdf

⑥ Richard Brunelli：Inside Look：Tribune Co.'s a Work in Progress
http://www.adweek.com/aw/content_display/special-reports/other-reports/e3i4e9a6c684b313de085762fabc2e2c638?pn=1

⑦ 郭全中：论坛公司破产的深层原因和启示
http://biz.zjol.com.cn/05cjr/system/2009/02/19/015271920.shtml

提出重新组建的计划。论坛公司声明，此次申请破产保护只针对债务，其报纸、电视等媒体的业务暂时不会受到影响。该公司发表公告称，在调整债务结构期间将继续出版报纸，同时也不会中断电视台和不动产的经营。[①]

论坛公司申请破产保护以来，不仅旗下所有的报纸和电视台维持正常运营，还注重发展新媒体业务。该集团属下的论坛互动公司（Tribune Interactive）在2009年1月22日宣布创建“节目集萃”，以提供在线多媒体的打包内容服务，用户除了可以读到当天重大新闻之外，还可以阅读他们关心的话题，如新闻、商业、娱乐等。2009年2月6日，公司宣布组建在线娱乐新闻部，提供各种原创多媒体内容，包括“美国偶像”在内的电视节目。

另一方面，为降低成本，2009年2月18日，公司宣布将冻结非工会正式雇员的薪酬。2009年3月中旬，《芝加哥论坛报》停办华盛顿广播部。[②] 2010年1月，论坛公司旗下的《洛杉矶时报》又宣布将削减一部分印刷业务，80名工作人员面临失业。为了削减成本，论坛公司还取消了每周一的独立商业版，并将报纸的幅面由48英寸缩减到44英寸。[③] 2009年8月21日，论坛报公司宣布将出售旗下芝加哥小熊队及其主场瑞格里球场，以及芝加哥有线电视网康凯斯特运动频道（Comcast Sports Net Chicago）25%的股份[④]。2009年9月24日，论坛公司正式出售芝加哥小熊队给利克兹家族（Ricketts family），交易价值为8.45亿美元，偿还掉前两期债务[⑤]。

根据《美国联邦破产法》第11章的有关规定，论坛公司要求法院多给公司4个月时间来完成重组计划，并在2008年12月初获准推迟期限。[⑥] 2009年12月初，论坛报享有破产保护的期限再度获准延长至2010年2月28日。[⑦] 而直至2010年3月31日，论坛公司仍在争取更多享受破产保护的时间，在提交的申请文件中，论坛公司称将破产保护延至4月30日“有助

---

① Tribune Co. executive: operating management will stay with media company
http://www.tradingmarkets.com/site/news/Stock%20News/2490499/

② Andrew Krukowski & Ira Teinowitz: Tribune Co. to Close D.C. Broadcast Bureau
http://www.tvweek.com/news/2009/02/tribune_co_to_close_dc_broadca.php

③ EdListon: Tribune Co's (TRCBQ) Los Angeles Times To Cut 80 Jobs
http://www.benzinga.com/markets/company-news/81481/tribune-co%E2%80%99s-trcbq-los-angeles-times-to-cut-80-jobs

④ http://www.tribune.com/pressroom/releases/2009/08212009.html

⑤ Michael Oneal & Ameet Sachdev: Proposed Chicago Cubs sale clears bankruptcy court hurdle
http://cache.heraldinteractive.com/business/general/view.bg?articleid=1199793&srvc=next_article

⑥ Michael Oneal: Tribune Co. seeks extension of reorganization plan
http://archives.chicagotribune.com/2009/jul/27/business/chi-biz-tribune-july27

⑦ Tribune News Service
http://www.tradingmarkets.com/.site/news/Stock%20News/2444100/

于计划谈判进行得到保障”。[①] 如今，论坛公司申请破产已经长达15个月之久。有报道称，在此期间为其担任法律顾问的律师甚至借此破产案大发了一笔横财。据法院文件中的分析显示，律师事务所和其他一些法律专业人士从论坛公司这个媒介巨头处获得的收入高达1.38亿美元，相当于论坛公司2009年资金流动的1/4。[②]

而自破产保护之后，泽尔的报业经营策略受到质疑和攻击，他在论坛公司的领导地位是否会有所变动也是人们普遍关注的问题。2009年12月2日，论坛公司宣布泽尔将卸任公司首席执行官一职，由首席运营官兰迪·迈克尔斯（Randy Michaels）接任。泽尔仍然是论坛公司的主席，会为经营团队提供战略性指导意见。[③]

业界人士分析，这样大规模的资产并购，首先，必然会导致机构管理层、各部门与人员之间的更替与磨合，从而增加了企业的运营成本。其次，泽尔当初收购论坛公司时采用高杠杆举债的财务操作及员工认股计划的融资方式，增加了收购成本，加重了论坛公司的债务危机。再次，论坛公司在新媒体的进逼下，自身新媒体发展水平、赢利能力不足，效益不尽如人意。更重要的原因是并购选择时机不当，论坛公司实施的两次大规模并购案，恰是在2008年金融危机爆发前夕进行的，公司管理层的致命错误在于对行将到来的美国报业大危机事先毫无警觉。结果，一方面并购成本高企，另一方面则经营收益锐减，从而使貌似实力强大的论坛公司财务窘迫，捉襟见肘，急速地滑向破产的边缘。

无疑，论坛公司的破产已经给整个报界敲响了警钟。在金融风暴周期结束之后，论坛公司能否及何时终止破产保护并真正走出破产阴影，有待继续观察。

（撰文：段悦）

---

① Steven Church：Tribune Asks for More Time to File Bankruptcy Plan
http://www.businessweek.com/news/2010-03-31/tribune-asks-for-more-time-to-file-bankruptcy-plan-update1-.htm

② Michael Oneal：Fees flourish in bankruptcy cases
http://www.chicagotribune.com/business/ct-biz-0328-fees--20100328，0，3790460.story?page=1

③ Transition PR Newswire，Tribune Company Announces Leadership
http://money.aol.com/rtn/pr/tribune-company-announces-leadership-transition/rfid276482116?channel=pdf

附录一【案例4】

华盛顿邮报公司：在生存奇迹的背后

2008年金融风暴对美国报纸产业带来的打击几乎是致命的。然而，有一家报纸的表现却令人啧啧称奇，那就是拥有133年历史并以“水门事件”的调查性报道享誉全球的《华盛顿邮报》。在这场危机之中，许多报业公司的运营收入都出现了大幅下滑，与之相比，华盛顿邮报公司却一枝独秀，表现良好。虽然受到金融危机的影响，华盛顿邮报公司的股价也出现很大跌幅，但是其运营收入却一直处于稳步上升的状态，在重重困难之下仍保持赢利。

《华盛顿邮报》的秘密武器

在报业危机中各大报业公司举步维艰，例如，2008年度甘尼特公司的运营总收入相比2007年度下降了9%，纽约时报公司的运营总收入相比2007年度下降了8%。而华盛顿邮报公司却仍保持了较好的业绩，危机之下的华盛顿邮报公司运营总收入相比2007年甚至还增长了7%①。

难道华盛顿邮报公司拥有什么秘密武器吗?

对比这三家公司2008年度财务报告后不难发现，华盛顿邮报公司的收入构成情况与纽约时报公司、甘尼特公司的收入构成非常不同。

与大多数传统报业公司一样，纽约时报公司、甘尼特公司采用的是“双重市场销售”的商业模式，即以低廉价格销售报纸，同时在不断扩大发行的基础上向广告商售卖版面，因此其收入构成主要以广告收入为主。目前，美国大部分报业公司采用的都是这种经营模式。例如，2008年度纽约时报公司的主要收入来源于广告，其收入占公司全部收入的59%。其次是发行收入，占公司全部收入的32%。而包括数字部门在内的其他收入仅占9%。② 同样，广告收入也是报坛老大甘尼特公司收入构成的主力军。2008年度甘尼特公司高达61%的收入均来自广告，其次则是发行收入和广电部

---

① 参见甘尼特公司2008年年度报告
http://phx.corporate-ir.net/phoenix.zhtml?c=84662&p=irol-reportsannual

② 根据纽约时报公司2008年年度报告整理
http://www.nytco.com/pdf/annual_2008/2008NYTannual.pdf

门收入，而数字部门收入只占公司总收入的很小一部分，仅为4%。①

华盛顿邮报公司的收入构成则十分与众不同，根据邮报公司最新年度报告显示，2008年年度邮报公司的主要收入来源既不是广告也不是发行，而是教育。在2008年公司近45亿美元的运营收入当中，教育收入就占52%，而广告收入仅占24%。换句话说，华盛顿邮报公司的每1美元收入，有52美分都是由教育部门挣来的。

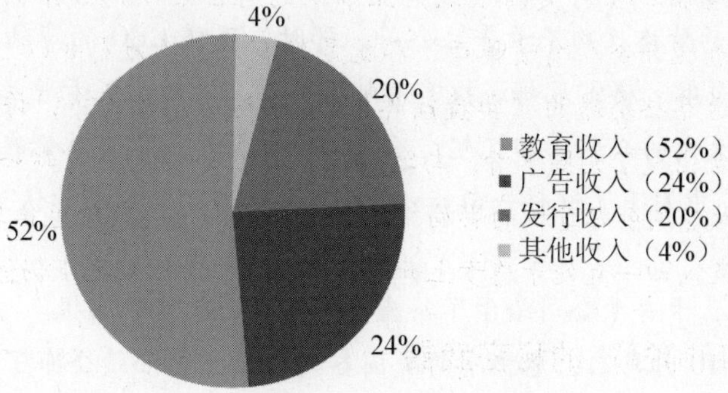

图1　华盛顿邮报公司收入构成情况②

在传统的商业模式下，广告收入的好坏直接影响整个报纸的经营状况。华盛顿邮报公司独特的收入结构使其经受住了经济危机、互联网分类广告等因素对广告收入造成的冲击，然而同样严峻的形势却使其他报业公司遭受重创。

旗下教育部门——卡普兰公司

2009年9月6日，一位名叫斯坦利·卡普兰（Stanley Kaplan）的90岁美国老人去世了。这位老人的去世似乎没有引起多少人的注意，许多人甚至并不知晓他是谁。对于大多数美国人而言，斯坦利·卡普兰这个名字远不如以此命名的公司声名显赫。

第二次世界大战结束后，美国的生产力水平得到迅速提高。由于国内经济的发展需要各方面的人才以满足需求，教育开始凸显出其重要的社会意义。1938年，斯坦利·卡普兰适时地发现，学生通过考前练习，可以提高

① 根据甘尼特公司2008年年度报告整理
http://phx.corporate-ir.net/phoenix.zhtml?c=84662&p=irol-reportsannual

② 根据华盛顿邮报公司2008年年度报告整理
http://www.washingtonpost.com/

在 SAT（Scholastic Aptitude Test）[①] 中的成绩，于是抓住这一商机，创办了一家专门向准备参加高考的美国学生提供考前培训的卡普兰公司。

1984 年，华盛顿邮报公司意欲从斯坦利·卡普兰手中收购卡普兰公司。当时正值美国教育改革的主要时期，就在前一年，美国中小学教育质量委员会刚刚提出了一份名为《国家在危急中教育改革势在必行》的报告，在美国上下引起了极大反响。[②]

也许正是意识到了教育产业所拥有的良好前景，华盛顿邮报公司最终以 4500 万美元的价格收购了卡普兰公司。那时，现任 CEO 的唐纳德·格雷厄姆的母亲凯瑟琳·格雷厄姆还执掌着邮报公司，她对购买卡普兰公司看起来并没表现出太大的兴趣。回忆起这次收购，凯瑟琳·格雷厄姆在她的回忆录《个人历史》中写下了这样一句话："我不管这事，但如果你认为有利可图，那就去做吧。"[③]

25 年后，卡普兰公司给予了华盛顿邮报公司最好的回报。

2009 年 10 月月末，危机中的美国各大报业公司陆续公布了当年第三季度的财务状况，情况依然严峻。第三季度各大公司的广告收入仍在继续下跌，其中纽约时报公司下降了 27%[④]，甘尼特公司下降了 28%[⑤]。

同其他大型报纸出版商一样，华盛顿邮报公司包括分类广告、零售广告在内的所有类型的广告收入均处于下滑状态，第三季度华盛顿邮报公司的广告收入也难逃此厄运，其中报纸广告收入同比上年同期下降 27%，网络广告收入同比上年同期下降 18%。

广告收入的下降切断了美国许多报业公司的生命线，使这些公司面临着生存的巨大考验，而相较之下，拥有卡普兰的华盛顿邮报公司则显得幸运多了。在华盛顿邮报公司广告收入全线下挫之时，卡普兰公司却表现十分良好，2009 年第三季度其收入相比 2008 年同期还增长了 14%，由于以卡普兰为主的教育部门收入份额已经占整个公司收入份额的一半以上，因此这些收

---

① SAT：Scholastic Aptitude Test，即学术智慧测试，1995 年更名为 Scholastic Assessment Test，即学术能力评价测试。SAT 由总部位于美国新泽西州普林斯顿市的美国教育考试服务中心（Educational Testing Service，简称 ETS）举办，该成绩是世界各国高中生申请美国名校学习及奖学金的重要参考。

② 刘复兴．美国当代基础教育改革的特点与启示［J］．山东教育科研，1998（3）．

③ 十年从 1.17 亿美元成长至近 17 亿美元的秘密
http://bjyouth.ynet.com/view.jsp?oid=22822822

④ New York Times Company reports 27% third-quarter ad revenue decline
http://www.guardian.co.uk/media/2009/oct/22/new-york-times-company-results

⑤ Gannett ad sales still dropping despite 3Q profit
http://money.aol.com/rtn/ap/gannett-ad-sales-still-dropping-despite-3q-profit/rfid262108332?channel=pdf

入完全弥补了报业衰退给公司所造成的损失。①

事实上，自2005年起，卡普兰公司就一直以其良好的业绩帮助母公司在众多报业公司当中屹立不倒。2005年，华盛顿邮报公司赢利35.5亿美元，其中仅教育部门的赢利就占了14亿美元。到了2007年，以卡普兰为代表的教育部门收入已经占据了公司全部收入的49%。②

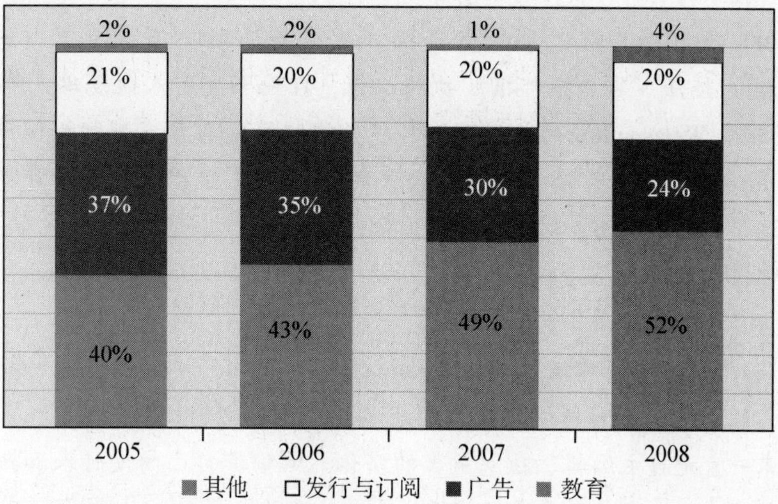

图2　华盛顿邮报公司收入构成变化（2005—2008年）③

在2007年的圣诞节快要到来之际，发行人唐纳德·格雷厄姆在股东大会上宣布了华盛顿邮报公司的新定位——一家“教育和媒体公司”。

新的征途

华盛顿邮报公司的新定位引发了许多报界人士的担忧，认为这恰恰反映了其旗舰报纸《华盛顿邮报》的衰落。在谈到这个问题时，报业分析师约翰·莫顿（John Morton）的看法一针见血：“华盛顿邮报公司也许应该定义为一家教育公司，然后把《华盛顿邮报》的名字从公司的名字中去掉了。”的确，华盛顿邮报公司重塑品牌的长期目标十分清晰。“未来华盛顿邮报公

① The Washington Post Company Reports Third Quarter Earnings http://money.aol.com/rtn/pr/the-washington-post-company-reports-third-quarter-earnings/rfid265928963?channel=pdf

② The Washington Post Is Not a Newspaper Company http://stockwidget.seekingalpha.com/article/7868-the-washington-post-is-not-a-newspaper-company-wpo

③ 根据华盛顿邮报公司2005—2008年年度报告整理 http://www.washingtonpost.com/

司可能更多的是一家教育公司，”唐纳德·格雷厄姆在对股东的讲话中这样说道，“媒体所占的份额将会逐年减少。”但他同时还表示，华盛顿邮报公司也许会比其他类似的媒体公司花费更多的金钱来改进新闻业务。[①]

无论如何，在报业的这场生死博弈中，华盛顿邮报公司不失为一名胜利者。也正是因为有了良好的经济条件作为支持，华盛顿邮报公司才得以放手对旗下报纸的创新作出新的探索。

2008年9月，前《华尔街日报》总编马库斯·布劳克里（Marcus Brauchli）接任《华盛顿邮报》执行编辑，在他和发行人凯瑟琳·韦茅斯（Katharine Weymouth）的推动下，《华盛顿邮报》与华盛顿邮报网站——Washingtonpost. com开始渐渐朝着合并的方向而努力。2009年9月17日，在经过了一年时间的筹划之后，凯瑟琳·韦茅斯通过一份备忘录宣布，《华盛顿邮报》印刷版与《华盛顿邮报》网络版（即Washingtonpost. com）将于2010年1月1日合并。

届时，《华盛顿邮报》将同Washingtonpost. com一起成为在同一栋大楼下工作的、统一发布新闻和信息的实体。而在这之前，Washingtonpost. com多年来一直是自主编辑、独立核算的实体。他们有自己的发行人和执行编辑，就连办公地点与《华盛顿邮报》也是分离的。

合并后，原华盛顿邮报网站工作人员将并入《华盛顿邮报》，网站还会分设数字广告部和数字营销部两个部门，方便与《华盛顿邮报》的广告部和营销部协同工作。“这将使销售和营销团队能够继续集中精力于提出数字和手机广告的解决方案，并开拓出新的线上市场。”凯瑟琳·韦茅斯说。

尽管《华盛顿邮报》并不是第一家将报纸印刷版同网络版合并的报纸，但这一举动在报业危机以及新媒体环境下仍属明智之举。把以前分离的两个部门合并，不仅可以最大限度地利用人力、物力和财力资源，使之灵活应对多媒体平台上新闻与信息的制作与发布，而更具现实意义的则是可以在经济不景气的情况下大大降低报纸的成本。“像我们现在这样做生意是难以为继的，”在谈到合并是否有助于《华盛顿邮报》渡过报业危机难关时，凯瑟琳·韦茅斯这样讲道：“我们必须更多更快地削减成本。”[②③]

---

① Post Now an “Education and Media” Company
http://www. washingtonpost. com/wp-dyn/content/article/2007/12/05/AR2007120500683. html

② Updated: Washington Post Online, Print Operations Will Merge Jan. 1, 2010
http://paidcontent. org/article/419-washington-post-online-print-operations-will-merge-jan-1-2010/

③ Post to Complete Print-Web Merger Jan. 1
http://www. washingtonpost. com/wp-dyn/content/article/2009/09/17/AR2009091704500. html

然而传统报业大势已去，面对未知的未来，华盛顿邮报公司仍须保持着谨慎的姿态。在2008年年度报告《致股东的信》中，公司提出了现在所面对的两大问题：

1. 卡普兰公司的规模将会有多大？它将会取得多大的成功？

2. 媒体行业的前景是怎样的？①

独特的收入构成挽救了华盛顿邮报公司，那么这种多元化经营的模式可否复制？能否对于振兴其他报业公司有所启发？原本精英荟萃、呼风唤雨的《华盛顿邮报》未来命运又将如何？曾与《华盛顿邮报》一同担负舆论监督使命的美国其他报纸，在经济成本的重压之下，是否依然能够坚持护卫民主制度的阵地，恪守对公众利益的承诺？

这是华盛顿邮报公司所面临的重大问题，也是报界人士需要关注和思考的共同难题。

（撰文：王颖）

---

① 参见华盛顿邮报公司2008年年度报告
http://www.washingtonpost.com/

附录二

美国报纸“死亡”名单

2008 年 12 月至 2010 年 3 月 25 日

公司名称	关闭报纸名称
Journal Register Co.	1. *News Gleaner* 关闭日期：2008 年 12 月 11 日 历史发行量：135482 份 2. *Northeast Breeze* 关闭日期：2008 年 12 月 11 日 3. *Olney Times* 关闭日期：2008 年 12 月 11 日 历史发行量：21000 份 4. *Main Street News* 关闭日期：2008 年 12 月 18 日 5. *Branford Review* 关闭日期：2008 年 12 月 18 日 6. *Clinton Recorder* 关闭日期：2008 年 12 月 18 日 7. *East Haven Advertiser* 关闭日期：2008 年 12 月 18 日 8. *Pictorial Gazette* 关闭日期：2008 年 12 月 18 日 9. *Shelton Weekly* 关闭日期：2008 年 12 月 18 日 10. *Shore Line Times* 关闭日期：2008 年 12 月 18 日 11. *Stratford Bard* 关闭日期：2008 年 12 月 18 日

续表

公司名称	关闭报纸名称
Journal Register Co.	12. *Wallingford Voice* 关闭日期：2008 年 12 月 18 日 13. *Hamden Chronicle* 关闭日期：2008 年 12 月 历史发行量：23500 份 14. *North Haven Post* 关闭日期：2008 年 12 月 18 日 15. *Elizabethtown Chronicle* 关闭日期：2009 年 1 月 16. *Donegal Ledger* 关闭日期：2009 年 1 月 17. *Oxford Tribune* 关闭日期：2009 年 1 月 18. *Parkesburg Post Ledger* 关闭日期：2009 年 1 月 19. *Solanco Sun Ledger* 关闭日期：2009 年 1 月 20. *Downingtown Ledger* 关闭日期：2009 年 1 月 21. *Coatesville Ledger* 关闭日期：2009 年 1 月 22. *Quakertown Free Press* 关闭日期：2009 年 1 月 21 日 历史发行量：10500 份 23. *Doylestown Patriot* 关闭日期：2009 年 1 月 23 日 24. *New Hope Gazette* 关闭日期：2009 年 1 月 23 日 25. *The Town Meeting* 关闭日期：2009 年 1 月 23 日 26. *Petoskey Citizen-Journal* 关闭日期：2009 年 2 月

续表

公司名称	关闭报纸名称
Journal Register Co.	27. *Northern Star* 创办日期：1876 年 关闭日期：2009 年 2 月 28. *Germantown Courier* 关闭日期：2009 年 2 月 历史发行量：19204 份 29. *Mount Airy Times Express* 关闭日期：2009 年 2 月 30. *Register Herald* 关闭日期：2009 年 2 月 历史发行量：27737 份 该报的历史可追溯至 19 世纪 80 年代，前身为 *Raleigh Register*，*Raleigh Herald*，*Beckley Evening Post* 31. *Harlem Valley Times* 关闭日期：2009 年 2 月 32. *Millbrook Round Table* 关闭日期：2009 年 2 月 33. *Voice Ledger* 关闭日期：2009 年 2 月 34. *Gazette Advertiser* 关闭日期：2009 年 2 月 35. *Hyde Park Townsman* 关闭日期：2009 年 2 月 36. *Pawling News Chronicle* 关闭日期：2009 年 2 月 37. *Putnam County Courier* 关闭日期：2009 年 2 月 38. *Bloomfield Journal* 关闭日期：2009 年 2 月 39. *Windsor Journal* 关闭日期：2009 年 2 月

续表

公司名称	关闭报纸名称
Journal Register Co.	40. *Windsor Locks Journal* 关闭日期：2009 年 2 月 41. *East Hartford Gazette* 关闭日期：2009 年 2 月 历史发行量：19021 份 42. *The Independent* 关闭日期：2009 年 2 月 6 日
Sun-Times Media Group	43. *Algonquin Countryside* 关闭日期：2009 年 1 月 15 日 44. *Cary-Grove Countryside* 关闭日期：2009 年 1 月 15 日 45. *Wauconda Courier* 关闭日期：2009 年 1 月 15 日 46. *Arlington Heights Post* 关闭日期：2009 年 2 月 47. *Elk Grove Times* 关闭日期：2009 年 1 月 15 日 48. *Hoffman Estates Review* 关闭日期：2009 年 1 月 15 日 49. *Palatine Countryside* 关闭日期：2009 年 2 月 50. *Rolling Meadows Review* 关闭日期：2009 年 2 月 51. *Schaumburg Review* 关闭日期：2009 年 1 月 15 日 52. *Wheeling Countryside* 关闭日期：2009 年 2 月 26 日 53. *Des Plaines Times* 关闭日期：2009 年 2 月 26 日 54. *Mount Prospect Times* 关闭日期：2009 年 2 月 26 日

续表

公司名称	关闭报纸名称
Lee Enterprises	55. *Lincoln County Journal* 关闭日期：2008 年 4 月 56. *Minidoka County News* 关闭日期：2008 年 4 月 57. *Gooding County Leader* 关闭日期：2008 年 8 月 14 日 58. *North Side News* 关闭日期：2008 年 8 月 14 日 59. *Southern Idaho Press* 关闭日期：2008 年 8 月 14 日 60. *American Fork Citizen* 关闭日期：2009 年 2 月 19 日 61. *Lehi Free Press* 关闭日期：2009 年 2 月 19 日 62. *Lone Peak Press* 关闭日期：2009 年 2 月 19 日 63. *Orem Times* 关闭日期：2009 年 2 月 19 日 64. *Pleasant Grove Review* 关闭日期：2009 年 2 月 19 日 65. *The Lemoore Advance* 关闭日期：2009 年 9 月 24 日 66. *The Adit* 关闭日期：2009 年 11 月 25 日
Gannett Co. , Inc.	67. *East Side Herald* 关闭日期：2008 年 12 月 3 日 68. *Spotlight* 关闭日期：2008 年 12 月 3 日 69. *Fallon Star Press* 关闭日期：2009 年 4 月 70. *Douglas Times* 关闭日期：2009 年 4 月

续表

公司名称	关闭报纸名称
Gannett Co. , Inc.	71. *Tucson Citizen* 创刊日期：1870 年 10 月 15 日 关闭日期：2009 年 5 月 16 日 历史发行量：60000 份 *Tucson Citizen* 是美国亚利桑那州图森市的一份日报，创办于 1870 年 10 月 15 日，该报每周出版六天（周日除外），最高发行量曾达到 60000 份（1960 年），而在 2009 年 5 月报纸关闭之时，发行量仅有 17000 份。*Tucson Citizen* 有 138 年的历史，是亚利桑那州历史最悠久的连续出版的报纸。 72. *The Birmingham Eccentric* 创刊日期：1878 年 关闭日期：2009 年 5 月 31 日 73. *West Bloomfield Eccentric* 关闭日期：2009 年 5 月 31 日 74. *Troy Eccentric* 关闭日期：2009 年 5 月 31 日 历史发行量：10247 份 75. *Rochester Eccentric* 关闭日期：2009 年 5 月 31 日 历史发行量：13665 份 76. *Southfield Eccentric* 关闭日期：2009 年 5 月 31 日
GateHouse Media	77. *Kansas City Kansan* 关闭日期：2009 年 1 月 8 日 停出印刷版，只出网络版。 78. *The Daily Reporter* 关闭日期：2009 年 2 月 17 日 79. *Hanson Town Crier* 关闭日期：2009 年 4 月 30 日

续表

公司名称	关闭报纸名称
GateHouse Media	80. *Plymouth Bulletin* 关闭日期：2009 年 4 月 30 日 81. *East Bridgewater Star* 关闭日期：2009 年 4 月 30 日 82. *West Bridgewater Times* 创刊日期：1876 年 关闭日期：2009 年 4 月 30 日 83. *Whitman Times* 创刊日期：1873 年 关闭日期：2009 年 4 月 30 日 84. *Dennis Pennysaver* 关闭日期：2009 年 4 月 30 日 85. *Yarmouth Pennysaver* 关闭日期：2009 年 4 月 30 日
Tribune-Review Publishing Co.	86. *McKnight Journal* 关闭日期：2008 年 6 月 20 日 87. *North Journal* 关闭日期：2008 年 6 月 20 日 88. *Coraopolis-Moon Record* 关闭日期：2008 年 6 月 20 日 89. *Bridgeville Area News* 关闭日期：2008 年 6 月 20 日 90. *The Advance Leader* 关闭日期：2008 年 6 月 20 日 91. *Penn Hills Progress* 关闭日期：2008 年 6 月 20 日 92. *Woodland Progress* 关闭日期：2008 年 6 月 20 日

续表

公司名称	关闭报纸名称
The E. W. Scripps Company	93. *The Cincinnati Post* 创刊日期：1881 年 1 月 3 日 关闭日期：2007 年 12 月 31 日 94. *The Kentucky Post* 创刊日期：1885 年 关闭日期：2007 年 12 月 31 日 95. *Albuquerque Tribune* 创刊日期：1922 年 关闭日期：2008 年 2 月 23 日 历史发行量：42000 份（1988 年），10000 份（2008 年） 该报记者艾琳·威尔森曾以“钚试验”系列报道获得 1994 年普利策奖。 96. *Rocky Mountain News* 创办日期：1859 年 关闭日期：2009 年 2 月 27 日 *Rocky Mountain News* 是美国科罗拉多州丹佛市的一份报道科罗拉多州，尤其是丹佛市都会区新闻、体育、商业和社区事件的报纸，它是科罗拉多州的第一份报纸。该报的日发行量纪录曾达到 225000 份。 97. *Business Journal of Corpus Christi* 关闭日期：2009 年 3 月 98. *Business Times of the Rio Grande Valley* 关闭日期：2009 年 3 月
Housatonic Publications	99. *The Bethel Beacon* 关闭日期：2009 年 1 月 19 日 100. *The Brookfield Journal* 关闭日期：2009 年 1 月 19 日 101. *The Kent Good Times Dispatch* 关闭日期：2009 年 1 月 19 日 102. *The Litchfield Enquirer* 创办日期：1825 年 关闭日期：2009 年 1 月 19 日

续表

公司名称	关闭报纸名称
Sun Community Newspapers	103. *Encino Sun* 关闭日期：2008 年 8 月 104. *Sherman Oaks Sun* 关闭日期：2008 年 8 月 105. *Studio City Sun* 关闭日期：2008 年 8 月
Independent	106. *Eureka Reporter* 关闭日期：2008 年 11 月 6 日 107. *Vail Trail* 关闭日期：2008 年 11 月 12 日 历史发行量：10500 份 108. *Oak Cliff Tribune* 关闭日期：2009 年 2 月 5 日 该报已有 105 年历史。 109. *Nichi Bei Times* 关闭日期：2009 年 9 月 10 日
People Newspapers	110. *Lake Highlands People* 关闭日期：2008 年 11 月 17 日 111. *Lakewood People* 关闭日期：2008 年 11 月 17 日 112. *West Plano People* 关闭日期：2008 年 11 月 17 日
Colorado Mountain News Media	113. *La Tribuna* 关闭日期：2008 年 12 月 30 日 114. *Leadville Chronicle* 关闭日期：2008 年 12 月 30 日

续表

公司名称	关闭报纸名称
Swift Communications	115. *Valley Journal* 关闭日期：2009 年 1 月 4 日 116. *Fort Collins Now* 关闭日期：2009 年 5 月 21 日
Flandreau Santee Sioux Tribe	117. *Lakota Journal* 关闭日期：2009 年 1 月 13 日 118. *Dakota Journal* 关闭日期：2009 年 1 月 13 日
News Publishing Co.	119. *McCamey News* 关闭日期：2009 年 2 月 4 日 120. *Iraan News* 关闭日期：2009 年 2 月 4 日
Clarity Media Group	121. *Baltimore Examiner* 关闭日期：2009 年 2 月 15 日 122. *The City Star* 关闭日期：2009 年 5 月 15 日
Hearst Corp.	123. *Seattle Post-Intelligencer* 创刊日期：1863 年 关闭日期：2009 年 3 月 17 日 由于 *Seattle Post-Intelligencer* 所属赫斯特公司遭遇持续的亏损，并且没能为该报找到买主，该报于 2009 年 3 月停刊。 *Seattle Post-Intelligencer* 覆盖西雅图、华盛顿及其周边地区，报纸停刊后改出网络版。 124. *Hill Country View* 关闭日期：2009 年 3 月 19 日

续表

公司名称	关闭报纸名称
McClatchy Co.	125. *The Journal-Messenger* 关闭日期：2009 年 3 月 26 日 126. *The Democrat* 关闭日期：2009 年 3 月 26 日 该报拥有 140 年历史。
Forum Communications	127. *Lake Elmo Leader* 关闭日期：2009 年 5 月 6 日 128. *Stillwater Courier* 关闭日期：2009 年 5 月 6 日
MediaNews Group	129. *Los Gatos Weekender* 关闭日期：2009 年 5 月 8 日 130. *West San Jose Resident* 关闭日期：2009 年 5 月 8 日
Capital Newspapers	131. *The Capital Times* 创刊日期：1917 年 12 月 13 日 关闭日期：2008 年 4 月 26 日 历史发行量：工作日 19355 份，周六 21065 份 *The Capital Times* 面临发行量的持续衰落，2008 年 4 月中止报纸的每日发行，并将关注点转移到其新闻网站上。其新闻网站上定期更新新闻，同时自 2008 年 4 月 30 日开始，每隔两周的周三和周四，发行免费的 *The Capital Times* 纸质版。
Suffolk Life Newspapers	132. *Suffolk Life* 关闭日期：2008 年 6 月 19 日
Twin-State Valley Medi-aNetwork	133. *The Argus-Champion* 创刊日期：1823 年 关闭日期：2008 年 7 月 *The Argus-Champion* 是一份已有 185 年历史的周报，它是典型的社区报纸。

续表

公司名称	关闭报纸名称
Ferré Rangel Group	134. *El Nuevo Dia Orlando*（西班牙语报纸） 创办日期：1909 年 关闭日期：2008 年 8 月 29 日
The San Juan Star, Inc.	135. *The San Juan Star* 关闭日期：2008 年 8 月 29 日 该报拥有 120 名雇员。曾获普利策奖的小说家威廉·肯尼迪（William Kennedy）曾担任该报执行编辑。
Schurz Communications	136. *Noblesville Daily Times* 关闭日期：2008 年 8 月 30 日
Stewart family	137. *Orfordville Journal & Footville News* 关闭日期：2008 年 9 月 2 日
NJN Publishing	138. *Delaware Valley News* 关闭日期：2008 年 9 月 22 日
One SL LLC	139. *The New York Sun* 关闭日期：2008 年 10 月 1 日 历史发行量：45763 份
Wood River Journal LLC	140. *Wood River Journal* 关闭日期：2008 年 10 月 22 日 历史发行量：15000 份
Small Newspaper Group	141. *The Leader* 关闭日期：2008 年 10 月 24 日
Sound Publishing, Inc.	142. *Kitsap Free Daily* 关闭日期：2008 年 11 月 1 日
ImpreMedia, LLC.	143. *Hoy* 关闭日期：2008 年 12 月 30 日

续表

公司名称	关闭报纸名称
Paxton Media Group	144. *Thomasville Times* 创办日期：1890 年 关闭日期：2008 年
Iowa County Publishing	145. *East Iowa Herald* 关闭日期：2009 年 1 月
Packet Publications	146. *The Weekly Almanac* 关闭日期：2009 年 1 月 8 日
Sun Coast Media Group	147. *Hardee Sun* 关闭日期：2009 年 1 月 11 日
Community Newspaper Holdings，Inc.	148. *The Newton Record* 创办日期：1901 年 关闭日期：2009 年 1 月 14 日 149. *The Sun* 关闭日期：2009 年 10 月 28 日
Media Chinese International Limited	150. *Ming Pao New York* 2009 年 1 月 31 日停办付费日报，转为继续出版免费日报。
Freedom Communications	151. *Maricopa Tribune* 关闭日期：2009 年 2 月 152. *Island Breeze* 关闭日期：2009 年 12 月 31 日
Wick Communications	153. *Vail Sun* 关闭日期：2009 年 2 月 3 日
The Sun	154. *The Hershey Chronicle* 关闭日期：2009 年 2 月 4 日
Bloomfield Publishing，Inc.	155. *Bloomfield Free Press* 关闭日期：2009 年 2 月 20 日 停出印刷版，只出网络版。

续表

公司名称	关闭报纸名称
Peter Bragdon	156. *The Milford Observer* 关闭日期：2009 年 3 月 10 日
Ottaway Community Newspapers	157. *The Rockingham News* 关闭日期：2009 年 3 月 26 日
Southland Publishing	158. *LA CityBeat* 关闭日期：2009 年 3 月 26 日 *Los Angeles CityBeat* 创办于 2003 年，是美国加利福尼亚州洛杉矶市的一份周报。 *LA CityBeat* 每周二出版，创办之初的发行量曾达到 100000 份，而在报纸存在的最后一年，发行量则跌至 65000 份。
Church of Christ	159. *Christian Science Monitor* 创刊日期：1908 年 关闭日期：2009 年 3 月 27 日 历史发行量：56083 份 *Christian Science Monitor* 创办于 1908 年，是一份报道国际以及美国国内时事的报纸。2008 年 10 月，该报宣称每年亏损 1890 万美元，因此宣布于 2009 年 3 月终止报纸的每日印刷。 目前，*Christian Science Monitor* 已改为网络报纸，同时每周出版印刷版周报。
Big Sky Sun	160. *Big Sky Sun* 关闭日期：2009 年 4 月 13 日
Womack Publishing Co. , Inc.	161. *Lake Norman Times* 关闭日期：2009 年 4 月 15 日

续表

公司名称	关闭报纸名称
A. H. Belo Corp.	162. *Grapevine Sun* 创刊日期：1895 年 关闭日期：2009 年 4 月 30 日 历史发行量：31000 份 该报有 114 年历史。
Dix Communications	163. *Jeanerette Enterprise* 关闭日期：2009 年 5 月 1 日
Winchester Evening Star，Inc.	164. *The Clarke Courier* 创刊日期：1869 年 2 月 19 日 关闭日期：2009 年 5 月 27 日 该报已有 140 年历史。
The Bridge Neighborhood News	165. *The Bridge* 关闭日期：2009 年 6 月 1 日
The Bulletin，Inc.	166. *The Bulletin* 关闭日期：2009 年 6 月 1 日
Advance Publications	167. *Ann Arbor News* 创刊日期：1835 年 关闭日期：2009 年 7 月 *Ann Arbor News* 是一份服务于 Washtenaw 和 Livingston 地区的报纸，创办于 1835 年，拥有 174 年的历史。 该报在美国密执安州安阿伯市出版，为周一至周日每日出版的日报。 由于遇到经济困难，该报在 2009 年 3 月 23 日宣布于 2009 年 7 月中止每日印刷报纸的出版，改为出版网络版。每日新闻通过该报网站 annarbor. com 发布，只在周四和周日出版印刷版。 168. *Bedford Sun* 关闭日期：2009 年 7 月 28 日

续表

公司名称	关闭报纸名称
Advance Publications	169. *Euclid Sun Journal* 关闭日期：2009 年 7 月 28 日 170. *Garfield-Maple Sun* 关闭日期：2009 年 7 月 28 日 171. *Nordonia Hills Sun* 关闭日期：2009 年 7 月 28 日 172. *Sun-Press* 关闭日期：2009 年 7 月 28 日 173. *Twinsburg Sun* 关闭日期：2009 年 7 月 28 日 174. *NASCAR Scene* 关闭日期：2010 年 1 月 5 日
Landmark Community Newspapers, Inc.	175. *Loudon Easterner* 关闭日期：2009 年 7 月 24 日
Joe Kennedy	176. *Bellevue Business Journal* 关闭日期：2009 年 8 月 3 日
Limestone Communications, Inc.	177. *Coral Gables Gazette* 关闭日期：2009 年 8 月 12 日
South Florida Media Group	178. *Boca Raton News* 关闭日期：2009 年 8 月 23 日
Echo Media	179. *El Dia* 关闭日期：2009 年 8 月 28 日
Woodward Communications, Inc.	180. *Fitchburg Star* 关闭日期：2009 年 9 月 3 日
Tumbleweed Publishing, Inc.	181. *Sun Post* 关闭日期：2009 年 9 月 25 日
Embarcadero Publishing Company	182. *Danville Weekly* 关闭日期：2009 年 10 月 2 日

续表

公司名称	关闭报纸名称
Greenspun Media Group	183. *Boulder City News* 关闭日期：2009 年 10 月 22 日 184. *Henderson Home News* 关闭日期：2009 年 10 月 22 日
Window Media LLC	185. *Southern Voice* 关闭日期：2009 年 11 月 16 日 186. *Washington Blade* 关闭日期：2009 年 11 月 16 日
Mark and Gary Stern	187. *Detroit Daily Press* 关闭日期：2009 年 11 月 27 日
Hopi Tribal Council	188. *Hopi Tutuveni* 关闭日期：2009 年 12 月 18 日
Journal Inc.	189. *The Monitor-Herald* 关闭日期：2009 年 12 月 31 日
Greenwood Lake News，Inc.	190. *Greenwood Lake and West Milford News* 关闭日期：2010 年 1 月 20 日
Janice Forbes and Bob Evans	191. *Placer Sentinel* 关闭日期：2010 年 1 月 22 日
Greater Media Newspapers	192. *Brick Township Bulletin* 关闭日期：2010 年 1 月 31 日 193. *Woodbridge Sentinel* 关闭日期：2010 年 1 月 31 日
Greenville Press，Inc.	194. *Greenville Press* 关闭日期：2010 年 2 月 1 日
Marynell Strunk	195. *Pocono Business Journal* 关闭日期：2010 年 2 月 5 日
NPG Newspapers，Inc.	196. *Sun Tribune* 关闭日期：2010 年 2 月 24 日

续表

公司名称	关闭报纸名称
Becky and Mike O'Malley	197. *Berkeley Daily Planet* 关闭日期：2010 年 2 月 25 日
Joe Day	198. *Whitehorse Community News* 关闭日期：2010 年 3 月
SydHonda Media LLC	199. *The Sentinel* 关闭日期：2010 年 3 月 15 日
Seven Days Publishing LLC	200. *The District Weekly* 关闭日期：2010 年 3 月 24 日

参考网站：

1. http://graphicdesignr. net/papercuts/?page_id=1441

2. http://www. mondotimes. com/

3. http://en. wikipedia. org/wiki/Main_Page

（王颖 整理）

第二章

十年蹉跎

□第1节　迟来的醒悟
□第2节　“破裂性技术”的陷阱

第1节
迟来的醒悟

“读者变了，我们也在变”

在互联网出现的第一个10年期间，美国报界并不是没有看到网络对传统报业的潜在威胁，但其反应和动作一直比较迟缓。直到2005年前后，美国报界才开始认真重视应对数字化的挑战。在《纽约时报》任职达25年之久的执行主编比尔·凯勒在2005年8月写给编辑部同事的一封信中说，“在过去的10年里，世界已经改变了”，“我们这个行业长期面临的最大的挑战之一就是创造一种数字报业和为读者提供新的服务，这种服务一方面符合我们高度的专业标准，另一方面可以补偿宏大的新闻采编机构的费用”。他提出：“迎接这个挑战的最佳机会是将印刷版和网络版两个编辑部合二为一。这将使我们能充分调动报社的创造性能量，从而使数字报业提高到新的水平。”他还说，“通过编辑部的整合，我们将减少和最终消除做报纸与做网络这两类新闻人的区别”，凯勒提出要对报社的结构进行重组，并且要调整思维，使做网络新闻与做报纸采编工作一样的自然，这封信说，“我们的读者正在变化，我们也在改变”。[①]

2006年，美国报界中一批有识之士已经清楚地认识到不能止于空谈，而必须采取行动了。位于华盛顿州的《代言人评论报》(*Spokesman-Review*)是决心率先推进数字化进程的地方报纸之一。该报出版人威廉·斯泰西·考尔斯(William Stacey Cowles)说：“形势在变化，而且是巨大的变化。从根

---

① Bill Keller：A Message from Bill Keller and Martin Nisenholtz http://www.poynter.org/forum/view_post.asp?id=10027

本上来说，报纸拥有一批非常出色、十分投入和富有责任心的人员，他们将找到维系报纸生存的道路，如果不再是依靠纸和油墨，那么至少是电脑屏幕上的像素。”① 该报的都市版编辑卡拉·萨瓦利（Carla T. Savalli）说：“现在很多新闻人都在思考未来，这本身就可能已是一个最明显的信号。报业终于承认这个不可避免的趋势，报纸需要重新创造自身，不仅是为了生存下去，而且是要保持影响力。”但是她又说：“人们已经认识到现在问题‘是什么’，但是还不知道‘怎样’去解决问题。现在是有多少家报纸就会提出多少种解决报业困境的办法。有人可能会说‘所有的人都在谈论未来’这一事实本身，就意味着寻找出路为时已晚。”② 情况不幸被这位编辑言中。该报 2002 年有全职采编人员 140 人，但是由于财务每况愈下，2007 年裁员至 104 人。2008 年该报筹划自 2002 年以来的第三次重组，组织了“八人帮”——8 位 30 岁以下的年轻采编人员组成核心改革小组，准备推行更加激进的数字化转型计划。不料由于金融危机的爆发，为了节约开支，报社老板决定再度裁员20—30 人，致使该报尚未出台的改革计划不幸流产。曾主持这项改革计划的编辑斯蒂文· 史密斯（Steven A. Smith）愤而辞职，他说现在人手少了很多，假若既要保持读者所期望的报道水平和报道范围，又要开发多媒体平台，这除非是出现奇迹才行。③

2007 年年初，《华盛顿邮报》互动新闻周刊产品开发部副总裁罗伯·克里（Rob Curley）在接受采访时说：“报纸会生存下来，但我们还会像过去那样去办报纸吗？绝对不会。在美国，有两类报纸出版人：一类人认为报纸（newspaper）这个词最重要的部分是‘新闻’（news），另一类人认为最重要的是‘纸’（paper）。如果你是在为认为‘纸’最重要的出版人或公司工作，我的建议是你要准备离开他们。我们不要害怕以新的方式联系我们的受众。这将是我们的产业走向成功的未来的关键之一。”④

基于对发展数字报业的紧迫性的新认识，美国报业近几年普遍加快了变化的步伐。根据美国《2007 年新闻媒体状况报告》（The State of the News Media 2007），在 2006 年传媒重塑的趋势不仅加快了，而且正在接近转折

---

① William Stacey Cowles：The publisher's take on the future
http://www.spokesmanreview.com/blogs/newsroom/archive/?postID=35

② Carla T. Savalli：Newsroom of the Future
http://www.spokesmanreview.com/media/pdf/010407_sr_newsroom_report.pdf

③ Steven A. Smith：Adding Young Voices to the Mix of Newsroom Advisors
http://www.nieman.harvard.edu/reportsitem.aspx?id=100683

④ Rob Curley：Interview with Italian newspaper
http://robcurley.com/2007/01/18/interview-with-italian-newspaper/

点。报告指出，如果以史为鉴，为了突破传统的老路，创造新的发展方向，需要“离经叛道”和承担风险的精神。[①]《纽约时报》在2006年重新设计制作了它的网站，新网站在设计、版式上精心凝聚和再现了印刷版的品牌风貌，同时进行了大幅度的数字化改革。在编辑手法上，《纽约时报》成功地强化和突出了自身品牌，其中75%的内容是由该报专业人员提供的。网站全天候不间断实时更新新闻，其中大多数也是本报消息。与此同时，该报网站允许网友定制主页“我的时报”（My Times），提供RSS资讯聚合阅读方式，以及通过手机阅读该报消息。借助博客、多媒体图示等，读者与网站之间的互动性大为增强。《华盛顿邮报》是另一种高技术风格的数字化转型。《华盛顿邮报》的网站设计使用与印刷版不同的版面风格和色彩，不同的Logo标志，呈现出与印刷版迥然不同的面貌。但是其中内容同样有75%是由该报人员制作的原创作品，以便凸现该报品牌。华盛顿邮报网站也大量运用视频、音频、幻灯播放、网民定制内容、文章排序、博客、网民与编辑部人员的即时讨论、地方资料库互动地图、社区日程等等丰富多样的数字形式。[②]

图2-1　《纽约时报》关于奥巴马总统夫人家族的多媒体制作专题网页

美国咨询公司拜威集团（The Bivings Group）对美国销量排名前100家

① The State of the News Media 2007
http://www.stateofthemedia.org/2007/narrative_overview_intro.asp?media=1

② The State of the News Media 2007
http://www.stateofthemedia.org/2007/narrative_newspapers_contentanalysis.asp?cat=6&media=3

的报纸网站功能的开发和进展进行了调查。该公司的报告称，相比2006年，2007年有96家报纸网站使用RSS技术，增长了21%。在这96家里面，有93家提供部分内容的RSS，其他3家提供全部文本。92%的美国报纸在网站上提供视频，而2006年只有61%的网站有视频。视频节目中有当地新闻和美联社新闻以及报纸原创内容。这92家报纸网站中，39家报纸采用原创的视频，26家使用美联社的流媒体视频，13家使用当地新闻机构提供的视频。4家混合使用了上述三种形式，10家混合使用了其中的两种形式。2007年，记者博客的数量和质量都有大幅提高。95%的报纸开出了至少一个记者博客。这其中的93%允许读者跟帖评论记者的博客。而在2006年，这两个数字分别是80%和83%。1/3的报纸在2007年允许读者在网上留言、评论，而这个比例在2006年为19%。①

弗吉尼亚州地方报纸《罗阿诺科时报》的编辑迈克尔·赖利曾回忆该报数字化改革的经历：到2006年，该报在几年时间里已经将印刷和网络的运作融合起来，创建了每天网上播出的视频新闻节目，以顺应未来的多媒体世界。她概括出该报数字化改革的十多项经验，其中主要内容有：

——该报大力推行对员工的数字化转型的培训和教育。该报举办了名为“向前看”的培训班，要求参加培训的员工思考以下基本问题：“读者在怎样变化?”“人口变化在产生什么影响?”“我们的新闻报道有何不足?”“读者对我们有什么期望?”“互联网怎样在改变一切?”等等。

——报社的领导层具备长远眼光，带领编辑部面向未来新方向。该报决定不再拘泥于纸张墨水，而努力学习掌握数字化技术，成为新技术的实验室，从而找到接触不同受众和在网络世界运作的有效新方法。支持创新潮流，如尝试播客、图片共享软件等，即使最初不能吸引到多少用户或没有经济效益。以突发新闻为品牌，以电视台为竞争对手，并超过报纸。

——要资源整合不要分割。不要把网络人员放在偏远的房间或地下室。将重点资源从印刷向网络转移越来越重要，此时网络部门应该和整个编辑部整合为一体。

——加强网络的互动性。要把用户带入网站，并倾听他们的声音。以社区利益为中心，建立信息公告栏、民意测验、欢迎评论、列出最受欢迎的新闻、建博客（包括编辑、记者博客），使博客成为互动式报道的工具。

---

① The Bivings Group：American Newspapers and the Internet：Threat or Opportunity
http://www.bivingsreport.com/wp-content/uploads/2007/08/newspaperstudy_22.pdf

——网络时代也要恪守新闻职业价值观。核心的新闻价值观必须维护，因为这是媒体赢得信誉的根本。如必须坚持准确性，要核实、要公正、要诚实，有职业道德，提供社区服务等等。在互联网时代，这些原则将成为报业更加重要的竞争优势。

由于创造支持改革的企业文化，积极投入资源鼓励试验，该报的努力最终取得了成果。该报连续被评为全美读者覆盖率十佳报纸，核心市场忠实读者覆盖率达到73.5%。[①] 根据市场调查机构斯卡布罗（Scarborough）的排名，这家报纸在当地成年读者比率指标上，位居全美第一。但是当时这样的报社尚属凤毛麟角。[②]

值得注意的是，为了适应报界发生的变化，美国发行核查署与其他研究调查机构合作，于2007年10月5日宣布实行一项新的报业受众测量方法，称为"受众传真"（Audience-FAX），即将报纸发行量和网站流量合并计算，得出一家报社的"受众整合覆盖率"（integrated newspaper audience percentage）。报纸发行核查署是向社会公开提供这些有关数百家美国报纸的核查数据，作为报界和广告界的运作评估和广告投放的依据。这项新的核查方法的实施，一方面反映了报业数字化是大势所趋，另一方面也为促进数字报业的进一步发展铺平道路。

"下一代报纸"的思路

由于报界变革的需求，有关数字报业及其商业模式的研究在美国逐渐成为热点，在相关理论上也有所创新与突破。美国新闻研究所（American Press Institute）和创新视点（Innosight）咨询所合作于2005年至2006年，进行了题为"下一代报业：转型的蓝图"（Newspaper Next：Blueprint for Transformation）的大型研究项目。[③] 这项研究主要参照借鉴了哈佛商学院教授克莱顿·克里斯坦森（Clayton Christensen）博士提出的经济学相关研究方法，对面临数字化变革的下一代报业可持续发展的商业模式提出了一系列新理论新观点。该教授曾在研究中发现："历史上曾有横跨60余种产业的

---

① Michael Riley：Lessons from a Newsroom's Digital Frontline
http://www.nieman.harvard.edu/reportsitem.aspx?id=100494

② The Roanoke Times ranks best-read weekday newspaper in the country
http://www.roanoke.com/newsservices/wb/xp-59765

③ 该报告中的"下一代报业"，指向数字化转型的报业，简称 N^2（Newspaper Next）。

成功企业在破裂性技术（disruptive innovation）浪潮的冲击下，因为应对错误而导致同样模式的失败。如今在报业中也明显出现了同类现象。”①

报告指出，目前世界上出现的传播技术革命，其重大意义等同于历史上印刷术的发明和大众文化的普及。在发展趋势上看，民众将可以在任何时间和地点获得任何信息，并且发布自己希望发布的内容。人们将需要和享有迄

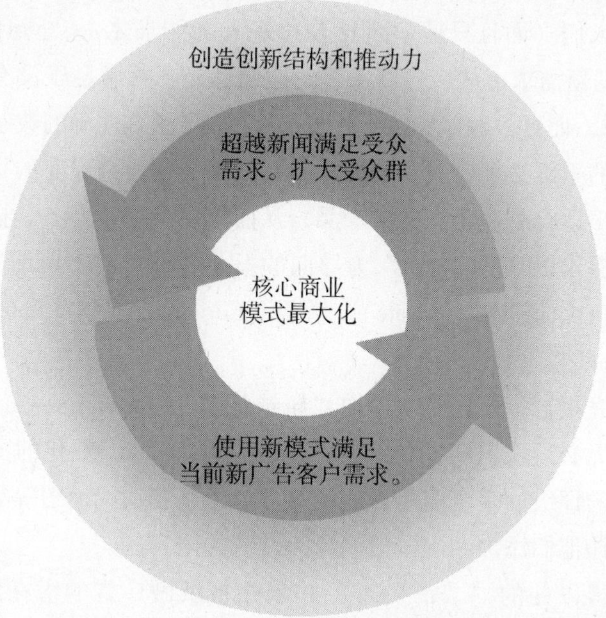

图2-2　“下一代报纸”基本思路示意图②

今尚不存在的新信息、新传播工具、新传播方式和新服务。在不到一代人之前，报纸还是不可取代的最及时的信息通道，但现在报纸以往的读者具有更多的选择，可以更迅速、更方便、更廉价、更简单地获得过去只能靠读报才能得到的资讯。③

报告还认为，此前大多数传统报社所采取的网络发展策略，是将纸质报纸的基本内容复制到网上。但是这种做法跌入了其他产业发展中常见的陷阱：企图“用新技术复制旧产品”，因而失去许多创新机会。他们未能发现

① Newspaper Next：Blueprint for Transformation，P2
http：//www. newspapernext. org/N2%20report. pdf
② 根据研究报告 Newspaper Next：Blueprint for Transformation 原图绘制
③ Newspaper Next：Blueprint for Transformation，P6—7
http：//www. newspapernext. org/N2%20report. pdf

和了解那些商业网站成功运用的新的网上赢利模式，他们忽视了那些并不经常接触新闻的另一半人口新的需求，例如，关于当地社区生活的大量实用性的信息和知识。在历史上屡见不鲜的是，产业新的增长方面，首先要考虑为“非消费者”创造出新的需求。因此核心的问题是：在这场剧变中，报业在消费者和商家的生活中究竟可以扮演何种不可缺少的角色？

根据这份报告的观点，当前媒体世界的现实是：从媒体消费者来看，收看新闻只是人们（而且只是一部分人）每天的需求之一，同时还有其他大量不断增长的新需求；从广告商来看，他们已经不再满足于没有细分目标的“大众”对象，而更多地寻求目标更加直接和实效更加明确的数字广告形式。①

下一代的报纸必须针对这些需求，一方面强化自身原有的核心业务，另一方面创造出适合利基市场的新产品，从而扩展其核心业务。报告从消费者需求出发，提出以“6 E 功能”为导向的报业转型思路，所谓“6 E”即启迪（Enlighten）、教育（Educate）、增益（Enrich）、娱乐（Entertain）、参与（Engage）和赋权（Empower）。②

该项研究报告指出，必须建构“超越新闻”（beyond news）的内容来吸引受众。报界必须认识到，“内容”不仅仅是文章和专业化的图片，还应该包括使用者的评级、手机照片、各种服务信息、互动式地图等等，还需要放权给网民，让他们添加和制作他们认为合适的内容。③

为了赢得以往的“非消费者”和未在报纸做广告的潜在广告客户群，报社网站需要增添他们以往没有的技术和能力：互动功能（interactivity）、搜索功能（search）、可测量功能（scalability）和可定制功能（customizability），并要掌握数据库、网民交流和网上社区三种新的基础建构能力。④

该项研究根据其赢利模式理论，从 21 家申请媒体中选择了《波士顿环球报》（Boston Global）、《达拉斯晨报》（Dallas Morning News）、北泽西传媒集团（North Jersey Media Group）等 7 家公司，实施了示范转型项目。

《波士顿环球报》的项目是针对大批以往在报纸上做不起广告的小型商家，向他们推销一种专用的“搜索引擎营销”（Search-engine marketing）程

---

① Newspaper Next：Blueprint for Transformation，P14，P43
http://www.newspapernext.org/N2%20report.pdf

② Newspaper Next：Blueprint for Transformation，P21
http://www.newspapernext.org/N2%20report.pdf

③ Newspaper Next：Blueprint for Transformation，P43
http://www.newspapernext.org/N2%20report.pdf

④ Newspaper Next：Blueprint for Transformation，P46，P47
http://www.newspapernext.org/N2%20report.pdf

序软件，开发出新的市场。《达拉斯晨报》的转型项目重点是针对该地区约70万名每月在线的"繁忙母亲"，而过去这些母亲中只有15%是报纸读者。

自2006年以来，美国各报业集团普遍开始重视网络经营，也取得了一定成效。网站的收益主要依赖广告，根据美国报业协会的报告，2006年第二季度美国报纸网站的广告收入比上一年同期增加了33%。美国一些大报业集团的报告也显示，2006年在网站广告方面有十分显著的增长，如华盛顿邮报网站广告收入增长了31%，2006年前九个月达到7300万美元。纽约时报集团公司所属18家日报网站以及一家商业网站的收入同时期为1.9亿美元，而2005年同期为1.34亿美元。更多的报纸网站成为获得赢利的企业。在2003年，62%的报纸网站报告说还没有赢利，但是到2005年，报告没有赢利的报纸网站只有5%。根据广告研究机构波瑞尔公司（Borrell Associates）的数据，赢利网站的平均利润率是62%。①

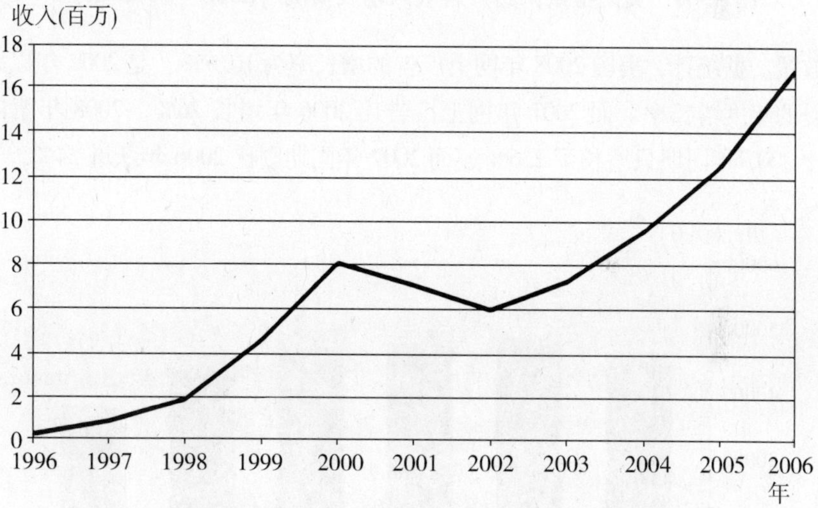

图2-3　美国网络广告收入增长情况（1996—2006年）②

但统计资料显示，各报社在网络方面的收入仍远不能抵补其印刷媒体收入的下降和亏损。

从图2-4可以清楚地看出，自2003年以来，报社网站的收入有了成倍的增长，趋势固然可喜，但是由于基数太低，远不足以弥补近年来平面媒体收入的总体下降。此外，在本次经济危机中，美国网络广告的增长速度也有明

① The State of the News Media 2007
http://www.stateofthemedia.org/2007/narrative_online_economics.asp?cat=3&media=4

② 图片资料来源：The State of News Media 2007

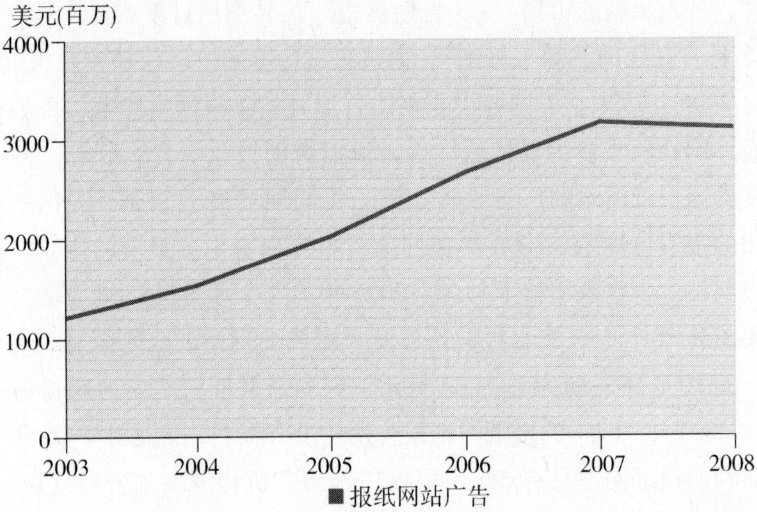

图2－4　美国报纸网络广告收入增长情况（2003—2008年）①

显放缓。据统计，美国2008年网上广告的增长率为10.6%，是2002年以来最缓慢的年度增长率。而2007年网上广告比2006年增长26%。2008年第四季度比2007年同期只增长了2.6%，而2007年同期则比2006年跃增24%。②

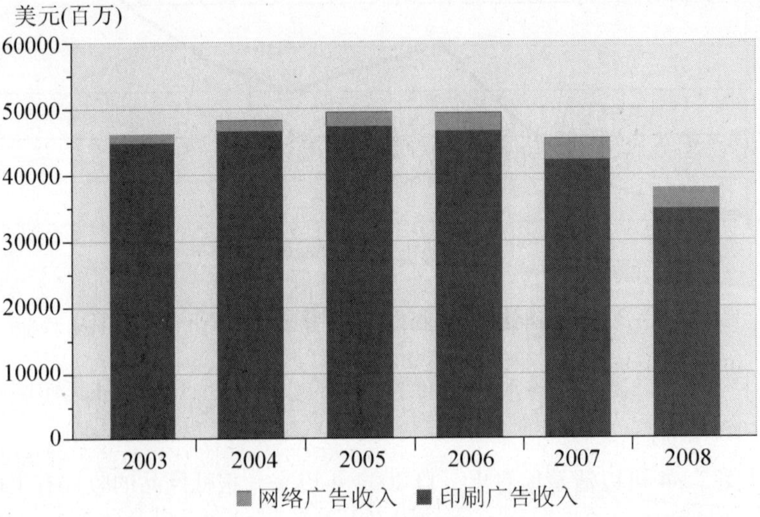

图2－5　美国报纸网络广告收入与印刷广告收入情况（2003—2008年）③

① 根据美国报业协会统计数据绘。来源：http://www.naa.org/
② Emily Steel：Spending on Internet Advertising Starts to Cool http://online.wsj.com/article/SB123842828314770071.html
③ 根据美国报业协会统计数据绘。来源：http://www.naa.org/

从传媒经济学的观点看，数字报业转型能否成功，最终的关键点在于能否找到和建立可持续发展的新经营模式。可惜的是，“新一代报纸”研究项目所提出的前瞻性的改革思路并没有来得及在美国报业付诸实施，直到美欧报业大危机爆发为止，仍然很少有成功的案例能够清楚地证明，究竟哪一种新的赢利方法可以有效地替代传统报业经营模式。

2007 年年底在报业危机爆发前夕，《纽约时报》执行主编比尔·凯勒发表了一篇演说，题为《还没有死：数字无政府时代的报纸》，他承认报业面临很大困难，但强调像《纽约时报》这样的报纸仍然具有很强的变革潜力，他说报业内在的活力给它赢得了时间。他指出《纽约时报》每天销量有 100 万份，周日销量有 150 万份，其中很大一部分是忠实订户。他相信这些读者将会继续支持报纸，直到网络方面收入的增长足以支撑报社的运行。他指出《纽约时报》正在敏锐地开发网络新闻的潜力，“高质量的新闻标准和高效率的技术工程相协调，爆发出创造性的能量”。[①]皮尤研究所形象地将报业的这种状况比喻为“滴漏计时器”：纸质报纸的收入虽然不断减少，但仍然占了整个行业收入的 90%，这些资金收入就等于为创造新的网络赢利模式所剩下的时间，报业必须在这些资金耗尽之前，找到新的模式。[②]

但遗憾的是，事实上包括《纽约时报》在内的美国报界终究未能赶到时间的前面。

“谁杀死了报纸？”

2008 年金融危机突然爆发，此刻似乎报业“大限”降临，向来信心十足的美国报界一时乱了方寸，业界内外人士忧心如焚，众说纷纭。

不少对报业持悲观态度的人士毫不客气地把报业称为“垂死的产业”（dying industry）或者是“死去的产业”（dead industry）。“悲观派”人士当中很多是没有从事过传统报业的 IT 界精英，或是有做报社编辑记者的经历，但已转而从事数字媒体行业。他们认为纸质报纸已经无可救药，正在被时代淘汰出局，将完全被互联网和新媒体所取代。传统报业阵营中持同样观点的也不乏其人。

---

① Bill Keller：Not dead yet：the newspaper in the days of digital anarchy
http://www.guardian.co.uk/media/2007/nov/29/pressandpublishing.digitalmedial

② Project for Excellence in Journalism：State of the News Media 2010
http://pewresearch.org/pubs/1523/state-of-the-news-media-2010

《纽约客》（*The New Yorker*）周刊刊发纽约城市大学教授艾瑞克·阿特曼（Eric Alterman）的文章《终止印刷》（Out of Print），该文回溯了美国报业的历史后说，现在很少有人相信报业按照现在的印刷方式能够生存下去；而就在4年以前，人们还很难想象报纸会以这样快的速度丧失读者、广告和市场以及他们的使命感。他引述《纽约时报》执行主编比尔·凯勒的话说，如今当报社的编辑和出版人聚会的时候，那种气氛就好像是在参加丧礼，相互询问的口吻如同是对方久病初愈，或者是被离婚搞得焦头烂额。①

互联网界技术专家罗宾·布罗尔（Robin Bloor）发表博文，毫不含糊地用了这样一个题目：《这是印刷新闻的死亡吗？是的》。他说，报纸一向是庞大和繁荣的产业，不仅是在美国，在其他地方也是这样。但是现在面临严重衰落，这种深重的衰退可能会完全摧毁这个产业。他推测说，照这种趋势，报纸产业将缩减至几家报纸，它们的生存将仰仗一些亿万富翁或者财团的资助。报纸将变为一种无法在野外生存的稀有动物，只能由慷慨大度的出资者在都市的动物园里圈养。②

美国报纸协会（简称NAA）的会刊《印刷时代》（*Presstime*）在2009年4月号上刊出专题讨论，题为“不要停止出版!”，请各界人士座谈讨论报纸的未来。但是只过了一个月，该协会负责人便宣布，由于报业困境的程度超过预期，《印刷时代》的5月号将是印刷版的最后一期，此后只出网络版。与此同时，该协会将裁员一半。③

图2-6　《印刷时代》2009年4月号封面

硅谷专栏作家迈克尔·马龙（Michael S. Malone）在2005年就作出这样的预见：“让我们得出结论说，报纸已经死亡了。它们不会在2010年年底卷土重来，就像每一种其他的产业在一场技术革

① Eric Alterman: Out of Print
http://www.newyorker.com/reporting/2008/03/31/080331fa_fact_alterman

② Robin Bloor: Is This the Death of Print News? Yes
http://www.thevirtualcircle.com/2009/02/is-this-the-death-of-print-news-yes/

③ Bob Ewing: Newspaper Association Will No Longer Print “Presstime”
http://www.digitaljournal.com/article/272112

命冲击后所经历的那样，报业也将遭受同样的死亡率——90%以上。”他曾大胆预言，美国报纸的数量将不会超过十家，而且它们可能不会是单独的报纸，而是目前的大报团所创造的新的实体。他相信，根据若干年来他对电子产业的观察——一个又一个的传统产业被数字革命所摧毁，它们当初看起来都似乎是永世长存的。“报纸的死亡看似是不可能的，但是当初打字机的消失也被看作不可能。你不得不和技术打赌，无论它朝什么方向发展”。①

对报业的这场灾难心理上最难以接受的，是那些曾经在报社编辑部里日夜劳碌，却突遭解雇的资深编辑、记者。但是他们当中的许多人已经看到，报业的辉煌时代已难再续，而将会让位给新的数字媒体。

在哈佛大学尼曼基金会的2008年冬季报告中，资深报人斯蒂文·史密斯（Steven Smith）写了一篇充满怀旧伤感情绪的文章，文中借助一篇小说，比喻报业遭到谋杀。文中有这样一段话：

“当一家又一家的编辑部裁减人员时，他们便损失了和过去的重要历史密切相关的那些资深新闻人。因而报纸几代人积累起来的美国报业的基础受到进一步损害，也许已经无可挽回。”他怀念过去报业的辉煌日子，珍惜报人的理想、责任感和价值观，但是又不能不面对“出师未捷身先死”的悲壮和无奈。他借小说作者之口，指责报业老板的贪婪和报社主编背弃新闻价值观导致报纸走向衰落。小说的结尾是，一位从事调查性报道的记者在一位电脑奇才的帮助下破了一起谋杀案，而那位电脑奇才将成为这家报社的新老板。这个结局暗示，新媒体与传统专业的结合将成为报业的救主。②

也有一些传统报业的权威人士不甘心于报业的衰落，他们强调报业在全球仍然具有优势地位，认为报业不会被网络所取代。

担任世界报业协会（World Association of Newspapers）主席的独立新闻与媒体公司（Independent News & Media）总裁加文·奥莱利（Gavin O'Reilly）代表了传统报业“顽固派”的观点。奥莱利认为，报业并未死亡，网络不是未来。他举证说，2008年世界报纸发行量增长了1.3%，但是他同时承认这些增长并非发生在持续走低的成熟的报业市场地区。奥莱利说：“那种关于报业的厄运和黯淡前景的宣判，大部分都未被驳斥。在我看来，这种自我摧残的行为真的很离奇，在报业史上从来没有过。”奥莱利引用数

---

① Michael S. Malone: How Newspapers Must Change to Survive
http://www.abcnews.go.com/print?id=7070973

② Steven A. Smith: If Murder Is Metaphor
http://www.nieman.harvard.edu/reportsitem.aspx?id=100667

据来证明他的观点：每天有19亿人购买报纸；成年人中，报纸读者比网络读者要高出41%；每天读报的人比常年吃巨无霸的人还多。他补充说："如果说我们的报业在衰落，那么这个'衰落'的定义就很奇怪。因为报纸产业覆盖了全球人口，同时创造出大量的财富。"他承认经济危机很明显地对报业的收入带来了严重影响，但是他坚持说报业的下滑并不比其他产业更严重。①

尽管奥莱利先生口气乐观而强硬，但这家总部设在爱尔兰的跨国媒体公司自身已经面临着严重的财政问题。该公司横跨全球4个洲22个国家，拥有200家报纸、130家电台和100多家商业网站，但其2008年财务亏损达1.6亿欧元。奥莱利先生是在公司财政面临很大困难的情况下，接手他父亲老奥莱利来管理这家公司的。有报道说，2009年该公司收入不足已经无力还债，可能将会出售其在英国和其他各地的主要媒体资产。②

奥莱利先生的雄辩毕竟无法改变美欧报业正是在过去10年中陷入停滞和走向衰落的事实。

往事可鉴，来日可追，那么回顾过去的10年，美欧报业究竟误区何在？走错了哪几步棋呢？

---

① Greenslande：O'Reilly plays the same old tune：newspapers are not dying，online is not the future http://www. guardian. co. uk/media/greenslade/2009/may/27/gavin-o-reilly-newspapers

② Nick Tabakoff：INM at risk of losing flagship titles http://www. theaustralian. news. com. au/story/0,25197,25410714-7582,00. html

第2节
“破裂性技术”的陷阱

国际互联网是在上世纪90年代初问世的，互联网在全球的商业化应用始于90年代中期。

对新生事物的高度敏感和探索精神是新闻业的职业传统，美国报业也是最早尝试应用互联网新技术的产业之一。据研究文献记载，美国报纸早在1992年便开始尝试通过非凡公司（Prodigy）和美国在线服务公司（AOL）等网络服务公司在网上发布文字信息。1993年和1994年，数百位报社管理者分别在旧金山和坦帕市举行了交互式报纸研讨会议。凯尔西出版集团的分析师丹·米勒当时说：“报纸产业正在发生一些变化，那就是新闻语言正被硅谷那群呆子所操纵着。”① 1994年9月网景（Netscape）浏览器发明不久以后，报业便进入万维网，到1994年年底，大约60家北美报纸建立了网站或是有拨号上网业务，但其中只有不到10家在万维网上可以看到。这些先行者包括《罗利新闻与观察者报》（*Raleigh News & Observer*）、《旧金山核查纪事报》、《圣何塞信使报》等。而到1996年，已有约500家北美报纸建立网站或有拨号上网业务，其中有248家日报在1996年9月便已接入万维网。到了1997年9月网上出版的美国日报猛增到745家，占日报总数的一半。1998年9月，这个数字激增到2059家。到2001年共有3400家美国报纸上网。在内容上，1996年以前的报纸网站一般只是对本报的情况介绍，以后逐步发展成与报纸并驾齐驱并有更大读者群的新闻发布平台。据美国报纸协会2002年的调查，在提供地方新闻和信息方面，美国报纸网站超过雅虎等

① （美）罗伯特·皮卡德，布罗迪著．周黎明译．美国报纸产业［M］．北京：中国人民大学出版社，2004：129

其他网站成为第一来源。①

全美发行量最大的报纸《今日美国》，以及《波士顿环球报》、《纽约时报》、《华盛顿邮报》、《洛杉矶时报》等其他主要报纸的网站，也先后在1995年和1996年创办。

在美国历史上，报业的发展一向以在尝试新技术方面勇于首先“吃螃蟹”而自傲。在互联网发展的初期，报业也比很多美国其他行业的大公司和政府部门捷足先登，首先试水互联网。美国报业一向财力雄厚，具有人才、技术、信息资源等多方面的明显优势，而互联网也是在传统媒体密切关注和推波助澜之下才发展壮大起来的。按道理说，报业本身在利用和开发互联网技术方面应该始终引领潮头，并大有可为。但出人意料的是，事实上情况发展并非如此。②

坐失良机

自上世纪90年代中期以来，数字化信息传播技术革命在十分短暂的历史时期内改变了世界，互联网和新媒体的发展风起云涌，新型的传媒形态变化令人目不暇接，传统媒体所依存的受众与广告市场都发生了根本的变化。但是一向以传媒霸主地位自居的美国报业集团，却在新媒体技术变革面前显得迟缓消极，几乎“虚度”了十年光阴。眼看着互联网和新媒体其他竞争对手从无到有，从小到大，取得优势产业地位，夺走了越来越大的市场份额，传统报业反而日益陷入经营困境不能自拔。正如前文所述，直到这次报业危机爆发之前的两三年，一些美国报界人士方才幡然醒悟，但毕竟为时已晚，已经无力回天。人们不禁要问：在过去十余年中，美国报业究竟干什么去了？怎么会导致今天如此被动的局面？

《华盛顿邮报》所属的网络新闻与评论杂志——《石板杂志》（*Slate Magazine*）编辑杰克·沙福尔（Jack Shafer）指出，报纸落后的主要原因，是从一开始报纸就在固守自己的想象，即按照油墨和纸张所构成的版面、价值观和气质去建立网站。尽管他们捷足先登，尽管他们大量投入人力物力，

---

① Xigen Li：Internet Newspapers
http://books.google.com/books?id=fBniIogpWM8C&pg=PA13&lpg=PA13&dq=american+newspapers+launched+websites+since+mid+90s&source=bl&ots=05qZ2rNoS4&sig=tUrMrr_bSuKKDxjgfcLMs-LLafU&hl=en&ei=ELhuStfFDtKfkQWBmcnDBQ&sa=X&oi=book_result&ct=result&resnum=4

② Jack Shafer：How Newspapers Tried to Invent the Web，But failed
http://www.slate.com/id/2207912/pagenum/all/

尽管他们的网站上也有动画、链接、数据库等等，但它们依旧是“报纸网站”，他们没有创造“网络”。

《华盛顿邮报》网站的执行主编吉姆·布莱迪（Jim Brady）批评一些报纸按照他们自己的理解，只是把网站当作报纸原创内容的发布平台，太多的报纸依然只是把印刷版的内容换一下使用办法。他主张：“不要只是（把报纸内容）‘放到网上’，而要成为网络的一部分（Don't be on the Web，be of the Web）。”①

Slate. com 的另一位编辑斯科特·罗森伯格（Scott Rosenberg）说：“在20世纪90年代，如果你在一家报纸工作并知道了网络的发明，你会渐渐苦恼地发现，报社管理层是多么迟缓才明白新的媒体实际上是怎样运作的。报纸上网了，但却无所作为。所以如果你不想无所事事，那你迟早会不再指望你笨拙的老板，而是自己到网上去另辟蹊径，或参与其他一些新兴网站。报业就是这样不断流失精英，而原本是可以依靠他们探索技术新潮流的。”②

有些公司由于担心失败，对新技术的开发存在恐惧心理而难以持之以恒。90年代中期，奈特－里德报业集团创立了“信息设计实验室”，这个实验室计划研究一种可以替代纸质报纸、使用电池的“平板报纸”，用户可以在家通过电缆、卫星或电话线，在可携带的显示面板上接收信息。该实验室主任宣称，平板报纸在2025年将取代以油墨纸张为介质的报纸。但是该公司1995年8月取消了这个每年耗资200万美元的研究计划，关闭了开办三年之久极具前瞻性的实验室。③

《今日美国》的法律新闻编辑蕾切尔·斯莫尔金（Rachel Smolkin）形象地说，多年以来，报纸对待技术创新就像去看牙医，好像是去受罪，而不是得到鼓励（去把病治好）。虽然报社的确也在改进版面等方面作出很多努力，但是有没有关于报业发展更大胆的新思维呢？是否了解报业之外充满发展机会的新世界呢？她形象地比喻说：“让牙医给你镶一个牙套，把正在腐烂的牙根拔掉吧。”④

许多报人往往是怀着困惑不安的心情看待博客和其他草根媒体的兴起

① Carla T. Savalli：Newsroom of Future
http://www.spokesmanreview.com/media/pdf/010407_sr_newsroom_report.pdf

② Jack Shafer：How Newspapers Tried to Invent the Web，But failed
http://www.slate.com/id/2207912/pagenum/all/.

③ （美）罗伯特·皮卡德，布罗迪著．周黎明译．美国报纸产业［M］．北京：中国人民大学出版社，2004：130．并参见《纽约时报》（1995年）“Knight-Ridder Shuts Down Research Lab”．

④ Rachel Smolkin：Adapt or Die
http://www.ajr.org/Article.asp? id =4111

的。专栏作家考恩（Ed Cone）在2006年撰文说，很难令人相信，美国报业在若干年里一直对博客有一种抵触情绪。很多报纸对开博客只是蜻蜓点水式的。甚至当互联网正在炸毁古老的报业经营模式的时候，许多编辑和记者还是看不起博客，把博客看作是赶时髦，是可怕的或是不大干净的。他强调说，博客不能拯救报纸的衰落，但是从能量、内容和收益来说，博客有助于改变报纸的命运。①

有美国“博客之父”之称的公民媒体中心主任丹·吉尔默（Dan Gillmor）批评报业没有支持“公民新闻”的概念，没有去尝试与读者建立更为互动的对话关系。报纸没有意识到应该尝试把控制权让给读者和社区，而他觉得这一点至关重要。他说，对于已经盛行的时尚，还没有试一下就放弃，这是很奇怪的事。②

《罗阿诺科时报》的编辑迈克尔·赖利说：“具有讽刺意味的是，报纸是世界发生变化的记载者，但是它们自己却被变化吓得要死，这种恐惧经常会阻碍进行关键性的试验。”③

几乎被毁掉的“救生艇”

《基督教科学箴言报》是美国最先宣布向网络转型的大型日报。曾任《基督教科学箴言报》网络编辑的哈佛大学尼曼学者汤姆·里根（Tom Regan）说，他非常欣赏《箴言报》作出转网决定的勇气，他是《箴言报》创办人玛丽·贝克·艾迪（Mary Baker Eddy）的崇拜者。艾迪曾经说过，她希望《箴言报》永远“与时俱进”。她的话鼓舞了《箴言报》几代编辑、记者以及网站制作者。汤姆·里根说，《箴言报》并不缺乏创新的传统，它是第一家在网络上放置音频的报纸，也是第一家派出记者去伊拉克作网站报道的报社。他认为《箴言报》作出转向网络的决定是绝对正确的，在未来几年内，很多其他报社也会这样做。《箴言报》只是必须首先“跳下悬崖”。④

不过汤姆·里根回忆说，当年该报内部曾存在很大的阻力，几乎迫使网

---

① Ed Cone：Newspaper Blogging 2012：A Look Back at the Early Days
http://journalism. nyu. edu/pubzone/blueplate/issue1/cone_future/

② Carla T. Savalli：Newsroom of Future
http://www. spokesmanreview. com/media/pdf/010407_sr_newsroom_report. pdf

③ Michael Riley：Lessons from a Newsroom' s Digital Frontline
http://www. nieman. harvard. edu/reportsitem. aspx?id=100494

④ Tom Regan：Where the Monitor Is Going，Others Will Follow
http://www. nieman. harvard. edu/reportsitem. aspx?id=100668

站关闭。他生动地描绘了1995年参加设计和创建箴言报网站时的艰难情景：

在编辑部里，搞网站的想法并不太受欢迎。在设计网站时，都没有给他在适合工作的地方放一张办公桌。他被放在离编辑部尽量远的地方——发行部的一间偏僻的小房间。关于讨论怎样搞网站，既没人阻止，也没人鼓励。他当时觉得网站的事情只是一个星期一个星期临时安排的。当时只是因为有一位相信互联网未来的编辑大卫·库克（David Cook）的支持，网站才生存下来。这位编辑时常称网站是《箴言报》的“救生艇”。①

当时，编辑部里很多人恨不得把网站关闭。他们觉得网站要花费150万美元的资金，这些钱可以再搞一个印刷厂或多聘些记者。有一次，董事会接到报告，说网站人员太多，需要裁员。所以有一天报社负责人专门来网站视察工作，结果看到网站在做那样大量的工作，因而决定给网站更多的支持。

后来有两件事导致报社认可接受了网络：一件事是编辑部本身连接上网，另一件事就是“9·11”事件的发生。《箴言报》是通过邮局发给订户的，事件发生以后，很多订户发来愤怒的电邮，因为他们有时同一天收到三份迟到的《箴言报》。在“9·11”之后的一个星期，所有的美国飞机都不能起飞，因此印刷报纸无法投递给订户。这时网站成为真正的《箴言报》。从那以后，就没有人再说不搞网站了。

汤姆·里根说，事实上《箴言报》的出版模式是和印刷品相矛盾的：每增加一个报纸订户，就多一份费用。由于报纸发行是通过邮局递送的，所以《箴言报》总是避开突发性新闻，结果这些姗姗来迟的报纸只是表明读者不能及时获得新闻。而真正的问题是在读者方面：《箴言报》的读者平均年龄超过了65岁，而网站的访问者的平均年龄是45岁。② 汤姆·里根相信，甚至在十多年前，报社高层就知道《箴言报》的未来是网络。“但是大卫编辑有一次对我说，‘谁也不想成为报纸的最后一任编辑’”。③ 电报媒体集团的数字编辑爱德华·鲁赛尔（Edward Roussel）说：“大多数的媒体集团都没有为数字化未来做好计划。经济的衰退更加表明，这迫切需要改变发展的方向。”他说，“报社还是把他们自己看作是‘纸’而不是‘新闻’”。

---

① Michael Riley：Lessons from a Newsroom's Digital Frontline
http://www.nieman.harvard.edu/reportsitem.aspx?id=100494

② Michael Riley：Lessons from a Newsroom's Digital Frontline
http://www.nieman.harvard.edu/reportsitem.aspx?id=100494

③ Michael Riley：Lessons from a Newsroom's Digital Frontline
http://www.nieman.harvard.edu/reportsitem.aspx?id=100494

在这个时代，他们这样做犯了一个关键性的错误，现在读者和广告商都越来越不在意“纸”转而关注网络媒体了。报社的管理者一直很迟缓地面对这个事实：过去几十年的丰厚利润已经一去不复返了。从上世纪60年代以来读者开始减少，并一直在加速下降，自从互联网入侵以来，已经从缓慢滑落变成直线跌落。他反驳说：“报纸管理层常常辩解说，他们忽略数字媒体是因为网络广告收入低。‘什么时候报纸网站能像报纸一样创收呢？’也许永远不能。但这个提问本身是错误的。全部关键点是，网络只需要报社花费一点儿费用就可以接触到受众，这就意味着，如果不需要去印制报纸，只要低至65%的成本就能够达到收支平衡。”①

在美国报业危机继续加深的时候，《华盛顿邮报》记者霍华德·库尔茨（Howard Kurtz）写了一篇文章，题目是《铸成大错，报业摇摇欲坠》。该文说，为什么突然之间曾经利润丰厚的报业似乎和那些美国的汽车制造商一样变得过时了？其中的原因有：骄傲自大、决策错误、信誉下降，还有数字世界的兴起，迫使报纸不得不向网络“赠送”它们的内容。该文引述《旧金山纪事报》的编辑菲尔·布隆斯坦因（Phil Bronstein）的话说，“所有的伤害都是自己造成的”，他指出，报社过去把联系公众看成是麻烦和讨厌的事，而不是一种需要。这家属于赫斯特集团的报纸已经面临关闭和出售的威胁，报社编辑部人员从2000年菲尔·布隆斯坦因开始任职时的575人，缩减到2009年的275人。“客观的事实是，报纸里的东西更少了。你没法否认，损失就是损失”。②

为什么报业没有更迅速地应对互联网的挑战？曾在《芝加哥论坛报》等多家报纸工作过的著名博客杰夫·贾维斯（Jeff Jarvis）提出了他的另一个观点：“好多年过去了，为什么我们没有采取更果断的行动，运用我们的宣传力量来推广我们的产品和改变我们的组织？答案是：报纸一向是可以源源不断挤出现金的‘金牛’。我们想得太多的是怎样来维护我们已有的东西。”③

佐治亚大学讲授报业管理与战略的教授、前美联社副总裁康拉德·芬克

---

① Edward Roussel：To Prepare for the Future，Skip the Present
http://www.nieman.harvard.edu/reportsitem.aspx?id=100669

② Howard Kurtz：Under Weight of Its Mistakes，Newspaper Industry Staggers
http://www.washingtonpost.com/wp-dyn/content/article/2009/02/28/AR2009022801964.html?sid=ST2009022802422

③ Edward Roussel：To Prepare for the Future，Skip the Present
http://www.nieman.harvard.edu/reportsitem.aspx?id=100669

（Conrad Fink）指出，报纸在以前很长时期都是业界强手，但这也是产生问题的原因之一。他说，2004 年上市的报业集团的平均利润是 20%，而在《财富》杂志评出的 500 强企业中，平均利润只有 11%。“过去我们是暴利行业，而华尔街只知道一句咒语‘越多越好’。”《今日美国》的编辑蕾切尔·斯莫尔金（Rachel Smolkin）引证他的话并分析说，因为报纸是在经济不景气的情况下作出反应的，因此他们没有充裕的条件去说服投资人，他们只能考虑如何保持利润不要减少。纽约一家经纪公司的传媒分析家爱德华·阿托里诺（Edward Atorino）体谅报社的难处说，报业是在非常糟糕的广告环境下来考虑改变他们的经营计划的，“我想他们已经尽力了。在严峻的条件下把一个企业的方向扭转过来是很困难的……这些企业几年以前实际上就已经‘脱轨’了，而且他们对互联网的反应很迟钝”。[①]

勿用新技术复制旧产品

在本章上一节中提到的美国研究报告《下一代的报业》，从传媒经济学的理论角度，深刻揭示出美国报业落后于新传媒技术发展的原因，是“用旧媒体眼光看未来”。[②]

报告分析说，传统报业由于自身形态、功能、历史和在社会中的地位以及固定的生产程序，产生了一种“障眼物（blinders）”，使它们很难理解正在发生的根本性变化。在不到一代人之前，报纸还是最高水平的信息载体，也是唯一最广泛的引导公众的信息提供者。这种几乎是垄断的地位在十多年前已经动摇，但是报业仍然有一种自己是不可缺少的虚幻感。该报告指出，今天互联网已经极大地减少了出版的障碍。不需要印刷机，也不需要多年的培训，就是小学生也可以制作网页。少数媒体的所有人不再可能控制信息传播。认识这种根本的变动就是下一代报纸的中心原则。

报告还指出，由于受众人口在网络时代的分化，广告商需要运用各类新媒体传播渠道，更加精心地涉入细分市场。同时新媒体技术提供了印刷媒体和广播电视所没有的互动性和多媒体功能，使广告商可以全新的方式与目标消费者相联结，并可以前所未有地清楚了解投资的效果。因此越来越多的广

---

① Rachel Smolkin：Adapt or Die
http://www.ajr.org/Article.asp?id=4111

② Newspaper Next：Blueprint for Transformation，P6
http://www.newspapernext.org/N2%20report.pdf

告商从传统媒体转向新媒体市场。①

主持该项目的克莱顿·克里斯坦森教授根据其产业发展史研究指出，历史上的技术革新分为“持续性（sustaining）”和“破裂性（disruptive）”两大类，持续性技术革新是指对原有产品的技术质量升级，通常也伴随着更高的售价；破裂性技术革新则是指取代现有旧产品、开辟（通常是低端）新市场的新技术。破裂性新技术往往适应满足了原来并非旧产品消费者的人群的新需求。② 克里斯坦森指出，关键的是必须理解“破裂性”技术革新是怎样发生的，而为什么那些传统的成功产业和企业会出现应对迟钝和失策。

根据他的研究，他认为很多传统企业对于新技术应对迟缓或失误，并不是由于企业领导人不够明智和头脑固执，而恰恰是由于他们囿于以往成功的经验和由此形成的行为习惯。那些本来很成熟的企业通常会犯两个错误：一是不能调整资源配置去探索新技术发展的可能性；二是在投入资源制作新产品时，太像旧产品的生产模式。

他列举经典的产业实例说，美国老牌通信公司 AT&T 在 20 世纪 80 年代早期便开始研究第一代手机的市场前景，一家著名咨询公司的预测说，到 2000 年手机将只能售出 90 万台。根据这个结论，AT&T 随即放弃开发手机。事后来看这个决定是荒谬的。今天市场上 10 个小时就可以售出 90 万台手机。柯达公司在 70 年代投入巨资研发数码影像，但开始时却错误地选择了当时占传统主流市场的专业相机方向，它研制的专业相机标价高达 3 万美元一台。后来柯达公司发现这与市场潮流背道而驰，随即转而生产大众化数码相机并获得成功。

报告说，大多数的报纸网站与其他产业一样跌入“破裂性技术”陷阱，即基本上是在网站上复制报纸的内容，克里斯坦森博士称之为企图用新技术“生搬硬套”（cramming）复制旧产品，对于认识新的赢利方式反应迟钝，例如，利用网络进行“潜在客户资料采集”（lead generation），目标性直接营销等，实际上“纯网络业务网站”（pureplay websites）这些都是主要的赢利方式。报纸也迟迟看不到地方性搜索、“超级地方化内容”（hyper-local content）、利基受众形成、博客、社区论坛等等新的“用户创造内容”对用户与广告商具有的巨大潜力。大多数报纸忽略了并不经常阅读新闻的公众的需求，也没有认识到现在通过 Web 2.0 技术手段，公众已经具备了创造、

---

① Newspaper Next：Blueprint for Transformation，P6—8
http://www.newspapernext.org/N2%20report.pdf

② Clayton Christensen：The Innovator's Dilemma and the Innovator's Solution

上载、共享大量信息的能力。①

该报告对美国报业应对互联网新技术挑战各方面的表现作出总体评估，从评估中可以看出，美国报业对于向数字化方向转型，一直是坐而论道，早已想到，但却做不到，在多数项目方面只是勉强及格，在赢利模式方面是不及格的。②（参见表2－1）

表2－1 评估美国报业应对互联网新技术挑战

1. 认识到变革的需要	A⁻
2. 对新产品的增长调配资源	C
3. 设计出用户评价很高的解决方案，用户认为优于其他选择	C
4. 开拓市场，发现以往的“非消费者”和“非消费市场机会”	C⁻
5. 超越传统收入模式，最大限度开发赢利潜力	D⁺
6. 避免在过宽领域的不必要的投资浪费，以降低成本	B⁻
7. 动员组合必要能力，提出创新解决方案	C
8. 具备必要的持续创新和增长的能力	C
9. 在报社内部交流改革议程	C⁺
10. 与报社外部交流增长经验	C

如果15年前……

史蒂夫·奥汀（Steve Outing）曾在过去15年间担任《编辑与出版人》网站专栏作家，在这家被称为“报业圣经”的行业杂志宣布停刊之际，他于2010年1月14日发表了最后一篇专栏文章，该文以充满惋惜的笔调说，作者在15年前没有想到，“报业后来竟没有从互联网获益，却把机会让给了那些贪心的大商人，他们牺牲报业而从中牟利”。如果时间可以倒转，报业人士可以做些什么？他作了如下一番理想化的描绘：

——在1994—1995年期间，报业管理者认识到网络具有撼动传媒界的潜力，因而显著增加研发预算，用以计划和开展以迅速发展的新技术为基础的新互联网业务。

---

① Newspaper Next: Blueprint for Transformation, P9—11, P14—15
http://www.newspapernext.org/N2%20report.pdf

② Newspaper Next: Blueprint for Transformation, P16
http://www.newspapernext.org/N2%2520report%25202-07%25202.pdf

——报业领导者决定指导下属研发具有原创内容与服务的新型网络业务。印刷新闻仍然重要，但不再主导新媒体团队的思维和任务。

——在 90 年代末期，报业开始引进具有新技术背景的经营者，跟踪最有苗头的发展趋势和新媒体公司，并开始大规模地实施兼并或是投资。

——报社放手发展这些新兴技术与业务，虽然这些业务似乎暂时收益不大，但应看到将来新业务的收益将超过报纸。

——报业领导者很早就领悟到印刷出版与互联网的根本区别，因而通过兼并与投资实现新型业务的转型，报业最终将成为社交网络产业的组成部分。

——在 2000 年互联网泡沫时期，报业的网络投资仍然有能力渡过暂时的萧条。一旦互联网发展回升，报业继续扩展其数字化战略。

——在 2005 年前后，报业经营者看到优秀的互联网公司急剧增长，加强并购投资数字媒体和处于萌芽状态的移动通信公司。

——报业公司认识到，报纸业务的经营利润将会下降而需要裁减雇员或从其他赢利方式获得补偿。由于有先见之明，他们在核心新闻业务向数字中心模式转型时，仍能维持高质量的编辑水平。

——结果，报业顶住了 2008 年以来的经济衰退，因为他们的经营已经多元化，及早抓住了数字化发展机遇。①

但可惜的是，历史的轨迹全然不同，美国报人并没有听取史蒂夫·奥汀的忠告。在过去互联网和新媒体兴起的十多年里，报纸产业坐失良机，越来越陷于被动地位，在传媒新格局新市场中逐渐被边缘化，最终导致在本次经济危机中遭受致命打击。

报纸曾因享有产业百年兴旺，已习惯于原来行之有效的赢利模式，很难打破传统的“平面思维”，不能充分认识理解新媒体特性以及市场与受众的变化，未能及时发挥原有的资源优势，技术创新投入不足，改革计划实施缓慢，因此错过了产业结构调整和抢占开拓市场的有利时机，只能眼见新媒体竞争对手一个个迅速兴起做强做大。这便是美国报业“十年蹉跎”带来的教训。

过去的时光已无法挽回，而未来的十年仍是生死攸关。对处在数字化转型关口的中国报业来说，美国报界同行的挫折与命运无疑是一个强烈和及时的警示。

---

① Steve Outing：Goodbye，for Now？But Looking Forward
http：//www. editorandpublisher. com/eandp/columns/stopthepresses_display. jsp？ vnu_content_id=1004055669

第三章

“恐龙”时代

□第1节　纸上的创意
□第2节　报业百年轮回
□第3节　经典模式失灵了
□第4节　“报”“网”之辩

第1节 纸上的创意

在今天，当人们对报业如何维续生存产生严重疑问的时候，本书有必要简短地回顾历史，看一看现代报纸的经营模式是怎样从“纸”和“印刷”的两个技术奇迹的组合中诞生的。

造纸术和印刷术是欧美300年报业生存发展的技术基石。众所周知，在世界科技史上，这两项伟大的技术发明也都是古老中华文明的创造物。

“破裂性”的发明：纸和印刷术

今天英文中“纸”（paper）这个字，来源于希腊语中表示古埃及用于书写的一种“莎草纸”（papyrus），那是一种用植物莎草的纤维压制成的书写材料。[①] 但是，世界科技界公认，造纸术是中国古代四大发明之一，现代造纸术的直接起源来自中国。中国发明的造纸术，首先在亚洲传播，随后传入欧洲。到了19世纪，经过漫长岁月，中国发明的造纸术终于传遍五大洲。[②]

参照克里斯坦森教授有关世界产业发展的理论，造纸术的发明应属于一种典型的“破裂性技术”[③]。也就是说，这种新的技术不是传统技术的“补充”、“升级”或“改善”，而是从根本上改变了旧的技术操作方式，服务于新的消费需要，开发出全新的产品，从而开拓出前所未闻的市场。纸的发

---

① Jimmy Dunn：Historical Papyrus
http://www.touregypt.net/featurestories/papyrus.htm

② China's Gifts to the West
http://afe.easia.columbia.edu/song/readings/inventions_gifts.htm#paper

③ 参见本书第二章。

明，使当时的人类社会找到了一种最简便、最低廉的物质载体和技术手段，用以记载、表达、传播、交换、积累及处理、掌控知识与信息，以及在代际之间传递文化和价值观，最终使千百年在中国使用的竹简、丝帛，以及欧洲用于书写和记录典籍的莎草纸和羊皮纸等进入了历史博物馆。媒介技术的变革总是带来新的文明，汉代发明的“蔡侯纸”也成为古代中国领先世界文明的一个重要标志。

在当时的历史条件下，造纸术的“破裂性”的社会效果是在漫长的1000多年时间里逐渐显现和发酵的。由于古代人类社会的内部封闭性，国家之间政治和地理的阻隔，以及交通、通信手段原始落后，以今天的尺度来看，造纸术的传播推广是以非常缓慢的速度进行的，纸、竹、帛和羊皮纸之间有一个很长的共存时期和此消彼长的过程：在我国，从造纸术的发明到全国的推广普及，花了大约200—300年时间；在全世界，从蔡伦造纸到欧洲建立造纸业，经历了大约1000年。对新技术的传播，除了自然的障碍，其中也不乏人为的恐惧与阻拦。当11世纪穆斯林帝国向基督教的拜占庭帝国出口纸张的时候，基督教会认为纸显示了穆斯林统治商业与文化的企图，因此在数百年间，纸的使用受到教会的抵制。直到公元1221年，神圣罗马帝国皇帝弗雷德里克二世（Frederic Ⅱ）发布命令，宣布所有在纸上书写的文件一律无效。[①] 但是欧洲教会对纸的怀疑和敌意终究是要转变的。而促使这种转变发生的原因，与15世纪发生的另一种伟大的技术革命有关——印刷机的发明，它极大地促进了欧洲本身对纸的需求。到了1844年，加拿大和德国的两位发明家，又发明了使用木浆造纸的方法，从而开辟了物美价廉的新闻纸生产的新时代。正是纸和印刷术的结合，孕育和催生了今天我们所知道的报纸产业。[②]

古代中国也是印刷术的诞生地。根据沈括在《梦溪笔谈》中的记载，在北宋时期，印刷铺工人毕昇（？—1051）创造了使用胶泥制作的活字进行印刷的方法，他因此成为世界上发明活字印刷术的第一人。活字印刷是印刷术发展史上的一次重大改革，和纸的发明一样，在本质上也属于对相关产业及社会发展“破裂性”影响的技术变革。

很可惜的是，由于中国封建社会在唐宋之后转向停滞与保守，毕昇的胶泥活字技术，在随后长达数百年的时间里，并未在中国彰显其潜力与优势。

---

① http://www.chinaculture.org/created/2005-06/28/content_70186.htm

② Dictionary of Canadian Biography Online：Fenerty Charles
http://www.biographi.ca/009004-119.01-e.php?BioId=40217

活字印刷技术虽有一定的发展，但是长期停留在手工作坊阶段，并没有导向机械化的先进印刷产业。同样，虽然早在汉代中国就出现了报纸的雏形“邸报”，唐代的《开元杂报》被认为是中国最古老的报纸，也是世界上最古老的报纸，但是直到进入19世纪，中国实际上还不知道近代报纸产业为何物。

如果说，欧洲15世纪印刷机的发明是西方文艺复兴以及随后到来的工业革命的先声的话，那么也正是在这个历史时期，中国不幸地错失了引领传媒技术革命的时机，与此同时，世界文明的中心开始从东方转向西方。

1455年，德国的发明家古登堡（Johannes Gutenberg）使用他所创造的世界上第一台印刷机，印制出第一部印刷版《圣经》，这本历史性的印刷品，大部分印在纸上，还有少量印在精制羊皮纸上。[①] 古登堡的发明充满了创新因素：使用铅、锡、锑合金作活字的材料，其配比成分沿用数百年；创造了铸字的字盒和字模，便于批量生产；首创了脂肪性油墨，大大提高了印刷质量；发明木制压力式印刷机，改进了手工操作，提高了工作效率。[②]

活字印刷也是一项“破裂性”的重大发明：以往人类社会表情达意互通信息或著书立说传诸后人，主要是依赖雕刻和手工书写绘制的技能，先秦时代的思想家“撰写”著作，是需要有专人刻在竹简上的。在印刷术出现之前，书札文稿只能是人工逐字抄写在纸上的，不仅费时费工，而且易出差错。而印刷机可以取代雕版和手抄本千百次地大量复制同样精美的印刷品，在印刷机发明之后50年的时间里，欧洲印刷的书籍等于过去1000年的手抄书那么多。[③] 雕刻和书法本身则不再是记载文字信息所必需的工艺，逐渐演化为一种供人鉴赏的艺术。

古登堡的第一台印刷机成为现代大规模印刷产业的真正开端。在迄今为止500多年的时间里，从欧洲到美洲，从西方到东方，印刷技术手段不断更新，相继跨过了机械化、产业化、电子化、电脑化等发展阶段。现代印刷工业采用的彩色桌面出版系统和高精度数控全自动印刷机更是古登堡时代所无法想象的，古登堡发明的铅活字排版和木制印刷机早已成为历史名词。

但是毕昇和古登堡功不可没。关于印刷术发明的伟大历史作用，马克思有一句很经典的话：“印刷术则变成了新教的工具，总的来说变成科学复兴

---

① New World Encyclopedia：Gutenberg Bible
http://www.newworldencyclopedia.org/entry/Gutenberg_Bible

② http://www.bl.uk/treasures/gutenberg/makingbible.html

③ James A. Dewar：The Information Age and the Printing Press：Looking Backward to See Ahead
http://www.acm.org/ubiquity/views/j_dewar_1.html

的手段，变成对精神发展创造必要前提的最强大的杠杆。”[①] 恩格斯也写道：“印刷术的发明以及商业发展的迫切需要，不仅改变了只有僧侣才能读书写字的状况，而且也改变了只有僧侣才能受高级教育的状况。在知识领域中也出现劳动分工了。新出现的法学家把僧侣们从一系列很有势力的职位中排挤出去了。僧侣从此也就多半变成了多余的人。”[②] 麦克卢汉则依据其独特的媒介决定论的历史观强调说，“人们常常会忘记，没有印刷品和图纸，没有地图和几何学，现代科学和技术的世界是无法存在的”。[③] 他说，“在文艺复兴的时代，是印刷的速度和由此产生的市场和商业的发展，使得民族主义既新鲜又自然”。他指出，“一旦一种新技术进入一个社会环境，它就无法停止在这个环境中渗透，直至充满每一个机构。在过去的500年里，活字印刷渗透到艺术和科学的每个环节”。他认为，印刷术的可重复性、连续性、统一性等特点，成为微积分和市场营销、工业生产、娱乐业和科学的基础。[④] 美国历史学家伊丽莎白·爱因斯坦（Elizabeth Eisenstein）在其专著《作为变革因素的印刷机》（*The Printing Press as an Agent of Change*）中，严格而详细地研究和论述了活字印刷机的发明对于宗教改革、文艺复兴和科学革命的影响，将印刷机带来的社会变化称为“未被认识的革命”。[⑤] 印刷术就是中世纪与现代社会之交出现的“新媒体”。

便士报：创立传媒经营模式

印刷机的发明还带来一个不可忽视的历史产物，即演变出“传媒产品+广告”的“双重销售”经营模式，正是这种模式孕育出100多年繁荣强大的报纸产业。报业的双重销售模式起源于欧美18世纪和19世纪出现的廉价报纸。《纽约太阳报》的主编本杰明·戴于1833年创办了只卖一美分的“便士报”，首次在街头叫卖。本杰明·戴成功实施了一个天才的创意：低价销售报纸，收入依靠广告。随后美国各城市的其他报纸纷纷模仿《纽约

---

① 《马克思恩格斯全集》第47卷第427页。

② 《马克思恩格斯全集》第7卷第391页。

③ Marshall McLuhan，Lewis H. Lapham. Understanding Media：The Extensions of Man［M］. Conbridge：The MIT Press，1994：145

④ Marshall McLuhan，Lewis H. Lapham. Understanding Media：The Extensions of Man［M］. Conbridge：The MIT Press，1994：161

⑤ 参见 Elizabeth Eisenstein：The Printing Press as an Agent of Change http://books.google.com.hk/books?id=5LR1SrkIrocC&printsec=frontcover&dq=The+Printing+Press+as+an+Agent+of ++Change&source=bl&ots=tBJQ88ZNhT&sig=naadZlgTW1x3BuipbGlFVGejr_k&hl=zh-CN&ei=riOUTMzVDYffcavUvaQF&sa=X&oi=book_result&ct=result&resnum=2&ved=0CCMQ6AEwAQ#v=onepage&q&f=false

太阳报》，以至于任何报纸都很难再卖高价。报纸以扩大的销售数字去吸引广告商，去证明报纸接触公众的广度，从而广告成为便士报的主要经济来源。[①]本杰明·戴创办的那种廉价报纸，就是世界上最早具备有效商业模式的大众媒体。本杰明·戴提出的办报创意，成为现代全球传媒界奉为圭臬的基本经营模式。

这种传媒经营方式不同于任何其他非传媒行业的产品或服务经营，它主要依赖广告收入而不是商品销售收入来支撑。这种独一无二的传媒经营模式对于现代商品生产和市场经济的全面发展起到了十分巨大的推动作用：一方面，报纸依靠广告的支持，最大限度地覆盖有阅读能力的读者群；另一方面，广告业也借助报纸——当时唯一具有垄断地位的大众媒介，达到最具影响力的广告效果。

今天的报界人士常常为找不到网站的赢利模式而苦恼，但当初纸和印刷机的发明本身也没有自动地产生有效的“赢利模式”。古登堡发明活字印刷机创造出以纸为载体的一个新型的工艺流程，但这个流程最初并没有直接创造赢利。古登堡本人在发明印刷机之后，也因无法偿还借款而陷入经济困境，直到晚年他的贡献才得到教会承认，他本人则依赖教会资助才得以享其天年。以往一位誊写员抄写《圣经》要用一年时间，古登堡印制的《圣经》比手工抄写快得多也便宜得多，但是印刷的《圣经》售价仍然十分昂贵，几乎相当于一个教会牧师的三年工资。[②]

廉价报纸的经营模式是在古登堡发明印刷机之后将近400年才创造出来的。此前印刷制作出来的书籍和报刊，一直只能是和一般其他商品一样，按照其制作成本制定价格，在读者中销售求利并维持生产运营。在廉价报纸问世之前，由于报纸制作成本仍然偏高，只能和其他印刷品一样，作为一种文化奢侈品，为上流社会的少数人所享用。没有廉价报纸创造的这个经营模式，很可能就没有我们今天所知道的大众传播媒体。廉价报纸经营模式中最富创意的一点，就是在广告收入的支持下，印制和发行大量（几千份乃至数万份）的“新闻纸”（newspaper）——这是当时人类历史上从未有过的最大规模的信息传播平台，就在这个纸质媒体的宽广平台之上，演绎出近现代报业无数精彩的新闻传奇。而在今天，这个绝妙创意的真正成功的继承

① Dawid A. Copeland. The Antebellum Era：Primary Documents on Events from 1820 to 1860［M］. Santa Barbara：Green wood Publishing Gronp，2003：13.

② History Guide：The Printing Press
http://www. historyguide. org/intellect/press. html

者，不是《纽约时报》也不是《华尔街日报》，而是谷歌、脸谱网、推特和苹果的 iTunes，以及百度、腾讯和新浪。

报纸作为新闻商品的特点

为了认识报业经营模式的性质，以下试就报纸以及新闻商品所具有的经济学特征作一些讨论：

首先，在现代消费社会里，新闻产品一般不属于高价奢侈品，报纸作为一种新闻信息产品，适用于满足大众化的日常需求。除了少数情况以外（如某些涉及财经动态或特殊定制化的新闻信息等），一般新闻的传播是以廉价甚至免费方式进行的。在信息渠道极为丰富、信息大量冗余的新媒体时代尤其如此。

报纸的消费行为与其他商品的消费行为不同——例如，一个顾客可能一次买多张同样的电话卡，买几瓶同一品牌型号的洗发液，买多件完全相同的衬衫，这些商品可以积存并可多件重复消费。但是为了阅读当天的某家报纸的内容，一位读者一般只会花钱买一份，第二份同样的报纸对于他本人来说就几乎毫无用处了。经济学的“边际效用理论”认为，每增加消费一个单位产品，就会出现边际效用递减的现象，但是这个“递减”理论对报纸的销售并不适用，因为一位读者不会再去第二次“消费”同样内容的一份报纸，而当他向第二位或更多读者传递其中的新闻或者传阅这份报纸时，也无需增加任何费用。也就是说，报纸作为新闻和信息的载体，它的“单位产品”（一份报纸的内容）对一位读者来说，一般没有累积消费和 N 次消费的价值。这种报纸的商品特点，也决定了报纸的消费模式是低廉的。但是报纸内容的采编制作、印刷和发行成本并非同样低廉。那么怎样才能补偿制作报纸的成本呢？19 世纪的便士报创造了以广告弥补报纸制作印刷费用的有效模式。

其次，报纸虽非奢侈品，但也不是基本生活必需品，而属于较高层次的必需品。换句话说，读报是普通人生活中的需要，但也并不是必须读报才能生活下去。据国外学者的研究，根据经济学中关于商品的价格需求弹性理论，报纸需求的价格弹性通常较低，也就是说，即使报纸售价有所提高，也不会明显影响报纸销量。报纸一般属于人们日常生活中低廉的必需品，因而可以小额收费，价格弹性不大。[1][2]但是与柴米油盐酱醋茶相比，报纸还是属于“较高层次”的，举例说，中国的“农民报”一向都是在都市里创办，主要在都市边缘和较为富裕的农村地区发行，而在贫困的乡村，往往“吃公家饭”的人才会订报看报。一般农民家庭只有首先解决了基本温饱之后，才有可能去订阅报刊。

再次，报纸的消费支出一般占消费者总支出比例不大，在适合消费者需求和市场整体消费水平的情况下，售价低廉这一因素有利于报纸的普及。

最后，影响商品价格弹性的重要因素是消费者取得替代品的难易程度。从便士报问世之后，直到广播电视的出现，在100多年的历史时期内，报纸曾经是唯一和不可取代的主流大众媒体。但是在进入数字化时代后，作为平面印刷媒体的报纸面临互联网和其他新媒体的激烈市场竞争，新媒体种类繁多，信息供应量大，新技术更新换代快，在很大程度上成为报纸的替代品，因此报纸的价格弹性有增高趋势，即报纸如果提高销售价格，虽然可能增加销售收入，但同时可能导致需求减少。

在今天，欧美一些报社为了“体现新闻的价值”，尝试建立网上内容付费制度，从有关报社“付费墙”的初步试验来看，大多效果欠佳。[3] 这也从一个侧面验证了报纸作为商品的上述特点。

“双重销售”三场交易

便士报所创造的风行百年的报业基本经营模式可以作如下的表述：

报业基本经营模式可称为“双重销售”的模式——以丰富精彩的内容吸引读者，以低廉的价格大量销售和发行报纸，然后再以报纸发行量为依据向广告商“出售读者”，通过这个双重销售过程将报纸读者转换成商家预期的消费者。麦克卢汉把报业的这种经营模式称为“有人出钱的学习”（Paid Learning）。[4] 报社主要依靠这种营销手段获得广告收入，以维持报纸的经营和创造利润。

本书用图示来说明传媒经济的价值交换过程。图3－1表示“第一重销售”：

---

① 参见约瑟夫·斯蒂格利茨：《经济学》P91．图书、杂志、报纸属于缺乏弹性需求的商品，弹性系数为0.34。

② 参见金碚．报业经济学［M］．北京：经济管理出版社，2007：63.

③ 参见本书第五章第1节。

④ Understanding Media, by Marshal Mcluhan. P185

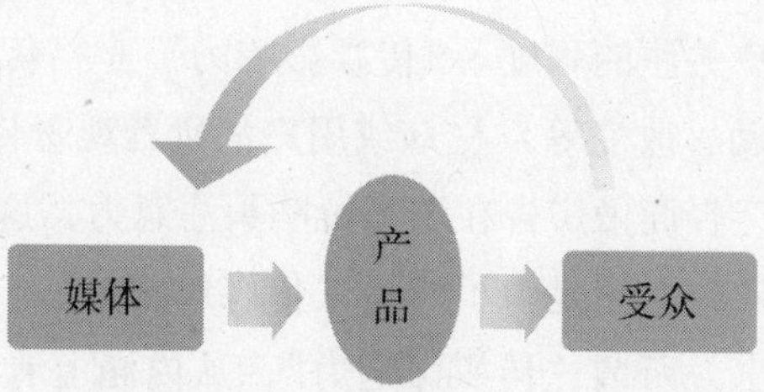

图3－1 第一重销售

即媒体付出成本制造信息产品或服务，信息产品或服务以低于成本的价格出售甚至免费提供，但在这个过程中获得“传媒注意力”的附加值，同时使其潜在的“传媒影响力”增值。

在上世纪70年代美国诺贝尔经济学获奖者赫伯特·西蒙（Herbert Simon）首先提出“注意力经济学”（Attention economics）的基本概念，西蒙以及其他“注意力经济学”理论研究者的观点，主要是针对“信息社会”特别是互联网时代的新经济现象而提出的，但是反过来看，这些观点也可以帮助我们加深对传统传媒经营模式的理解和认识：实际上传统媒体（包括报业）的经营模式本质上也是“注意力经济学”，不过在传统社会中，传媒居于垄断地位，并非注意力稀缺，而信息才是稀缺的，受众对传媒信息的选择范围很小。报业或其他媒体正是在这种信息供不应求的有利的传播环境下，通过制作满足读者兴趣的内容来吸引读者的注意力。而当这种传播环境发生根本变化的时候，传统经营模式的有效性也会因而产生疑问。①

《报业经济学》作者金碚博士认为，“报纸生产者将广告版面出售给广告客户，实际上就是将读者时间出售给后者”。② 这个说法值得商榷。“时间”虽然是读报（以及阅读广告）的一个必要因素，但不是本质性和决定性因素，读者的“时间”可以包含各种不同的活动的，甚至包含睡眠与休息。因此，如果说报纸向广告商出售的是“读者时间”的话，那不是一般的“读者时间”，而是“读者集中注意力”的时间。换句话说，“读者时间”的长短并不是决定广告价值的主要因素，读者的“注意力”如何才是决定因素。否则我们无法清晰地解释，为什么报纸的头版广告与中缝广告价位截然不同，电视黄金时段的广告为何比午夜时分播出昂贵得多。

① 参见本章第3、4节。

② 参见金碚．报业经济学［M］．北京：经济管理出版社，2007：15.

在本书中，“传媒注意力”的价值大小是指传媒机构及其信息产品在市场上获取受众或用户关注的程度。“传媒影响力”是指传媒及其信息产品能够影响（说服、推动、改变等）受众或用户消费者观念与行为的能力。

如果只是说，广告商做广告在于高价购买注意力，这样的说法仍然不够准确。严格地说，广告商应是为了购买“传媒影响力”。

喻国明教授提出，所谓“传媒影响力”，从内涵上看，是由“吸引注意（媒介及媒介内容的接触）”+“引起合目的的变化（认知、情感、意志行为等的受动性改变）”两大基本的部分构成的。他还说，传媒影响力的本质，“就是它作为资讯传播渠道而对其受众的社会认知、社会判断、社会决策及相关的社会行为所打上的属于自己的那种‘渠道烙印’”。①他还指出，“在传媒市场的实际评估中，那些最受广告商青睐，最具广告投资价值的传媒常常并非是那些收视率最高或发行量最大的传媒”。②

喻国明教授关于传媒影响力的观点，正确强调了传媒及其信息产品不仅要吸引受众注意，而且要“引起（受众）合目的的变化”。事实上，在媒体上各类信息内容受到人们关注的程度，远不等于广告商所期求的改变消费者行为的“影响力”。特别是在信息社会和网络时代，“注意力”与“影响力”两者之间的区别十分重要，下文将作进一步说明。

我们再来看报业经营的“第二重销售”（可用图 3－2 来表示）：

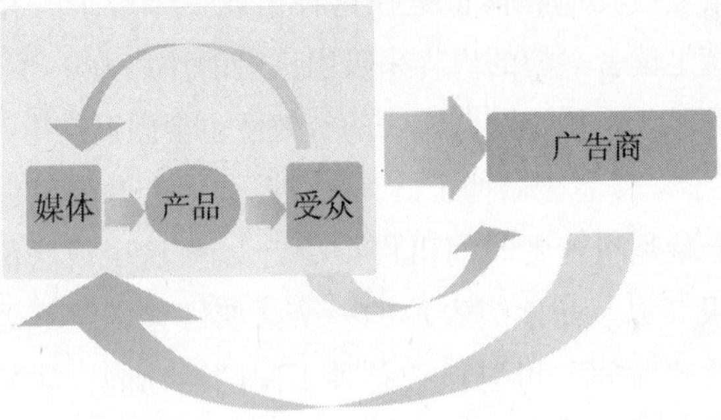

图 3－2　第二重销售

如仔细观察，在第二重销售中，并不只是媒体广告买卖双方的一次性交易，而实际上包含了两个价值交换过程：一个是显性的交换过程，即广告商

① 喻国明．传媒影响力［M］．广州：南方日报出版社，2003：4.
② 喻国明．传媒影响力［M］．广州：南方日报出版社，2003：6.

购买报纸的版面或者是电视台的播出时段，与此同时媒体在售卖广告版面或时段中获取广告收益作补偿。这也就是一般所说的“广告商购买注意力”。通过这样的交换，广告商只要花了钱，就可以在所订购的范围内引起受众一定程度的注意（如广告刊登在报纸新闻版面上或插播在电视节目中）。从形式上看，售卖广告的交易过程到这里似乎已经完成和结束了。但是，实际上随后还有另一个必不可少的隐性交易过程——广告商的终极目的实质上是购买“传媒（商业）影响力”，即在商品市场上，广告商所真正预期的结果，是通过广告将受众转变为产品和服务的消费者，商家最终必须从消费者对产品和服务的购买行为中获得利润。

金碚博士在《报业经济学》一书中指出，“广告客户的需求具有明显的成本核算理性特征，即各个广告客户是否选择报纸作为发行广告信息的载体，取决于对报纸广告版面价格和广告实际效果的计算，总是追求最优的价格—效果比”。[①] 但是这里所说的“实际效果”是什么呢？在传媒业的实际经营活动中，广告商并不满足于受众是否都注意到自己刊登的广告，他们时常会以各种形式向消费者进行后续调查，例如，一个会计师事务所在某报刊登广告后，它可能会向前来办理税务的顾客询问：你是如何了解到这家事务所信息的？是否通过报纸广告？是通过哪家报纸的广告？也就是说，广告商需要了解这个隐性过程的效益如何，了解究竟有多少人是由于看到媒体广告才来购买产品，并据此决定是否继续刊登广告。不管一张报纸宣称自己的发行量有多大，多么有权威有影响，如果在市场上不能证明其刊登的广告促进了该项产品或服务的实际消费，广告商最后很可能不会继续刊登该报的广告。因此广告效果的调查和研究，特别是对于消费行为的影响的调查，始终是企业营销战略中的重要组成部分。

所以，在传媒的“双重销售模式”中，实际上不仅仅涉及一般所说的两场交易，而是存在三场交易：一是媒体将信息产品卖给（或“免费”送给）受众；二是广告商购买“注意力”（报纸版面或节目时段）；三是受众（消费者）购买广告所宣传的产品或服务。在这种传媒经营模式中，前两场交易是显性和现场的，后一场交易是隐性和延后的，但是三场交易在传媒经营模式中环环相扣，缺一不可。否则，这种模式便不可持续。在互联网时代报业“没有赢利模式”的重要原因之一，就在于第三场隐性交易的缺失——网络内容的提供者尽管有时可以达到“吸引眼球”的效果，却无法证

① 参见金碚．报业经济学［M］．北京：经济管理出版社，2007：78—79.

实和体现自身具有真金实银的商业影响力。

传统经营模式的深层矛盾

报界人士历来相信，发行量的大小决定广告效力，而广告商的青睐，又决定报社的生存，因此必须千方百计把发行量搞上去。这似乎是天经地义的报业经营信条。但从前文分析可以看出，在双重销售的经营模式中，媒体与广告商虽然彼此依赖，但是各自的经营目的和追求的利益不同，同时这种经营目的与读者的需求之间也存在很大的差异：

现代大众媒体是受众所需要的新闻信息的提供者，同时也是传媒市场的经营者，作为后者，其本身利益在于尽量扩大第二重销售中的显性交换过程，即多卖广告；广告商刊登广告的目的是为了推销某种商品和服务，这与传媒报道新闻的业务本身原本没有必然联系。广告商的根本利益在于后续的隐性过程，即期望有尽量多的受众接触广告而变成实际上的商品消费者。在纽约大学任职的媒体专家克莱·舍基（Clay Shirky）从报业史角度揭示了报业经营模式中的深层矛盾，他说，由于印报花费成本创造出一种环境，在这个环境中沃尔玛超市的商人愿意支付广告费来支持报纸派出记者报道国际新闻，但“这并不是因为广告和新闻报道之间有任何深刻的联系，也并非沃尔玛商人真正愿意拿出营销费用来支持派出国际记者。这纯粹是一种巧合。因为广告商除了这样做之外，没有什么其他刊登广告的渠道可供选择”。他指出，互联网摧毁了这种报业模式，因为广告商并没有签约去赞助报社建立巴格达记者站。[①] 曾担任《中国经营报》总编辑的金碚博士也指出，报纸广告版面的价格弹性可能是很显著的，也就是说，一旦报纸广告价格调高，便会有一些广告商不再刊登广告。“因为，大多数广告客户购买报纸广告版面是一种生产性消费行为，而且，广告客户常常面临较大的可选择空间，即通常存在着其他替代媒介，与报纸广告版面的销售发生竞争关系”。[②] 金碚博士并且尖锐地指出，“在中国，关于报纸的发行量是一个典型的信息不对称市场，即卖方充分了解报纸发行量，而买方（指广告商）却没有关于报纸发行量的可靠信息。这种信息不对称必然导致双方失去信任，没有信任的市

---

① Clay Shirky：Newspapers and Thinking the Unthinkable
http://www.shirky.com/weblog/2009/03/newspapers-and-thinking-the-unthinkable/

② 参见金碚．报业经济学［M］．北京：经济管理出版社，2007：78.

场会使双方都付出代价”。[①] 在美国有严格的报纸发行量稽核制度，报社绝不敢虚报发行量而以身试法，但即使如此，由于平面媒体本身的技术局限性，实际上报业经营者和广告商也很难直接和确切地知道，究竟有多少报纸读者会对某种广告宣传的商品感兴趣，并变成实际的消费者。报纸读者作为潜在的消费者，肯定对广告信息有实际的需求，但由于印刷技术与报纸经营方式的局限，大量集中发布的报纸广告往往只能是无的放矢，无法做到针对不同读者需求提供相关的商品和服务信息。

传统报业经营模式无疑是个天才的历史性创意，它曾带来百年繁盛的大众传媒时代。但是这种主要依靠广告的经营模式中自身存在的内在矛盾和局限性，也为今日世界报业走向衰落的致命危机埋下了伏笔。

① 参见金碚．报业经济学［M］．北京：经济管理出版社，2007：255—256.

第2节

报业百年轮回

大众商业化报纸至今已有170多年的历史。纸和印刷术的发明促成了18世纪工业革命的到来，而现代商业化社会的来临，又为现代报纸的诞生、发展和繁荣创造了条件。在得天独厚的社会经济环境里，报业这个媒体“新物种”从早期的小型私人作坊，最终发展成为高度商业化或政治化的现代传媒“恐龙”。正如考古学上1亿多年前的侏罗纪晚期时代一样，气候和地理环境的巨大变化，导致了当时地球动物界的统治者——恐龙一族的完全灭绝。而在今天，互联网以及新媒体技术革命给传媒生存环境同样带来急骤的变化，破坏和颠覆了传统报纸产业的经营条件与模式，往日欧美报业繁盛的绿洲已是佳境不再。

现代报业的先声

公元前59年古罗马恺撒大帝下令将元老院的日常活动刻在一块白板上，并公之于古罗马议院广场，这就是《每日新闻通报》或《元老院通报》。这种官方通报每天更新，被认为是现代报纸的雏形。①② 如果这种看法是正确的，可知原始状态的“报”与“纸”之间本无必然的联系。而我国唐朝的“进奏院状”，如史书上记载的唐代官员孙樵撰文所称“开元杂报”，已经采用更加简易轻巧的新型介质——纸张作载体。③

15世纪到17世纪人类进入探索时代。16世纪中期，威尼斯成为世界贸易的中心，人们对商业信息的需求极大膨胀，由此催生了意大利威尼斯的手

① http://www.1911encyclopedia.org/Acta_Diurna

② 大英简明百科 P12

③ 方汉奇等．中国新闻事业简史［M］．北京：中国人民大学出版社，1995：4—7.

抄新闻小报（Handwritten News Sheets）。这种小报类似于公报（Gazette），以刊登意大利和欧洲的战事和政事为主。[①] 随着印刷术的发明和普及，威尼斯小报改手抄版为印刷版。虽然不定期却能连续出版的威尼斯小报被认为是现代报纸的先声。[②]

尾随哥伦布而来的欧洲殖民者在开拓美洲大陆的土地时也把印刷报纸带到了美洲。保存至今的北美最早有关时事的印刷作品记载着 1541 年袭击危地马拉的一场暴风雪和地震。[③]

在英国，城乡人口、社会阶层、社会组织等在 18 世纪的工业革命中结构重组，社会各领域发生空前变化，人们的信息需求量呈爆发式增长。18 世纪后半期和 19 世纪前期，英国已经出现了一些靠广告收入赢利的报纸。1785 年约翰·沃尔特（John Walter）开办《世鉴日报》（*The Daily Universal Register*），1788 年更名为《泰晤士报》（*The Times*）。在沃尔特的经营下，《泰晤士报》以即时、详尽的国内外（主要是欧洲）各类政治经济新闻见长，以此赢得了良好的信誉。沃尔特除了注重报纸品质的经营，同时也注重报纸作为一种经济实体的经营。他的报纸以广告和发行作为经济基础，在技术上还积极采用蒸汽转轮印刷机，不断扩大发行量。[④][⑤] 但沃尔特先生那时绝不会想到 222 年之后传媒世界会发生如此巨大的变化，今天的《泰晤士报》不得不在网络上放弃依赖广告的经营模式，建立服务小众的“付费墙”。[⑥]

伦敦的报业成为一种商业牟利行为，产生了各种经营方式。伦敦的报纸隶属于规模不等的书商，而在地方，报纸则由出版商经营，为获得经济利益向人们提供新闻。此时，广告在报纸中的地位逐渐上升，报纸经营者与广告商已经形成了共生关系。到 18 世纪 20 年代，伦敦主流日报的经济来源主要来自广告。报纸广告内容既有商业性质的，也有官方和个人性质的。报纸的读者群从社会中上等阶层向普通大众普及。[⑦] 1855 年，印花税被取消后，英国的大众商业报业成为报业市场的主体[⑧]。19 世纪初期的英国廉价小报可以

---

① Mitchell Stephens：History of Newspapers
http://www.nyu.edu/classes/stephens/Collier's%20page.htm

② Mitchell Stephens：History of Newspapers
http://www.nyu.edu/classes/stephens/Collier's%20page.htm

③ Mitchell Stephens：History of Newspapers
http://www.nyu.edu/classes/stephens/Collier's%20page.htm

④ http://en.wikipedia.org/wiki/The_Times

⑤ Claire Lomas：The Steam Driven Rotary Press，The Times and the Empire
http://journalism.winchester.ac.uk/?page=353

⑥ 参见本书第五章第 1 节。

⑦ Michael Harris & Alan J. Lee. The Press in English Society from the Seventeenth to Nineteenth Centuries. London and Toronto：Associated University Press，1986：19—23.

⑧《英国新闻史》P9

被看作世界大众化报纸的雏形。

然而，相较于欧洲大陆，美洲新大陆的环境看上去更适合报纸这种新兴媒体的生长。

当时的美国，在经济不断发展，人口不断增加，都市不断扩大，文化迅速普及和邮政系统日益完善的同时，报刊种类数量也在不断增多。虽然印刷品的价格比以往任何时候都便宜，但是报纸的定价相对当时的物价水平，还是比较昂贵的：一份报纸要6美分，全年定价为10美元，而这个定价超过一个普通工人的一周的工资。当时的美国报纸很少零售，以订阅为主，但实际上订阅收费的情况也很差。①

于是，市场供求之间日益扩大的落差，引起美洲报业史上一次重大的变革。1833年9月3日，本杰明·戴在纽约开办了一家小型廉价报纸——《纽约太阳报》。该报在短短6个月里，发行量达到8000份左右；一年后达到10000份；三年后为30000份。《太阳报》获得成功有多方面原因，其中最大的原因是它发掘了当时社会最广泛的受众群——平民读者。②《太阳报》每份只卖一美分或一便士，低廉的售价使许多原本不读报的平民百姓也加入报纸读者的行列。

戴的创新举措并非没有模仿和借鉴过他人。《太阳报》最显著的一个特征就是报道极具可读性的警讯、法庭新闻。实际上，戴的这个做法是吸取了1780年创办的《伦敦先驱早报》(*Morning Herald of London*)的经验，该报因报道伦敦布街的街头新闻而取得可观的发行量。戴为了获取生动的法庭新闻材料，以4美元的周薪聘请了擅长采写警察新闻的乔治·威斯纳(George W. Wisner)为《太阳报》撰稿。耸人听闻的标题、全新的版面编排，尤其是可以轻松地被纽约混杂的大众理解和享阅的“人情味”(“human interest”)新闻都是《太阳报》擅长的手法。③

《太阳报》不仅力求成为大众化“内容提供商”，还借鉴英国报业的经验，建立了称为“伦敦计划”④(London Plan)的发行系统，即采取报社批发报纸给报贩，再由报贩零售卖给读者的发行方式。《太阳报》专门雇佣了一批人为其当街零售报纸，这个工作的工资很低，卖报者大都是儿童，尤其是小男孩，所谓“报童”正是这个时候出现在纽约街头的。⑤ 戴的这种发行

---

① Dowid A. Copeland. The Antebellum Era：Primary Documents on Events from 1820 to 1860：Greenwood，2003：13.

② 参见 Michael Emery & Edwin Emery etal. Press and Amrica：An Interpretive History of the Mass Media［M］. 8th Edition. Allyn & Bacon Publishing，Inc.，2001：117.

③ George H. Douglas. The Golden Age of the Newspaper［M］. Greenwood，1999：6.

④ James E. Pollard. Principles of Newspaper Management［M］. Mcgraw-Hill Book Company，Inc.，1937：53—54.

⑤ George H. Douglas. The Golden Age of the Newspaper［M］. Greenwood，1999：8.

方式大获成功，《太阳报》也因而成为当时世界上发行量最大的报纸。用现在的术语来说，便士报创建了当时覆盖面最广的新闻传播平台，每份报纸就是供读者廉价使用的纸质“终端”。

广告业是商业社会的催化剂。1704 年北美出现了第一个报纸广告——在《波士顿新闻通信》（*Boston News-Letter*）上刊登的房地产广告。1729 年在本杰明·富兰克林创办的《旧金山纪事报》上出现了“新广告”专页。[①] 广告主总是急于吸引潜在消费者的眼球。便士报背后的庞大读者群对广告主来说无疑就是磁铁对铁片的力量。《太阳报》由此激发出“发行加广告”的经营模式的灵感。

对本杰明·戴来说，广告收入比发行收入更为重要。《太阳报》的第三版有一半专门刊登分类广告，第四版上全是广告。广告收入远比发行收入多得多，便士报从而转变成利润丰厚的商业企业。有了更多收入，出版人可以用来更新印刷机等硬件设备，可以用来扩大、充实、美化版面，以吸引更多的读者，还可以雇佣更多的雇员扩大再生产。本杰明·戴成功的报业经营模式，相继为《纽约先驱晨报》（*New York Morning Herald*）、《纽约论坛报》（*New York Tribune*）等其他大众化都市报纸所效法。[②]

《报纸的黄金年代》一书作者乔治点出了这个时期报纸作为新传播媒体的意义，虽然 19 世纪 30 年代出现的廉价报纸还不是严格意义上的现代报纸，但它们点燃了美国新闻业之火，铺就了美国新式新闻业之路——较之先前任何时代都更通灵、更有创造力。[③]

美国南北战争之后直到一战期间，是美国的重建时期或者社会转型期。在工业化和城市化的相互作用下，美国政治、经济和社会各领域包括新闻业都在世纪之交发生着巨变。大众化日报作为当时技术领先、更新频率最快和最富影响力的媒体，日渐成为新生活和新环境最好的记录者和诠释者。

从“草根新闻”到专业新闻

美国早期的民间报纸可以说是原始状态的“草根新闻”，报纸的创始人不少都是半路出家的。殖民地时期激进派作家托马斯·潘恩因撰写《常识》和《危机》而轰动一时，他“利用献身自由事业的高尚情操作为最强效的

① http://adage.com/century/timeline/index.html
② 参见 Michael Emery & Edwin Emery etal. Press and America: An Interpretive History of the Mass Media [M]. 8th Edition. Allyn & Bacon Publishing, Inc., 2001: 120.
③ George H. Douglas. The Golden Age of the Newspaper [M]. Greenwood, 1999: 11.

精神滋补剂，使灰心丧气的人们重新振作起来”，激励他们投入争取美国独立自由的战斗。而这位来自英国的潘恩最初只是一个制衣匠、税务员。[①] 公民新闻理论家丹·吉尔默在《草根新闻》一书中指出，博客这种个人新闻（personal journalism）并不是新的创造，他将潘恩比作今天的博客。[②]

从便士报时代进入到现代大众报业的成熟期，在基本经营方式上没有发生过质的变化，最明显的变化是在办报理念、编辑方针方面的演进——如确认传播新闻是报纸的首要功能，确认坚持新闻真实性客观性的原则，确认服务公众是首要职责，主张报纸言论的独立性和平衡性等。[③] 报纸版面的编辑方法也在专业化方向上不断调整和改进。

在廉价报纸产生后不久，大众化报刊就曾出现低俗化趋势，并受到业界尖锐的批评和质疑。1859 年，美国出版了第一本报业批评论著《我们这帮报人》（*Our Press Gang*），该书作者从 14 个方面历数报业的“堕落和罪行”——滥用权利挑战人权和自由；敌对共和政府以及所有的自由制度；欺骗和误导人们对国家重大事件的判断；培养了伤风败俗的社会风气；助长了政府腐败和堕落；妨碍司法公正和审判；侵扰公民的私人生活和家庭空间；通过江湖庸医获得大量耸人听闻的谋杀报道以换取高发行量；等等。该书认为美国新闻行业并非是“教育的杠杆”、“时代的变革者”、“知识进步的镜子”以及“人类进步的驱动器”，相反它造成了最阴霾的黑暗。[④] 显然，作者已经认识到新闻业具有巨大的社会影响力，但也是正负两面的双刃剑。

19 世纪 90 年代，赫斯特和普利策执掌的《纽约新闻报》和《纽约世界报》之间的恶性竞争把美国报界带进了煽情主义的黄色新闻时代。众多报纸在竞争的压力下纷纷效法两报的做法。[⑤] 写《美国新闻史》的作家埃默里父子评论这是一种“没有灵魂的新式新闻思潮”——黄色新闻不仅起不到有益的引导作用，反而为罪恶、性和暴力开脱。[⑥]

如果说黄色新闻把新闻业引入了歧途，那么美国内战则把它推入了“正道”。正如《纽约时报》于 1901 年 50 周年纪念刊上描述的那样：这一

---

① 参见 Michael Emery & Edwin Emery etal. Press and America：An Interpretive History of the Mass Media［M］. 8th Edition. Allyn & Bacon Publishing，Inc.，2001：72.

② Dan Gillmor. We the Media［M］. O'Reilly Media，2004：1.

③ Bill Kovach & Tom Rosenstiel. The Elements of Journalism［M］. Three Rivers Press. 2001

④ Lambert A. Wilmer. Our Press Gang；or，A complete exposition of the corruptions and crimes of the American Newspapers［M］. S. Low，Son & Co.，1860：375.

⑤ W. Joseph Campbell. Yellow Journalism：Puncturing the Myths，Defining the Legacies［M］. Praeger，2001：25—26.

⑥ 参见 Michael Emery & Edwin Emery etal. Press and America：An Interpretive History of the Mass Media［M］. 8th Edition. Allyn & Bacon Publishing，Inc.，2001：241—242.

时期“各大报社争相及时获得独家新闻，同时致力于快速而详尽地报道社会各方面的新闻以满足大众需求”。① 各大报纸一改往日压缩新闻和评论却将广告放在头版的做法，而把战争新闻和评论移到了头版位置，相对减少广告的分量。为了维持报纸赢利，出版者寻找更多新方法吸引读者眼球：一种方法是制作更大、更新颖的新闻标题；另一种就是导语的写作，为读者提供以事实为基础的翔实报道。②

为了第一时间获取战事信息，各大报社都派出战地记者实地采访。于是，在战场上除了有敌对双方的刀光剑影，还可以看到分属于不同报社的战地记者之间相当激烈的竞争。新闻摄影技术也在这个时期得到极大的发展。虽然战地记者发回的报道并不以客观真实性为最高准则，因为核对会花费大量时间和精力，影响出报速度，但是他们的编辑却一再要求特派记者们注意军事消息的真实性。③

19 世纪 90 年代到 20 世纪 20 年代，发生了美国报业史上的重要事件——“扒粪运动”。美国内战后，全社会性的重建工程轰轰烈烈，如日中天。经济巨头为了得到更多的利益不惜牺牲公众利益，这种行径引起社会舆论的强烈谴责。“扒粪运动”首先从杂志《麦克卢尔》发表的一系列揭露城市经济界、政界腐败的黑幕文章开始，继而蔓延到报业。媒介的力量促使美国政府对现行体制进行诸多改良。“扒粪运动”的最大意义在于新闻媒体发挥对政府和社会的舆论监督功能。直到今天，媒体的监督功能仍为美国乃至全世界新闻人所努力践行。

做广告业的助产婆

任何一种新的媒体都会推动其所在时代的经济成长。印刷媒体逐渐形成了一种新的产业，围绕这个新产业，产业链的各个环节都得到巨大发展。

首先是大众化商业报纸的经济支柱——广告业。符合现代定义的广告——付费且占用媒体空间——出现在 17 世纪英国的报纸上。此时的广告往往直截了当地介绍广告产品，没有任何华丽的排版或插图，很容易与新闻区分开来。④⑤

---

① Newspapers fifty years ago

② How the civil war changed America's newspapers

③ Anthony R. Fellow. American Media History ［M］. Wadsworth Publisling, 2004: 125.

④ http://muse. jhu. edu/journals/asr/v006/6. 3unit02. html

⑤ http://www. mediaknowall. com/gcse/advertising/advintro. html

1704年4月24日是美国第一个连续刊发的报纸《波士顿新闻信》出版第一期的日子，而第二个月，它就迎来了全美第一个付费广告——长岛蚝湾房的房地产广告。① 广告界鼻祖本杰明·富兰克林在美国殖民地时期独资经营《宾夕法尼亚公报》（*Pennsylvania Gazette*）并亲自撰写广告，每则广告数行成篇，用一版的篇幅分割成规则的矩形块安放不同广告，包括宣传船舶、羽毛制品、书籍、茶、等商品的广告，这类似于后来一直沿用至今的分类广告。早期廉价报纸《纽约先驱报》的发行人贝内特认为，报纸广告应该每天更新，设置成小板块，无需太多说明。他的目的是想给小商品销售者与大宗商品生产者同等做广告的机会。后来《纽约先驱报》逐渐形成了固定的三个广告版，其中每个专栏大约登40个广告。这一做法很快见了成效。贝内特用广告所得开辟了12个广告专版。② 在历史的发展中，广告在报纸中出现的数量、内容和形式都在不断变化着。1880—1910年30年间，美国大多数报纸提供给广告的版面从25%提高到50%，这意味着广告版面与新闻版面平分秋色。③

随着19世纪末20世纪初工业革命后大批量商品生产时代的到来，大众化报业也进入鼎盛时代，报纸成为广告商传播产品和服务信息的最宽阔的平台。现代广告业正是从这个时期快速发展起来的。④ 早先的广告经纪人代理的都是报纸广告。1843年，佛尔尼·帕尔默（Volney Palmer）在费城创办了世界第一家广告代理公司。1868年，法国人爱尔（N. W. Ayer）用250美元在费城成立的广告公司，是公司广告业务佣金体制的创始者。1873年，美国第一届广告公司大会在纽约召开。⑤ 至此，广告业成为一个全新的社会行业。实际上印刷媒体是广告业诞生的助产婆，在这一时期，报纸、杂志等是广告商首选的推广工具，这种情况一直延续到上世纪。而广告与报业的联姻暴露出危险的裂痕，则是互联网问世以后在本世纪发生的事。

报纸还推动了另外一个行业——印刷产业的发展。廉价报纸产生后，新的报业市场和新的读者需求刺激了美国印刷技术加速变革，后者又反过来为新兴报业的快速生长创造了条件。印刷技术的一系列改进属于本书第二章介绍的"持续性技术革新"，即是对原有产品的技术改造和质量升级，而不是

---

① http://www.ehow.com/about_5366305_history-newspaper-ads.html

② Anthony R. Fellow: American Media History [M]. Wadsworth Publisling, 2004: 92.

③ 参见 Michael Emery & Edwin Emery etal. Press and America: An Interpretive History of the Mass Media [M]. 8th Edition. Allyn & Bacon Publishing, Inc., 2001: 236.

④ http://www.mediaknowall.com/gcse/advertising/advintro.html

⑤ Advertising age timeline
http://adage.com/century/timeline/index.html

带来产业发展的“破裂”。由于便士报变得越来越抢手，当时大多数报社使用的普通手摇印刷机已不能满足印刷8000份日报的需求，而理查德·霍（Richard Hoe）发明的活字轮转印刷机解决了这个问题——每小时可印1万到2万份。铅版印刷机则使印刷相同的版面、采用较大标题以及展示广告技巧成为可能。到了19世纪末，排字机、速印机、铸版术、彩色印刷术、电铸术、照相凸版等一系列印刷技术和设备发明已能满足报纸日发行量4万到5万份的需求。19世纪90年代亚硫酸盐纸浆的发现使新闻纸价格有了大幅度下跌。从1870年到1900年，美国面向大众发行的英文报纸从489家增加到1967家，总发行量从260万份上升到1500万份。①

寡头的圈地运动

进入20世纪，世界和美国的形势都不太平，人们需要从媒体获得各方面的信息来消除或减少环境的不确定性，因此受众市场和广告市场都在不断增大。

实际上在某一地区，广告主为了让其广告信息尽可能得到最大范围和最有效率的传播，通常会把广告投放在该地区内发行量最大的报纸上，这就不断引起同一地区不同报纸争夺市场的激烈竞争，广告收入更多的报纸也通常会有更大的发行量，这就是报业发行螺旋现象。随竞争而来的优胜劣汰，实力较弱的报纸要么选择停刊，要么与其他报纸合并，尤其是被与之竞争的强手兼并。在一战前后，纽约、费城和芝加哥等城市的报纸所有权呈现集中化趋势，各报团相继成立。如1918年到1928年期间，赫斯特报团集中购买了16家报纸。② 20世纪30年代美国经历了经济大萧条的洗礼，报纸产业也随之遭受重创。据统计，报业有1/3的员工失业，倒闭的日报数量大大高于新创办的日报数。③ 但这并不意味着报业在总体上的衰落，结果只是扩大了报业寡头圈地运动的跑马场，为报业迈向新的产业巅峰扫清道路。

美国日报种数从1910年的2200家减到1930年的1942家，即20年中少了258家报纸。同时报业的垄断化程度越来越高，“一山不容二虎”，一个主要城市中逐渐只剩下一家独占优势的报社或报团。④ 1930年，人口超过

---

① 参见 Michael Emery & Edwin Emery etal. Press and America：An Interpretive History of the Mass Media［M］. 8th Edition. Allyn & Bacon Publishing，Inc.，2001：199.

② 参见 Michael Emery & Edwin Emery etal. Press and America：An Interpretive History of the Mass Media［M］. 8th Edition. Allyn & Bacon Publishing，Inc.，2001：339.

③ 参见 Michael Emery & Edwin Emery etal. Press and America：An Interpretive History of the Mass Media［M］. 8th Edition. Allyn & Bacon Publishing，Inc.，2001：628—629.

④ 参见 Michael Emery & Edwin Emery etal. Press and America：An Interpretive History of the Mass Media［M］. 8th Edition. Allyn & Bacon Publishing，Inc.，2001：363.

10 万而只剩一家报纸或者一家报团旗下的晨报和晚报的美国城市有 8 个，到 1940 年，这样的“一城一报”的城市达到 25 个。[①]

与此同时，技术革命又创造出新的媒体介质，电子媒介首先以广播的形态出现。美国第一家正式运营的无线电广播电台是匹兹堡西屋电气公司所有的 KDKA 电台。1920 年 11 月 2 日，KDKA 电台播报了哈定赢得总统大选的消息，这是世界上第一条广播消息。广播很快成长为除报纸之外的另一种主流媒体。广播在提供新闻方面对报纸有一定的可替代性，在时效性上具有技术优势，广播第一次提供了平面媒体之外新的信息渠道，收音机成为新型的听众使用终端，因而打开了新的广告市场。

起初，广播电台播放的新闻主要从全国和当地的报章上摘取，直到 1938 年美国经济大萧条时，广播网才配备了本台的新闻采编人员。随后电台节目开始多样化，既可随时播报即时新闻，又可以播放音乐、广播剧等娱乐性节目。随着广播听众越来越多，广告商纷纷向广播投放广告。1929 年，电台的广告收入只占同期报刊广告收入的 1/20。1933 年，报刊的广告收入比高峰年代的 1929 年下降了 45%，而电台的广告收入却翻了一倍。到 1939 年，广播的广告收入占广告市场总收入的 27%，报纸占 38%，杂志占 35%。但是，此时报纸发行人并不过分担心电台的竞争。因为这一时期的报纸产业正处于其黄金时期，报纸记者、评论员、专栏作家达到了专业水平的巅峰，公众对于报纸的信任超过以往任何时候。[②③]

在无线电广播出现不久，美国电视业在一些大电器制造公司的推动下发展起来。1939 年，电视技术首次在世界博览会上与大众见面。但是二战的爆发对处于萌芽期的美国电视业无异于触上一座冰山，商业电视台的发展因此陷入全面停顿。到 1945 年战争结束时，全国只剩下 6 家仍坚持播出节目的电视台。1952 年美国联邦通信委员会（FCC）解冻电视办台的政策出台后，美国的电视业才开始稳定发展。[④]

与纸质媒体不同，电视传播信息声像兼备且极具现场感。1941 年 7 月 1 日，纽约 WNBT 电视台在美国布鲁克林队与费城队之间的棒球赛前，人们看到这样一段不同于任何节目形式的电视画面：一只手表“欢快地”滚动在美国地图上，同时还配有一句简短的电视画外音——“全美运行 Bulova

---

① Frank Luther Mott. American journalism：A history of newspapers in the United States through 250 years，1690—1940［M］. Macmillan，1947：665.

② George H. Douglas. The Golden Age of Newspaper［M］. Greenwood，1998：233.

③ 《全球新闻传播史》，P323

④ 《电子媒介导论》，P12—13

时间”。这就是著名制表商宝路华（Bulova）花了4美元购买的10秒钟广告，也正是美国第一个电视广告。[①][②]

随着广播电视网和有线电视网在全国的普及，以及电视新闻节目、娱乐节目和体育节目编排的改进和创新，电视占有越来越多的广告市场份额。根据美国报纸协会[③]和科恩广告支出数据库（Coen Structured Advertising Expenditure Dataset）提供的统计数字，1950年在电视刚刚起步的时候，报纸占广告业支出总额的36.5%，电台为10.7%，电视只有3%。[④] 到1994年，用在电视上的广告支出已赶上报纸，1995年就超过了报纸；1998年，美国全国广告支出为2067亿美元，其中报纸为443亿美元，占总广告支出的21.4%，电视占23%。但是报纸与电视广告收入的绝对数字并不是此消彼长的关系，二者的广告收入皆呈上升趋势，差别在于增长的幅度和速度。[⑤] 广播电视的发展只是打破了报纸的独占地位，改变了市场份额比重，从未取代报纸而对其构成生存威胁。

实际上，从30年代经济大萧条直到90年代，美国报纸产业并没有呈现大起大落的态势。从总数上看，报业市场相对稳定，只是60年代后日报总数呈现下滑，但幅度不大，标志着美国报纸产业处于成熟期。这个过程中，美国报业市场从“一城一报”逐渐走向报业高度垄断化阶段。[⑥]

包括《纽约时报》、《华盛顿邮报》、《洛杉矶时报》在内的大多数主要美国报纸都是在19世纪末期创建的，经过报业家族三代人的经营，这些报纸以20%—40%的高利润率滚动增值，到20世纪60年代，已从当初的小本投资成长为巨大的产业。根据美国有关法律，家族遗产可以免税，但仅限三代之内。因此不少报业家族的第四代人为了避免支付高额遗产税，不必从事经营而坐享红利，纷纷将报纸上市出售，或将报纸卖给其他大商业公司。[⑦] 在二战结束时80%的美国报纸还是独立经营的，但是到了1989年，这个比例完全翻转过来了，80%的报纸都是属于报业垄断集团的。[⑧] 1981年有20家大公司经营半数以上的美国报纸，而到1989年，控制报业的公司数

① http://www.bulova.com/about/about.aspx

② http://www.kevinsvoice.com/2009/07/america-runs-on-bulova/

③ http://www.naa.org/TrendsandNumbers/Advertising-Expenditures.aspx#spotlight-AnnualAdVolume

④ http://spreadsheets.google.com/pub? key=0AnZb5H7tDMvTcDlMRU5haUtKZW95Qlg0ZVIxRlpFRXc&gid=0

⑤ http://www.galbithink.org/ad-spending.htm

⑥ 参见Michael Emery & Edwin Emery etal. Press and America：An Interpretive History of the Mass Media［M］. 8th Edition. Allyn & Bacon Publishing, Inc., 2001：628—629.

⑦ Ben Bagdikian. The Media Monopoly［M］. Beacon Press, 1997：12.

⑧ Ben Bagdikian. The Media Monopoly［M］. Beacon Press, 1997：4.

量缩减到14家。[1] 由于不断的集中与兼并，美国日报的数量从1960年的1763家，减少到1989年的1643家，而同一时期全国日报发行量却保持小幅上升，从6200万份增加到6290万份。[2] 报业的联合兼并总是带来更大的利润，因而扩大经营规模成为必然趋势。正如银行家克里斯托弗·肖（Christopher Shaw）所说："如果没有25%—45%的赢利计划，没人会去买一家只有15%利润率的报纸。"[3]

美国政府颁布《1996年电信法案》，放宽了媒体所有权限制，打破电信业、传媒业与其他产业之间的进入和移动壁垒，[4] 报业集团的组织形式从最初两家或两家以上的报纸合并成报团，走向跨媒体、跨行业、跨国和跨地区的超级传媒集团。1983年，控制美国传媒业的大公司有50家，而到了2003年，掌控美国报纸、杂志、图书出版、电影和广播电视的主要传媒垄断公司只剩下5家：时代华纳公司、迪斯尼公司、新闻集团、维亚康姆公司和贝塔斯曼公司。[5]

从全球角度看，在2008年金融危机之前，报纸产业一直呈现繁荣强盛的景象。据经合组织估计，尽管2009年是全球传统报纸出版业处于下跌状态的年份，但当年总收入还是约达1640亿美元，这个数值仍明显超过了音乐制作业（270亿美元）、视频游戏业（550亿美元）、影视业（850亿美元）以及图书出版业（1120亿美元）。直到2007年，除了美国报业开始出现下跌迹象之外，欧盟27国的报业发行和广告收入自1997年以来都保持增长态势。

人们很难想象，曾经孕育和推助广告业及现代商业社会成长繁荣的传统报业，本身却会突然转向其产业生命周期的末端。20世纪末，是互联网打破了由廉价报纸创造的传统经营模式永续不败的神话。

全球传统报纸出版业的增长从2004年起开始放慢脚步，2007年出现零增长，2008年转为负增长5%，2009年预计约负增长10%。2009年大约半数的经合组织国家报业收入低于2004年水平，其中美国比2004年水平下跌34%，英国下跌22%，日本下跌18%。[6]

---

① Ben Bagdikian. The Media Monopoly［M］. Beacon Press，1997：18.

② Ben Bagdikian. The Media Monopoly［M］. Beacon Press，1997：22

③ Ben Bagdikian. The Media Monopoly［M］. Beacon Press，1997：7

④ 郭庆光. 二十一世纪美国广播电视事业新构图——《1996年电信法》的意义与问题［J］. 当代传播业，1996（6）：5—8.

⑤ Ben Bagdikian，Den Emeritas. The New Media Monopoly［M］. Bealon Press，2004：3，27.

⑥ OECD Report：The Evolution of News and the Internet，P17—19

第3节

经典模式失灵了

在本次美欧报业大危机中，19 世纪便士报创造的经典经营模式失灵了。

“成也萧何，败也萧何”，本杰明·戴依靠广告经营的成功创意，曾开启了现代大众传媒的辉煌伟业；而自 2006 年以来广告收入连续三年的“自由滑落”，也终于结束美国报业帝国的繁荣时代。

如果 2009 年来到以《纽约时报》命名的纽约时代广场，你仍然可以看到游客如织的繁荣景象，因此很难令人相信这个金银堆砌的世界就此将一蹶不振。在无数光怪陆离的巨型商业广告中，可以看到一幅独特的“公益广告”，它告诉每位游客：当前的经济危机只是美国经历的 N 次类似危机中的一次，因此不要太过担心，暗示美好的时光不久仍会再来。但是对于美国传统报业来说，这样的安慰之辞已于事无补。与一些业内人士的愿望相反，从总体趋势来看，美国传统报业已难温昔日繁华旧梦。

金融危机导致报业衰落？

一些人士认为，由于报业是整个美国市场经济的组成部分，所以 2008 年的严重金融危机波及报业不足为怪，随着经济的逐步复苏，报业必将重振旗鼓，再现辉煌。但是，这种乐观估计忽视了一个重要事实：实际上美国报业经营状况的明显下滑，早在金融危机发生之前的 2000 年即已现端倪，2006 年之后则呈无悬念连续性下跌趋势，这不是在增长过程中骤然发生的中断。[①] 因此金融危机的突然爆发只是美欧报业大危机的触发点，而不是美

① 参见本书第一章第 2 节“美国报业 1950—2009 年广告收入统计图”。

国报业衰落趋势的根本原因。根据经济规律，未来几年世界经济将会复苏，但是美国报业的收入和利润率却不可能“自然”地恢复到繁荣年代的水平。

惠誉信用评级公司（Fitch Ratings）在2009年9月的一份关于媒体和娱乐业的报告中说，在2009年内和2010年，美国报业的收入仍会继续萎缩。报告说，传媒业所面临的大部分风险都将继续集中到报业身上。报业广告的价格和数量都将备受压力。传媒业和娱乐业因拖欠债务而遭遇困境的状况比一般美国产业都更加严重，而报业是其中最困难的部分。①

美国奥特赛尔研究公司（Outsell）的产业分析家肯·多科特（Ken Doctor）在2009年8月的一份报告中也肯定地预测说，美国报业已不可能恢复到这次经济危机以前的广告收入水平，因为报业收入下跌的原因只有一半是经济衰退造成的，另一半的减收原因在于广告已经永久性地转移到成本较低的互联网。② 根据博雷尔调查公司（Borrell Associates）同月的预测，2009年美国报业收入将停止下跌趋势，并从2010年起逐步回升；但是即使到5年之后的2014年，美国报业的广告收入也只能恢复到2008年的水平——这只相当于美国报业60—70年代的广告收入水平。③

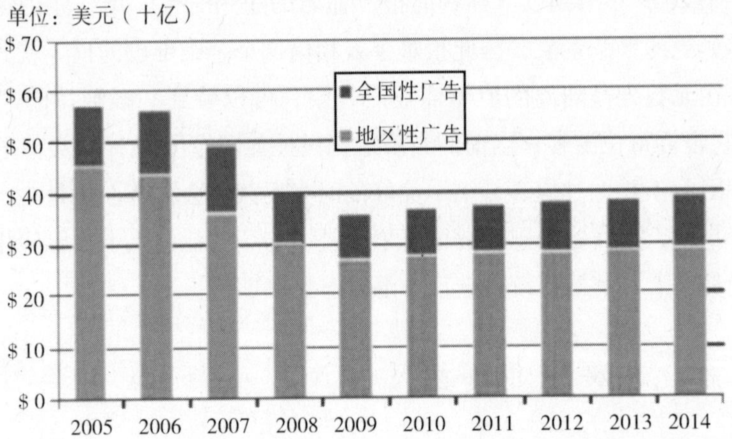

图3-3　2005—2014年美国报业广告收入分类对比（预测）④

总而言之，本次报业的危机并非只是由于经济周期的影响，传统报业出现衰落趋势的根本原因，须从诸多社会、经济以及文化因素构成的传播生态

① http://www.editorandpublisher.com/eandp/news/article_display.jsp?vnu_content_id=1004012555

② http://www.editorandpublisher.com/eandp/news/article_display.jsp?vnu_content_id=1004007458

③ Ryan Chittum: Newspaper Industry Ad Revenue at 1965 Levels
http://www.cjr.org/the_audit/newspaper_industry_ad_revenue.php

④ 原载 http://www.borrellassociates.com/reports 本图根据原图改制

环境的深层变动中去寻找。

"网生代" 数字化成长

寻根溯源，美国报业衰落的主要原因，首先是互联网的兴起和"网生代"(Net Generation)的成长以及电脑、手机等数字终端设备的普及。"网生代"属于广告商所青睐的有文化和有消费能力的新一代媒体用户群，随着这个用户群向网络、新媒体以及移动通信终端迅速不断迁移，报纸读者群下降的趋势便不会停止，而且不可逆转。本次美欧报业大危机的发生，又反过来进一步刺激了新媒体技术的革新与普及，从而推动了"网生代"加速成长。

美国的"网生代"又称为"千年代"(Millennial Generation)，或称"Y代"(Generation Y)，泛指"80后"和"90后"出生的人群。①② 据《数字化成长：网络世代的崛起》(*Growing Up Digital*: *The Rise of the Net Generation*)一书所说，在美国，77%的"网生代"都是在"比特浸泡中"长大的。早在2003年，凯瑟家庭基金会(Kaiser Family Foundation)的研究就发现，4—6岁的孩子中，70%都使用过电脑；68%的两岁以下儿童每天使用2小时的屏幕式媒体。2008年，美国高校教育信息化协会(Educause)对90所高校的24000名学生的调查显示，手提电脑的拥有率从2006年的66%增加到2008年的82%。其中66%的学生使用可以上网的手机。研究报告说，一个"典型学生"每周至少上网20小时，有7%的学生每周上网超过40小时。85%的学生使用社交网站，其中使用"脸谱网"(Facebook)的为80%，使用"我的空间"(Myspace)的为48%。《为何社交网络很重要》(Why Social Networking Matters... Sort of)一文的作者说："今天的孩子们希望教育的内容和经验应包括网络、手机和社交网络工具。对他们来说，WWW就意味着'任何事情'(Whatever)、'任何时间'(Whenever)、'任何地点'(Wherever)。正是由于这三个W，脸谱网、推特网等社交网站才有如此强大的影响力。"③

据美国皮尤研究中心(Pew Research Center)新近的一项调查报告，互联网已经是美国青少年生活中"居于中心位置和不可缺少的因素"。调查结

---

① http://www.businessdictionary.com/definition/Generation-Y.html

② Demographics / Population Trends
http://www.alliancetrends.org/demographics-population.cfm?id=34

③ Russell Bishop: Why Social Networking Matters... Sort of
http://www.huffingtonpost.com/russell-bishop/why-social-networking-mat_b_191524.html

果表明，从2000年至2009年年底，美国12—17岁青少年上网的比例从约75%增加到93%，这个比例远高于其他年龄层。①（参见图3-4）

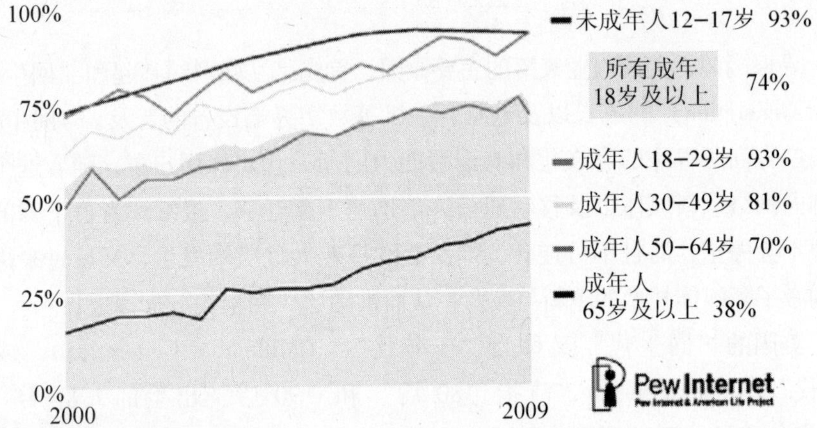

图3-4　美国各年龄层用户互联网使用情况变化图（2000—2009年）②

另据该研究中心2008年的一项读者调查报告，互联网已成为美国大选新闻的主渠道，在报道国际和国内新闻方面，除了电视之外，互联网的作用超过所有其他媒体。在2007年9月的调查中，只有24%的读者表示国内外新闻的重要来源是互联网，但是2008年这个数字增加到了40%。同时，依赖报纸获取国内外新闻的读者在2008年只有35%，而电视仍然以70%位居首选渠道。在30岁以下的年轻读者中，2008年主要依赖互联网和电视获取国内外新闻的比例都是59%。而在2007年9月，68%的年轻读者表示依赖电视，依靠互联网的只有34%。（见图3-5）

皮尤研究中心2009年2月公布的另外一项调查显示：美国读者阅读印刷报纸越来越少，而更多地转向互联网获取新闻。调查结果显示，只有39%的被调查者说前一天读过（纸质或是网上的）报纸，但在2006年这个数字是43%。其中阅读纸质报纸的人数比例两年来从34%下跌到25%。而在线阅读报纸的人数比例则从2006年的9%增加到2008年的14%。③ 该研究中心2011年初公布的一项调查结果则显示：在2010年，30岁以下人群中主要新闻来

① Social Media and Young Adults
http://pewinternet.org/Reports/2010/Social-Media-and-Young-Adults/Part-1.aspx?r=1

② 图片来源：The Pew Research Center's Internet & American Life Project：Social Media and Young Adults 本图根据原图改制

③ Newspapers Face a Challenging Calculus
http://pewresearch.org/pubs/1133/decline-print-newspapers-increased-online-news

源是互联网（65%），已经超过电视（52%），报纸只占21%。①

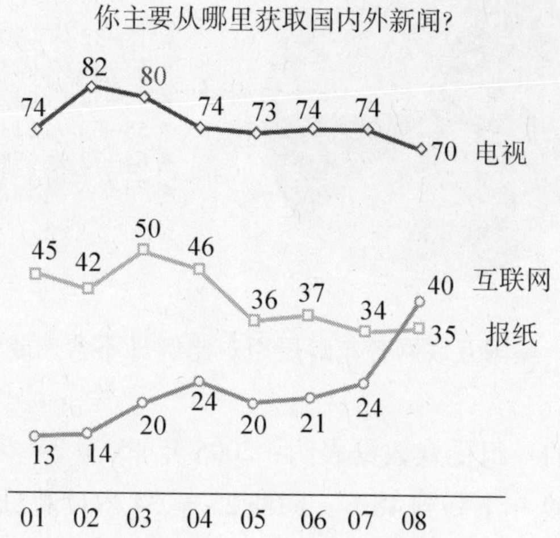

图3－5　美国受众获取国内外新闻的三种途径②

南加州大学安娜伯格传播学院数字化未来研究中心主任杰弗里·克尔（Jeffrey I. Cole）2009年在发表年度互联网调查报告时指出，“多年来我们的研究表明，未来是很清楚的：当报纸老读者群消逝后，将后继无人。30年前，青少年长大成人就开始读报。而现在年轻人不再阅读印刷的报纸，而且研究表明以后也永远不会。我们还发现今天的年轻人比我们所知道的过去的几代人对新闻更感兴趣，不过现在网站是他们唯一的新闻来源”。

该研究项目发现，2008年每个网络用户平均每周花53分钟时间来浏览网络报纸，而在2007年这个数字仅有41分钟。22%的读者表示他们停止订阅印刷报纸和杂志，因为通过互联网同样可以获得这些信息内容。这项调查显示，1994年时仅有20%的美国人使用拨号方式上网，而2009年时有80%的美国人使用互联网（多数通过宽带连接）。用户在网上停留时间平均每周达17个小时。

该研究中心还就网络技术的影响对23个国家进行了合作调研，每个合作方都发现了同样的趋势：当互联网的使用达到人口30%的时候，印刷报纸的消费量就开始下降。③

在中国，传媒环境的变化趋势同样“越来越不利于传统报纸的发展”，

① http://people-press.org/report/689/
② 图片来源：The Pew Research Center for the People & the Press：2008 News Interest Reports 本图根据原图改制
③ http://www.townnews.com/articles/2009/05/07/publishers/doc4a02e8c485c75413809808.txt#

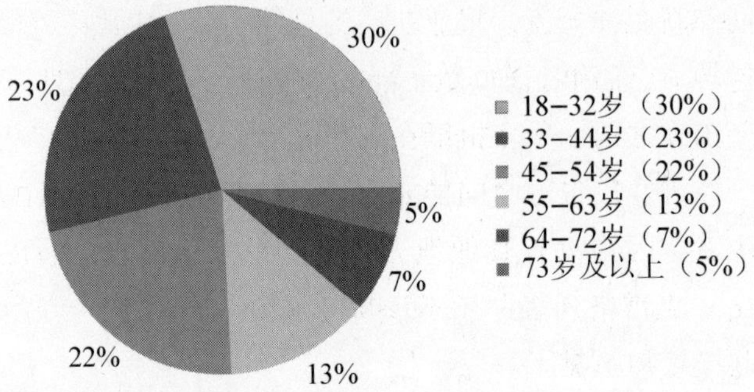

图3-6　美国互联网各年龄层用户比例（不含未成年用户）

CTR市场研究[①]的一组受众数据表明：2005年15至24岁报纸读者的日到达率为61%，2009年下降到48%；同期25至34岁读者日到达率从70.7%下降到64.7%；高等学历读者从78.6%下降到71.5%。该报告指出，在未来5到10年，“80后”人群将成为消费主体，“90后”也将步入消费主体，“他们是在网络时代成长起来的，远离传统报纸成为趋势。到了他们成为消费主体、成了社会主流时，报纸的命运大概就不说自明了”。[②]

广告市场永远改变了

据坎塔传媒资讯公司（Kantar Media）的报告，受到经济危机的影响，2009年美国整体广告市场比2008年同期下跌12.3%，其中报纸广告惨跌19.7%，而互联网展示广告却增加7.3%，其中主要来自电信、汽车和旅游广告。在危机之年，互联网广告逆势而上，与几无招架之功的报纸广告形成鲜明对照。[③]进入2010年，第一季度美国整体广告市场终于出现人们期待已久的复苏迹象，比上年增加了5.1%，达到313亿美元。互联网同比增长5%，但是印刷媒体总体上仍无明显起色，地方性报纸广告仍然下跌5.6%，全国性报纸广告增加了9.1%，而报告指出，这个增长幅度主要是由于《华尔街日报》独家广告收入增加起到带动作用。[④]

---

① 央视市场研究股份有限公司（CVSC-TNS RESEARCH，简称CTR），是中国最大的市场调查和媒介研究公司。

② 姚林：2009中国报业：挺过危机，阴霾未散 http://www.cmzz100.com/jc/12/201001/t20100111_62235.html

③ http://www.kantarmediana.com/news/03172010.htm

④ http://www.kantarmediana.com/news/05262010.htm

在美国广告市场，由于分类广告、电邮广告、搜索广告、视频广告等大幅度向互联网和新媒体分流，报业在广告总销售份额中比重不断减少，这个趋势已不可逆转。《纽约时报》数字部技术主管马克·弗朗斯（Marc Frons）说，在互联网出现之前，很多报纸在刊登商店、汽车和品牌广告方面几乎具有垄断地位，在分类广告方面同样如此。多年来分类广告利润很高，几乎是报纸的天然生意，因为没有其他地方可以刊登那些广告。而现在互联网来了，免费网站“克雷格列表”（craigslist）来了，结果完全夺走了报纸的业务，突然之间摇钱树不见了。①

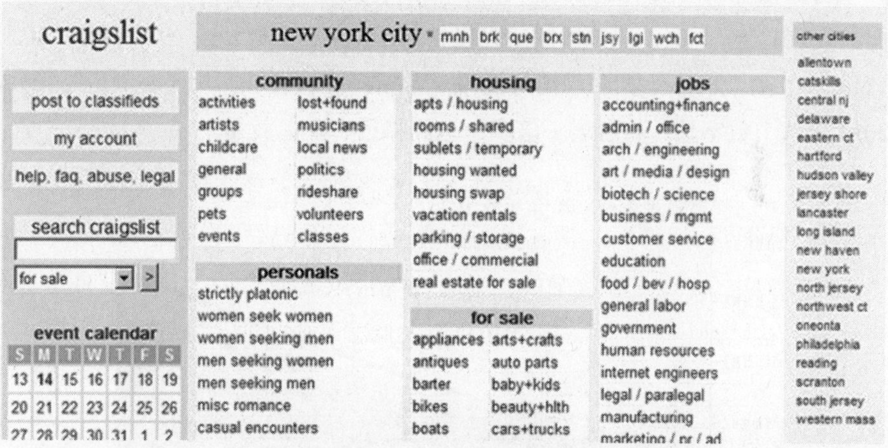

图3-7 被视为“报业克星”的“克雷格列表”（craigslist）网站主页

在进入新媒体时代以后，广告商第一次有可能精确、即时和定位性地了解与掌握用户身份和他们使用媒体的行为信息，从而锁定广告的目标，较准确地了解究竟可使多少用户成为消费者，广告商也第一次有可能按照广告的实际效果甚至实际交易情况来付费。换句话说，以往传统媒体经营模式的隐形价值交换过程在互联网上变得显性化了。② 网络及移动网络的广告由于比报纸广告更加精准有效，同时成本低得多，因而更加符合广告商的实际经济利益。

佛雷斯特研究所（Forrester）分析师乔希·贝诺夫（Josh Bernoff）2009年7月发表了题为《广告业将永远改变》的文章，文中说，在这场经济衰退中，市场营销商已经了解到，每花费一美元，网络上的互动性的营销是更

① Katherine King：Forecasting the Future
http://www.ajr.org/Article.asp?id=4791

② 参见本章第1节。

有效力的，传统广告则效果较差。文中引用该研究所的最新调查显示，虽然在衰退中网络营销的预算也减少了，但是与其他预算相比，缩减幅度是最小的。6/10 被调查的营销商说，将减少传统营销方法的投资，而增加互动营销的预算。一半以上的营销商认为，在未来的三年里，直邮广告、电视广告、杂志广告、室外广告、报纸广告、电台广告的效力依旧或者减退。而超过 70% 的营销商相信社交媒体、在线视频以及手机营销的效力将增加。调查预计 2009 年广告营销总预算中，数字广告将占 12%，在未来五年里这个比例将增加到 21%。该文说，“我们现在都是数字营销商，因为数字营销是许多推广项目的核心”，“如果你在做广告，最好学会用‘数字’语言，因为这是世界的发展趋势”。据该研究所的研究报告，2009 年手机营销、社交媒体、电邮营销、展示广告以及搜索营销等互动式营销手段，其总额约为 255 亿美元，2014 年这个数字预计将翻增一倍多，达到将近 550 亿美元。①

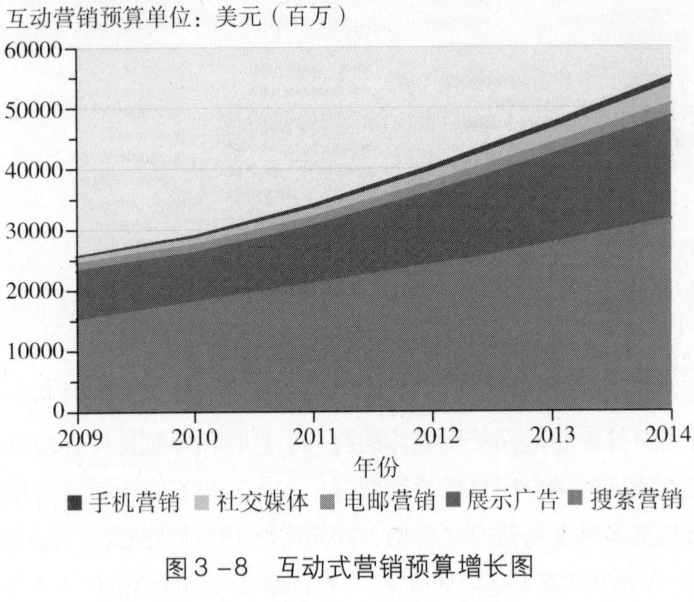

图 3-8 互动式营销预算增长图

世界广告业大亨、WPP（Wire & Plastic Products）公司总裁马丁·索瑞尔（Martin Sorrell）曾荣获哈佛商学院最高荣誉奖——校友成就奖，他在广告界一向一言九鼎，广受重视。他说，可以期望在 5 年之内，会有至少 1/3 的广告投在数字网络上，他甚至说：“我的猜想是，2014 年我们业务的 1/3

① Josh Bernoff: Advertising Will Change Forever
http://adage.com/digitalnext/article?article_id=138023

将在网络上，此时我们会希望将这个比例提高到40%甚至50%。”①

2010年3月公布的奥特赛尔研究公司2009年对1008名美国广告商进行的年度广告与营销调查表明，网络广告的发展可能比人们的预期还要快些。这项调查数据显示，美国B2C与B2B广告商在2010年广告预算总额将达3680亿美元，其中投入网络广告的比重将比上年激增9.6%，达到32.5%，投入印刷广告的预算则占30.3%，这是有史以来网络广告投入预算第一次超过印刷广告。这个调查结果被视为“麦迪逊大街的里程碑”，本次调查的负责人查克·理查德（Chuck Richard）说，“这个时刻是一个分水岭”。② 而据eMarket公司的调查，至2010年底，美国互联网全年广告收入同比增加13.9%，达到258亿美元，第一次超过美国报业广告收入257美元（其中纸质版广告为228亿美元，同比下跌8.2%）。这个变化被称为一次“质变点”。③

作为报业经典模式中的基本组成要素，读者群的消费行为方式以及广告商的需求今天都在发生巨大变化，因此一直以来百试不爽的报业经营模式必然会发生断裂与变异。

参照本章第1节所描述的传统传媒经营模式可以看出，在互联网时代，各要素（媒体、产品、受众/用户、广告商）之间的关系在“三场交易”中发生了很大的改变：

1. 原本在媒体与受众之间进行的第一场交易（如读者订报），在更多情形下变成“免费赠予”了（如绝大多数报纸把本报内容上网提供免费阅读），媒体产品的交换价值大为降低，甚至趋近于零。

2. 由于媒体技术的变革，新型平台和信息终端不断出现，在第二场交易中，广告商对传统媒体的依赖性减弱了，对各类媒体的选择性大大增加了。

3. 传统模式中的“受众”转变为“用户”或“参众”④，他们与广告商之间的直接互动和交易增加了，有时成为一个显性的过程。

4. 囿于纸媒经营方式，传统报业不再成为新型发布渠道、媒体平台和

---

① Alan Rusbridger：Does journalism exist?
http://www.guardian.co.uk/media/2010/jan/25/cudlipp-lecture-alan-rusbridger

② Dirk Smillie：Digital Lift-Off
http://www.forbes.com/2010/03/07/advertising-web-ads-digital-business-media-outsell.html

③ Online Ad Spend Surpasses Newspapers
http://www.emarketer.com/Article.aspx? R = 1008126

④ 丹·吉尔默在《草根媒体》一书第二章中说：“当此前被称为受众的人们现在成为参众（participants）的时候，‘这就是一种不同的关系了’。”“参众”为本书对participants一词的译法。本书认为，传播学中“受众”（audience）这一概念在网络时代已经过时。因此本书在论及新媒体经营模式时，在必要的地方用“用户”或“参众”取代“受众”这个概念。

使用终端的制造者或掌控者（参见图3－9）。

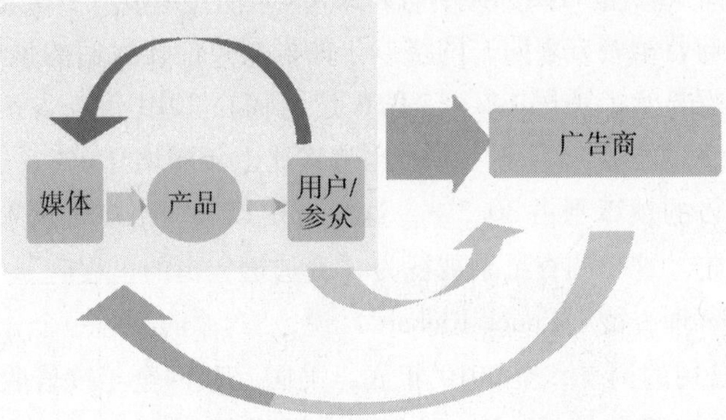

图3－9　媒体、产品、用户/参众、广告商关系图

由此可见，随着经典传媒模式中诸要素的性质及其相互关系的转变，广告以及发行对报业的支撑力都同时大大削弱了，从而导致传统经营模式的失灵。

刚性的报业成本结构

传统经营模式的失效，与报业的刚性经营结构形成尖锐的矛盾，致使报纸产业的价值链造成破坏性失衡。

美欧报业享有百年繁荣，其主要前提是丰厚的和不断增长的广告收入，即使在发行量实际上开始下滑的时期仍是这样。高额的广告收入足以支撑利润率高得令人眼红的报纸产业。在雄厚财力的基础之上，报业发展成了超级媒体集团，成为拥有信息产品的先进技术设备、巨大生产能力、庞大人力资源、广泛发行网络和复杂管理营销体系的经营实体。

报业在100多年中形成了一种刚性的成本结构。报业的成本费用主要包括人工、新闻纸、发行以及其他费用。与中国相比，美欧报业的人力资源效率较高，如一位报社记者每日平均发稿量可达数千字，高于一般中国报社记者工作量的许多倍。但是美欧报业的人工薪酬待遇同样较高。如根据美国的研究数据可知，[①] 报社一般人工费用占到45%—50%，新闻纸的费用约占20%—35%，发行费用约占9%—12%（参见图3－10）。由于报纸的广告收

① 参考资料：（美）罗伯特·皮卡德，布罗迪著．周黎明译．美国报纸产业［M］．北京：中国人民大学出版社，2004. 54. Conard C. Flink. Strategic Newspaper Management［M］. Allyn & Bacon，1995：7.

入是依靠增加发行量为前提的，所以新闻纸以及发行方面的消耗只会增加而不能减少，而这两项开销合计已经占到总成本的三四成。当报业危机发生的时候，发行收入和广告收入大量减少，纸张和发行的刚性费用又很难降低，这样收支结构的失衡就必然会发生了。

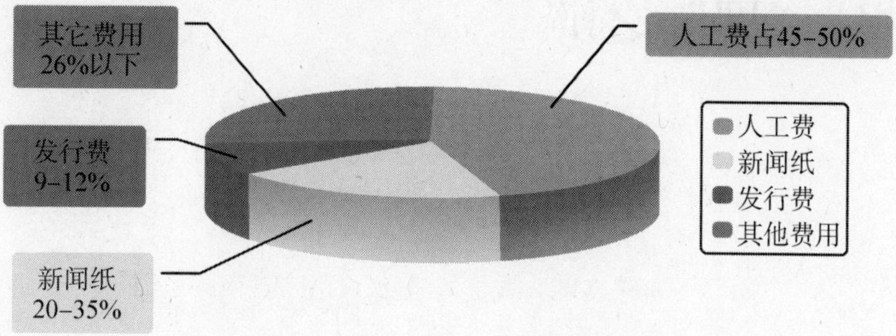

图3-10 传统报业的成本结构

从财务分析的角度上说，2008 年的美欧报业危机正是这样触发的。

人工费用部分是相对有弹性的方面，在本次报业危机中，美欧各家报社为了维持经营利润，最有效地减少开支，弥补债务亏空，保持正常运营，常见的做法就是大量裁员，也就是让更少的人去干更多的工作。危机中的美欧报业甚至大批裁减优秀的资深专业人士，富有朝气和发展潜力的年轻人也成为裁员的牺牲品。① 被迫裁员无疑会对报社的事业与品牌带来伤筋动骨的负面影响。

大量削减开支导致报业陷入“衰败螺旋”：报社赢利能力的匮乏，迫使报社减少人员、报纸内容、技术设备和其他营销开支，其必然结果是读者和广告的减少，从而导致资金来源进一步短缺。在这种情况下，报社只能继续减少上述开支，于是读者群和广告更加萎缩，如此恶性循环。一旦陷入这样的境地，想要站稳脚跟重整旗鼓就相当困难了。如果“裁员”这个最后的杀手锏也不能使报社走出困境，那么这家报社也就只有变卖家底或者企盼“大款”相助了，否则只能忍痛关门。这正是此次美欧报业危机中普遍发生的情况。

---

① Tony Rogers：Survey Says Young Journalists Most Affected by Newspaper Layoffs http://journalism. about. com/b/2009/08/31/survey-says-young-journalists-most-affected-by-newspaper-layoffs. htm

第4节

“报”“网”之辩

笔者在上世纪80年代初撰写国内第一篇关于麦克卢汉的论文时，对麦氏“媒介即信息”的理论感到颇为费解。就常识而论，媒介作为载体，信息作为内容，两者关系如同菜篮子与蔬菜。如果说菜篮子决定蔬菜，甚至说菜篮子“就是蔬菜”，实在匪夷所思。但是在上世纪末以来人们却明明看到，互联网的兴起和各类新媒体终端的出现，怎样使原本微不足道的人与事充斥舆论广场，又怎样使巨额投入制作的媒体内容变得分文不值。此时方知麦氏眼光确有过人之处。

“社会不再需要报纸”？

一项产业的商业模式是建立在其所依托的一系列相关生产技术的基础之上的，产品的生产由相关技术与工艺特性所决定，报纸产业也不例外。如本章前文所述，传统报业是在“纸”载体和印刷技术的基础上建立起来的，报业的经营是纸质印刷产品的经营。从古登堡印出第一部《圣经》开始，所有书籍报刊都是以纸张为载体，以油墨为主要原料，并一次性[①]制成以供阅读的信息产品。即使是使用最先进的激光、电子和数字化现代印刷技术与设备，这一点也不能改变。这是报纸制作工艺流程所无法超越的技术特性。

古代的手抄书费时费力，数量稀少，且易出差错，时常以讹传讹，而且只能在上层社会和少数“游方学者”手中保存和流传，这种情况极大地限

① 本书所称“一次性”，是指印刷品的内容一经印制出来，便无法更改或再作加工，除非再次印刷。

制了人类知识的积累与科学的发展。尽管印刷书籍的内容同样会出差错，但由于印刷品内容的一致性、标准性和批量性，一代又一代的广大读者可以对书籍的内容不断提出纠正和补充，人类关于大千世界的知识与思想由此不断得到丰富和充实，促使科学宇宙观的形成。不过，纸张不知何谓“多媒体”，也与“即时滚动新闻”无缘，在24小时内出一份报纸几乎已是出版周期的极限。纸张也无法产生“互动”，读者对于印刷品内容的反馈常常是微弱的，即使有所反馈，也永远是延迟的。从便士报的创办者们开始，大众化报纸的经营者只是根据自身的经验来判断究竟什么是“读者需要”和“读者兴趣”，因此编辑部的办报理念与读者需求之间的差距是报界永恒的议题。

早期报刊业的兴起，是由于报刊具有成本相对低廉、递送分发广泛、读者阅读方便等特点，因此纸张、印刷与广告相结合形成了经典商业模式。但是与今天的数字媒体相比，纸媒的原有优势反而变为劣势。例如，电子阅读器远比印刷书刊成本更加低廉，传输更加广泛，阅读更加方便。此外，纸与印刷机所建立的商业模式，是以印刷品生产者为起点的一对多的批发式传播模式。生产者大量一次性制作同一内容的印刷品提供给无法辨识个性的读者群，而读者之间彼此是分散和独自阅读的。这就是纽约大学教授杰伊·罗森（Jay Rozen）曾说过的“受众粉碎化”现象。[①] 在印刷时代，读者始终是被动的。传统报业所建立并固守的是一种“只读文化”，虽说是读者自愿购买或订阅报纸，但是报纸内容的制作程序却很少与读者直接相关，读者只有选择“被告知”或“不被告知”的权利。即使在“厚报时代”，如像《纽约时报》那样每天刊印发行120个版，读者所处的被动地位并没有改变。读者是名副其实的“接受之众”。

在今天，互联网和其他数字化新媒体突破了纸与印刷术的技术性制约和社会性局限。

互联网以及移动网络（mobile networks）是以用户为中心的一对一、多对多、全方位互动性的数字化网络传播模式，其传播技术平台是建立在电脑及其他电子终端相互连接而形成的用户群之上的。从手抄书到印刷书籍再到互联网和移动网络，这不仅仅是文字和图画的载体形态发生了变化，实际上是人类社会的知识与信息生产、传播、记录、积累、处理、加工、运算、传递和使用的方式相继发生大变革。对于一份报纸或杂志，上网阅读或在平板

---

① 参见本书第四章第2节。

电脑上下载，可以给读者带来“不是纸张胜似纸张”的全新阅读体验。

美国学者詹姆斯·杜瓦（James Dewar）将电脑网络称为一本“随手可得，即时反馈，不断更新，三维立体”的书。[①] 互联网文本超链接革命性地改善了信息扩展、参考、阅读的方式和效率。在手抄书时代，知识的保留在很大程度上依靠个人头脑的记忆力；在印刷时代，书刊发展成为庞大和分门别类的信息知识的存储和检索系统；而在互联网时代，以谷歌为代表的搜索引擎创建开发强大数据库，以其惊人的搜索能力，10 年来已经完全改变了以往人类处理信息的“书本方式”，成为开启人类知识宝库的钥匙；智能手机和平板电脑的迅速普及，使移动网络成为未来覆盖最广的信息传播平台，并将创造新的规模巨大而目标精准的媒体消费市场。

今天的新媒体技术是基于电脑与其他终端相互连接而形成的“去中心”的数字化网络，每个网络用户都“生而平等”。新技术赋予昔日的“读者”互动和创造内容的能力，报刊读者由此变成了网络用户，他们不再单纯依赖传统媒体，每个网民在网络上是主动的信息参与者和使用者，他们自己创建网络社区，自己搜寻、发现、评价所需要的信息，自行制作信息并与他人分享。报业的“只读文化”在网络上失去魅力。

《纽约时报》出版人苏兹伯格在 2009 年年末的一次演说中称，报纸产业正处于大规模转型的过程中，报业必须重塑自己。他把今天的报业比作“泰坦尼克号”，他说“即使‘泰坦尼克号’安全地回到纽约港，它也还是毁灭了，因为 12 年以前，两兄弟已经发明了飞机”。苏兹伯格比喻说，我们正在试图将一个航运公司改造为航空公司，两者的业务是相同的，都是为了长途安全运载旅客，但是两者的成本结构不同，经营方式不同。今后还是会有航船，但是他们的业务内容变了。他说：“我相信印刷业今后数十年还会存在，但它还是主导的力量吗？不会了。”[②] 解读苏兹伯格的比喻，即报业“毁灭”的根本原因是由于互联网和新媒体是超越印刷业的全新技术，报业的前途是向数字化方向转型。

纽约大学的兼职教授克莱·舍基（Clay Shirky）一针见血地指出“报纸”和“新闻”的区别。他说：“社会不需要报纸，我们需要的是新闻业。”他认为，在过去的一个世纪里，加强新闻业的重要性和加强报业两者互相密

---

① James Dewar：The Information Age and the Printing Press：Looking Backward to See Ahead http://www.acm.org/ubiquity/views/j_dewar_1.html

② Jada Yuan：Times Publisher Compares Print Media to the Titanic http://nymag.com/daily/intel/2009/10/times_publisher_arthur_sulzber.html

切相关，以至无法分开。但这只是一种有益的“意外”现象（a fine accident），当这种意外在人们眼前结束的时候，将需要有更多其他方式来加强新闻业。[①]

报网对决：胜负的奥秘

2009年8月，在美国报业处于风声鹤唳之时，美国门户网站美国在线（AOL）和雅虎语出惊人地宣布：将开始在经济、体育、食品、旅游和音乐等各个领域制作更多原创性新闻。互联网门户网站若干年以来一向被视为只是新闻聚集中转站，原创性新闻是由其他新闻媒体提供的。传统新闻媒体历来信奉“内容为王”，将原创内容始终作为立身之本和它们的天然资源。现在山流水转，门户网站也开始不失时机地进入传统新闻媒体的专属领地，力图建立“下一代新闻能源站”。AOL的媒体副总裁马蒂·莫（Marty Moe）雄心勃勃地说：“我们的意图是使AOL成为世界上高质量内容的最大出版机构。”他说，AOL对传统媒体具有低成本“结构优势”，而且正在吸收在经济危机中从传统媒体流失的大批人才。AOL全职聘用了500多名在报业危机期间被解雇的资深编辑记者，并且有3000余名自由撰稿人为其供稿。AOL利用其技术优势，设计特殊软件来决定新闻的选题，并向编辑部人员即时显示有关报道带来多大的流量。AOL首席执行官蒂姆·阿姆斯特朗（Tim Armstrong）表示希望“利用技术来提高新闻业的水平”，“我们具备一个战略的窗口来投资高质量的内容”。[②] 雅虎吸纳聘用了10余名被传统媒体解雇的知名新闻专业人员，在首都华盛顿建立了记者站，致力于原创性新闻，以增加雅虎新闻网站的影响力。据网络调查公司comScore的统计，在2010年2月，雅虎新闻网站访客量超过4300万人。[③] 雅虎的新总裁卡罗尔·巴茨（Carol Bartz）表示将在体育之外，增加娱乐、财经和其他新闻。

门户网站的举动被认为是令人鼓舞的迹象，将产生新的经营模式来支持衰落中的严肃新闻。与传统报业模式相比，门户网站拥有的可持续的新经营

---

① Clay Shirky：Newspapers and Thinking the Unthinkable
http://www.shirky.com/weblog/2009/03/newspapers-and-thinking-the-unthinkable/

② Douglas MacMillan：AOL Moves to Build Tech “Newsroom of the Future”
http://www.businessweek.com/technology/content/feb2010/tc20100221_085000.htm

③ Miguel Helft：With Hirings，Yahoo Steps Up Its News Coverage
http://www.nytimes.com/2010/03/31/technology/31yahoo.html?ref=media

模式有两方面明显的优势：一是具有在网络平台上按照网民需求提供新闻的经验；二是没有传统报业的运作负担，不需要支付昂贵的印刷发行费用，也不需要复杂的编辑和递送系统。① 可以说，在网络与报纸新旧两种经营模式的较量中，为网民用户服务的经验和低成本结构，是网络终将胜出的深层奥秘。

根据“尼尔森在线”发布的2009年8月的调查，在全美位居前十位的读者最多的新闻网站中，位居榜首的是雅虎新闻，CNN网站位居第二位，美国在线居第四位。十佳新闻网站中只有三家是报纸网站：《纽约时报》居第五位，《论坛报》居第七位，甘尼特报业网站居第十位。这个调查结果也清楚地说明，在提供新闻方面——这原本应该属于报业的优势领域，传统报业已无奈地落在其互联网对手的后面。②

尽管传统媒体一直力图进入互联网世界，但经过若干年的较量，报业只能屈尊纡贵，日益被边缘化。据尼尔森公司2009年6月的调查报告，在当月5030亿个媒体页面的浏览量中，只有0.69%是访问报纸网站的。在总共79亿小时的网民在线时间中，只有0.56%是停留在报纸网站上的。谷歌、雅虎、MSN、微软、美国在线、YouTube、脸谱网和福克斯互动等八家品牌网站的独立访客总量超过所有报纸网站独立访客量的总和。在该月份中，每个访客访问所有报纸网站的平均时间为38分24秒，而当月平均一个网友在脸谱网一家网站的停留时间就达到4小时39分钟，是访问报纸网站总和的7倍。③

如果将谷歌和《纽约时报》分别作为美国网络媒体和传统报业的代表，5年来两者在股市走势上对比分明（参见图3－11）：前者增势强劲，态势活跃，即使在经济衰退中增长放缓，仍保持上升势头；后者则多年持续负增长，即使经济复苏，依然回升乏力。报网对决，鹿死谁手，两者在股市的表现也从一个侧面给出答案。

---

① Larry Kramer：Can Yahoo Save the News?
http://www.thedailybeast.com/blogs-and-stories/2009-08-30/can-yahoo-save-the-news/?cid=hp：beastoriginalsR2

② http://www.editorandpublisher.com/eandp/news/article_display.jsp?vnu_content_id=1004016432

③ Martin Langeveld：NAA/Nielsen stats show newspapers own less than 1 percent of U.S. online audience page views，time spent
http://www.niemanlab.org/2009/08/naanielsen-stats-show-newspapers-own-less-than-1-percent-of-u-s-online-audience-page-views-time-spent/

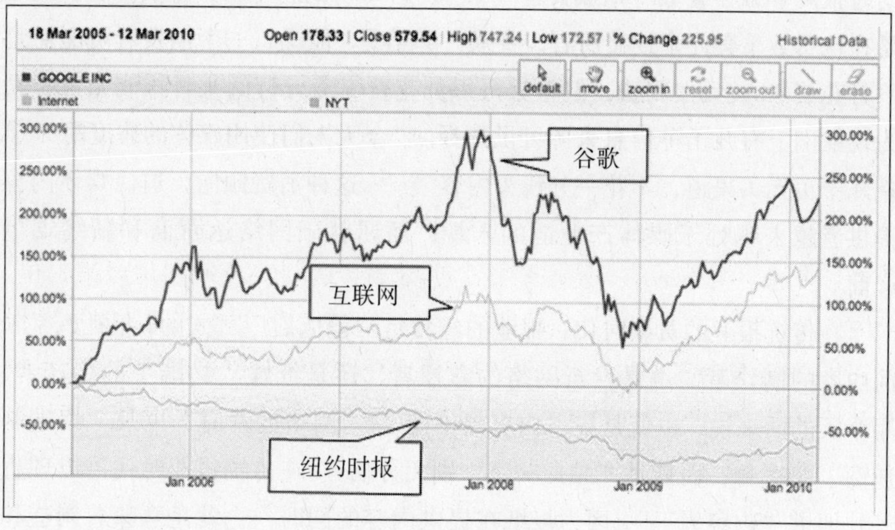

图3-11 谷歌、《纽约时报》股市走势对比图（2005年3月至2010年3月）①

内容是否为王

传媒界普遍认同“内容为王”的提法，认为酒香不怕巷子深，只要拥有高水准的内容产品，就一定可以在市场上立于不败之地。

但当前传媒界的“乱象”却似乎否定了这种提法。例如，《纽约时报》的新闻专业运作水准可称无人可望其项背，但如今纽约时报集团却在新媒体对手的冲击下艰难度日，前途未卜。雅虎等商业网站原本只是原创内容的“二道贩子”，现在却凭借渠道和平台优势“反客为主”，成为内容的创造者。

从消费者角度说，今天许多人的消费心理是愿意为“连接”（connectedness）或“渠道”（access）付费，因为这意味着更多的选择，但不大愿意直接为某一内容付费。一般认为，网络的发展造成的“信息免费”，导致了美国报业及传媒界收益大幅下滑。但据调查，美国家庭实际上仍在增加通信和家庭娱乐方面的花费，如果每年在电脑和手机的使用方面花费2000美元，他们并不在乎。《大西洋》杂志（*The Atlantic*）商业编辑德里克·汤普森（Derek Thompson）撰文指出：“尽管我们似乎是在网络上免费消费《纽

① 资料来源：http://money.aol.com/?icid=navbar_Finance

约时报》和歌手泰勒·斯威夫特（Taylor Swift）的新专辑，但实际上我们还是在花费数千美元来连接所有‘免费’内容”。他说，一个消费者可能愿意每月花费30美元上网费，但却觉得每月花费1美元订阅某种报刊太贵，因为现在网上有几千种信息来源可供选择。“今天人们使用媒体的态度是‘宁花几千美元买渠道，不花一分钱买内容’”。[①] 这种消费倾向，迫使媒体内容提供者越来越处于媒体产业链的末端，而屈就于网络运营商和新终端生产商。

在传统报业的黄金时代，报业的经营是“前店后厂”式的，报社既是新闻内容的制作者，也是发行网络的掌控者，还是纸媒“终端”的生产者，用今天的话来说，也就是集“内容提供商”、“网络运营商”以及“终端制造商”于一身，而且是“独此一家，别无分店”。在传统报业时代可以理直气壮地讲“内容为王”，因为报纸在提供内容的同时，也就是意味着制造和掌控发布渠道和通过售卖报纸占有广泛的受众消费群体，并通过广告营销形成一个可持续的赢利模式。但是随着新媒体时代的到来，信息产品的内容制作日益与网络构建、平台运营以及信息终端的生产、销售等传媒产业诸环节相分离，一般地说，报业不仅不是新媒体网络平台的构建者与运营者，不是新型数字使用终端的制作者，也不再是新闻与信息内容的唯一提供者，因此便士报时代“内容为王”的奇迹已难再现。在互联网兴起十余年的时间内，报业未将自身积累的历史性资源转化为构建网络发布与消费渠道的优势，反而逐步向单纯的“（平面）内容提供商”退化。如果说，传统广播电视业仍可通过与电信、互联网的合一而实现数字化转型的话，报纸产业迄今为止，在创造数字化内容、构建新型用户网络和制造新型使用终端上都缺乏话语权，因而在媒体融合趋势中已失去主导地位。

不少报界人士基于长期办报的经验，相当普遍的思路和做法，只是在本报网站上不断添加原创或非原创的“内容”，认为这是提高影响力和增加广告收入的唯一途径，却忽略了其他同等重要的资源投入及筹划运营。反观报业的竞争对手，无论在国内还是国外，门户网站以及其他商业网站最初并不以“内容制作”取胜，而是十分注重延揽顶尖级的网络人才，创建传统媒体所缺乏的大规模网络连接平台，开发研制新型终端和其他新媒体产品，提供多样化的网络产品与服务等等，因此成为新媒体技术变革的领跑者，终使

① Derek Thompson：How Information Is Actually Getting More Expensive
http://business.theatlantic.com/2010/02/how_information_is_actually_getting_more_expensive.php

传统媒体只能是屈居下风，瞠乎其后。

“注意力缺失”

在新媒体时代，由于信息冗余造成了“注意力缺失”，还出现了“内容越多读者越少”这种悖论现象。

美国诺贝尔经济学奖获得者赫伯特·西蒙早在1971年就提出“注意力经济学”的基本概念。他说：“在一个信息丰富的世界，信息的富有就意味着另一样东西的缺乏，即信息所消费的某种东西的稀缺。信息所消费的东西是很明显的：它消费的是接收者的注意力。所以信息的丰富就造成一种注意力的贫乏，以及在过度丰盈的信息消费来源中，产生了有效配置注意力的需要。”[①]《注意力购买者》（*Attention Shoppers*）一书作者迈克尔·高尔德哈伯（Michael H. Goldhaber）认为：“我们所处的并非真是信息经济。按定义来说，经济学是研究社会怎样使用其稀有资源的。而信息并不稀有，特别是在网络上，那里（的信息）不仅是丰富的，而且是溢流的。我们正在被信息淹没，但是还在继续不断地生产它。所以一个基本问题出现了：有什么东西流动于网络空间；同时又是稀缺和受到需求的呢？”“这就叫做注意力。网络空间的自然经济不是信息经济而是注意力经济。”[②] 学者托马斯·达文波特（Thomas H. Davenport）和约翰·贝克（John C. Beck）在2001年撰写的《注意力经济》（*The Attention Economy*）一书中，使用了“注意力缺失”（Attention deficit）这个概念来表述信息供过于求的现象。书中指出，今天很难想象我们怎么可能有足够的注意力去关心社会上所有的信息。在中世纪，“问题不是找不到时间阅读，而是找不到足够多的读物来充填时间”。而现代信息社会，“《纽约时报》一个周日版的事实性信息，比整个15世纪读者可以得到的所有书写材料中的内容还要多”。[③]

西蒙和达文波特所说的注意力稀缺现象，在互联网和新媒体时代更加显著。特别是由于Web 2.0和搜索引擎的出现和普及，媒体之间对“注意力”

---

① Simon，H. A.（1971），“Designing Organizations for an Information-Rich World”，in Martin Greenberger，Computers，Communication，and the Public Interest. Baltimore，MD：The Johns Hopkins Press.
http://zeus.zeit.de/2007/39/simon.pdf

② Michael H. Goldhaber：Attention Shoppers
http://www.wired.com/wired/archive/5.12/es_attention.html

③ Thomas H. Davenport & John C. Beck. The Attention Economy：Understanding the New Currency of Business［M］. Harvard Business Press，2001：4.

的竞争已达白热化，传媒市场上的“供求关系”已经彻底改变了：每家媒体都在不遗余力地争取吸引更多读者/用户的注意力，即媒体对“注意力”的需求在不断增加。反过来说，在信息爆炸的传媒市场上，由于每个读者/用户的“注意力”是有限的，因而每个读者/用户拥有的获取、选择和使用信息的注意力变得更加紧缺。物以稀为贵，因此读者/用户的注意力越来越有价值。以往，如何吸引更多读者的兴趣是报纸赢利的条件。而现在，如何获得读者的注意力已成为任何报纸生存的前提。今天与其说读者依赖报纸，不如说报纸更加依赖读者。

正如国际报业营销协会（International Newspaper Marketing Association）执行总监厄尔·威尔克逊（Earl Wilkinson）所指出的，现在越来越多的新闻编辑部的资源被吸入“黑洞”，太多的资金被用来报道消费者不再需要的东西。“我们正在形成一种‘注意力缺失’的消费者文化”。① 具有讽刺意味的是，时至今日，许多报纸及其网站为了维持生存而争夺读者注意力，甚至在经营亏损不断加大的状态下，继续大量提供免费新闻和信息，结果导致“注意力缺失”现象更加恶化——这恰好成为触发美欧报业危机并加速其衰落的原因之一。

在以往新闻业的行业竞争中，一个核心的问题是：哪家媒体能够提供最多最好的新闻？但是一般地说，由于现在新闻和信息的供应量早已远远超过人们所能接受的程度，现在网民不必依赖任何一家特定的媒体，都可以十分方便地在网上找到足够丰富的知识和信息，享受所需要的服务。如果愿意的话，还可以通过各种类型的“公民媒体”表达自己。除涉及某些特殊类型的信息（如财经类、本地类、官方垄断类等）之外，已很少有媒体机构能独享信息垄断地位。即使是最优秀的媒体机构，也只能占据“注意力市场”很小的一部分。例如，《纽约时报》的读者在当月（2009 年 11 月）阅读该网站新闻的平均时间仅为 17 分 17 秒，② 每天只有半分多钟而已，何况还有大量的读者并不阅读《纽约时报》。皮尤研究中心的一项调查报告说，“在数字化时代，新闻已经无处不在。美国人通过不计其数的接收设备上的多样化平台上的多样化形态获取新闻。完全依赖一家新闻机构、一种特殊传媒技术和一种特殊新闻形式的日子已经一去不复返了”。③ 在这种情况下，对于

① http://www.editorandpublisher.com/eandp/news/article_display.jsp?vnu_content_id=1004029983

② Peter Preston：The media's future is written not in gloom and doom，but shades of grey
http://www.guardian.co.uk/media/2010/jan/03/peter-preston-newspapers-internet-media-future

③ Pew Research Center：How cell phones，Internet have turned news into a social experience
http://www.journalism.org/analysis_report/understanding_participatory_news_consumer

今天的读者来说，新闻传播中的关键问题已不再仅仅是“哪家新闻媒体最好”，新出现的问题是：为什么要我花时间来天天看某家媒体的新闻？谁来告诉我哪条新闻才是真正重要的？

因而“注意力缺失”带来另一个变化：在公民媒体日益发达的环境中，读者逐渐改变或放弃每日浏览某家报纸或某个媒体新闻的习惯，而越来越多地从朋友圈和社交网络的推荐中获取值得注意的新闻。有的读者会觉得“我的朋友推荐上载的新闻、发表的评论才最有价值”。正如达文波特在《注意力经济》中所说：“当你能为自己创建新闻集锦时，为什么还要读别人的呢？”① 据2009年12月的统计，社交网络脸谱网页面浏览量出现爆炸式增长，有评论家认为，脸谱网已经成为“美国主要的信息枢纽”之一。Hitwise的分析家希瑟·霍普金斯（Heather Hopkins）所作的一项调查报告说，脸谱网对媒体流量的影响已位居第四，仅次于谷歌、雅虎和MSN。②

“注意力不经济”现象

在传媒经济学中，有“规模经济”（economies of scale）与“规模不经济”（diseconomies of scale）、“范围经济”（economies of scope）与“范围不经济”（diseconomies of scope）、“一体化经济”（economies of integration）与“一体化不经济”（diseconomies of integration）等与运营成本有关的对应范畴的分析。例如，在传媒运营成本基本保持不变的情况下，如规模越大则成本效益越高，即称为“规模经济”；反之，如果随着生产规模的扩大，并不能获得更大的收益来弥补增加的成本，或者说成本随着规模的扩大而增加，但是效益反而减少了，就会导致“规模不经济”。③ 而在“注意力经济学”中，同样离不开对运营成本的分析。

如本章第1节所分析的，包括传统媒体经营模式本质上也是“注意力经济学”，只不过在传统社会中，传媒垄断信息，信息供不应求，受众的“注意力”并不稀缺。传媒在这种有利的传播条件下，通过增加内容投入，增加规模或范围等，都可以获得更多“注意力”，从而取得更大的经济效

---

① Thomas H. Davenport & John C. Beck. The Attention Economy: Understanding the New Curreney of Business [M]. Harvard Business Press, 2001: 90.

② Derek Thompson: Is Facebook, Not Google, the Real Global Newspaper? http://business.theatlantic.com/2010/02/is_facebook_not_google_the_real_global_newspaper.php

③ （美）罗伯特·皮卡特著．韩俊伟，常永新等译．传媒管理学导论［M］．北京：人民邮电出版社，2006：50—51.

益。但是在传媒市场的一定条件（包括人口结构、文化状况、经济水平、城市规模等）下，不断增加内容的投入，或增加经营规模或范围等而超过一定限度，并不能成比例地增加收益，反而可能会带来效益的下降。例如，本书第一章第1节提到，《安阿伯新闻报》在报业危机中倒闭，而该报是该市唯一一份日报，实际上该报的发行量在该市已达到相对饱和的程度，如果该报企图通过更大的投入以增加发行量和广告收入来挽回败局，结果将是南辕北辙。

从理论上说，在进入互联网时代以后，进入传媒市场门槛的成本大幅度降低了，创办网站的相对经营成本远远低于经营传统媒体，同时互联网的用户群规模大大超过传统媒体。但是，由于信息的爆炸式增长，“注意力稀缺”现象成为常态并日益加重，“注意力”在互联网时代成为一种总量有限的“稀缺资源”。因而在实际的市场竞争中，媒体都在谈论“争夺眼球”的竞争方略，但为了获取用户注意力所需付出的成本却越来越高。

对于少数属于“热门”的商业网站来说，注意力经济的含义就是“控制眼球”进而控制广告市场，即依照传统经营模式的思路，不断增加资源投入而获得更多的“注意力”，从而可能拉到更多广告。但对于绝大多数居于“长尾[①]尾部”的媒体单位来说，单纯依靠广告生存的模式已被证明并不切合实际，因为在“长尾”的末端，“注意力”的规模必然是十分有限的，只能采取其他价值交换的方式来维系经营。

因此，对于一般新闻网站来说，在没有清晰和可持续性的赢利模式的情况下，如果通过增加投入能够提高网站的访问量，同时却不能相应提升经济效益甚至减少收益的话，那么从成本分析的角度来看，这种现象就是“注意力不经济”。这样的情形显然是屡见不鲜的。《纽约时报》的网站浏览量居全美报纸网站之冠，博客网站《哈芬顿邮报》位居第二，[②] 并且超过所有其他报纸网站。但是《纽约时报》编辑部记者为350人，全职员工多达3222人，[③④] 而后者只有全职人员89人，做原创作品的人员只有11人。[⑤] 因此从经济效益角度来说，后者明显胜于前者。

---

① 参见（美）克里斯·安德森著．乔江涛泽．长尾理论［M］．北京：中信出版社，2006.

② 参见本书第四章第1节。

③ http://en.wikipedia.org/wiki/The_New_York_Times

④ New York Times Company 2009 Annual Report，P7
http://www.nytco.com/pdf/annual_2009/2009NYTannual.pdf

⑤ Emma Heald：Huffington Post estimated to bring in ＄12—16 million this year
http://www.editorsweblog.org/multimedia/2009/12/huffington_post_estimated_to_bring_in_12.php

在互联网时代，媒体单位经营方略要素中有两点是关键的，缺一不可：一是找到适合本身条件的赢利方式与途径；二是结合自身的赢利模式，有效地控制运营成本。

值得强调的是，在媒体经营中，只有在以拉广告为主要目的的时候，获取“注意力”才是有市场价值的。否则即使吸引到更多的“注意力”，也未必能带来经济效益，有时可能导致更大的亏损。

传统报业经营模式的失效，主要表现为报业广告份额在传媒市场上的跌落和萎缩，但这并不意味着传媒的广告模式完全失效了。事实上，广告仍然是传媒业生命的乳汁。可以肯定的是，经济的复苏和成长必将带来广告业的回暖和繁荣。报业广告市场份额日渐缩小的根本原因，不在广告业本身，而在于平面印刷载体自身的局限性。因此建立新的赢利模式，只能在“纸”和“印刷”之外来寻找。

关于新媒体的赢利模式

生产者与消费者之间的关系如何建立，是能否形成有效商业模式的关键环节。如本书前文所分析的，传统报业是“售报与广告双市场”的商业模式，这个模式是建立在纸质载体基础上的单向传播的单一模式。而新媒体商业模式与传统报业商业模式相比较，至少具有以下不同的特点：

1. 新商业模式以互联网、移动通信等新技术为基础，使用电脑、手机、电子阅读器、平板电脑等多种个人用户终端，传播方式形态多样，相应的商业模式也呈现多元化的趋势，时常结合使用。

2. 商业模式围绕“用户服务”这个中心环节，体现个人用户的参与性、互动性和个性化。

3. 用户服务环节是建立在收集积累信息资源，建立用户数据库以及营建用户社区的基础上的，网络搜索、数据库和社区用户群等，成为开发赢利模式的丰富源泉。

4. 新商业模式运作便捷、成本低廉，许多时候甚至是“免费”的。表面上的“免费”是常见的新媒体赢利方式，这种“免费模式”实际上是以多种“交叉补贴”的方式来支撑的。①

实际上，由于新媒体技术变革广泛渗入到市场消费和社会生活的所有领

---

① （美）克里斯·安德森著．蒋旭峰等译．免费［M］．北京：中信出版社，2009：20—29.

域，因而不断产生形形色色全新的商业机会，这种机会不是更少，而是更多了，消费者也在媒体连接、设备、产品和服务方面有更多的花费。据迈克尔·拉帕教授的归纳，成功而有效的网络商业模式有如下 9 种基本类型，① 每一种类型中还包括多种不同的具体经营方式：

经纪人模式（Brokerage Model）。在这种模式中，网络经营者充当各种类型商品交易的中间人，并从中收取中介费。

网络广告模式（Advertising Model）。网络广告模式被视为传统传媒经营模式在网络上的延伸。网络广告的更大潜力在于目标性，与捕捉用户身份与行为的数据库相结合，可以产生精准的广告效力。

信息中介模式（Infomediary Model）。即网络公司充当信息中介，有偿提供有关消费者消费行为和习惯的调查分析资料，以利于市场营销。

商务模式（Merchant Model）。包含通过网络经营的各种形式的批发零售业务。

制造商（直销）模式（Manufacturer/ Direct Model）。制造商通过网络了解消费者需要，并直接销售产品，从而降低中间渠道费用。

加盟模式（Affiliate Model）。加盟网站与销售商合作，收取消费者点击购买的费用。

社区模式（Community Model）。社交网络（social netwoking）是建立在很高用户忠诚度和使用率基础上的，因而可以依托网络社区进行各种商品和服务的有效经营。

订购模式（Subscription Model）。对订户使用网站内容或服务定期收费，收费形式因网而异。订购费与用户实际使用情况无关。

按用量收费模式（Utility Model）。即按用户实际使用网络服务或网络内容的情况收取费用。

以上 9 种模式并没有全部囊括丰富多样的网络商业模式。例如，腾讯网、第二人生（Secondlife）等商业网站或游戏网站，经营虚拟产品（virtual goods）/虚拟服务（virtual services）/ 虚拟资产（virtual assets）等，它们规模宏大，其商业模式也已证明是切实可行和相当成功的。

根据克里斯·安德森的“长尾理论”，低成本和无处不在的虚拟网络的应用，使那些原本规模不大的利基市场也变得有利可图，而无需以大量的

---

① 参见 Michael Rapp：Managing the Digital Enterprise。对各类商业模式的简介为本书作者参照原文所加。http://digitalenterprise. org/models/models. html

“注意力资源”为先决条件。

事实上，对于各种类型的新媒体赢利模式来说，“注意力”不是唯一可以“出售”的产品。如脸谱网的巨大市场价值在于其用户相互连接互动而形成的规模庞大的社交网络，而不是凭借其任何原创内容所吸引的注意力。《纽约时报》的品牌化内容可以产生潜在的“传媒影响力”，[①] 脸谱网的社交网络同样可以产生促进市场消费行为的“传媒影响力”，只是两者方式不同，前者的影响力是依靠读者对内容的注意力的规模，后者的影响力则基于网络连接的用户规模，而网络用户规模可以转换为运营广告特别是目标性网络广告的有用价值。目前广告也是脸谱网收入中的主要组成部分之一。[②]

在具备一定市场需求和适宜的媒体经营环境下，上述9类网络赢利模式以及其他模式都具备可行性，并已有成功的先行者。

对于传统报业来说，以往拉广告几乎是唯一驾轻就熟的赢利模式。虽然网络广告若干年来表现出较高的增长率，但是本次美欧报业大危机表明，单一依赖网络广告远不足以抵补报业的庞大开支，大多数报纸网站仍然受到“注意力不经济”的困扰。因此，报业向数字化转型时必须实行经营结构和资源配置的深层调整，开辟多元化赢利模式新途径。

---

① 参见本章第1节。
② 参见本书第四章第1节。

第四章

嬗变奇观

□第1节　回归草根与超越平面（上）
□第2节　回归草根与超越平面（下）
□第3节　新媒体生态学
□第4节　传播模式的三重转变

第1节
回归草根与超越平面（上）

在考古学上有一个未解之谜，叫做“寒武纪生命大爆炸”。在那神秘而相对短暂的200万年的历史阶段，由于地球环境出现的不明变化因素，曾突然涌现出大量千奇百怪的各类生物物种。这种现象用达尔文生物进化论的一般理论无法加以解释。美国未来研究所的学者保罗·萨福（Paul Saffo）将全球正在经历的传媒技术革命就比作“寒武纪大爆炸”——在非常短暂的时期内，世界上涌现出此前人类所无法想象的千姿百态的新型媒体。互联网的问世不仅打开了异彩纷呈的新媒体魔瓶，而且直接威胁到“纸”和“印刷”这两个报业经营的技术根基。当一家家报社为了维护品牌而纷纷在网站上按照本报版面一模一样地制作电子版时，无异于在向读者和市场证实：纸质的报纸完全可能被取代。这一点何时成为现实，就看读者们是否拥有快捷的网络和方便的数字终端了。

人人使用网络和拥有各种数字终端的时代，正在以此前人们无法想象的速度向人类社会走来。[①] 自从阿帕网（ARPANET）在1969年问世以来，入网电脑的数量是以幂指数的方式增长的，几乎每12—15个月增加一倍。美国数学家詹姆斯·杜瓦（James A. Dewar）在1998年撰写的论文中，预测美国家庭中拥有的上网电脑的比率将从当时的11%快速增长，到2010年将可以达到30%。[②] 但是实际上到2008年互联网在美国已经基本普及，只有18%的美国家庭没有联网。[③] 传媒革命正在全世界范围内继续迅速扩展。

---

① 参见本书第五章第2节。

② James A. Dewar：The Information Age and the Printing Press：Looking Backward to See Ahead http://www.acm.org/ubiquity/views/j_dewar_1.html

③ Mike Sachoff：18% of U.S. Households Have No Internet Access http://www.webpronews.com/topnews/2008/05/14/18-of-us-households-have-no-internet-access

上世纪末以来，互联网以及新媒体的“破裂性”技术创新大多首先来自美国，因而美国报业首当其冲，承受传媒技术变革的强大压力。如本书第二章所述，自上世纪90年代初起，美国报业曾率先涉足互联网，但许多报人是怀着不屑、不安和恐慌相交织的情绪来看待新媒体的。报业曾居高临下，坐拥雄厚的资源和主流媒体的优势却踯躅不前，导致一步步错失变革的主动权。随后新媒体一族风生水起，无论是博客、播客、维基还是掘客，搜索引擎、社交网络还是微博，往往是在传统报业意想不到的领域，以老一代报人“看不懂”的形式不断涌现的。这是整个传媒界从观念到形态的一场大嬗变，无论传媒运作的环境、条件、方式、规则与市场都在激变之中。

Web 2.0与公民新闻

从历史角度审视，自上世纪最后一个十年以来，传媒界有两股潮流对美国报业影响最深，冲击最大：一是互联网技术的一系列重大突破，特别是以参与、互动为特征的Web 2.0风靡全球；二是发起于韩国而流行于美欧的“公民新闻运动”（citizen journalism）。[①] Web 2.0的发展，是以网络新媒体技术专家、大学生、青少年“网生代”为其主要新锐力量；“公民新闻运动”的主要推动者，则是具有新闻专业理念，来自主流媒体阵营中的“草根派”人士。两股潮流交互融汇，已从根本上改变了当今美国新闻界的面貌。

在互联网发明之后，电子邮件（E-mail）、新闻组（newsgroups）、信息板（bulletin boards）等是网民自助式参与的早期方式。Web 2.0这个技术概念是由旧金山湾区的互联网咨询专家达西·迪努奇（Darcy DiNucci）于1999年在《碎片化的未来》（Fragmented Future）一文中首次提出的。2004年奥莱理传媒公司主持举办了首届Web 2.0研讨会，“Web 2.0”一词因此在计算机界和传媒界广泛流行起来。[②] Web 2.0网络技术体现了互动、参与和合作的特征，在网站上通常包括搜索、链接、持续性的博客式或维基式更

---

① 本书所指“公民新闻”即英文中的Citizen Journalism。与此相联系的概念还有“公民媒体”（Citizen media）、“公民记者”（Citizen Reporter）、草根媒体（Grassroots Media）等。“草根媒体”也可看作是与“公民新闻”同义的称谓。在目前检索到的国内相关中文文献中，除有“公民新闻”这种译法之外，还有“公众新闻”、“公共新闻”或“市民新闻”等不同译法。本书认为，“公众新闻”的译法字义上无法与public journalism相区分，而且忽略了citizen个性主体的内涵；如译为“公共新闻”，则偏离英文citizen（公民）的原意；如译为“市民新闻”、“市民记者”等，也似乎只是与城市居民有关，而农民和其他人群却被排除在外。因此“公民新闻”的译法较为准确恰当。

② http://oreilly.com/web2/archive/what-is-web-20.html

新、用户标签、扩展功能等。[①] Web 2.0 最时尚的形式之一就是博客（blog）。1993 年，一位尚在斯沃斯莫尔（Swarthmore）学院读书的二年级学生贾斯丁·霍尔（Justin Hall）使用HTML语言在互联网上写了第一个博客。1994 年他的博客上出现了来自学院以外的第一个访客。他在自己的邮件中，第一次提到“个人媒体（personal media）”，并称“这就是新闻（It was journalism）”。[②] 1997 年一位早期实践者杰恩·巴格（Jorn Barger）把他的网站称为“weblog”，1999 年另一位使用者彼得·莫霍尔兹（Peter Merholz）开玩笑地把这个词拼成“we blog”[③]。从 20 世纪 90 年代末开始，一系列免费的“开放源（open source）”软件被开发出来，为博客的流行和其他形式的“公民新闻”的发展提供了技术铺垫。[④]《夏洛特观察家报》（*Charlotte Observer*）的专业记者乔纳森·杜布（Jonathan Dube）是最早在新闻网站开博客的人士之一，他于 1998 年在博客里发表了《飓风邦妮大事记》（Hurricane Bonnie）。[⑤] 但是在当时，美国新闻界还没有人意识到，一个新兴的“公民新闻”时代就要开始了。

“公民新闻”（citizen journalism）的起源可以追溯到上世纪 80 年代末美国的“公众新闻运动”（public journalism movement），或称“公共新闻运动”（civic journalism movement）。引发这一运动的长期原因，是美国媒体在公众心目中的信誉出现严重下降的趋势。信誉度向来被视为媒体赖以生存的基本指标，但是美国历来的受众调查显示，媒体信誉多年来一直明显下滑。例如，根据皮尤研究中心的调查，从 1985 年至 2009 年，被调查者中认为“新闻媒体能够诚实地报道事实”的比例下降了 26%，认为“新闻媒体能够主动承认错误”的比例下降了 13%，认为“新闻媒体报道很专业”的比例下降了 13%（参见图 4－1）。[⑥]

---

① http://adamkcarson. files. wordpress. com/2006/12/enterprise_20_-_the_dawn_of_emergent_collaboration_by_andrew_mcafee. pdf

② Dan Gillmor. We the Media［M］. O'Reilly Media，2004：12.
该书网络版：http://researcher/bbs/5055801. html

③ The Economist：Among the audience，A survey of new media P. 31 It's the links，stupid
http://www. economist. com/surveys/displaystory. cfm?story_id=6794172

④ http://www. britannica. com/EBchecked/topic/1017825/open-source

⑤ http://journalists. org/?dube

⑥ Pew Research Center for the People & the Press：Press Accuracy Rating Hits Two-Decade Low
http://pewresearch. org/pubs/1341/press-accuracy-rating-hits-two-decade-low

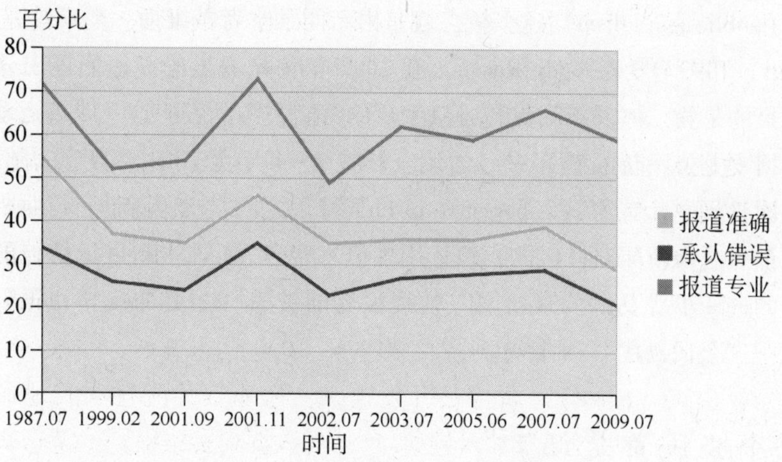

图4－1　美国媒体信誉变动图①

公众新闻运动的直接起因是：在1988年美国总统大选中，一些政客与媒体竞相炒作竞选议题，热衷传播政治谣言，误导舆论而忽视公众所真正关心的问题，许多选民以及新闻界有识之士对此感到十分不满，媒体在公众心目中的信誉更为低下，于是在新闻界产生了自我改良的运动。发起这个运动的新闻界人士主张进行新闻改革，提出要回归新闻业服务于民主社会的基本价值，新闻界要以积极的态度关注社区利益，回应民众的呼声，把民众所思所想所需放在新闻议题的首位，因而推动了"公众新闻"的一系列新尝试：如在1990年的选举中，堪萨斯州的《威奇塔鹰报》（*The Wichita Eagle*）推出一个题为"您的选票很重要"（Your Vote Counts）的项目，该报首先对堪萨斯选民进行民意调查，了解他们最为关心的问题，然后从中选出主要议题，出版专刊进行专题报道和讨论。《鹰报》的报道提高了选民的登记率和投票率。又如在1992年总统大选中，夏洛特市的《夏洛特观察家报》摒弃以往的追逐竞选人的报道套路，通过民意测验和大范围的采访活动，形成了"公民议题"。该报组织了由500名被调查的读者构成的"公民议事团"（citizen's panel），不断了解公众的意向。公民的反应十分强烈，有2400多人主动给报社打电话。② 该报由此树立起以读者意见而不是以政客言辞为动力的报道原则。③ 新闻学学者对于业界的改革尝试加以理论总结，"公众新

① 资料来源：Pew Research Center for the People & the Press

② CPN：Civic Journalism
http://www.cpn.org/topics/communication/civicjourn_new.html

③ CPN：The Charlotte Observer，continued
http://www.cpn.org/topics/communication/charlotte5.html

闻”（public journalism）这个概念就是由新闻学学者戴维斯·麦瑞特（Davis Merritt）和杰·罗森（Jay Rosen）在1992年首先提出的。他们提出这个概念的目的是为了体现新闻界与公众生活的密切关系，表明这一改革运动的方向。据皮尤公民新闻研究中心的调查，在1994年至2001年期间，在1500家美国日报中，有约1/5的报纸尝试过某种形式的“公众新闻”，而所有的报社都对公众新闻对社区的积极作用加以肯定。① 而进入新世纪后，随着互联网的进一步普及，“公众新闻”的提法逐渐被另一个更加响亮和深刻的口号——“公民新闻”所替代。

“每个公民都是记者”

“公民新闻运动”的直接发源地是韩国。首先旗帜鲜明地提出“公民新闻”思想的是韩国人吴连镐（Oh Yeon Ho），他于2000年2月22日创办了全球最早的“公民媒体”——OhmyNews. com。②吴连镐生于1964年，韩国全罗南道谷城人，1988年延世大学国文系毕业，1997年获美国瑞金大学（Regent University）大众传播硕士。1988—1999年担任月刊*Mahl*记者、采访主任。吴连镐创办OhmyNews最初的动机，缘于他创办报刊的新闻理想主义受到挫折，他不满于韩国奉行保守主义的主流媒体，但却缺乏经济资源自办传统式报刊。他在美留学期间，已经认识到互联网技术革命为每个普通人提供了新的机会。他曾在课堂作业中制订了创办网站的计划。吴连镐向传统的新闻理念提出全面的挑战，他说，技术在一步不停地发展，世界已经改变，读者已经改变。因此要高举“游击战”的旗帜迎对这些变化。他说：我们的武器就是我们主张的“每个公民都是记者”。他提出要建立“新闻游击队的联盟”，推动“新闻游击组织运动”（news guerilla organization movement）。他所提出的三项战术是：

——去除记者资格的门槛；

——废除死板的新闻写作规则；

——拆掉分割媒体的围墙。

吴连镐充满激情地说：“我们不仅在改造韩国媒体的文化，我们也在世界新闻史上描绘一条新的路线。我们在改变世界新闻界关于如何做新闻的基

---

① Shayne Bowman and Chris Willis：We Media
http://www.hypergene.net/wemedia/weblog.php?id=P36#12

② http://english.ohmynews.com/articleview/article_view.asp?no=346674&rel_no=1

本观念。”[1][2] 吴连镐通过创办 OhmyNews 将其“公民新闻”的理想付诸实施。

OhmyNews 的内容大约1/3 是由其聘任的55 位专业记者撰写的，而其他大部分的内容则来自“公民记者”（即为其提供图文稿件的普通网民），经专业编辑审改后在网站发表。[3] 每个注册用户都可以成为“公民记者”，记者会员实名认证。在 2002 年总统选举过程中，OhmyNews. com 支持激进总统候选人卢武铉。12 月 18 日在大选结果公布前夕，卢武铉的竞选伙伴郑梦准突然阵前倒戈，令选情告急。OhmyNews 发挥了公民新闻的力量，通过文字、音频、图片等方式，分秒不断地报道总统选举的战况，成功地在 12 小时内吸引将近 50 万人次浏览其相关网页。当日 OhmyNews 创下访问量新纪录：单日造访者高达 623 万人次，共浏览了 1910 万个网页。次日卢武铉当选为韩国总统，作为回报，卢武铉将自己第一个媒体独家专访机会给了 OhmyNews。[4]

OhmyNews 的颠覆性的新闻理念和独特运作方式，引起广泛的关注。《纽约时报》、英国《卫报》、《新闻周刊》、《时代》周刊、《金融时报》、CNN、BBC 等纷纷就此发表评论。美国公民新闻理论家、记者丹·吉尔默在《圣何塞信使报》发表文章称，OhmyNews 正在改造 20 世纪演讲式的新闻业：这些媒体机构告诉受众什么是新闻，受众决定购买或不购买。而未来的新闻业将越来越广泛地变为由下至上的，互动的和民主化的。文章说，“OhmyNews 产生的影响是根本性的，而且正在不断扩展”。[5] 吴连镐本人一直不遗余力地推动韩国乃至全球的公民新闻运动。至 2006 年 OhmyNews 已拥有韩国本土和世界各地的 47000 多名提供原创新闻的“公民记者”，至 2008 年为止召开过四届国际公民记者论坛大会。[6][7]

OhmyNews 在创办之初并非以赢利为目的，但是该网站一直试图找到合

---

① Oh Yeon-Ho：The Revolt of 727 News Guerillas
http://english. ohmynews. com/articleview/article_view. asp?menu=s10300&no=153109&rel_no=1

② OhmyNews：Every citizen can be a reporter
http://www. kcnn. org/principles/ohmynews

③ http://www. guardian. co. uk/media/2009/jul/08/ohmynews-appeals-for-cash

④ 黄晓晴：浅析公民新闻网 OhmyNews 的创建、发展现状及前景

⑤ http://english. ohmynews. com/articleview/article_view. asp?menu=c10400&no=153109&rel_no=2#A%20new%20brand%20of%20journalism%20is%20taking%20root%20in%20South%20Korea-San%20Jose%20Mercury%20News

⑥ OhmyNews：Every citizen can be a reporter
http://www. kcnn. org/principles/ohmynews

⑦ OhmyNews ：OhmyNews International Citizen Reporters'Forum 2008
http://english. ohmynews. com/articleview/article_view. asp? article_class = 11&no = 382888&rel_no = 1

理的经营模式，还曾在2003年首度宣称获得盈余。但该网站经营状况却并不理想，自2003年之后访问量持续下滑[①]。2006该网站与日本媒体合作创办OhmyNews日本版，在2008年宣告失败。[②] 在2009年，由于全球经济危机的影响，OhmyNews广告收入大幅下降，经营严重亏损，该网站宣布启动会员制计划，希望征得10万名网友会员的支持以渡过难关。[③]

OhmyNews提出的"公民新闻"理念，在美欧新闻界及世界范围内产生了深刻的影响，OhmyNews被视为全球最成功的公民新闻网站的典范。[④] 美国的"公民新闻运动"主要是依据新闻界的本土经验，并通过在理论上不断总结而一步步发展起来的。

在美国，最早的"公民记者"行为可以追溯到1991年3月洛杉矶发生的警察滥用权力案件：洛杉矶警方追捕驾车超速的一位黑人罗德尼·金（Rodney King），几名警官在拘捕该名黑人时野蛮地使用警棍打人，这个场面恰巧被现场附近的一名业余摄像者拍摄下来，这些镜头随后通过媒体向全球播出了。但1992年法院陪审团却判警官无罪开释，随即在洛杉矶触发了美国历史上罕见的种族骚乱，53人在骚乱中死亡，2383人受伤，引起7000多起纵火，3100家商店在骚乱中遭到破坏，造成将近10亿美元的经济损失。[⑤⑥] 不过，在互联网出现之前，这类非专业的普通公民介入新闻传播的行为是偶然和零星的。

美国第一家提供个人新闻聚合服务的公民媒体《德拉吉报道》（*Drudge Report*）出现于1995年，最初它只是以电邮订阅方式提供新闻信息，订户有1000人。1997年新闻邮件订户增加到85000人，《德拉吉报道》也发展为网站。网站创办人马特·德拉吉（Matt Drudge）是在CBS广播公司开办的一家小礼品店的店主。这家个人网站以传播政治流言著称，曾数次先于主流媒体披露重大的政治新闻，如1996年该网站率先报道杰克·康普（Jack

---

① 黄晓晴：浅析公民新闻网OhmyNews的创建、发展现状及前景

② The End of OhmyNews Japan
http://www.groundreport.com/Media_and_Tech/The-End-of-OhmyNews-Japan/2869780

③ Moon Ihlwan：Korea's OhmyNews Seeks a Fresh Business Model
http://www.businessweek.com/globalbiz/content/jul2009/gb20090714_537389.htm

④ The Economist：Compose yourself
http://www.economist.com/surveys/displaystory.cfm?story_id=6794240

⑤ Seven Minutes in Los Angeles—A special report; Videotaped Beating by Officers Puts Full Glare on Brutality Issue
http://query.nytimes.com/gst/fullpage.html?res=9D0CE5DE1539F93BA25750C0A967958260&sec=&spon=&pagewanted=1

⑥ http://www.absoluteastronomy.com/topics/Rodney_King

Kemp）将被提名为共和党副总统候选人的新闻。[①②] 1998 年 1 月 17 日该网站首先独家披露：《新闻周刊》记者迈克尔·伊西科夫（Michael Isikof）正在撰写关于克林顿总统与白宫实习生莱温斯基发生性丑闻事件，但是该刊不予发表。1 月 21 日《华盛顿邮报》正式报道了这一则爆炸性的性丑闻，随即引发全球瞩目的白宫政治“地震”。[③④] 德拉吉本人只上过高中，毕业时在班里 355 名学生中成绩排名第 341 名，1981 年还曾经因打骚扰电话而遭拘捕，新闻界对其个人素质颇多微词，他被称为“握着解调器的白痴”，[⑤⑥⑦] 但是《德拉吉报道》独特的新闻敏感和观察力却不能不令人刮目相看，该网站人气急升，已成为一家拥有全球影响力的媒体网站，至今仍是主流媒体不能忽视的新闻来源之一。2009 年 2 月该网站月独立访客为 340 万，德拉吉本人也因其网站丰厚的广告收入，从一个社会底层的小人物变成了生活奢华的百万富翁。《德拉吉报道》第一次让人们看到，互联网竟能使这样一个业余的“新闻贩子”有如此神奇强大的力量。[⑧⑨]《德拉吉报道》披露白宫性丑闻，也被认为是美国主流媒体“把关能力”崩溃的标志性事件。[⑩]

2001 年 1 月 15 日，维基百科（Wikipedia）在美国创办。维基百科的问世，在传媒界引起惊异与震撼。Wiki 来自夏威夷方言，原意是“迅速”，也表示“据我所知”的意思。维基百科是互联网上的新型开放式的百科全书：维基百科的条目不是约请专家学者写成的，而是所有志愿参与者共同合作的产物。只要严格遵守其编辑方针和操作规则，任何人都可以撰写、修改和编辑维基百科中的条目，因此维基百科颠覆了传统百科全书的“权威性”原则。2008 年维基百科达到 270 多个语种，有 91000 名活跃的志愿作者参加撰稿，词条总数已经达到 1600 多万条，其中英语词条为 337 万余条，字数远远超过有 200 多年历史的《大英百科全书》。2010 年 1 月全球有 7800 万

---

① Watching Matt Drudge
http://nymag. com/news/media/36617/

② http://www. wordiq. com/definition/Matt_Drudge

③ http://news. bbc. co. uk/2/hi/events/clinton_under_fire/the_big_picture/50031. stm

④ Clinton Accused of Urging Aide to Lie
http://www. washingtonpost. com/wp-srv/politics/special/clinton/stories/clinton012198. htm

⑤ http://www. absoluteastronomy. com/topics/Rodney_King

⑥ http://mattdrudge. net/trivia. html

⑦ Howard Kurtz：MSNBC Pundit Rises with Clinton Crises
http://www. washingtonpost. com/wp-srv/politics/special/clinton/stories/olbermann091598. htm

⑧ Toby Harnden：Matt Drudge：world's most powerful journalist
http://www. telegraph. co. uk/news/worldnews/1580164/Matt-Drudge-worlds-most-powerful-journalist. html

⑨ http://www. absoluteastronomy. com/topics/Rodney_King

⑩ Bruce A. Williams & Michael X. Delli Carpini：Unchained reaction
http://repository. upenn. edu/cgi/viewcontent. cgi?article=1005&context=asc_papers

访客浏览维基百科。[①] 不过，据维基百科创办人吉米·威尔士（Jimmy Wales）所说，实际上是最热心的不到1%的供稿者完成了50%的编辑工作，此外网站还有大批志愿者担任编辑。他形容说，这是“民主制”加“贵族制”（指有声望的编辑有更大发言权），有时再加“君主制”（指主编必要时有决定权）。维基百科通过8个编辑层次并辅以一些软件程序，以控制和保证词条质量。[②] 针对人们对维基百科条目质量的怀疑，《自然》（*Nature*）杂志分别对维基百科和大英百科的条目进行了抽样审查，结果在维基百科中发现了162处差错，而在大英百科中也发现了123处差错。[③] 这个结果说明，虽然维基百科肯定会出现错误，但是传统百科全书同样也会出现错误。但与印刷版百科全书相比，维基百科则有更强的即时纠错功能。以维基百科为代表的wiki一族又被称为“维客”，维客被视为参与式创造和知识共享的“网络合作出版”（Collaborative Online Publishing）形式之一，是专业知识的社会化。维基百科被誉为“人类知识的解放”。维基百科的软件制作者乔·克鲁斯（Joe Kraus）说：“旧媒体的模式是：只有一个真理来源。而新媒体的模式是：真理有多种来源，我们会把它找出来。”[④]

维基百科不仅逐渐成为广受重视的人类知识的荟萃和学术研究工具，随后还发展出一种新的“公民新闻”形式——2004年12月，“维基新闻”的英文测试版上线。2005年3月，英文维基新闻达到1000篇。2006年3月13日“维基新闻”的中文版创建。到2010年8月4日为止，维基新闻有27种语言，共发布新闻132976篇，图片4532张，使用者300917人。[⑤] 作为公民新闻的类型之一，维基新闻至少有三个值得注意的特点：一是主要由非专业媒体人士提供稿件来源；二是建立和遵循一整套不同于传统媒体的编辑新规则，这套规则是高度透明化和非商业化的，又十分严格和详细；三是维基新闻发表作品的程序，是由网友自愿合作撰写，经网站志愿编辑人员审核后发表，并可由网民不断滚动式补充完善的。美国公民新闻理论家丹·吉尔默称维客是“网上信息采集的深度民主形式”。[⑥] 维客方式也被一些主流媒体所采用。2006年路透社创建了《维基金融词典》（Financial Glossary Wiki），

---

① http://en.wikipedia.org/wiki/Wikipedia: About（2010年8月4日更新）

② http://en.wikipedia.org/wiki/Wikipedia: About（2010年8月4日更新）

③ The Economist: The wiki principle
http://www.economist.com/surveys/displaystory.cfm? story_id=6794228

④ The Economist: Among the audience
http://www.economist.com/surveys/displaystory.cfm? story_id=6794156

⑤ http://meta.wikimedia.org/wiki/Wikinews#Mission_statement

⑥ Dan Gillmor: We the Media [M]. O'Reilly Media, 2004: 148.

这个词典欢迎读者建立条目和提供内容，但是要经过一定的编辑程序。[①]《华盛顿邮报》的一家下属网站 WhoRunsGov. com，专门提供华盛顿 700 多名政要以及知名人物的简历和介绍，该网站也于 2009 年增加了维客功能，目的是为了“邀请华盛顿社区和公众共享他们有关华盛顿政府任何工作的知识”。[②]

2001 年美国纽约发生震惊世界的“9·11”恐怖袭击事件，一些主流媒体网站由于流量暴增而一时瘫痪。根据皮尤中心关于“互联网和美国人的生活”项目的调查，许多市民通过电子邮件、博客和网上论坛参与新闻报道。博客的图文报道和个人评论等成为重要消息来源，调查报告对此称之为“自助式新闻”（do-it-yourself journalism）的兴盛。[③] 正如丹·吉尔默所说的，依据惯例，对历史事件如何进行最初的描述，完全是由“正式”的新闻机构来决定的，但是在这一次事件中，历史的“最初描述”（first draft）部分地是由“先前的受众”（the former audience）来撰写的。由于有了互联网上新的出版工具，这不仅成为可能，也是不可避免的。他说，在那些令人惊恐的日子里，出现了另一种形式的报道：通过电邮、群发邮件、讨论组、个人网页等非标准的新闻来源，人们获取了美国主流媒体所不能或不愿提供的有价值的背景信息。他指出，我们正在目击——很多时候还在参与——未来的新闻业。[④]

此后，在全球发生的各类重大灾难性事件中，由于传统媒体往往不可能第一时间出现在事发现场，因此以博客为主要形式的“公民新闻”已逐渐成为人们普遍接受的新闻报道方式。例如，在 2004 年南亚海啸、2005 年 7 月 7 日伦敦地铁恐怖爆炸案等事件中，许多非专业的普通人作为第一现场的目击者，通过论坛和博客，第一时间向公众提供了大量相关的文字、图片以及视频信息。2001 年“主题公园知情人网”（ThemeParkInsider. com）创办了完全由读者提供信息的“事故监查”（Accident Watch）栏目，它也因此成为第一家获得由“网络新闻协会”以及哥伦比亚新闻学院颁发的网络新闻奖的网站。[⑤]

① http://glossary. reuters. com/index. php?title=Main_Page
② http://www. editorandpublisher. com/eandp/news/article_display. jsp?vnu_content_id=1004010127
③ Shayne Bowman and Chris Willis: We Media P7
④ Dan Gillmor: We the Media, Introduction [M]. O'Reilly Media, 2004.
⑤ http://www. themeparkinsider. com/about_tpi/

图4-2 电影《刺杀据点》(*Vantage Point*)中的“公民记者”形象

从2002年开始，原本在新闻界看来“不入流”的博客在时政报道中开始显示出不可小视的能量。如伊拉克战争爆发后，不少博客超越了非左即右的传统政治思维局限，提出审慎和富有激情的观点，引起广泛的注意。2002年12月美国多数党领袖、参议员特伦特·洛特（Trent Lott）公开发表涉嫌种族主义的言论，当时并未受到主流媒体的注意，无论是《华盛顿邮报》还是《纽约时报》都没有任何报道，但博主乔希·马歇尔（Josh Marshall）却在其博客《论点备忘》（Talking Points Memo）首先提出质疑，随后众多博客群起而攻之，随后主流媒体方纷纷跟进，最终洛特在舆论压力下被迫辞职。这是早期博客撼动主流媒体“设置议程”权威的一个鲜明事例。[①②] 2003年3月，前美联社和《纽约每日新闻》（*New York Daily News*）记者克里斯多夫·阿尔布里顿（Christopher Allbritton）依靠“网民资助”前往伊拉克作战地报道，许多网友共支付约15000美元支持这位博客记者的创举，这是在历史上第一次以非传统媒体财务运作方式支持的新闻报道。[③] 2003年出版《自媒体》（*We Media*）一书的作者预言说，未来美国总统的选举可能不仅取决于候选人的优秀人格、超凡魅力、实际经验或是投票记录，还将取决

① Terry McDermot：Blogs can top the presses
http://articles.latimes.com/2007/mar/17/nation/na-blogs17

② Oliver Burkeman：Bloggers catch what Washington Post missed
http://www.guardian.co.uk/technology/2002/dec/21/internetnews.usnews

③ http://web.mac.com/callbritton/Christopher_Allbritton/Main_Page.html

于其是否善于运用博客。这个预言在后来的美国总统大选中果然成为现实。[①] 2003年，美国民主党总统候选人霍华德·迪恩（Howard Dean）首开先河，在美国大选中使用官方博客网站。该网站在技术上十分先进，不仅有文字、图片和视频，甚至有无线新闻更新服务。迪恩的竞选团队成功地利用博客的影响力筹款数百万美元。[②] 专栏作家马克·格莱瑟（Mark Glaser）在2003年博客崭露头角时就一针见血地评论说："报纸代表了所有过时和陈腐的新闻观念：在死树（指木浆造纸）上印刷，让低酬劳的报童送报，给上年纪的老人读报。博客却代表了新闻业中一切新锐时尚的东西：表达个人声音，兼容各种思想，拥有全球化的发布平台。"[③]

美国（韦氏）出版公司（Merriam-Webster）称，在该公司网站上，2004年"博客（blog）"这个词在被读者查阅的十个热门词语中居于首位。[④]

改变政治运作规则

在2004年的美国总统竞选中，民主党和共和党两党代表大会都破天荒地作出决定，有选择地向博客人士发放采访证，前来采访的博主将得到与新闻记者一样的待遇。有关组织者说，邀请博主与会是为了扩大大会的影响力。其中民主党根据博客的影响力、专业程度和原创内容数量等标准来选择哪些博主可拿到采访证。[⑤] 对于博客引人注目的发展，波因特（Poynter）传媒研究所的学者霍华德·芬伯格（Howard Finberg）评论说，由于博客的出现，"美国政党代表大会正在改变，传媒产业也在改变"。[⑥] 2004年9月，在博客造成的强大舆论压力下，CBS广播公司承认其"60分钟"节目中播出的有关质疑布什当年服兵役记录的报道是虚假的，并处理了有关人员。牵涉其中的著名主持人丹·拉瑟（Dan Rather）虽在当时暂时留任，但随后在2005年3月被迫离开CBS新闻主持人的岗位。这个案例表明博客也成为主

① Shayne Bowman and Chris Willis：We Media P. 8

② Mark Glaser：Dean's Blog Builds Support Despite a Lack of Personal Input
http://www. ojr. org/ojr/glaser/1060119435. php

③ Mark Glaser：Weblogs Are Pushing the Newsroom Envelope on Writers'Spontaneity
http://www. ojr. org/ojr/glaser/1064357109. php

④ BBC News："Blog" picked as word of the year
http://news. bbc. co. uk/2/hi/technology/4059291. stm

⑤ Brian Faler：Parties to Allow Bloggers to Cover Conventions for First Time
http://www. washingtonpost. com/wp-dyn/articles/A29588-2004Jul5. html

⑥ Marsha Walton：Bloggers get convention credentials
http://edition. cnn. com/2004/TECH/internet/07/23/conventionbloggers/

流媒体的批评者和监督者。[1][2] 2005 年 3 月，当时只有 23 岁的年轻人加勒特·格拉夫（Garrett Graff）成为第一个获得采访证，参加白宫每日新闻发布会的博主。[3] 2005 年 5 月，博客网站“哈芬顿邮报”（The Huffington Post）在纽约创办。[4] 该网站刊载大量时政、媒体、财经、体育、娱乐等方面的新闻和评论，内容广泛并且独具特色，该网站在短短的几年间，迅速成长为一家可与主流报纸网站相抗衡的新闻网站。包括美国总统奥巴马、国务卿希拉里在内的各界名流均在该网站开博客。在 2009 年 12 月，哈芬顿邮报网站的当月独立访客数量达到 980 万，与 2008 年同期相比，访问量猛增 150%。这个访问量超过了华盛顿邮报网站、洛杉矶时报网站和华尔街日报网站，仅次于纽约时报网站。2011 年 2 月《美国在线》（AOL）宣布以 3.15 亿美元收购了哈芬顿邮报，该报每月独立访客量已接近 2500 万。[5][6]

图 4-3　第一位采访白宫的博主加勒特·格拉夫

公民新闻的深刻改变了新世纪美国政治运作的规则。在 2008 年的大选

---

① Jarrett Murphy：Dan Rather Statement on Memos
http://www.cbsnews.com/stories/2004/09/20/politics/main644546.shtml

② Rebecca Leung：Dan Rather Signs off
http://www.cbsnews.com/stories/2006/06/19/national/main1727285.shtml?tag=contentMain;contentBody

③ Kaylee Hartung：Unplugged：Magazine Editor Garrett Graff
http://www.cbsnews.com/blogs/2009/08/21/politics/politicalhotsheet/entry5257721.shtml

④ Encyclopœdia Britannica. 2010：The Huffington Post
http://www.britannica.com/EBchecked/topic/1192975/The-Huffington-Post

⑤ Amanda Ernst：Huffington Post's Traffic More Than Doubles Year Over Year
http://www.mediabistro.com/fishbowlny/new_media/huffington_posts_traffic_more_than_doubles_year_over_year_149222.asp

⑥ AOL Agrees To Acquire The Huffington Post
http://www.huffingtonpost.com/2011/02/07/aol-huffington-post_n_819375.html

中，两党都更加重视博客的影响力。例如，2004 年民主党代表大会只发放了 30 张博客采访证，而 2008 年这一数字增加到 120 张；共和党代表大会发放的博客采访证也由 2004 年的 12 张增加到了 2008 年的 200 张之多。① 但与共和党候选人麦凯恩相比，民主党总统候选人奥巴马对于新媒体在政治中的作用有更清醒的认识。正如一位律师博客所说，在美国历届总统中，早期的杰斐逊总统依靠报纸赢得大选，富兰克林·罗斯福靠广播讲话改变了统治方式，肯尼迪是第一个理解电视的总统，而奥巴马则认识到互联网可以以很低的成本来建立政治品牌，创造一种联结感和参与感，允许民众以自愿组织的方式参与这项工作。② 奥巴马和他的竞选团队主动建立竞选博客，积极建立与脸谱网、优图网等新媒体渠道的合作。奥巴马使用电子邮件数据库，亲自发电子邮件给他的支持者们，发出改革号召，显示与选民的直接紧密联系，争取成千上万的选民支持。奥巴马在获得大选胜利之后立即发给每一位支持者一封富有私人感情的电子邮件。信中说："我们刚刚创造了历史。我想你

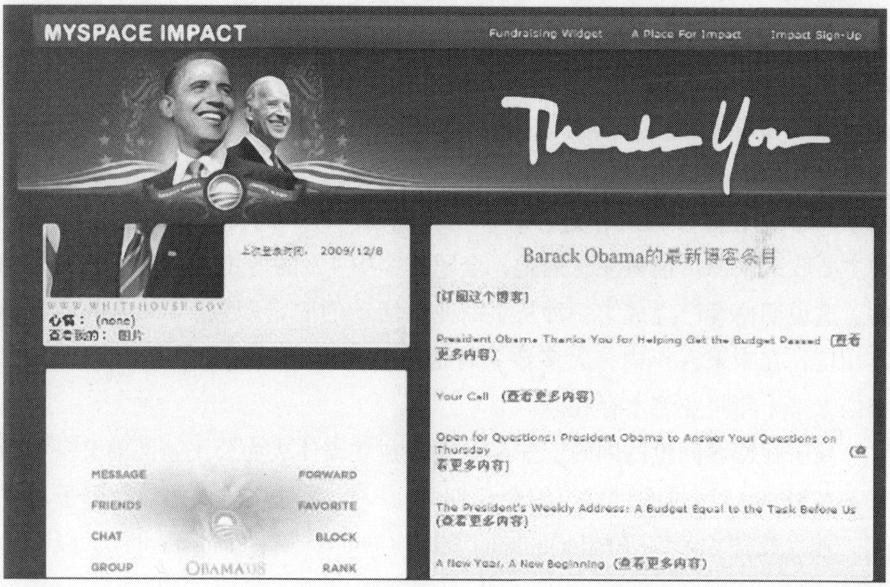

图 4－4　奥巴马在 Myspace 上的专题网页

---

① Brian Wingfield & Joshua Zumbrun：Convention Cutting
http://www. forbes. com/2008/08/12/newspapers-media-conventions-biz-media-bw_jz_0812newsbiz. html

② The nytpicker：David Carr, Who Ya Gonna Call? Ranjit Mathoda!
http://www. nytpick. com/2008/11/david-carr-who-ya-gonna-call-ranjit. html

不会忘记我们是如何一同走过。”信的结尾说：“关于下一步怎样做，我会很快联系你，但有一件事我非常清楚：正是因为有了你，今天的一切才会发生。”[①] 奥巴马最终入主白宫被称为“网络革命创造的竞选胜利”。[②]

2006 年《经济学人》（*The Economist*）杂志刊载新媒体专题文章说，根据博客搜索引擎 Technorati 的统计，现今每一天每一秒钟都会出现新的博客，Technorati 平均每小时可以搜索到 5 万个博客新帖。美国的博客数量以每 5 个月翻一番的速度增长。从十几岁的年轻人到公司的老板，为了追随这种新潮流，都有他们自己的理由开博客。[③]

据调查，2006 年大部分美国报纸都已经建立了博客，在 100 家主要美国报纸中，只有 14 家没有开博客。[④]

随着博客影响的不断扩大和信誉的上升，博客作为新闻发布的一种渠道得到社会的承认，博客与主流媒体之间频繁互动，并开始出现了一批有真知灼见的“专业博主”。Technorati 对 2009 年美国博客状况的调查，显示出“专业博客”有了显著的增加：在被调查的 2900 个博主中，72% 的博客属于“消遣博客”（主要目的是寻求个人表达和乐趣）；而各种类型的“专业博客”占 28%，其中“全职博客”占 13%。专业博客属于精英阶层，在收入、学历和媒体经验及资格等方面皆高于“消遣博客”以及整个人口：在专业博客中，60% 年龄在 18—44 岁，75% 有大学学历，40% 有研究生学历，其中 40% 是在媒体界工作过，27% 担任现职。17% 的博客说写博客是他们的主要收入来源。值得注意的是，全职博客中 4% 的博主是被某家公司聘用的，这说明博客已经成为一种从事商业性活动的固定职业。[⑤] 60% 的专业博客相信，在未来五年内，大多数人将通过博客获得新闻与信息，其中 40% 相信未来十年报业将不存在。

几乎在博客问世的同时，非赢利性的独立媒体成为公民新闻的又一种形态。在 1999 年西雅图世贸组织会议期间，一批反对全球化的活动分子成立了“独立媒体中心”（Independent Media Center，简称 Indymedia），以表达

---

① Ranjini Manian：Customer service lessons from Barack Obama
http://www.blonnet.com/manager/2008/12/01/stories/2008120150221100.htm

② International Herald Tribune：An electoral triumph built on a Web revolution
http://www.unpan.org/PublicAdministrationNews/tabid/118/mctl/ArticleView/ModuleID/1473/articleId/17798/default.aspx

③ The Economist：It's the links，stupid
http://www.economist.com/surveys/displaystory.cfm?story_id=6794172

④ http://journalism.nyu.edu/pubzone/blueplate/issue1/chart_stateof/

⑤ Technorati：State of The Blogosphere 2009
http://www.slideshare.net/marketingfacts/2009-state-of-the-blogosphere-the-full-blogworld

他们被主流媒体所忽略的声音。该中心随后在美国和全球扩建许多分支机构。2003 年春季美国入侵伊拉克，在旧金山引发大规模民众抗议，使该城市交通几近瘫痪。独立媒体中心对于游行示威的盛况和警方的打压作出充分报道，使主流媒体相形失色。其他知名的独立新闻媒体有“立即实现民主”(Democracy Now!)、Kuro5hin、“指挥所”(Command Post)、“公职人员廉政中心”(Center for Public Integrity)等。公民新闻理论家丹·吉尔默评论说，这一类独立媒体可能成为新一代新闻模式。他说：“具有公共精神的基金会和富有者可能会越来越认识到，如果主流媒体衰落了，那么唯有将‘公职人员廉政中心’这类独立媒体组织看作是赋予公民知晓权利的渠道之一。”[①]

社交网络：全球最大传播平台

进入新世纪以后，另一种新媒体——“社交网络”(social network)开始流行，在短短几年时间内，社交网络便发展成为史无前例的大规模传播网络平台。早期具有社交功能的网站出现于上世纪 90 年代末，2002 年社交网站 Friendster. com 在悉尼创办，该网站 2009 年拥有 1. 15 亿注册用户。[②③] 2003 年，一家更有影响力的社交网站“我的空间”(Myspace. com)在美国南加州创办，创办人是克里斯·德沃尔夫(Chris DeWolf)和汤姆·安德森(Tom Anderson)。该网站不仅提供社交功能，而且还提供评论、视频、购物、音乐等内容服务，成为年轻人自我表达、联络交友和媒体娱乐消费的开放性网络平台。该网站在 2004 年至 2005 年期间成长十分迅速，每天登记的新用户达 23 万人，2009 年号称共有超过 2 亿注册用户。[④] 鉴于其强劲的增长以及商业潜力，传媒巨头默多克的新闻集团于 2005 年 7 月以 5. 8 亿美元的出价收购了“我的空间”所属的母公司 Intermix Media（该公司下辖 30 余家网站）。[⑤] 新闻大亨默多克在收购“我的空间”之前评论说，报业“作为一个产业，我们当中的很多人一直以来都明显而莫名其妙地洋洋自得”。他说，其实年轻读者“并不希望依靠像上帝那样的人物来告诉他们什么重要。

---

① Dan Gillmor: We the Media. Chapter 7，P. 144—148.

② http://www. friendster. com/info/index. php

③ Alexa: Friendster. com
http://www. alexa. com/siteinfo/friendster. com

④ Random History: “A Place for Friends” A History of MySpace
http://www. randomhistory. com/2008/08/14_myspace. html

⑤ News Corporation: News Corporation to Acquire Intermix Media，Inc.
http://www. newscorp. com/news/news_251. html

如果用宗教作比喻，她们就是不希望新闻像福音一样来展示”。他认为，媒体网站“必须变成对话的地方。数字化的居民不再给编辑写信，他们会开博客，我们需要成为这些博主的目的地”。[1]

“我的空间”不久便遇到一个强大的后起之秀——2004年2月，哈佛大学的二年级学生马克·扎克伯格（Mark Zuckerberg）等人创办了脸谱网。扎克伯格创办这个网站的初衷，只是为了在网上比较本校同学们的照片，选出哪个最漂亮。为了这个目的，他当了一回校园“黑客”，侵入校内被称为“face book”的9间宿舍的学生保密档案网页中，取出同学的照片，他为此几乎受到学校的严重违纪处分。脸谱网的会员最初只是限于哈佛大学的学生，随后向其他大学和高中学生群扩展。从2006年9月开始，脸谱网面向13岁以上的任何有有效电邮地址的人开放。2007年10月，微软公司宣布出价2.4亿美元购买脸谱网1.6%的股份，因而该网站在这项交易中的总估价高达150亿美元。据路透社报道，2007年11月和2008年3月，香港富豪李嘉诚先生两次投资脸谱网共达1.2亿美元。[2] 据ComScore的统计，2008年4月脸谱网的全球当月独立访客数量首次超过“我的空间”。2009年5月美国访客数量也首次超过“我的空间”。[3] 据Alexa的流量排名统计，该网站2006年在全球网站中位居第60位，2007年跃居第7位，2010年已升至第2位，仅次于谷歌。[4][5]

《纽约时报》于2007年11月在脸谱网上建立了专页，并在2008年美国总统大选结束之后，在该网站上成功举办了专项推广活动，把有关《纽约时报》的品牌信息专递给6830万人，使该网站上《纽约时报》的粉丝人数从49000增加到164000，网民发表评论34000条。[6] 2009年1月20日，CNN在脸谱网上开设专页，网上同步直播奥巴马就职演讲，观看和参与现场评议的网友人数达到创纪录的1880万人，打破了优图网创造的70万人同步观看活动播映的纪录，被认为是电视从被动“收看”转向“参与”的历

① The Economist: ComposeYourself
http://www.economist.com/surveys/displaystory.cfm?story_id=6794240

② http://www.reuters.com/article/idUSN2731908420080328

③ http://www.dmwmedia.com/news/2009/06/15/report%3A-facebook-overtakes-myspace-u.s.-web-traffic

④ Alexa: Facebook.com
http://www.alexa.com/siteinfo/facebook.com

⑤ http://www.mediaman.com.au/profiles/facebook.html

⑥ New York Times: Highlights from the NYT Business Side
http://www.niemanlab.org/pdfs/nyttimes3memo.pdf

史性事件。[1] 当日上午脸谱网平均每小时有4000次用户更新，在奥巴马开始就职演讲的第一分钟内，脸谱网的状态更新达到了8500个。[2]

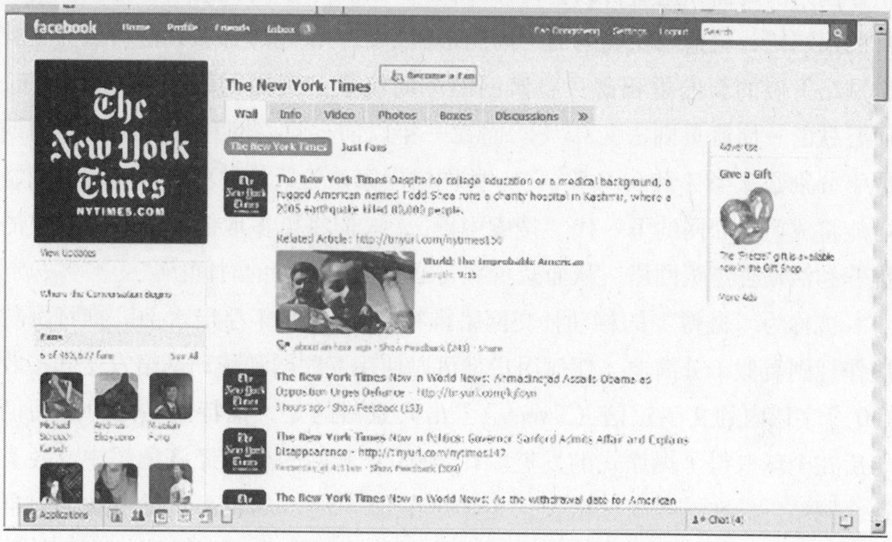

图4－5　《纽约时报》在脸谱网上开设的专页

这个全球最大的社交网络2009年9月活跃用户达到3亿，这个数字相当于美国人口总和，2010年7月超过5亿，该网站在短短的五六年时间里从一个小小的校园网站发展成为全球注册用户规模最大的数字媒体平台。与脸谱网相比，通常发行量只有几万到几十万份的报纸只能算是“小众媒体”了。2009年9月，扎克伯格宣布脸谱网从当年第二季度开始已经赢利，从而结束了关于“社交网络无利可图”的争论。脸谱网2008年收入总额为2.8亿美元，2009年收入总额猛增到8亿美元。其收入的主要来源是网站用户积分制（Facebook Credits[3]）加上广告的收入。积分制相当于虚拟货币，用户花费1美元可得10分，以用于购买使用该网站的虚拟产品（如游戏和其他程序等）。微软公司与该网站签订了独家代理广告的合同，该网站每年此项收入可达1.5亿美元。脸谱网的开放页面也成为其他商家赢利的工具，

① Erick Schonfeld：Watching the Inauguration with All My Facebook Friends
http://www.nowpublic.com/world/cnn-facebook-live-inauguration-stream-dominates-web-coverage

② Pete Cashmore：Mindblowing Numbers from the Obama Inauguration
http://mashable.com/2009/01/20/cnn-facebook-inauguration-numbers/

③ Audrey Watters：Facebook Consolidates Its Virtual Currency with Facebook Credits
http://www.readwriteweb.com/archives/facebook_consolidates_its_virtual_currency_with_facebook_credits.php

如一家游戏公司 Zynga 在脸谱网的品牌专页据称收入达1亿美元。①

资料显示，脸谱网保持强劲增长态势，已开始打破长时期以来搜索引擎主导网络的局面。据益百利公司（Experian Hitwise）的调查资料，2010年3月的第二周，脸谱网在美国的一周网络流量第一次超过谷歌，这被认为是社交网络发展的新的里程碑：脸谱网的一周流量占美国网络流量的7.07%，而谷歌的一周流量则占7.03%。而在一年以前，脸谱网和谷歌流量的同期数字分别是2.48%和6.46%。② 一些网络专家认为，这种变化表明社交网络可能将成为互联网的下一代"搜索引擎"，人们将更多地依靠他们的朋友的推荐和活动去浏览网络，从而减少靠自己去搜索网络的时间。③

被称为"微博"的移动社交网络推特网于2006年浮出水面。推特网的操作规则看似十分简单，任何用户都可以使用互联网和移动网络发送和接收140个字以内的文字短信（Tweets）。出人意料的是，推特网在问世短短两年后在全球取得了爆炸式的发展。在2008年开始的全球经济危机中，各类社交网站仍然在继续高速增长，尤其是在25—54岁的较高年龄层次的人群中有明显增长，与报业的衰落形成鲜明对照。④ 尼尔森（Nielsen. com）的统计则显示，从2008年2月到2009年2月推特网的年增长率为1382%，被列为成长最快的社交网站。⑤ 据 Alexa 的网站流量统计，进入2009年之后推特网流量直线上升，到2010年9月，其网站流量已经位居全球第10位，是仅次于脸谱网的第二大社交网站。⑥目前推特网每天发送微博6500万条，等于每秒钟发送750条。⑦

---

① Michael Learmonth：Facebook finds profitability despite nascent ad model
http://adage. com/digital/article? article_id = 139033ZK)]

② Facebook Reaches Top Ranking in U. S.
http://weblogs. hitwise. com/heather-dougherty/2010/03/facebook_reaches_top_ranking_i. html

③ Benny Evangelista：Facebook directs more online users than Google
http://articles. sfgate. com/2010-02-15/business/17876925_1_palo-alto-s-facebook-search-engine-gigya

④ BBC：Technology, Twitter and the downturn
http://news. bbc. co. uk/2/hi/uk_news/8187809. stm

⑤ Caroline McCarthy：Nielsen：Twitter's growing really, really, really, really fast
http://news. cnet. com/8301-13577_3-10200161-36. html

⑥ Alexa：Twitter. com
http://www. alexa. com/siteinfo/twitter. com

⑦ Is Twitter Better Than Facebook?
http://www. waynejonesjnr. com/is-twitter-better-than-facebook/

现在新闻以秒计算

超高速发展的推特网也成为白宫联系公众的有力工具。白宫新闻发言人罗伯特·吉布斯（Robert Gibbs）于2010年2月在推特网注册，至3月份已有37000多名“粉丝”，他越来越多地使用推特网来发布、解释和澄清各项白宫官方动态和政策。例如，他通过该网站评点冬季奥运会赛事时说：“总统刚离开椭圆形办公室回到自己的办公室，在看奥运比赛，我们所有的人都对我们伟大的球队感到骄傲。”美国驻联合国大使赖斯使用推特网谈论外交，助理国务卿和商务部长也使用该网站谈论政务。

美国政界人士意识到，现在新闻的流传不是以天而是以秒来计算的，因此应该与时俱进，同样使用白宫政策批评者和媒体人士所利用的新媒体工具，吉布斯表明，作为总统的主要发言人，在运用网络方面应当仁不让。除了推特网，白宫还定期在官方博客、脸谱网专页上发布信息，奥巴马总统每周在优图网的专门频道发表讲话。白宫另一位发言人尼克·沙皮罗（Nick Shapiro）说：“这一切对政府来说基本上是全新事务，但这已经成为白宫政务的标准组成部分，白宫高层官员认识到它们（指新媒体）的价值，把它们置于优先地位。在历史上的大多数时期，政府与公众的接触和交流不得不通过新闻界或者是利益集团，而现在在这方面，公众也被赋予平等的地位。”白宫的新闻总监麦孔·菲利普斯（Macon Phillips）说，网上交谈可以让官员们体会到“公众提出的问题实际上原汁原味是怎样的，而不只是那些电视记者和政治掮客们提出的问题”。①

① Philip Elliott：White House tweeting spreads president's message
http://www.washingtonpost.com/wp-dyn/content/article/2010/03/08/AR2010030800586.html

第2节

回归草根与超越平面（下）

当传统报业还执著于平面思维时，Web 2.0 和公民新闻运动已领先进入多媒体世界，孕育出形形色色的新媒体。这些新媒体超越纸质印刷品的局限，综合运用文字、图片、音频、视频等载体进行传播，融草根性（grass-roots）、参与性（participatory）和互动性（interactive）于一体，凸显出媒体融合的新方向。

“报纸只有去做梦”

早在1993年，互联网技术专家卡尔·马拉木德（Carl Malamud）便创办了《互联网脱口秀》（Internet Talk Radio）广播周报节目。[①] 随着互联网的发展，结合运用互联网和便携式播放器播放数字音乐和其他节目的技术，在不断成熟并得到实际应用。

2004年2月，本·汉姆斯里（Ben Hammersley）在英国《卫报》发表《听觉的革命》（Audible Revolution）一文，首次提到“播客”（Podcasting）一词。这个词是由 iPod（苹果公司的便携式音乐播放器）和 broadcast（广播）两个词拆拼而成的。[②] 文章称播客为“业余广播站”（amateur radio）。文章还试图用“听觉博客”（Audioblogging）或者“游击队媒体”（Guerilla-Media）来称呼这种现象。文章引用一位播客先行者克里斯多佛·莱顿（Christopher Lydon）的话来说：“一切都很便宜，工具随手可用。现在人人

---

① http://www.hep.net/chep95/html/events/keynote/keynote.htm

② 事实上“播客”不只是与 iPod 播放器有关，所以后来出现了对“podcast”的另一种名词解读，即“个人自选广播节目”（Personal On Demand broadCAST）。

都在说：每个人都可以成为出版人，每个人都可以成为广播制作人。”克里斯多佛·莱顿的播客制作过程很简单：接收者可以从他的博客网站上下载他所制作的播客节目，如与其他博客、互联网人士交谈的采访记等。这位前《纽约时报》和全国广播公司（NBC）的记者，还破天荒地以“播客”方式采访了2004年的美国总统大选。他说，直接面对听众工作使他感觉无拘无束。他说，对于这种方式，“报纸只有去做梦——他们都有那种出于（媒体）机构的嫉妒”。①

随着2004年年末播客逐渐流行，2005年2月雪伊斯宾塞公司（Shae Spencer Management）第一个试图在纽约注册PODCAST（播客）的商标，表明是用于“在互联网上播出预先录制的在线广播节目”。这项申请没有被接受。随后各家公司争相试图注册与POD有关的商标，苹果公司也曾企图用诉讼手段阻止其他公司使用POD这个字眼。但是最终“播客”没有被任何商业公司所独占，播客成为媒体界与其他各界广泛使用的新媒体形式。②③

2005年7月，美国总统布什成为第一个试用播客的国家首脑，他在白宫的网站上增加了一个RSS功能，提供可以下载的每周总统广播讲话。

2005年9月28日，在谷歌搜索引擎上，“podcasts”一词的点击量已经超过一亿次。

2005年12月《新牛津美国词典》命名“播客”为2005年“年度词”。

这时报刊业也开始使用播客向读者提供印刷内容的“阅读版”。国际科技期刊《自然》是最早制作音频播客的印刷媒体之一。该刊的播客是由剑桥大学著名医学科学家和BBC广播公司的科学节目主持人克里斯·史密斯（Chris Smith）于2005年10月创制的。④

2006年，被《经济学人》杂志称为“播客之父”的前MTV主持人亚当·科利（Adam Curry）的播客节目《每日源代码》（The Daily Source Code）已拥有数百万听众。当年苹果公司的iTune播客节目库中列入两万个由iPod免费下载的播客节目。

播客最初被看作“听觉的革命”，这股革命之风很快便扩展至视觉领

---

① Ben Hammersley：Audible revolution
http://www.guardian.co.uk/media/2004/feb/12/broadcasting.digitalmedia

② Rogers Cadenhead：USPTO Rejected “Podcast” Trademark Registration
http://workbench.cadenhead.org/news/3027/uspto-rejected-podcast-trademark

③ timothy：Apple Warns Companies About “Pod” Naming
http://yro.slashdot.org/article.pl?sid=06/08/17/1320244

④ Chris Smith：The Naked Scientist
http://en.academic.ru/dic.nsf/enwiki/3631243

域。2006年也出现了“vodcasting”（影视播客）等新词。①

目前“播客”一词已经同时包含音频和视频。据维基百科的解释，播客是“通过网络辛迪加②定期发送和下载的一系列的音频或是视频的数字媒体文件”。而这些数字文件是由使用者用iTunes一类接收应用软件来下载以便离线收听收看，而不是简单的一次性下载或是在线观看收听。③

网上视频的爆发流行起源于优图网。优图网是于2005年2月由前网络支付公司贝宝（PayPal）的三位职员注册创办的。这个视频共享网站在同年11月正式向公众推出，并在当年11月至2006年4月间获得了1150万美元风险投资。该网站的第一个视频是创办人之一贾德·卡林姆（Jawed Karim）拍摄的，内容是讲他在圣迭戈动物园的见闻。凭借意想不到的超高人气，优图网获得了迅速发展。到2006年7月，该网站日均上载的新视频就超过6.5万个，每日网站视频观看数量高达1亿次。2006年11月，在优图网创办仅一年之后，谷歌便以16.5亿美元的巨额出价购并优图网。根据美国市场调查公司comScore提供的数据，2009年1月优图网美国观众人数首次超过1亿人，其视频浏览总数达63亿个，平均每位浏览者上优图网观看了62.6个视频。④ 据该网站提供的数据，2010年3月每分钟上载至优图网的新视频总时长达24小时。⑤ 2010年9月优图网在世界排名（Alexa）位居第三，仅次于谷歌、脸谱网。⑥

优图网成功地创造出网络视频这种新媒体形态，彻底颠覆了只有专业人员才能制作影视内容的传统观念。优图网的视频由网友自愿上载，任何普通电脑用户都可以上载视频至优图网，以供其他网友观看。在视频共享的新网络文化面前，影视王国专业精英主义的高墙在无形中开始崩塌了。

在优图网上，有无数个很少有人观看的琐细凡俗的短片，但是每一个视频短片和它的制作者，也都可能“一片成名”，变得家喻户晓。2006年香港

---

① The Economist: Heard on the street: Podcasting will change radio, not kill it
http://www.economist.com/surveys/displaystory.cfm? story_id=6794210

② 维基百科对“网络辛迪加”（web syndication）的解释如下：网站发送一部分内容提供给其他网站或个人的订阅者。

③ 西方国家播客的传播方式与我国对“播客”的理解有所不同，中国许多网站的播客频道是在线收看收听却不供下载的视频音频节目。参见 http://en.wikipedia.org/wiki/Podcast

④ comScore: YouTube Surpasses 100 Million U.S. Viewers for the First Time
http://www.comscore.com/Press_Events/Press_Releases/2009/3/YouTube_Surpasses_100_Million_US_Viewers

⑤ 24 hours of video uploaded to YouTube every minute
http://news.theage.com.au/breaking-news-technology/24-hours-of-video-uploaded-to-youtube-every-minute-20100318-qgh1.html

⑥ http://www.alexa.com/topsites

6 分钟的粤语视频《巴士阿叔》是一位业余心理学学生用手机拍摄的，现场记录了 2006 年 4 月 27 日公交车上一位陈姓阿叔与一个年轻人争吵的场面，通过优图网和其他视频网站将短片传遍全球。这个短片荣膺优图网 2006 年 5 月的收视冠军，三个星期内点击量达 170 万次，引起香港传媒关于生活方式、风俗礼仪、公民意识和媒体道德等问题的热烈讨论。短片中的“你有压力，我也有压力”、“未解决”等对白成为人尽皆知的媒体语言。[①][②] 优图网也有许多丑小鸭变白天鹅的故事，一些草根视频制作人才艺超人，脱颖而出。布鲁克·布罗达克（Brooke Brodack）从 2005 年 9 月开始上载视频，其制作的滑稽视频在优图网上大受欢迎，Carson Daly 公司因此和她签订了 18 个月的合同，《纽约客》杂志称她是“第一个真正的优图网明星”。[③][④] 据一家分析与广告公司 TubeMogul 的估算，自 2009 年 7 月至 2010 年 7 月，有 10 位草根“优图明星”仅广告收入就超过 10 万美元。其中喜剧表演者肖恩·多森（Shane Dawson）十分走红，一人拥有三个频道，观看达 4.3 亿次，其年收入估计达 31.5 万美元。[⑤]

2004 年 2 月创办的图片共享网站 Flicke，起初只是可以即时交换照片的聊天室，2005 年 3 月雅虎兼并了该网站，将其逐步发展为网友共享和存储图片、视频的社交平台。至 2009 年 6 月，该网站图片存储量多达 36 亿张，成为全球最大的“用户创造内容”（User-Generated Contents，简称 UGC）的网站之一。

2004 年 11 月创办的掘客网（Digg）被称为“社交新闻网站”（social news website），但这个“新闻网站”与传统新闻媒体的网站截然不同，它本身并不制作新闻，新闻信息以及相关链接完全来自网民用户。其基本的发布程序以主流媒体的眼光看来，也是头脚倒置的：不是由网站编辑对内容把关，而是根据网友的投票决定哪些消息应该被掘（digging）至头版或头条，哪些应该被“埋葬”（burying）。只有被掘次数最多的新闻才会进入头版。新闻顺序的排列原则，完全是根据被掘（dug）的次数排列的。根据美国市

---

① Wikipedia：Bus Uncle
http://en.wikipedia.org/wiki/Bus_Uncle

② Marianne Bray：Irate H. K. man unlikely Web hero
http://edition.cnn.com/2006/WORLD/asiapcf/06/07/hk.uncle/

③ http://tripatlas.com/Brooke_Brodack

④ Amanda Greene：10 YouTube Success Stories
http://www.womansday.com/Articles/Entertainment/Celebrities/10-YouTube-Success-Stories.html

⑤ William Wei：Meet the YouTube Stars Making $100,000 Plus Per Year
http://finance.yahoo.com/tech-ticker/meet-the-youtube-stars-making-100000-plus-per-year-535349.html?tickers=goog,^ixic,qqqq

场调研机构 Compete. com 的调查，2010 年 8 月掘客网吸引了 760 万独立访客。①

掘客网创造的这种极端反传统的新闻选择方式，突显出“草根新闻观”与传统专业精英主义新闻观的强烈反差。人们不得不去思考这样一个问题：如果世界上没有专业新闻人，那么媒体的议程设置将会怎样？

美国卓越新闻研究所（PEJ）2007 年 6 月进行了一项研究，这项研究比较了当月一周时间内 48 家主流媒体的新闻议程设置与掘客型“用户新闻”（user-news）网站的新闻选择有何异同，研究对象包括 Reddit、掘客网和美味网（Del. icio. us）三家主要“用户新闻”网站，以及雅虎新闻与其“最多”用户参与的频道。这项研究选取了“用户新闻”网站的 644 条新闻和主流媒体的 1395 条新闻进行比较。调查发现，在这一周当中，主流媒体主要关注的是伊拉克战争和关于移民的辩论，而三家掘客型网站却主要关注苹果公司新推出的苹果手机（iPhone）、任天堂（Nintendo）公司的净资产超过索尼（Sony）公司等。三家掘客型网站中平均只有 5% 的“用户新闻”与主流媒体的前十条新闻相吻合。许多“用户新闻”完全没有被主流媒体提及。“用户新闻”来源很广泛，大多数来自博客和优图网这类草根网站，不少新闻只出现一次，很少有后续报道。“用户新闻”更加关注国内新闻而不是国际新闻。②

主流与草根联动

迄今为止，这种“民主投票决定什么是新闻”的掘客方式并没有被主流媒体所接受，但掘客的草根新闻观却给新闻媒体网站以重要的启迪，从读者角度看待新闻的观念更加受到重视。越来越多的媒体网站在自己的网页上开设“最受欢迎”、“评论最多”、“推荐最多”、“阅读最多”、“电邮最多”等分类频道，以体现网民的参与性和对读者的尊重。

《华盛顿邮报》等许多主流媒体网站开始放低身段，在一条条新闻后面附加掘客网、美味网和脸谱网等网站的链接，建立与草根媒体的直接联动。《时代》周刊网站自 2006 年开始重大转型，为了扩大该刊品牌的影响，力求与所有社交媒体的合作，该网站在 2009 年建立了与掘客网及其他草根媒

---

① http://siteanalytics. compete. com/digg. com/?metric=uv
② Journalism: The Latest News Headlines—Your Vote Counts
http://www. journalism. org/node/7493

体的合作，并已拥有超过130万的推特粉丝。据尼尔森调查公司统计，《时代》周刊网站2009年7月独立访客达到670万，比2008年同期增加41%。据统计，该网站访问量的增长得益于社交网站访问量的增长，从当年1月以来，从社交网站登进《时代》周刊网的访问量增加164%。《时代》周刊网在每篇文章后面附加了掘客网的“智能按钮”，显示每篇文章有多少“掘”。掘客网也列出《时代》周刊上当天被掘最多的5篇文章。于是《时代》周刊每月排进掘客网首页的文章从55篇增加到100多篇。从2009年1月到7月，《时代》周刊网的掘客带来的点击量从50万次激增到130万次。美国另一家著名期刊《新闻周刊》（*Newsweek*），其网站与掘客网联手之后，点击量比该网站原来的“最多阅读”频道激增3—5倍。①

在用户提供内容（UGC）与专业媒体相结合方面，较早的案例有2003年10月英国BBC创办的“我能”（iCAN）项目，这个项目的目的是利用线上或线下的方式，促使地方民众成为活跃的选民。② 自2004年以来，UGC模式成为美国传媒界的新潮流。2005年8月前美国总统戈尔及合伙人、企业家乔尔·海厄特（Joel Hyatt）创建了有线电视台“流行电视”（Current TV），这个电视台的宗旨是引领传媒的“民主化”风潮，以抗衡主流媒体的“僵化”和“集团化”倾向。该台目标观众是18—34岁的年轻观众，最大运作特点是鼓励观众提供他们的视频作品，即“观众创造内容”（Viewer-created content，缩写为VC^2）。③ 2006年，这部分节目内容达到节目总时数的30%。为了帮助观众积极参与，该电视台在网上开办教程，讲授新闻报道技巧、摄像机的使用等，并允许网友对每条视频的质量进行投票，但视频节目是否播出由电视台编辑部决定。在网友提供的大量内容中，不乏优秀的新闻作品，例如，一位去加沙地带旅游的美国人正好赶上以色列撤军，他拍摄的视频堪称是当时电视台播出的相关题目中最精彩的报道。在“卡特里娜”飓风灾害中，新奥尔良市的一些居民也在他们的自制小艇中用摄像机拍下现场珍贵的镜头以供播出。④ “流行电视”在美国的订户达到3000万户。2007年9月“流行电视”获得最佳互动电视艾美奖（Emmy Award）。⑤

---

① Mike Shields：Digg Helps Send Time's Traffic into Orbit
http://www.adweek.com/aw/content_display/news/digital/e3i2a5df3fecd0d1783245c71a75e0fd384

② 参见 Dan Gillmor：We The Media［M］. O'Reilly Media，2004：123.

③ http://en.academic.ru/dic.nsf/enwiki/592311

④ The Economist：Compose yourself：Journalism too is becoming interactive，and maybe better
http://www.economist.com/surveys/displaystory.cfm? story_id = 6794240

⑤ Steve Gorman：Al Gore collects interactive Emmy for Current TV
http://www.reuters.com/article/idUSN1341763520070917

2003年6月23日由旧金山林登实验室（Linden Lab）[①] 创办的第二人生（Second Life）网站是一个被称为“虚拟世界”（metaverse，即 meta + universe）的神奇三维网上世界。这个虚拟娱乐世界与其他网络游戏的最大不同之处是，该网站并不设计内容，也不制定游戏玩法和胜负规则，这个世界中的万事万物大部分是由入住的居民“阿凡达”（Avatar）使用网站提供的各种工具创造出来的，包括每个“阿凡达”设计的自我形象。犹如当年的哥伦布一样，阿凡达们在这里“发现新大陆”，可以自己开发土地，建造家园，创业，经商，学习，交友，聚会，游乐，发现、创造和体验在现实中无法实现的生活奇迹。[②]

第二人生有可与美元兑换的虚拟货币——林登元，用于购置虚拟土地、资产、商品和服务。据统计，每月的交易量可达400万美元。至2009年2月，共有233位居民通过售卖虚拟产品，出租虚拟土地和各种服务等赢利5000美元以上，有少数企业家赢利每年超过100万美元。[③] 其中德籍华裔女企业家钟安社（Anshe Chung），真名为艾琳·格雷夫（Ailin Graef），她通过网上虚拟经营（如销售虚拟商品，开发虚拟土地，做经纪人，商业仲裁，货币交换等）大获成功，并建立了自己的一个领地“梦之园”（Dreamland），被称为第二人生的“洛克菲勒”、“第一个虚拟世界的百万富翁”。[④⑤]

路透社曾于2007年在第二人生派出记者，但是在2008年11月退出。[⑥] 德国销量最大的德国画报（*Bild*）也曾进入该网站创办了一份虚拟报纸《阿凡明星》（*AvaStar*），但同样于2008年11月退出。[⑦] CNN的我播报（iReport）频道于2007年在第二人生建立了分支机构（见图4-6）。CNN的新闻业务执行副总裁苏珊·格兰特（Susan Grant）说：“我们进入第二人生最希望了解的，就是在虚拟世界里，对于它的居民来说，什么新闻是最有趣和

---

① 林登实验室1999年由菲利普·罗斯戴尔（Philip Rosedale）创办。

② Philip Linden：“Avatar”，and Inspiration
https://blogs.secondlife.com/community/features/blog/2009/12/29/avatar-and-inspiration

③ Wikipedia：Second Life
http://en.wikipedia.org/wiki/Second_Life

④ Roger Parloff：Anshe Chung：First Virtual Millionaire
http://money.cnn.com/blogs/legalpad/2006/11/anshe-chung-first-virtual-millionaire.html

⑤ Paul Sloan：The Virtual Rockefeller
http://money.cnn.com/magazines/business2/business2_archive/2005/12/01/8364581/index.htm

⑥ Eric Krangel：Exclusive：Why Reuters Left Second Life，and How Linden Lab Can Fix It
http://www.businessinsider.com/2008/11/why-reuters-left-second-life-and-how-linden-lab-can-fix-it

⑦ Alphaville Herald：The BILD's AvaStar：Game Over
http://foo.secondlifeherald.com/slh/2008/11/the-bilds-avast.html

最有价值的。"①

图 4－6　CNN 在第二人生建立的虚拟我播报演播中心②

2009 年 9 月 22 日林登实验室宣布，第二人生的居民在该网站的交易总额超过 10 亿美元，同时来自全球各种不同文化的居民在该网站的消费时间总数也超过 10 亿小时。居民每一天制作出 25 万件新的虚拟产品，包括服装、车辆、建筑、自动语言翻译器等等，每月用户之间的交易额接近 5000 万美元，成为全球规模最大的虚拟经济。每一秒钟有 1250 条文字信息在网站内传递，每天敲出的字符多达 6 亿个。该网站也受到 2008 年经济危机影响和打击，2010 年该网站被迫裁员 30%。但是 2010 年与 2005 年相比，第二人生的用户仍从 200 万增加到 1800 万人，虚拟产品的交易额也从 3000 万美元增加到 6.67 亿美元。③④

第二人生在技术和经营上仍有待改进与成熟，但该网站自我创造式的"阿凡达"理念与经营模式，正广为其他网络游戏所效仿。正如《财富》杂志的评论所指出，第二人生体现了通过互联网进行互动信息传播的一种另类视角，人们今天仍在模拟印刷的模式，第二人生却可以帮助人们认识到互联

---

① CNN：CNN enters the virtual world of Second Life
http://edition.cnn.com/2007/TECH/11/12/second.life.irpt/

② http://www.qj.net/mmorpg/news/cnn-opens-i-report-virtual-hub-in-second-life.html

③ Erik Sass：Second Life Chugs Along
http://www.mediapost.com/?fa=Articles.showArticle&art_aid=132912&nid=117095

④ Linden Lab：1 Billion Hours，1 Billion Dollars Served：Second Life Celebrates Major Milestones for Virtual Worlds
http://www.marketwire.com/press-release/Linden-Lab-1047973.html

网是多么奇妙有用。[①]

“公民新闻”遍地开花

2005 年和 2006 年在美国，“超级地方公民媒体”（the hyperlocal citizen media）成为公民新闻运动最火爆的形式之一。传媒评论家杰夫·贾维斯（Jeff Jarvis）是最早提出“超级地方公民媒体”概念的人。[②] 早期地方公民媒体网站可以追溯到 1996 年创办的梅尔罗斯明镜网（Melrose Mirror），该网站是由当地一批公民自发创办的，一个月更新一次，内容都是民众关心的社区事务。[③] 一般认为最早的“超级地方公民媒体”是加州的西北之声网（NorthwestVoice. com）和康州的韦斯特波特网（WestportNow. com）等。这些“超级地方公民媒体”在内容上强调关注草根基层每日发生的社区新闻，而这些“琐细平常”的消息一向被主流媒体所忽略；在采编形式上则不再单纯依赖专业人员报道新闻的传统方式，而是吸引动员网民公众为网站提供有关社区动态的稿件、图片以及评论等。[④]

西北之声网主编玛丽·卢·富尔顿（Mary Lou Fulton）说：“我们颠覆了传统的新闻模式，我们不再是那种把关人，而是敞开大门，让人们进来。我们是一种更好的社区报纸，数以千计的读者就是报纸的耳目，我们不是什么都依靠少数编辑记者的眼光来过滤。”[⑤] 一位公民媒体网站的编辑凯文·考夫曼（Kevin Kaufman）说，我们在做报纸和媒体时，总是向读者说：“不行，你这篇东西不能在报纸上发表，几代人以来我们都是训练人们成为新闻的（被动）消费者，但是现在，突然之间我们却需要他们成为新闻的参与者。”他说，“关于什么是新闻，什么对民众才是重要的，民众在新闻传播过程中的作用是什么等等，我们的确正置身在一场认识转变当中。”[⑥]

据奈特公民新闻网（Knight Citizen News Network）截至 2010 年 8 月的

---

① David Kirkpatrick：No, Second Life is not overhyped
http://money. cnn. com/2006/11/09/technology/fastforward_secondlife. fortune/index. htm

② David M. Cole：Hyperlocalism
http://www. colepapers. net/0405sa. html

③ 参见 Dan Gillmor：We The Media［M］. O'Reilly Media，2004：142—143.

④ Knight Citizen News Network：Chapter 1：The Big Picture
http://www. kcnn. org/research/citmedia_chapter1_page1/

⑤ Jeromy：Online Trends：Citizen Journalism
http://www. ninthlink. com/wordpress/2009/08/17/online-trends-citizen-journalism/

⑥ Knight Citizen News Network：Hyperlocal Diversity
http://www. kcnn. org/research/citmedia_chapter1_page3/

统计，遍布全美各地的各类公民媒体网站多达859家。[1]（参见图4－7）这些公民媒体网站有多种类型，如由志愿者参与和共享的“社区合作网站”，由训练有素的专业媒体人士为了营利或非营利目的创办的社区网站、连锁式社区网站、博客聚合社区网站，以及由传媒公司或由个人创办的社区网站等。[2] 2006年明传媒集团（Clarity Media Group）创办了考察者网（Examiner. com），起初这个网站只是普通的新闻聚合网站，从2008年开始，考察者网转型为“纯粹的公民新闻网站”（pure citizen journalism），成为公民新闻的“堡垒”。该网站的负责人迈克尔·谢罗德（Michael Sherrod）提出，新的模式是聘用业余考察者去写他们自己的城市。他说，这些考察者是当地的专家，他们有自己的声音、知识和意见。该网站将为这些考察者提供工具、平台和影响力，他们不仅是去报道地方新闻，而且是去营建一个与他人分享热情的社区。网站聘用的考察者不是那种自说自话的博客，而须是某

图4－7　美国公民新闻网分布图[3]

① Knight Citizen News Network：Citizen Media Sites
http://www. kcnn. org/citmedia_sites/full_list
② Knight Citizen News Network：Mapping Citizen Media Models
http://www. kcnn. org/research/citmedia_chapter2_page1/
③ 资料来源：http://www. kcnn. org/citmedia_sites/

一领域的专家，如房地产、餐饮业、养育子女、体育、技术或是商业。[①] 据尼尔森公司 2009 年 8 月的调查数据，该网站独立访客达 756.9 万人，比 2008 年同期增长 342%，在美国 30 家新闻网站中，排名第 21 位。[②]

随着 Web 2.0 和公民新闻的发展已成星火燎原之势，美国传统主流媒体在运作中越来越多地接受和吸纳“公民新闻”的元素。

2006 年 8 月，有全球影响力的 CNN 电视台创办了特别节目《我播报》(iReport)，这个节目允许全球的观众提供有关自身所在城市和社区的突发性新闻图片和视频。[③] 2008 年 2 月，CNN 创建了公民新闻网站我播网（iReport.com）。该网站所有新闻报道均为用户原创，一些好的报道还将被 CNN 采用在电视上播放。2008 年 7 月 25 日，CNN 为我播网量身定做了一档电视节目，名为《我为 CNN 做播报》（iReport For CNN）。这是第一档国际性互动型电视公民新闻节目。该档节目以第一人称的形式报道新闻，每周播报半小时，节目播报节奏快，其报道素材均取自我播网。[④] 截至 2009 年 10 月 16 日 24 点，该网站的注册用户达 35.78 万，报道上传数为 25 万多条，其中近两万条被 CNN 采用。

为增强网站的互动性，我播网还将推特网、脸谱网、掘客网和电子邮件链接程序植入报道末尾，以方便用户分享信息。我播网用户也能通过以上网站登录进该网站。2009 年 9 月 29 日，CNN 又推出 CNN 苹果手机 iPhone 版。下载了相关软件程序的用户，不仅可以直接在 iPhone 上浏览我播网的新报道，还可以直接使用苹果手机将视频、图片或文本发至我播网。[⑤]

我播网最大的特色可以说是“不编辑不过滤”的新闻发布机制——不预先对用户上传的报道作审核、修改，也不限制上传题材，只要用户认为有价值的报道都可以上传。[⑥] 用户上传的图片、视频或文字，在不违反社区规定的前提下，都能被原汁原味地快速呈现出来。由于没作多少限制，我播网对新闻事件尤其是突发事件的反应往往也很灵敏。一个典型的事例是，2009

① Erick Schonfeld：The Examiner.com Now Wants to Become a Bastion of Citizen Journalism
http://www.techcrunch.com/2008/10/22/the-examinercom-now-wants-to-become-a-bastion-of-citizen-journalism/

② Mark Harden：Nielsen：Anschutz's Examiner.com is fastest-growing news website in nation
http://denver.bizjournals.com/denver/stories/2009/09/28/daily25.html

③ http://ireport.cnn.com/about.jspa

④ CNN：iReport for CNN
http://edition.cnn.com/2008/US/05/01/ireport/index.html

⑤ Lila：iReport from your iPhone!
http://www.ireport.com/blogs/ireport-blog/2009/09/29/ireport-from-your-iphone

⑥ iReport：About
http://www.ireport.com/about.jspa

年6月伊朗绿色革命爆发，CNN电视节目反应缓慢，而我播网则反应非常迅速，用户通过我播网和推特网发布了大量的即时新闻。6月13日至18日的伊朗示威活动期间，用户上传的新闻数量是此前6天的3倍多，达到5000条，其中至少1600条发自伊朗。示威事件使得伊朗成为了继美国、加拿大后的第三大我播网公民新闻上传地。这些报道，不但第一时间告知人们有关伊朗示威的现况，也成了许多专业记者进行后续报道的线索来源。①

2009年11月优图网创办了称为“亲身优图”（YouTube Direct）的公民新闻专题频道，优图网与全国公共广播电台（NPR）、政客传媒集团、《哈芬顿邮报》、《旧金山纪事报》以及波士顿的两家电视台等签订了使用协议，帮助这些网站很方便地选用由“公民记者”上载的新闻视频。这个公民新闻频道也可以用于商业性广告。②

《纽约时报》所属的时尚杂志《T》在2009年年底推出具有强烈Web 2.0色彩的新型网站，这家杂志网站的特点是持续不断地更新新闻，刊登来自《纽约时报》的博客内容，并与推特网相整合。③

在新闻教育方面，AOL所属的Patch传媒公司与长岛霍夫斯特拉大学（Hofstra University）共同发起，于2010年9月建立了称为PatchU的新型新闻教育网络，包括密苏里新闻学院和加州伯克利新闻研究生院等在内的美国13家著名新闻院校参与合作。这个网络为各新闻院校的学生提供在各地Patch社区现场实习的机会，了解和参与PatchU的“超级地方新闻”经营模式，通过实习项目，学习运用多媒体技术和包括社交网络在内的新媒体渠道进行地方新闻报道。④

自2000年以来短短十年之间，在美国，Web 2.0和公民新闻运动从无到有，从小到大，百花竞放，无远弗届。越来越多的其他国家和地区也吹起一股清新的公民新闻之风，公民新闻甚至被称为与“第四等级”（新闻界）相媲美的“第五等级”，显示出重要和活跃的力量⑤。

2010年1月12日下午，当海地发生强烈地震时，当地正常通信设施立即中断，内外新闻机构哑然无声，这给国际社会的救援工作带来极大的困

① Adam Ostrow：CNNWin?iReport Gets a Boost from Iran Election Protests
http://mashable.com/2009/06/19/ireport-iran/

② http://www.nytimes.com/2009/11/17/business/media/17youtube.html?_r=2&ref=media

③ http://www.editorandpublisher.com/eandp/news/article_display.jsp?vnu_content_id=1004051086

④ AOL and Patch Launch PatchU, a Media Initiative for Colleges and Universities
http://corp.aol.com/2010/09/21/aol-and-patch-launch-patchu-a-media-initiative-for-colleges-and/

⑤ Sharmila Dhal：Citizen journalism：Debate rages on
http://gulfnews.com/news/gulf/uae/media/citizen-journalism-debate-rages-on-1.626183

难。但少数当地居民仍然能通过手机联网，他们成为最早向世界报告海地震情的“公民记者”。一位名叫卡瑞尔·佩德罗（Carel Pedre）的海地年轻电台工作者，通过手机在推特网上发出 15 张珍贵的现场照片，很快在脸谱网上传开。英国天空新闻电台及其网站（SkyNews）发现这一线索后，立即通过谷歌邮箱以及 Skype 与那位公民记者取得联系，海地人的呼救信号随即传向全世界。其他国际传媒机构也纷纷效法跟进，这些新媒体平台于是成为希望与生命的信息通道。[①] 许多救援组织利用推特网来进行募捐，在地震发生的一周之内，在推特网的红十字会账户上，每天增加 1 万名以上的粉丝。在震情发生之后三天的时间里，红十字会通过网络渠道募得 800 多万美元善款。[②] 在这次巨大的灾难中，来自现场的第一手公民新闻与主流新闻相互交流激荡，为拯救千百万人的性命，起到至关重要的作用。

---

① Emily：Haiti 2.0：A case study in real time news
http://abgv847.portfolios.cutlines.org/2010/01/haiti-2-0-a-case-study-in-real-time-news/

② Tim Leberecht：Twitter grows up in aftermath of Haiti earthquake
http://news.cnet.com/8301-13641_3-10436435-44.html

第3节
新媒体生态学

面对这一场传媒大变革，尤其是Web 2.0和公民新闻的兴起，传统的新闻学和大众传播学中的一些理论显得陈旧过时，已无法充分合理地解释急剧变化的媒体界现实。于是美国报界与学界一些人士先知先觉，洞微知著，提出了一系列新见解和新理论。他们首先意识到并明确提出，由于传播技术的巨大变革，传媒界的整体生态环境和系统正在发生根本的变化。

2001年出版的《新闻学精要》(*The Elements of Journalism*)一书记述了施乐公司首席科学家约翰·希礼·布朗(John Seely Brown)的一段话："在每个人都能在网上成为记者和评论员的时代，'转变为双向的新闻业'，新闻人变成了'论坛坛主'或者是主持人，而不仅仅是教师或者是演说者。受众不再是消费者，而是'制费者'(pro-sumers)——这是一个由消费者(consumer)和制作者(producer)合成的词。"①

2002年4月美国《在线新闻评论》的资深编辑拉斯卡(J. D. Lasica)，撰写了一篇题为《个人日报的承诺》(The Promise of the Daily Me)的论文，该文引用和发挥了尼葛洛庞帝在《数字化生存》一书中提出的"个人日报"(Daily Me)概念，该文说："互联网不是大众媒体，而是为大众的媒体。网络炸毁了从上至下、单向性的统治旧媒体的模式。与此相反，它包含一对一、一对多、多对多的传播方式，而在这种方式中个人稳固地处于中心位置。在互联网上，内容的控制、信息的形成和传递，是在出版人、用户和其他参与者之间往返进行的。用户可以借用记者、编辑和出版人的外衣，创造新形式的个人化内容。"在该文发表时，博客的发展仍处在初始阶段，这篇

① Bill Kovach & Tom Rosenstiel. The Elements of Journalism: What Newspeople Should Know and the Public Should Expect [M]. Three Rivers Press, 2001: 24.

文章也没有使用“公民新闻”的字眼，而是采用了“个性化新闻”（personalized news）的概念，但是该文已经预见到互联网技术变革的根本趋势，与后来出现的公民新闻思想高度吻合。[①]

新媒体生态系统

图4-8 《自媒体：受众如何塑造新闻与信息的未来》封面

2003年7月，前《洛杉矶时报》美术总监、互联网设计师谢因·波曼（Shayne Bowman）与克里斯·威利斯（Chris Willis）合著出版了《自媒体：受众如何塑造新闻与信息的未来》（*We Media: How Audiences Are Shaping the Future of News and Information*）一书。这本受美国新闻研究所的传媒中心委托出版的书，是最早的一本比较系统而简明地阐述公民新闻理念的著作。这本书借鉴了尼葛洛庞帝的“个人日报”的概念，由此引申出“我们日报”（Daily We）的提法[②]，并首次提出了“自媒体”（We Media）的概念，用以表述新兴的参与式公民新闻现象。该书多处使用了“公民记者”（Citizen Journalists）的提法，[③] 却没有直接使用“公民新闻”（Citizen Journalism）这

① J. D. Lasica: The Promise of the Daily Me
http://www.ojr.org/ojr/lasica/1017779142.php

② Shayne Bowman & Chris Willis: We Media, P8

③ 该书是在引述韩国公民新闻网 OhmyNews.com 时，使用“公民记者”的概念的，该书称 OhmyNews 很可能是网络新闻的未来。

个概念，而是采用了与“公民新闻”含义相近的“参与式新闻”（Participatory Journalism）作为其核心概念。该书给出的“参与式新闻”的定义是：“在搜集、报道、分析和传递新闻与信息的过程中，一个或一组公民发挥积极作用的行为。这种参与的目的，是为了提供民主制度所需要的独立的、可靠的、准确的、广泛的和有意义的信息”。[①] 该书还在多处章节中，使用了“用户创造内容”（User Generated Content）、“合作式出版”（Collaborative Publishing）等反映新型传播方式的新概念。

该书共分七章，较全面地论述了参与式新闻发生的社会历史背景，细致地分析了参与式新闻的各种形态的过程和优缺点，探讨了参与式新闻产生的动因和规则，预测了参与式新闻的发展对传媒业的影响，阐述了参与式新闻对媒体和社会的潜在益处，并对新闻界如何应对新兴参与式新闻的发展提出了建议。

该书的重要理论贡献之一，是指出新时代的传媒生态环境正在发生深刻变化。尽管在该书出版之时，“网络社区”尚在萌芽状态，社交网络巨人脸谱网尚未诞生，作者却已经指出：“互联网注定从一开始就会成为一种社群媒体（social medium）——它是公开的，不受管制的，可延展的，不可预知的。和电报的发明一样，它消除了维系社群网络的主要障碍之一：地理因素。”因此，“互联网促使了一个充满活力的社群世界（social universe）的出现，而这个世界是由千百万人的热情所激发的”。[②] 该书引证《信息的社会生活》（*The Social Life of Information*）一书作者的话说，互联网上互相链接的那些文件并不只是承载信息，“它们也促进创造信息，组织信息，激活信息”。更加深刻的是，它们也促进“组织社会，促使社会团体的形成、发展和维持共享的一体感”。这些共享和彼此传递的文件，提供了“有趣的社会凝固剂”。[③]

该书指出：“参与式新闻活动与传统新闻媒体最为明显的差别，是两者制造新闻的结构和组织不同。”进而指出，不同于追求利润的传统媒体，“参与式新闻活动是由形成网络的社区创造的，在这样的社区中，看重对话、合作和平等”。[④] 该书由此明确提出了“演进中的新媒体生态系统”（The New Evolving Media Ecosystem）的概念。在这个新媒体生态系统中，网

---

① Shayne Bowman & Chris Willis: We Media, P10
② Shayne Bowman & Chris Willis: We Media, P17
③ Shayne Bowman & Chris Willis: We Media, P16
④ Shayne Bowman & Chris Willis: We Media, P12

络社区（online communities）对主流媒体所制作的新闻报道进行讨论和加以延伸。这些网络社区同时也制作参与式新闻、草根报道、注释性报道，评论和核查主流媒体报道的事实，从而形成报道线索、来源和报道策划的资源库。①

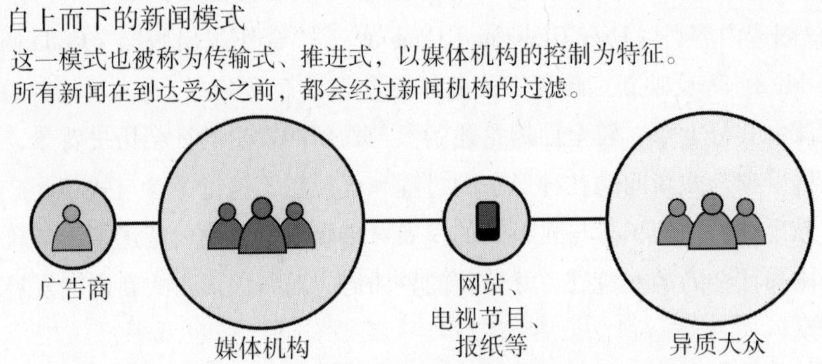

图4－9　自上而下的传统新闻模式②

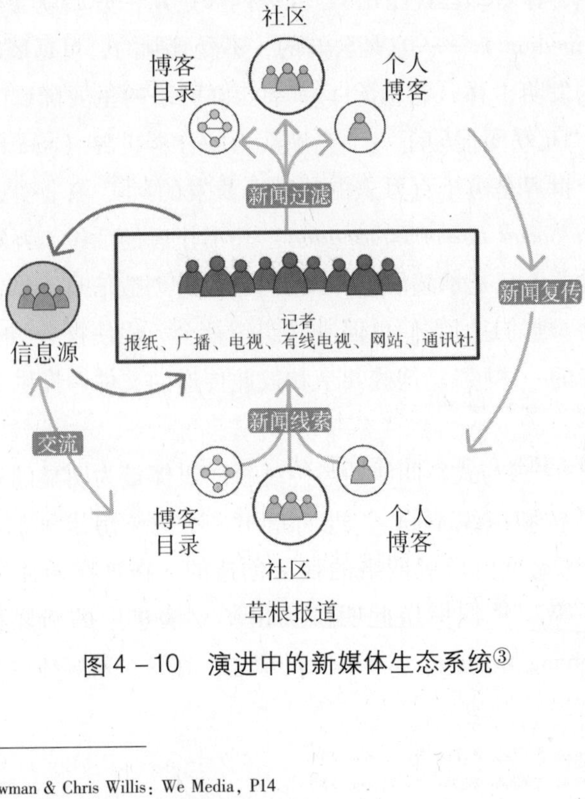

图4－10　演进中的新媒体生态系统③

---

① Shayne Bowman & Chris Willis：We Media，P14
② 图表来源：《自媒体》P10，本图根据原图改制
③ 图表来源：《自媒体》P12，本图根据原图改制

该书认为，互联网的发展轨迹不同于历史上任何一种传统媒体，它将对主流媒体产生重大的影响：一是促进传媒的民主化。《纽约客》20 世纪 30 年代的名记者李伯龄（A. J. Liebling）曾说："只有对那些拥有新闻媒体的人来说，新闻自由才能得到保证。"互联网扫除了以往使用传统媒体费用昂贵的障碍，使千百万人能够"拥有媒体"[①]。二是互联网打破了主流媒体对新闻的垄断，向其特权提出挑战。三是草根网络媒体由于其运作的透明性和私密性，因而增加了信任度和吸引力。四是草根网络媒体成为新的专业知识"专家"和实行舆论监督的"看门狗"。此外网络媒体的发展，正在改变传统媒体的旧有政策与文化。

该书作者还提出了一系列有启发意义的思想和观点。该书说，传统广播和印刷品"组装流水线生产"的性质不利于服务于规模较小和更有目标性的受众，而为他们制作适合的内容。[②] 该书引证《信息规则》一书作者的话，强调了网络（networks）的力量："旧的工业经济是由规模经济学驱动的，新的信息经济是由网络经济学驱动的。"[③] 该书还引用克莱·舍基的观点，称"大众媒体已经死亡"，因为大众媒体的传统经营依赖于两个因素：受众的规模（size）和受众的消极沉默（silence）。[④] 但是这两个受众特征今天都已经改变。该书富有预见性地建议传统媒体重新思考经营模式，一是寻求目标性和个性化的广告途径，二是尝试减少对由广告支撑的经营模式的依赖，而转向订阅和其他内容收费模式。该书作者还指出，根据有关读者和观众情况的即时数据，可以制定随即时市场信息而调整的定价规则，从而取代旧式固定价格。[⑤]

该书鲜明地提出，在网络化的世界里，那些其主要价值基于联结能力的媒体将取胜。[⑥]

该书提出一个公式：联结等于价值（Connections = Value）。并提出媒体应有三种形式的联结：一是持续联结（Continuous Connections）。网站要一天 24 小时，每周七天，全年 365 天，各项内容持续更新。二是网络联结（Network Connections）。无论是在线上还是线下，使内容成为联结平台，而不要让媒体产品成为死信息。三是"互播"联结（Intercast Connections）。

---

① Shayne Bowman & Chris Willis：We Media，P47
② Shayne Bowman & Chris Willis：We Media，P49
③ Shayne Bowman & Chris Willis：We Media，P19
④ Shayne Bowman & Chris Willis：We Media，P50
⑤ Shayne Bowman & Chris Willis：We Media，P 51
⑥ Shayne Bowman & Chris Willis：We Media，P53

一个成功的网站应该是围绕新闻报道支撑社会互动的平台。该书提出的这些富有洞见的思想，为传统报业的数字化转型提供了理论的铺垫。[①]

草根媒体时代来临了

2004年8月丹·吉尔默出版了《草根媒体》（*We the Media*：*Grassroots Journalism by the People*, *for the People*）[②] 一书，该书堪称美国公民新闻理论的经典之作。丹·吉尔默是美国知名科技新闻记者，是前《圣何塞信使报》专栏作家，以报道硅谷互联网兴衰和对新媒体发展持激进观点著称。丹·吉尔默目前在主持亚利桑那州立大学沃尔特克朗凯特新闻与传播学院的奈特中心“数字媒体企业家”项目。[③]

图4－11 《草根媒体》封面

丹·吉尔默对美国高度商业化垄断化的传统主流媒体持有严肃的批评态度，他正是基于这种批判立场而提出公民新闻理论的。他指出，“我绝对地

---

① Shayne Bowman & Chris Willis：We Media，P58

② 书名直译为“自媒体：依靠人民为了人民的草根媒体”，本书采用了中国台湾地区对该书书名的译法。“草根媒体”即指西方文献中的有别于传统主流媒体的“公民媒体（Citizen Media）”，公民新闻作品即指由非专业的网民用户参与和创作的媒体产品。

③ http://dangillmor.com/about/

确信，新闻业的现代结构已经产生了危险的保守主义”，“这会威胁到我们的未来。我们对于变革的抵制——有些源于财务方面的考虑，已经伤害了我们从事的新闻业，并使我们对于未来的现实几乎完全视而不见”。他说：“我们最坏的敌人可能就是我们自己。在今天居统治地位的公司化新闻业，为了短期提高利润而在牺牲质量。这种恶劣的策略最终可能严重损害我们。”贯穿全书的一个基本思想是，由于媒体的垄断化日益严重，在很多情况下，严肃的新闻业以及公众信誉总是成为牺牲品。他认为新一代媒体人特别是公民记者将“填补这个缺口”。①

该书提出的公民新闻理论，也来自作者从事媒体工作的真切观察和实际体验。丹·吉尔默在该书导言中举出亲身经历的一件事，作为“未来新闻”的第一个例证：2002 年 3 月作者参加一次电脑论坛会议，通过无线网络作现场报道，他将电信巨头乔·纳克齐奥（Joe Nacchio）抱怨公司集资困难的讲话写成新闻发上博客。数秒之后，来自佛罗里达州的一位律师布兹·格鲁格曼（Buzz Bruggeman）看到博文，随即向丹·吉尔默发送了雅虎财经的一个网址链接，显示那名电信巨头兑现了超过 2 亿美元的股票，而该公司的股价却同时在大幅下跌。丹·吉尔默马上将这则信息写进博客，于是在会场的在线听众中迅速传开，遂使那名电信巨头当场颜面尽失。这个经历给丹·吉尔默带来了深刻的感悟：像这样的律师网友，过去只是新闻受众中的一员，现在却成为新闻报道过程的一部分，他作为一名有知识善思考的公民记者，及时协助完成新闻工作。书中写道，布兹·格鲁格曼这样的人，“不再只是新闻的消费者，也是一个新闻的生产者。他正在制作新闻”。②

丹·吉尔默以敏锐的洞察力、深邃的历史感以及高度的专业精神，密切观察互联网和新媒体的发展，对公民新闻现象进行了全面的分析和深入的理论阐述。该书共分 12 章，首先分析了不同形态的网络新媒体，随后分别从“新闻制造者”（Newsmakers，指政府、企业、名人等）的行为规则、竞选、专业媒体工作者的作用、受众参与以及法律问题等多重角度，结合大量实例探讨网络新媒体的革命性影响。

---

① Dan Gillmor：We the Media：introduction［M］. O'Reilly Media，2004：12.

② Dan Gillmor：We The Media：Introduction［M］. O'Reilly Media，2004：12. http://www.authorama.com/we-the-media-1.html

该书首次使用了“公民新闻”（Citizen Journalism）的概念[①]，同时使用了“公民记者”（Citizen Journalists/Citizen Reporters）、“新媒体”（New Media）、“草根新闻”（Grassroots Journalism）和“个人新闻”（Personal Journalism）等用语。从该书可以看出，丹·吉尔默的公民新闻思想从韩国公民新闻网OhmyNews受到深刻启发。他十分赞赏OhmyNews的创举，引用OhmyNews的主编吴连镐的话说：“新闻人并不是某种稀有物种，他们就是每个人，他们寻找、观察新的发展，然后写下来与他人共享。”吉尔默接下来写道：“世界上正在发生什么事情？一个多方向和数字化传播的时代正在来临，受众可以成为整个传播过程的组成部分。”[②]

作者表明，该书的宗旨是讨论“新闻业从20世纪的大众传播结构向某种更加草根性和民主化的方向转型”。作者说，“这也是一个现代革命的历程，因为技术已将一系列传播手段交给我们，可以使任何人变成一个记者，只需要低微的成本，在理论上却可以传向全世界。而在此之前，这样的事情是极不可能的”。[③]他指出，“在历史上第一次，至少是在发达国家，拥有电脑和连线的任何人都拥有一个媒体。正像任何人都可以制作新闻”。[④]

吉尔默对新媒体性质作了深刻的解释。例如，在论及当时刚出现不久的博客传播方式时，他说：“多对多，少对少。博客这种媒体是两者兼得，而且无所不包的。博客和它们的生态系统向电邮和网络之间的区域扩展，正好可能成为传播链中缺失的一个环节。迄今为止，它们最接近于人们最初所期望于网络的‘可读—可写’的方式。它们是第一个使网上出版变得容易或至少是比较容易的工具。”[⑤]

吉尔默生动地比喻说，在新媒体时代，由于信息浪潮来自丰富的海洋而不是海岸边的小水塘，因而新闻制作者已不像以往那样容易控制信息，新闻传播的一些规则就此发生改变，他说：“在公共生活领域，必须至少面对三项新规则：一是各种‘圈外人’可以更深入地探究新闻制作者的自家事务，圈外人可以把知道的信息更多更快地传播。而且组织志同道合者支持或反对一个人或一项事业，从未变得如此简单。草根传播者成为阵容强大的‘求

---

① 见该书导言部分，原句为：“Today, citizen journalism is mostly the province of what my friend and former newspaper editor Tom Stites calls a rather narrow and very privileged slice of the polity—those who are educated enough to take part in the wired conversation, who have the technical skills, and who are affluent enough to have the time and equipment.”

② Dan Gillmor: We the Media: introduction [M]. O'Reilly Media, 2004: 110—111.

③ Dan Gillmor: We the Media: introduction [M]. O'Reilly Media, 2004.

④ Dan Gillmor: We the Media [M]. O'Reilly Media, 2004: 24.

⑤ Dan Gillmor: We the Media [M]. O'Reilly Media, 2004: 28.

实’团队（Truth Squad）。二是‘圈内人’成为对话的一环。信息不再只是泄露，而是通过即时短信、电邮和电话，穿过防火墙和其他障碍喷涌出来。三是一旦信息喷流而出，就有了自己的生命力，即使它甚至可能是不真实的。”①

作者用精辟的语言阐述了公民新闻的原理。他说：“读者（观众、听众）聚合在一起，比专业媒体人员知道得更多。”“他们是‘多’，我们通常只是‘一’。”② 针对一些人批评博客是“废话”，他为博客辩护说，重要的是这样一个事实：“人们拥有了发言权。这是长期以来传媒发展最健康的现象之一”，“我们正在听到新的声音”。他说，虽然许多博客的内容只是作者自己加上一些亲友感兴趣，但是并不能因此贬低这种交流的价值。他预见到“专业博客”出现的重要性，他说，更令人兴奋的是，越来越多的博客是由在某个领域拥有专业知识的作者写的，这一点非常关键。他认为在这方面博客可以比专业媒体人做得更好。他说：“博客可以成为公民联结的行为。”③

吉尔默还特别指出目前新闻教育因循守旧的弊病，强调新闻教育必须适应新时代的变化，他指出“互动性的网络报道和网络编辑正在变成新闻学院课程中的主题”。他说，新闻学院是新闻媒体新员工的主要来源，“我们不能允许新闻学院培养出新一代的记者、编辑、摄影师和广播员，他们却不理解不重视这个行业已经发生了怎样的变革”。④ 他借用纽约大学著名新闻学教授杰伊·罗森（Jay Rosen）的话说，新型的新闻教育应该像耶鲁大学的戏剧学院那样，一半是研究戏剧，使学生将来成为演员或导演；另一半是“耶鲁剧场”，制作轮番演出的剧目。⑤ 此外吉尔默强调新闻教育必须是互动式的，新闻学院必须使学生理解什么是真正的互动性，而这正是媒体与受众对话的基础。⑥

公民新闻的本质

自由撰稿人马克·格莱瑟（Mark Glaser）提出的定义，简明扼要地说明了丹·吉尔默等提出的公民新闻的基本内涵：

---

① Dan Gillmor：We the Media［M］. O'Reilly Media，2004：46.
② Dan Gillmor：We the Media［M］. O'Reilly Media，2004：111.
③ Dan Gillmor：We the Media［M］. O'Reilly Media，2004：139.
④ Dan Gillmor：We the Media［M］. O'Reilly Media，2004：131.
⑤ Dan Gillmor：We the Media［M］. O'Reilly Media，2004：132.
⑥ Dan Gillmor：We the Media［M］. O'Reilly Media，2004：132.

“公民新闻所依循的理念是：没有新闻专业培训的人们可以使用现代技术和全球传播的互联网，自己动手或与他人合作，来创造媒体，参与媒体或者查证事实”。①

正如前文所指出的，公民新闻运动源于公众新闻运动的发展，两者的前后出现，都是西方传统主流媒体发生信誉危机的产物，都是对传统媒体职业理念和运作手法的修正与改革，两者都强调返璞归真，在新闻传播过程中体现民众的民主权益，从而回归传媒作为社会公器，反映民意，服务于民主制度的本义。② 英国《卫报》主编阿兰·拉斯布里杰（Alan Rusbridger）指出：“今天的社会正在发生一种不可逆转的潮流，这种潮流正与报纸产业的起源一脉相承。”在他看来，“数字化潮流”只是一种简略的说法，“这个潮流是关乎人民如何自我表达，社会如何选择组织自己；关乎新的思想与信息的民主，释放个人的创造性；关乎能够听取以往听不到的声音，尊重以及吸纳他人的观点”。③

公众新闻与公民新闻两者的差别在于：前者是在传统主流媒体原有的技术环境和运作方式下进行的，后者则是在21世纪新媒体技术革命基础之上，特别是基于Web 2.0所产生的概念。公众新闻是专业传媒人进行的自我改良，公民新闻的主体则扩展到“参众”——以往被动的受众成为新闻内容的创造者和发布者。公众新闻是主流媒体传统新闻方式的调整和延续，而公民新闻运动则反映出草根媒体的兴起。公民新闻运动的影响力不在于提出“人人都是记者”这类理想主义的口号，而是促进了单向性的传统大众传播过程的深刻改变，以及推动了传媒整体生态系统与环境的本质性变革。

当然，这种变革并不意味着放弃客观公正等新闻业赖以生存的一系列专业理念和服务公众与社会的基本宗旨。2001年出版的《新闻学精要》一书指出，互联网时代的“高科技互动正是重新创造出对话方式，正像400年前在公共会议室和咖啡厅所出现的原始新闻业一样。从这种观点来看，在数字时代，新闻业的功能在根本上并没有改变。技术可能是不同了，但是所遵循的原则还是一样的”。④

---

① Mark Glaser：Your Guide to Citizen Journalism
http://www.pbs.org/mediashift/2006/09/your-guide-to-citizen-journalism270.html

② 参见本章第1节。

③ Jeff Jarvis：Rusbridger v. Walls
http://www.buzzmachine.com/2010/01/26/rusbridger-v-walls/

④ Bill Kovach & Tom Rosenstiel. The Elements of Journalism：What Newseople Shonld know and the Pablw shonld Expect [M]. Three Rivers Press，2001：25.

新闻就是对话　用户就是作者

对于传媒生态正在发生的变革，纽约大学教授杰伊·罗森提出一种“粉碎化”理论，以解释为什么互联网会削弱传统新闻界在政治上的权威性。他说，在大众传媒时代，新闻界能够比较容易地限定政治“争议的合法区域”（sphere of legitimate debate）①，因为处于信息接收者地位的民众是被“粉碎化”（atomized）的，也就是说他们是通过和依赖权威媒体来取得联系的，而不是彼此横向联络。杰伊·罗森说，“现在我们可以看出为什么博客和互联网在政治新闻方面变得如此重要”，“今天我们的世界上最重大的变化之一是，志同道合的人们彼此通过网络建立联系，互通信息，同声相应，了解自己的力量，而这种成本越来越低”。他们可以不再依赖新闻界来确定“争议的合法区域”。当人们可以围绕新闻横向联结的时候，新闻界的权威性就降低了。杰伊·罗森将这种现象称为“受众粉碎化的去除”（audience atomization overcome）。②

《经济学人》科技记者安德雷斯·克鲁斯（Andreas Kluth）也在2006年指出，在未来的参与的时代，信息不再是单向地从一家媒体公司向受众传递，而是在受众之间互相传递。内容的创造者和消费者之间的区别起初变得模糊了，然后将完全消失。传媒不再是一种说教或演讲，而变成受众之间的交谈。③ 他说，大众传媒的时代正在让位给个人和参与式媒体时代，这将深远地改变媒体产业和整个社会。他引证皮尤研究所2005年10月“互联网与生活”项目的调查结果说，57%的美国青少年在网上创造内容——从文字到图片，从音乐到视频。他说，传统的媒体产业的经营模式是建立在聚合大量消极的受众的基础上的，同时让他们在广告播出时间处于被控制状态。而在新媒体时代，受众有时也是人数很多的，但经常则是小规模的，通常只有很少的人。不再是几个财力雄厚的传媒大亨互相争夺受众，而是一些小型的媒体公司或个人互相竞争或协作。其中有营利型的，也有非营利型的，而后

---

① “争议的合法区域”是指新闻界人士认为是真实的、标准的、日常的地带。

② Jay Rosen：Audience Atomization Overcome：Why the Net Erodes the Authority of the Press http://www.huffingtonpost.com/jay-rosen/audience-atomization-over_b_157807.html

③ The Economist：Author interview http://www.economist.com/surveys/displaystory.cfm?story_id=6819704

者是为了声誉和其他目的的。[1]

哈佛大学尼曼学者凯蒂·金（Katie King）在2008年冬季号《尼曼报告》中发表了题为《新闻就是对话》的文章，该文观点鲜明地说："争论已经结束。手写的《圣经》，马拉的车，还有呼机：少量还存在，但大多数已被更新的技术所取代。出版人的垄断也是这样。专业新闻人不再控制信息。今天数字出版已由大众所实践，已无法与新闻业实务相分离。新闻采集和发送方式永远改变了，受众成为变化过程的一部分。"凯蒂·金写道，"现在的现实是，一些博客富有热忱和专业知识，最好的专职记者甚至也难以匹敌"，"网络的力量迫使任何数字写手'透明化'。如果你撒谎、造假、出错，其他人就会注意到并指出你的毛病"。该文还说，利用"众包"（Crowdsourcing）的方法并不意味着可以取代传统新闻专业人员，他们的工作是采访，核查确认事实，以及向公众提供需要了解的重要信息，但现在已不是只有传统新闻人才能胜任这些工作。作者指出，现在包括她本人在内的很多编辑在招聘年轻记者的时候，都要考虑应聘者有没有自己的博客或者某种社交网址，以显示他们在报道、写作，使用多媒体，与读者互动特别是思维方面的能力。她满怀激情地说，"我们现在都是博客，我们都在参与传媒的革命"，"在我看来，这场革命可以被看作是启蒙运动的下一个阶段，它把出版和传播的手段交到大众手中，而不再是少数人以传统方式控制媒体"。她还指出："任何革命都会有人付出代价。印刷机的发明曾经使很多擅长于手抄昂贵《圣经》的僧人失去工作。虽然一种特殊技能失去了或边缘化了，而与此相交换，我们实实在在得到的，是知识百花齐放，普及大众教育，以及为民主制度成长繁荣创造出的丰富土壤。"[2]

皮尤研究中心"卓越新闻"项目（Project for Excellent in Journalism）主任汤姆·罗森斯蒂尔（Tom Rosenstiel）2009年9月在南加州大学的演讲中指出，由于网络的发展，"如果你想成为一个《洛杉矶时报》出色的新闻工作者，你不再需要在《洛杉矶时报》工作"。他说，在新的传媒模式中，谁能把自己创作的作品加入信息激流中去，谁就是最成功的新闻人。专业媒体工作者已经失去了唯一"把关人"的地位，"可能我们还有一个门在那里，但是两边的围墙已经倒塌了"。汤姆·罗森斯蒂尔把专业新闻人充当"把关

---

① The Economist：Among the audience
http://www.economist.com/surveys/displaystory.cfm?STORY_ID=6794156

② Katie King：Journalism as a Conversation
http://www.nieman.harvard.edu/reportsitem.aspx?id=100670

人”角色的新闻时代称为“相信我”（Trust Me）时代，他说这个时代已经被新的“给我看”（Show Me）时代所取代。在新的时代，新闻人的角色是“受命观察者”，要承担做受众耳目喉舌的职责，要接受民众的要求，公开表明信息的来源和证明其合法性。①

什么是未来的传媒公司呢？雅虎前执行官特里·塞梅尔（Terry Semel）认为，互联网比20世纪电视问世所带来的变化大得多。他宣称：“在过去我们成长的年代，都是由别人来制作节目，现在用户就是节目制作者。”他相信，雅虎向用户开放，这样建立的信誉，可以使用户反过来对雅虎有“更深的联结”，用户花费更多的时间在雅虎读新闻、写博客、写电邮等，雅虎就可以为他们提供更多更好的广告信息。他还说，与电视等大众传媒不同，互联网并不需要“轰动效应”（hits），小规模的受众群对于广告商来说也很好，甚至更好。他说，所以雅虎很乐于将专业的内容与用户创造的内容结合起来，而不管这些潜在的受众群有多么小。而在总体发展方向上，雅虎将包含更多用户创造的内容。②

那么，为什么报纸应该支持使用“公民制作的内容”呢？两位互联网编辑莱·多勒斯盖（Lea Donosky）和雷·伯瑞斯（Leigh Behrens）提出了五项理由：

第一，因为它是社区生活的真实反映；第二，因为它为媒体专业人员提供了新鲜的报道思路；第三，因为它允许报纸去与之竞争；第四，因为它可以扩大资源，增加收入；第五，因为别无选择。“无论你是否参加，对话都将发生”。③

---

① Lara Levin：Rosenstiel dissects “State of the News Media 2009” at Annenberg event
http://annenberg.usc.edu/News%20and%20Events/News/090903Rosenstiel.aspx

② The Economist：The gazillion-dollar question
http://www.economist.com/surveys/displaystory.cfm?story_id=6794282

③ Carla T. Savalli：Newsroom of the Future，P21
http://www.spokesmanreview.com/media/pdf/010407_sr_newsroom_report.pdf

第 4 节

传播模式的三重转变

经典传播学理论中的核心问题之一，是研究传者与受传者的关系，传播效果研究是建立在传者与受传者的特定关系的模式之上的。众所周知，在早期的传播学理论中，拉斯韦尔的传播流程五因素模式以及香农和韦佛的数学信息传播模式，都是直线型和单向性的，受传者只被看作是信息的接收者或者是目的地。[①] 德夫勒在 1970 年提出的大众传播模式中，增加了信息反馈机制，这在传播学研究史上是一项十分重要的理论贡献。[②] 不过，即使增加了反馈因素，当时大多数的传播流程模式依然是以媒体为中心的，换句话说，媒体始终被视为信息的控制者，只是为了提高传播效果，需要根据受传者的反馈进行调整，以研究改善传播的技术和方法，以便更准确有效地传递信息的含义。奥斯古德和施拉姆在 1954 年提出了传播的环状模式，描述了传者与受传者之间的平等关系。但当时认为，这个模式只适合人际传播关系，并不适用于大众传播过程。[③]

随着电子媒介的发展和人类开始进入信息社会，荷兰的两位电信专家布威克（Bordewijk）和坎姆（Kaam）在 20 世纪 80 年代观察到电子通信技术互动性功能的潜力，于是将社会基本传播过程概括为训谕式（Aallocution Pattern）、对话式（Conversation Pattern）、咨询式（Consultation Pattern）以及注册式（Registration Pattern）四种模式。虽然当时互联网尚未问世，两位

---

① Denis McQuail & Sven Windahl：Communication Models，For the Study of Mass Communication［M］. Longman Publishing Group，1995：16—17.

② Denis McQuail & Sven Windahl. Communication Models，For the Study of Mass Communication［M］. Longman Publishing Group，1995：18—19.

③ Denis McQuail & Sven Windahl. Communication Models，For the Study of Mass Communication［M］. Longman Publishing Group，1995：19—20.

学者却独具慧眼，他们提出的后三种模式，都与行将到来的新媒体时代传播方式不谋而合，而与“媒体为中心，受众在边缘”的传统训谕式大众传播模式明显不同。

对话式是指“在一种传播网络中，用户个人彼此直接互动，而不通过媒体中心或中介，在对话方式中用户自己选择对象、时间、地点和题目”，这种模式的中心通常也还是存在的，虽然不起积极和首发的作用——今天的电子邮件、BBS、网络社区等传播方式大致与这种模式相吻合。

咨询式是指信息用户个人“在信息存贮中心寻找信息”的情况，这个模式的鲜明特点是，时间、地点和搜寻的主题都是由用户决定的，而不是由传者决定的——咨询式与今天的互联网用户使用搜索引擎的情况基本相符。

注册式是指媒体中心向处于周边的参众索取信息——现在网站多种类型的用户服务都采取注册式，网站通过注册程序，获取大量的用户信息。①

由于时代的限制，布威克和坎姆所提出的信息社会四种传播模式，不可能涵盖互联网和新媒体时代丰富的新型传播形态与特征。但是，他们提出的信息社会的四种基本模式，今天可以给我们重要的理论启发。

自人类进入信息社会以来，信息传播的生态系统和总体环境已经出现显著的变化。在自然界中，当生态系统保持基本平衡的时候，生物个体的生存、繁衍和发展，取决于个体自身的遗传因子、性态、体质等，但当外界环境和生态系统发生大规模灾异或变迁时，如果生物个体或群落不能适应，便会出现生态失衡，大批生物个体乃至种群就可能难以生存，甚至完全灭绝。在这种情况下，无论生物个体是健康还是病弱，种群是繁茂还是疏落，都将面临能否持续生存的威胁。正如在侏罗纪时代，最终导致恐龙一族彻底灭绝的原因，可能是由于气候骤变、水源枯竭或食物链断裂，而不是某一只或一群恐龙自身是否聪明强壮或迟钝羸弱。同样地，传媒生态环境的变化，也不仅会影响一家媒体或传媒集团的经营状况，而且可能关系到整个传媒产业的兴衰存亡。所以当传媒生态发生重大变化的时候，我们可以观察到一些怪异现象，如一家曾经很有权威的报纸只是在名义上保有相当大的发行量，实际上却已经没有多少忠实的读者，又如曾经十分流行的一家期刊，会忽然之间收支失衡而破产倒闭。

传媒生态环境变化的基本动因是由于传媒技术的革命。从基本传播过程

---

① Denis McQuail & Sven Windahl. Communication Models, For the Study of Mass Communication［M］. Longman Publishing Group, 1995：205—208.

来看，正是网络技术具有的互动性潜力，完全改变了传者与受传者之间的相互关系。

本书认为，在 Web 2.0 和公民新闻潮流的冲击下，传统大众传播模式中传者与受传者的关系方面，正在出现三重深刻的转变：

第一重转变是传统的集中控制式的大众传播正在转变为参与式（participatory）传播方式，即“在搜集、报道、分析和传递新闻与信息的过程中，一个或一组公民发挥积极作用的行为”。① 从这个定义可以看出，参与式传播反映出在新时代中，参众的地位和作用变了，他们具备自主性和创造性，不再只是消极地消费主流媒体的内容。公民参与的程度和形式可以是多种多样的，如维客、掘客等新媒体形式被视为对传统大众传播方式的颠覆，而更多的受众参与形式是对大众主流媒体的辅助和改良。参与式传播既可以完全是 UGC（用户创造内容），也可以依然是以媒体为主导的。例如，电视台在制作节目时邀请普通观众现场参加，在播出时请观众发短信现场与节目主持互动等，也是参与式传播的一种形式。新闻网站上允许网友对新闻发表评论以及网友自建博客，也是参与式传播。

第二重转变是新型的协议式（agreement）传播的出现。协议可以视为一种广义的契约（contract）。根据《大英百科全书》的注释，契约“就是双方或多方之间达成的一种协议，为各方所创造一种责任去完成某件事（如按照一定的价格和具体的日程提供某种产品），或者是不做某些事（如向第三方泄露雇主的商业机密或财务状况）”。② 协议式传播是传者与用户之间的一种契约型的传播关系，表明传者与用户之间关系的性质，是建立在一定规则基础上的自愿、对等、相对紧固和有约束力的关系。例如，当一个用户选择某网站注册自己的电子邮箱时，就意味着承认接受该网站规定的相关条款，同时该网站也必须保证对注册用户提供所承诺的服务。通常这种协议应该是符合法律要求的。许多新媒体网站，如脸谱网、第二人生、维基新闻等，都通过协议（注册）方式，赋予和承认用户的内容创造权甚至独立经营权。

事实上契约式传播古已有之。早期的大众传媒——报纸是依靠订阅的，报纸与订户本身的关系是一种契约关系。但是这种传统的传播契约本质上是不对等的契约：报纸的内容、刊印时间、发送方式等都是由报社决定的，读

① Shayne Bowman & Chris Willis: We Media, P10

② http://encyclopedia2.thefreedictionary.com/Binding + agreement

者可以作出的选择只是订还是不订。而由于信息的稀缺，在传统报业居绝对主导地位的年代里，当时报纸几乎是大众获取新闻信息的唯一渠道，不订报纸实际上等于自愿放弃获得新闻和信息产品的权利。随着大众化报纸的出现，大量的街头零售成为主要销售方式，报社与读者之间的关系开始变得松散化了。除非进行专门调查，一般报社无从直接了解街头报摊的买报者是何许人，以及读者为什么要买这份报或那份报。进入电子媒体时代之后，听众和观众的“粉碎化”程度更甚于报纸。除非是有线电视的订户，听众观众与广播电台和电视台之间没有任何协议关系。在大众传媒机构看来，读者、听众和观众基本上是没有个性的，只是代表发行量、收听率、收看率的一系列抽象的数字。例如，电视台很少关心也很少知道究竟是哪几位先生或女士正在收看某一个节目，以及他们有何评论，电视台只关心有多少观众在收看这个节目。

互联网时代协议式传播的出现，表明传者与用户之间建立关系的方式变化了，建立协议意味着确认双方的交易关系以及相应的承诺、权利、责任和义务。在这里，树立和维护媒体的信誉，也就成为协议式传播活动有效性的基础和核心价值，协议式传播同时也要求用户作为公民和消费者所需要遵守的相应规则与承担相应的责任，因此协议式传播也是对互联网变革初期带来的“信息无政府状态”必要的纠正、规范与制约。协议式传播也可以看作是对参与式传播的提升与补充。

此外，随着 Web 2.0 的普及与应用，原来的受众本身的组合关系和联结方式也发生了变化，从而诞生了社交网络系统（Social Network Services，简称 SNS）。这就是传播模式的第三重转变，即网络社区式（Online Community）传播。

网络社区又称为虚拟社区（Virtual Community）。《虚拟社区》一书的作者、互联网专家霍华德·莱因格尔德（Howard Rheingold）最早提出“虚拟社区”的概念及其定义：“虚拟社区是从电脑网络中呈现的一种社会聚合，在这种聚合中，足够多的人，以充分的人类情感，进行足够长时间的公众讨论，从而在网络空间中形成个人之间的关系网。”① 最早的网络社区可以追溯到伊利诺伊大学于上世纪60—70 年代所创建的“程序化逻辑自动教学操作系统”（PLATO），70 年代末的杜克大学建立的用户网（USERNET），以及 1985 年创办的全球电子连接网（Whole Earth’ Lectronic Link，简称

① Howard Rheingold：The Virtual Community，Introduction

WELL）等。《虚拟社区》作者霍华德·莱因格尔德曾经深度参与了WELL的研究和学术活动，该社区网1985年创办时只有数百名成员，1993年增加到8000人。[①] 进入新世纪以后，脸谱网、我的空间、推特网等成为社交网络中最流行的网站，拥有数以亿计的网络社区注册用户。

自有人类社会出现以来就存在“社区传播”。亲身接触，口耳相传，是早期人类社会主要的信息传播方式。在人际传播的环境下，物以类聚，人以群分，任何时代都不乏街谈巷议，即现实社区中的成员不借助第三方媒体而彼此直接沟通对话。按照麦克卢汉关于媒体是人的延伸的理论，如今脸谱网与推特网在性质上可以看作是现实社区传播在网络上的延伸。在大众传媒出现之前，社区传播的覆盖面主要限于个人亲身接触的地理范围。而进入大众传播时代，大众传媒占据了信息中心的统治地位，社区传播退居传播过程的末端和边缘。在传播效果研究中，卡茨和拉扎斯菲尔德所提出的“两级传播理论”，发现了人际传播的重要作用，指出受众不是孤立的个人，而是处在彼此互动的社会群体当中的，其中“舆论领袖”起着主导作用。[②] 根据这种理论，在大众传播时代，受众个人在信息流程中，未必会直接接受媒体的导向，但无论如何，直到互联网出现之前，普通受众毕竟不可能操控和运用媒体，因此受众在传播过程中基本上还是被动和彼此分散的。

在新媒体时代，以脸谱网、推特网为代表的社交网络系统，建立了在诸多方面超越传统主流媒体的即时传播网络平台，创建和形成了规模空前的新兴网络化社区，从而改变了以往现实人际社区在社会信息流程中的边缘地位。网络社区式传播不是面对面的人际传播，是借助电脑化网络系统形成的，由于它具有超越空间和地理局限的性质，因此它与现实人际社区有所交叉而并不重叠，可以形成不同规模与类型的新型“虚拟社群”（Virtual Groups）。与现实社区相比，通常虚拟社群成员之间的相互关系是相对松散而不稳定的。但另一方面，与大众传媒的受众群相比，网络虚拟社群在总体上规模更大，成员忠诚度较高，围绕一定的主题彼此之间的互动更加频繁而密切。网络社区的最大特点之一，是其功能选项，议题设置，内容制作，传播活动的时效、地点和操作方式等均不依赖传统大众传媒，而主要是由网民用户自主决定的。在一定的情形下，网络社区可以成为流量密集的信息传播

---

① Howard Rheingold：The Virtual Community
http://www.rheingold.com/vc/book/intro.html

② Denis McQuail & Sven Windahl. Communication Models, For the Study of Mass Communication [M]. Longman Publishing Group, 1995: 62.

主平台，传统主流媒体反而可能被边缘化。

据2009年11月的一项调查统计，《纽约时报》的读者一个月阅读该网站新闻平均只有17分17秒，而在2008年这个数字为36分32秒。所有美国报纸网站平均一个月的读者阅读时间仅为4分4秒。而脸谱网的用户每一天使用该网站的平均时间是25分钟。英国《卫报》专栏作家彼得·普雷斯顿（Peter Preston）就此评论说，从这些数据可以得出结论："来自报纸的传统式新闻已没有吸引读者的魔力。"①

另一项调查显示，社交网络对年轻一代甚至成年人有越来越强的吸引力。在美国青少年网民中，2006年11月加入社交网络的占55%，2008年2月增加到65%，而2009年则为73%。成年网民使用社交网络者的比例，也从2008年11月的37%增加到2009年的47%。其中30岁以下的成年网民使用社交网络的比重与青少年不相上下（72%）。在使用社交网络的成年人中73%使用脸谱网。②

随着互联网和移动网络的普及，网民用户使用媒体的行为和习惯正在发生显著的变化。皮尤研究中心卓越新闻研究所2010年进行的一项调查得出结论说：互联网和手机的使用，已经使新闻变成一种社群式体验（Social Experience）。该报告指出有两项影响新闻消费行为的明显变化趋势：

——网民用户利用社交网络和博客以新的方式选择、评价新闻和对新闻作出反应。该项调查表明，75%消费新闻的网民说，他们通过电邮递送和社交网站的帖子来了解新闻，52%的人说他们通过上述方式与他人分享新闻链接，37%的互联网用户上载新闻、添加评论或在社交网站转发信息。

——网民使用智能手机连接上网，对于一部分热衷追逐新闻的人来说，新闻的采集和知晓已经变成随时随地随手可做的事情。约80%的美国成年人拥有手机，其中33%的手机用户通过手机阅读新闻。

该报告还显示，新闻已经个性化，尼葛洛庞帝当年所预见的"个人日报"已初具形态。28%的互联网用户定制他们的主页，40%的网民用户说，新闻网站的一项重要特征就是具有定制新闻的功能，还有36%的网民认为，新闻网

---

① Peter Preston：The media's future is written not in gloom and doom，but shades of grey http://www.guardian.co.uk/media/2010/jan/03/peter-preston-newspapers-internet-media-future，另据脸谱网的统计数字，用户每一天使用该网站的平均时间超过55分钟。

② Amanda Lenhart & Kristen Purcell & Aaron Smith & Kathryn Zickuhr：Social Media and Young Adults http://pewinternet.org/Reports/2010/Social-Media-and-Young-Adults/Summary-of-Findings.aspx?r=1

站应该具备让用户操控图片、地图等内容的功能。①

传统媒体人士同样受到社交媒体发展的显著影响。一项由美国政治管理研究生院（GSPM）2009年9—10月进行的一项全美调查发现，在被调查的371名报纸和网络人士中，56%的人说社交媒体对于报道和制作新闻来说是重要或是比较重要的，在使用社交媒体的人员中，89%的人运用博客作网上研究。还有很多人通过网络媒体征求专家意见、搜集引语、征集报道选题、寻找新闻联系人以及查证事实。同时主流媒体人士对社交媒体仍持谨慎的态度，其中84%的人认为社交网络传递的新闻与主流媒体新闻相比不太可靠或很不可靠。但是64%的专业媒体人说，他们使用博客发表文章，60%的人使用社交网络，57%的人使用推特网。②

网络社区是人类社会史上新兴的社会结构形式，霍华德·莱因格尔德在《虚拟社区》一书中指出："大多数从传统媒体获取新闻的人还没有意识到，在过去的十年里，在世界上的电脑网络中，已经演化出目不暇接的新型文化。大多数没有使用过这些新媒体的人还不知道，今天通过电脑网络进行的社会、政治和科学领域的实验，正在何等深刻地改变我们在不远将来的生活。"他还强调指出，使虚拟社区成为可能的新技术具有一种潜力，可以以低廉的成本，给普通公民提供智力、社会和商业的杠杆以及最重要的政治杠杆。但是技术本身并不能自动实现这种潜力，这种技术潜能必须由充分知情的全体人民理智和慎重地运用。③

以上这些新型的传播方式——参与、协议、社区式传播，成为传统报社向数字化转型中富有潜力的趋势。参与式的传播方式不一定同时是社区式或是协议式的；协议式传播一定是参与式的，但也不一定是社区式的；但是社区式的传播则一定同时是参与式的和协议式的。在这个意义上，社区式传播由于影响面广、用户联结度高，因而是最稳固的新型传播方式之一。这种新型的传播方式也为创造新的经营模式提供了现实的可能。④

在单向性的大众传播时代，传者通过操控媒体、内容把关、调节传输方式、征求受众反馈等，来达到增强传播效果的目的。受传者对大众媒体信息

---

① Pew Research Center：How cell phones，Internet have turned news into a social experience http://www.journalism.org/analysis_report/understanding_participatory_news_consumer

② Kara Dunford：GSPM study：Journalists increasingly utilize social media sites http://media.www.gwhatchet.com/media/storage/paper332/news/2010/02/04/News/Gspm-Study.Journalists.Increasingly.Utilize.Social.Media.Sites-3864656.shtml

③ Howard Rheingold：The Virtual Community http://www.rheingold.com/vc/book/intro.html

④ 参见本章第1节有关脸谱网的资料。

的选项只能是：全盘接受或有选择地接受，即使不接受也只能是保持沉默。但是在新媒体时代，由于参与、协议、社区式传播应运而生，参众成为更加活跃的力量，媒体和参众的关系重新变得紧密起来了，在越来越大的程度上，媒体与参众双方建立起即时互动的平等对话关系。如今传媒界的紧迫问题已不是媒体对受众能够达到什么样的传播效果，而是媒体究竟如何吸引原来的受众的注意力才能维持自身生存。

因此，在截然不同的新媒体传播生态环境下，传统大众传播学中关于传播效果的一些理论，已经显得不合实际，或者过时失效了。例如，议程设置理论认为，大众媒体虽然无法决定受众的观点和态度是怎样的，却可以设定他们思考谈论的话题是什么。但在新媒体时代，参众创造的内容却常常成为真正设置议程的主导力量，主流媒体却可能反而被边缘化。沉默的螺旋理论假定受众在主流媒体的强势舆论压力下，会倾向于放弃表达不同意见而保持沉默。但是在草根媒体日益活跃的舆论环境里，社会的心理机制正在发生改变，在强势主流媒体的信息垄断被打破以后，沉默的螺旋也将不复存在。而奥斯古德和施拉姆在上世纪50年代提出传播的环状对话模式，在新媒体技术条件下可被赋予新的含义，重新变得贴切有效。

为了简明地表示新媒体时代传播模式发生的变化，本书试提出以下两个关于新媒体信息流的模式图：

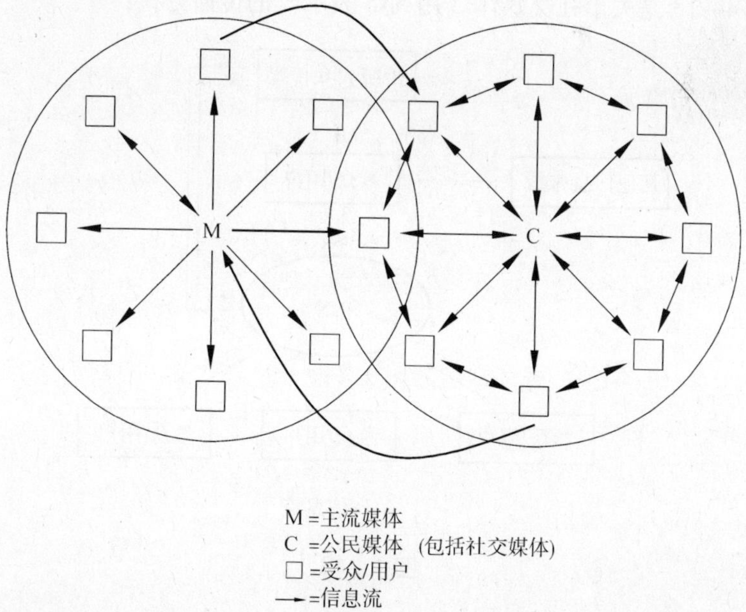

图4－12

图4－12为关于主流媒体与公民媒体关系的模式。本图制作参考了前文的施拉姆对话模式和信息社会四种传播模式。由于传统媒体与各类公民媒体已越来越处于平等的位置，因此我们可以把以往模式中的一个中心变成对等的双中心。

图中，左圆表示以主流媒体为中心的传统大众传播模式，右圆表示以受众/用户为中心的公民媒体（包括脸谱网一类的社交媒体）传播模式，实际上周边的每一个用户也都自成中心。两圆的交叉部分表示，有些人可能既是传统媒体的受众，又是公民媒体的用户。

加粗的线条从上到下依次表示：

——传统媒体的受众，将从传统媒体得到的信息传递给公民媒体用户，用户又在公民媒体中相互传播。

——传统媒体的受众，又是公民媒体用户，将从传统媒体得到的信息在公民媒体中相互传播。

——传统媒体发现和利用公民媒体用户提供的内容（信息从公民媒体流向传统媒体）。

右边的圆里双向箭头表示信息的双向流动（包括接受与反馈），在传统大众传播模式下也存在双向流动（比如受众反馈、互动等），但是因相比公民媒体，这种双向性程度还是小得多，因此本图使用了个别的双向箭头。

图4－13是关于社交媒体（用SNS表示）的传播方式：

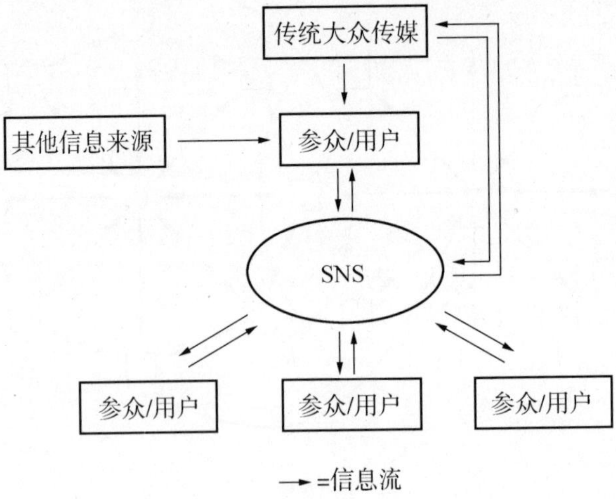

图4－13

本图把社交媒体（即SNS）放在中心位置，体现传统媒体通过SNS这个平台与参众/用户相互联系起来了。

参众或用户通过传统媒体以及除此之外的信息来源获取信息，并通过 SNS 传递给其他人。传统媒体可以直接通过 SNS 将信息传递给参众/用户（如《纽约时报》在脸谱网开设该报频道），同时也会发现和利用 SNS 用户提供的内容（即信息从 SNS 流向传统媒体）。

由于网络社区式传播在本质上与以媒体为中心的传统模式大相径庭，因而在现实中，传统报业很难轻易接受和采纳这种传播方式。根据 2008 年 12 月调查机构拜威集团的调查，在 100 家主要美国报纸网站中，有 93 家建立了记者博客，但是其中只有 10 家建立了本报的网民社区。

在尝试涉足社区传播方面走在前列的仍是《纽约时报》——它创办了时报人（TimesPeople）社区，这个报纸读者社区不像脸谱网等其他社交网络那样用于交友和约会，而是共享和交换有关《纽约时报》的新闻和其他内容。《纽约时报》还领先其他报纸，在推特网上建立了“纽约时报·书籍”、“纽约时报·艺术”、“纽约时报·娱乐”等专题频道。甘尼特报业集团在 2008 年经营不景气、面临困境的情况下，在 11 月并购了一家提供社交媒体服务平台的公司 Ripple6，大胆涉入社交网络领域，以寻找新的出路。《圣路易邮讯报》在本报网站之外，又单独创建了一家全面采用社区网络的参与、互动、共享功能的姊妹网站 MySTLtoday，其宗旨是促进地方社区的讨论和表达。[①] 在中国，也有《南方都市报》[②] 等一批报纸走上网站社区化的成功之路。

图 4－14　《纽约时报》在 Twitter 上建立的艺术专题频道

① Woody Lewis：10 Ways Newspapers Are Using Social Media to Save the Industry http://mashable.com/2009/03/11/newspaper-industry/

② 参见叶其昌：《关于南方都市报网站社区化研究》

传统报业当前面临的最紧迫的挑战，应是如何适应信息社会所带来的传媒生态环境的巨大变迁：爆炸性增长的新媒体技术、丰富多样的信息展现形态、对等互动性的传者与受传者关系、参众/用户为中心的信息市场关系、体现个性化创造性的用户需求，以及新的媒体消费行为和习惯等等。在早期传媒史上，依靠广告支撑的廉价报纸曾经成为人类社会最广泛的大众信息载体；在新媒体时代，社交媒体和各类新型移动终端网络正在取而代之，成为有史以来规模最大的交互性传播平台和社会信息枢纽。正像在自然界中，生物种群为了生存必须适应自然生态环境的变化一样，传媒生态环境中的一切变化因素，也促使传统媒体机构必须调整乃至根本改变自己的组织和运作形式，并创建适应新媒体生态环境和可持续发展的经营模式。

专题报告一

CNN 公民新闻栏目 iReport 的创建及启示

随着互联网时代的到来，新闻报道不只是职业传媒人的专权，更多的普通百姓通过网络也跨进了新闻资讯供给行列。为了聚合公民记者的报道力量，CNN 创建了 iReport 公民新闻栏目。iReport 的推出，被认为是 CNN 引领新闻创新的又一个标志。①

在著名科技博客博主肖恩·奥尼（Sean P. Aune）评出的美国2008 年年度互联网 20 大事件中，iReport 赫然在列，它与 CBS 的 EyeMobile 共同作为美国公民记者的领军角色而位列第五。入选理由是：两者的出现，让普通百姓通过互联网平台充分发挥了自己的话语权，使得公民记者真正崛起。②

iReport 致力于用户自创新闻服务；在这里，只要你年满 13 岁，就可以注册成为 iReport 的公民记者，为他人提供文字、图片或视频报道；在这里，新闻也没有统一概念，只要你认为有价值的信息，皆可成为新闻。③

"我们开启了 iReport 这样一个独立的世界，在这里，你可以报道我们平时很少见过的新闻。一些极为有趣的、重要的和紧急的新闻或许会登上 CNN"。④ 这是 iReport 作的自我介绍。

呈现开放、互动形态的 iReport，一方面为公民记者提供了一个聚合的、规模化的新闻发布平台，另一方面也扩展了 CNN 的新闻采集渠道。主流媒体 CNN 主动拥抱新媒体，为专业新闻与公民新闻的融合发展带来新思路。

iReport 的创建历程

2006 年 8 月，当美国新奥尔良市遭受卡特里娜飓风袭击，造成罕见灾害之际，在 CNN 网站的主页上，新增了一个栏目：I-report。CNN 通过这个

---

① Jennifer Martin. CNN. com Showcases Power of Citizen Journalism with "CNN Exchange". (2006 - 08 - 01). http://www. webwire. com/ViewPressRel. asp?aId=17723.

② Sean P. Aune. 2008 on the Web: The 20 Key Events. (2008 - 12 - 06). http://mashable. com/2008/12/06/2008-year-end-review/.

③ iReport. Community Guidelines: who's invited; what is "news"? http://www. ireport. com/guidelines. jspa.

④ iReport. About http://www. ireport. com/about. jspa.

栏目向所有普通网民征集有关这次风灾的文字、图片和视频。[1]

伴随互联网的蓬勃发展，公民新闻日益勃兴，博客、论坛和公民新闻网成为普通网民发布新闻的主要平台。2004 年的印度洋海啸和伦敦爆炸案，普通民众上传了大量的图片和视频等一手信息，为主流媒体提供了许多有价值的新闻资料，这两大事件使得公民记者声名鹊起。

I-report 栏目正是在这样一种背景下顺势而生的，而另外两件轰动的突发大事——2006 年 4 月 16 日爆发的弗吉尼亚校园枪击案和 2007 年 8 月 1 日发生的密西西比河塌桥事故，再次证明公民记者的价值。弗吉尼亚理工大学的学生 Jamal Albarghouti 在枪击案发生时，用自己的手机录制了 41 秒钟的现场录像，通过网络上传到 I-report 后被 CNN 播放，成为这一事件中唯一带着枪声的现场视频。[2] 类似 Jamal Albarghouti 这样的非专业记者，他们所提供的新闻图片和视频，满足了受众的知情权，弥补了职业记者无法第一时间第一现场作报道的不足。

图 1　iReport 的网站首页（来源：CNN 网站截图）

2006 年自 CNN 首次推出 I-report 栏目以来，就已收到用户提供的 10 万多份作品。[3] 随着 I-report 栏目访问量的激增，CNN 决定将 I-report 设为独立

① 范东升．公民新闻的兴起和启示［J］．国际新闻界．2006（1）．
② 枪击、种族、新媒体
http://blog.chinesenewsnet.com/?p=24935.
③ Adam Ostrow. iReport Goes Live; CNN Gets Citizen Journalism.（2008－02－13）．
http://mashable.com/2008/02/13/cnn-ireport-launch/

站点。① 2008 年 2 月，CNN 推出独立的公民新闻网站，I-report 更名为 iReport。为了更好地提升 iReport 的影响力，加强其与 CNN 的联系，iReport 网于 2009 年 10 月被并进 CNN 网站。iReport 至此成为 CNN 一个常规栏目，与美国新闻、亚洲新闻、商业新闻等栏目在 CNN 网站首页并排出现。

历经四年，iReport 发展势头越来越猛。截至 2010 年 8 月 31 日，iReport 共有 35.7 万条新闻上传，注册用户数达近 60 万，其中 1 万余名用户的报道曾被 CNN 采用。

iReport 的运作机制

iReport 定位为公民新闻栏目，采用“不编辑不过滤”的原则，以开放的心态来吸纳更多的公民记者。iReport 的注册程序与一般网站相似，但对年龄作了一定的要求，注册公民须年满 13 岁。用户注册时只要填写姓名、注册账号、注册密码、电子邮件地址即可，如果用户希望其报道被 CNN 采用的话，才需要填上电话号码。

iReport 的每位用户拥有单独的新闻上传界面，一次可同时上传 10 张照片或 10 个视频作品，每张图或每个视频不能超过 100 MB。②

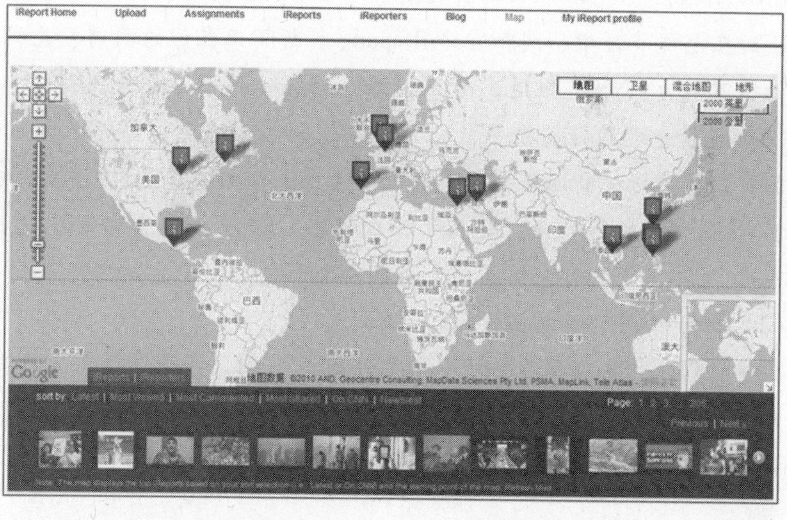

图 2　iReport 利用谷歌地图呈现出立体化的新闻播报形式（来源：CNN 网站截图）

---

① Reyhan Harmanci. CNN discovers downside of “citizen journalism”.（2008－10－05）. http://www.sfgate.com/cgi-bin/article.cgi?f=/c/a/2008/10/04/MNIV13B9E4.DTL.

② Josh Lowensohn. CNN's citizen journalism site iReport goes live.（2008－02－14）. http://news.cnet.com/8301-17939_109-9872781-2.html?tag=mncol.

用户除上传自己所发现并采集的新闻外，还可接受 CNN 拟派的任务，领取选题作采访。CNN 拟设的选题有失业对你的影响、孟买袭击、奥巴马当选后首先应该做什么、布什的政治遗产等等。

另外，iRreport 还设有地图板块，只要写明事件发生地的新闻，都可以图形“i”在 Google 地图上标示出来。iReport 利用地图工具呈现出立体化的新闻播报形式，能让受众快速浏览某区域发生的新闻。比如，有人想了解孟买袭击案信息，点“孟买”这个位置即可，这样能减少信息的干扰，节约浏览时间。

iReport 的成功秘籍——三重互动

为 iReport 提供报道的用户，并没有半点报酬，他们或许只有亮相 CNN 的机会。纵使 iReport 不提供任何报酬，但它仍能吸引公众参与。很大程度上来说，这得益于 CNN 的品牌效应，而 iReport 三重互动的运作方式也增强了网站的亲和力与影响力。

1. iReport 与 CNN 互动

(1) CNN 打广告牌宣传 iReport

CNN 刚推出 iReport 栏目时，把其置于 CNN 网站上端的显眼位置，并每隔半小时在电视节目中不间断宣传 iReport：“新闻正在你的面前发生吗？拿出你的摄像机为 CNN 作报道，为 ireport@ cnn. com 发送录像或照片。”①

CNN 凭借先进的传播技术，全天候播报新闻，在新闻界早已树立了自己的品牌，成为传统新闻媒体行列的佼佼者。iReport，正是以 CNN 为依托，凭借 CNN 强大的品牌效应，进入了公众视野。CNN 打广告牌宣传 iReport，为 iReport 赢取社会认可提供了一个高信任度平台。

(2) iReport 供给新闻拓展 CNN 信源

数字时代，具备上网条件的用户都可通过手机、电脑等设备发布信息，而用户的一句话、一个故事或许就能成为媒体的信息来源。CNN 则成功运用 UGC 模式，创建 iReport，为有信息分享欲的公民提供了一个规模化的分享平台。

UGC 是“User Generated Content”（用户原创内容）的缩写。UGC 的概念最早起源于互联网领域，即用户将自己原创的内容通过互联网平台进行展

---

① 韩鸿. 新媒体背景下突发事件报道的机制创新——以 CNN 的《我报道》为例 [J]. 新闻与传播研究，2007 (4).

示或者提供给其他用户。[1] 在 iReport 上，每一个用户都可以生成自己的内容。CNN 利用 UGC 直接做报道素材，用户提供的报道有选择性地被 CNN 直接采用，这有助于节省 CNN 人力物力财力的耗费。

CNN 创建 iReport，成功地借助了普通民众的力量来挖掘并搜集更多的新鲜资讯，为 CNN 的报道服务。比如，艾克飓风（Hurricane Ike）来袭时，用户共上传 1187 条报道，426 条被 CNN 采用。iReport 显然已成了 CNN 拓展信源的免费渠道。

（3）CNN 向 iReport 提供选题

为更好地引导公民记者提供资讯，CNN 每天还会在网站上发布一些选题。如果 iReport 的用户想让自己的新闻被 CNN 选播的话，依照 CNN 的选题进行采访，能提高被选播的概率。对 CNN 来说，这能让公民记者更积极地提供有针对性的报道。

CNN 俨然把现实中的编辑部搬入了网络，它首先是向公民记者提选题，然后从中选取不错的报道进行编辑，最后在电视节目中播出。

另外，CNN 还会不定时地邀请一些名人参加节目，这时，iReport 的用户也拥有采访权。用户可以预先录制自己的问题，把视频上传至 iReport。比如，美国大选期间，CNN 曾向用户搜集采访奥巴马、希拉里、佩林等的问题。节目播出时，主持人则会要求嘉宾解答一些用户提出的问题。这种采访方式，使得普通民众较为充分地掌握了自己的话语权，也让非专业记者过了一把采访瘾。

2. iReport 的管理员与用户互动

（1）管理员向用户提供选题

iReport 设有一个选题清单栏，其管理员会布置新选题，供用户选择并报道，清单基本上每周更新一次。选题清单的列出，为公民记者寻找新闻提供了向导作用。

另外，管理员每周还会定期举办网上圆桌会议，与有意参与会议的用户共同探讨 iReport 的发展走向。有时，管理员还会组织业务培训活动，以帮助用户提高采编技能。

（2）开辟博客，管理员总结用户表现

iReport 中，有一个特别的板块——博客板块。这个博客的特别之处在于：博主是 iReport 的管理员而不是用户。博客主要是管理员用来作总结的，

---

① 李珊．UGC：移动互联网业务新亮点［J］．人民邮电报，2008（4）．

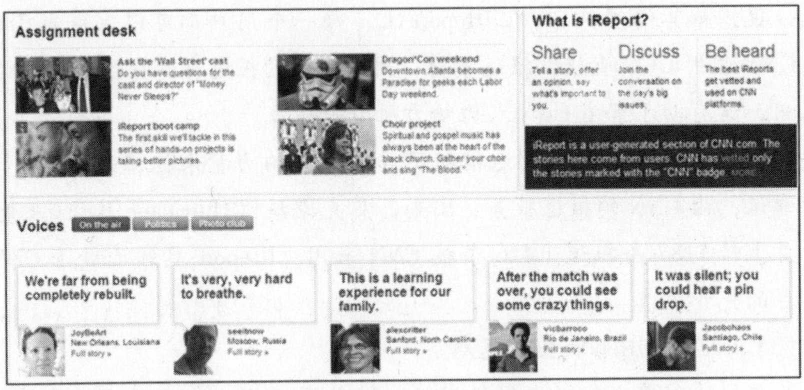

图3　iReport 的选题清单栏（来源：CNN 网站截图）

比如，重大事件发生后哪些用户反应迅速，iReport 有什么新功能增加等等，管理员会以日志的方式把这些事情写出来。用户可以在日志后直接留言发表意见，还可以提出使用 iReport 时遇到的一些问题等等。

博客板块的设置，一定程度上能拉近 iReport 管理员与用户的心理距离。对用户来说，若自己所作的报道有人观赏，是一种欣慰和鼓励，若还有专人来作总结或点评，或许更有继续参与的动力。不过，用户若违规上传信息，管理员也会在博客日志上发表警示公告，这也是管理员履行监督功能的一个体现。

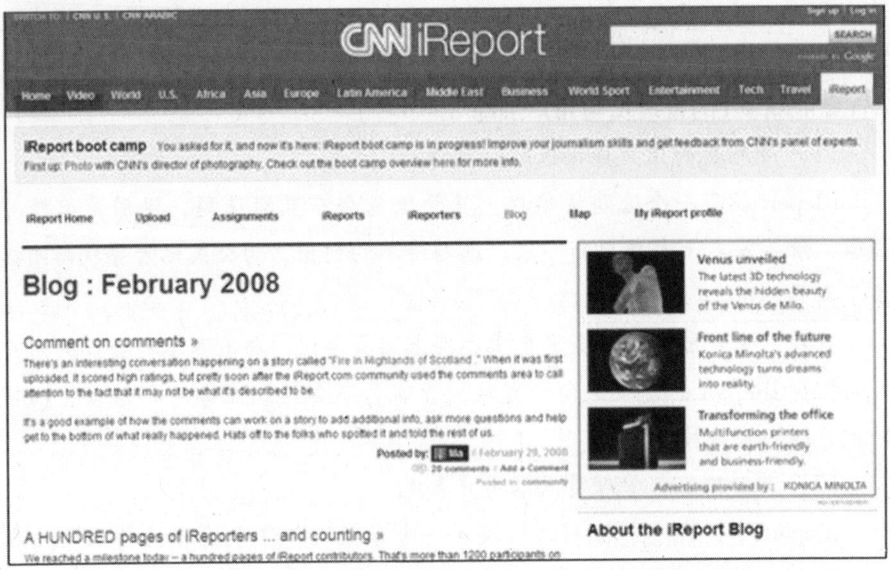

图4　iReport 的博客板块（来源：CNN 网站截图）

3. iReport 的用户与用户互动

（1）用户相互评论、监督

用户的互动主要体现在用户间相互评论与监督。2009 年 1 月 8 日，iReport 的评论帖子已经突破 100 万条。iReport 管理员 hhanks 在博客日志中写道[①]：评论为网站的报道者带来帮助和鼓励，有时还能引发周到而热烈的讨论。比如，用户 EthansAngel 在分享“丢失孩子”的故事后，回帖评论者对其表示安慰，EthansAngel 说，“感谢大家的阅读和评论，我们意想不到会得到这么多陌生人的关爱和支持”。

iReport 的社区指南（Community Guidelines）写有详细的投稿说明，标示哪些内容是不受欢迎的[②]：

- 违反版权的内容
- 你已知的不真实的内容
- 反复上传同样或相似的内容
- 色情/色情内容
- 淫亵的/下流的内容
- 凶杀照或身体受虐的图片
- 主张暴力行为的内容
- 主张危险、非法、奴役行为或给个人和公共安全造成恐慌的内容
- 煽动性的言论或种族歧视的内容

如果违反了以上规定，用户可以点击“违规举报”（report violation）进行投诉。管理员将对投诉进行处理，删除违规内容。用户上传三次违规内容导致报道被删除的，其账户将被禁用。用户监督功能的行使，反映出用户间的相互把关，这便于维护网站的秩序。

（2）用户可协作完成新闻

iReport 的用户除自己单独完成新闻外，还可以与别的用户协作完成新闻。iReport 的每位用户都拥有一个独立网页。用户可以在网页里填写个人资料，比如兴趣、爱好、经历、个人博客地址等，也可以在上面公布近期的选题和采访计划。若用户 A 提出一个采访计划，用户 B 也有兴趣参与的话，用户 B 将可以向用户 A 提出请求加入采访队伍，得到同意后，两位用户将

---

① hhanks. 1,000,000 comments.（2009－01－08）. http://www.ireport.com/blogs/ireport-blog/2009/01/08/1000000-comments

② iReport. Community Guidelines：What isn't welcome? http://www.ireport.com/guidelines.jspa

各自行动完成采访，并约定同一时间分享采访成果和上传新闻。当然，用户还可以组团合作报道新闻，比如摄像、出镜采访、后期编辑、配乐等各由不同的用户负责。

用户相互协作来作报道，便于加强彼此间的交流，也能促使用户做出较为全面和深度的报道，发挥集体智慧。

(3) 开展社区新闻竞赛

iReport 还会开展社区新闻竞赛，每位用户都能自动参与竞赛。iReport 每周将会按照用户的贡献（contributions）、评分等级（ratings）、声望（popularity）和参与积极性（site activity）评出“明星记者”（Superstar iReporter），排名前 20% 的用户将会赢得“明星记者”的称号。[①] 位列前 30 名的明星记者将会在 iReporters 栏目的网页顶端进行展示。

明星记者的选拔，对有兴趣作报道的公民记者是一个刺激，也是一种学做新闻的方式。通过竞赛，用户可以知道哪些新闻是大家喜欢的、怎样报道才更好等。

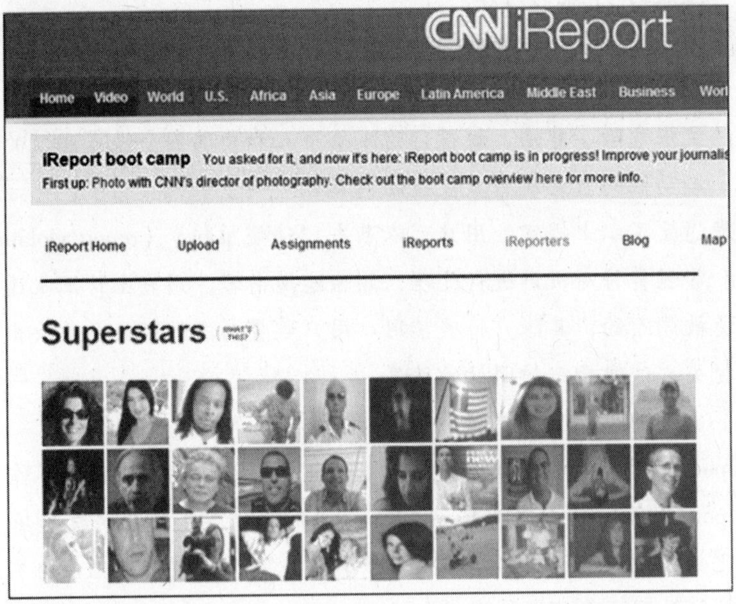

图 5 位列前 30 名的明星记者（来源：CNN 网站截图）

① Karen Varga-Sinka, Jennifer Martin. CNN Celebrates Second Anniversary of iReport, More than 175,000 Contributions.（2008-08-20）.
http://www.timewarner.com/corp/newsroom/pr/0, 20812, 1834490, 00.html.

iReport 的特色标签——不编辑不过滤

三重互动的 iReport，设有不编辑不过滤的信息发布原则，这显示出 iReport 自由开放的特点，也使得 iReport 在传媒界独树一帜。

所谓 iReport 的不编辑不过滤是指，iReport 不预先对用户上传的信息作审核、修改，也不限制上传题材，只要用户认为有价值的信息都可以上传。①

iReport 刚开始创建时，CNN 曾对所有用户提交的新闻进行预先审核，但 iReport 成为独立网后，CNN 便下放了编辑权，让 iReport 用户自己把关，只有被 CNN 采用的新闻才会经 CNN 审核。

乔布斯心脏病发作的假新闻，曾把 iReport 的零把关审核制度推向风口浪尖，引发了大众对公民新闻真实性的热烈讨论。2008 年 10 月 3 日，名为 Johntw 的 iReport 用户发文称，数小时前，乔布斯心脏病严重发作，已火速送往急救室。随后该信息被流传至 digg. com，并被在线杂志《硅谷内线》（*Silicon Alley Insider*）收编。受此消息影响，苹果股价大跌。苹果公司随即快速辟谣，对报道予以否认。之后，iReport 管理员及时删除虚假报道，而苹果股价也重新回归到正常水平。②

由于报道对象涉及名气大的苹果公司，iReport 的虚假报道引来热议，有些网民表现出了对公民记者的失望，称公民新闻难以保证真实性与准确性，还有人否定网站的零把关制度。CNN 发言人珍尼弗·马丁在接受采访时表示③：2008 年 9 月，iReport 上仅有 0.5% 的新闻（约为 100 条）被删除，iReport 不会因乔布斯事件而改变不编辑不过滤原则。

不编辑不过滤是 iReport 区别于一般新闻网站的特色标签。乔布斯假新闻事件后，CNN 仍不改变既定原则。这从一个侧面显示出不编辑不过滤有继续存在的意义：

1. 创造新闻新定义

iReport 在自我介绍栏说道④：“最常说的新闻，是指新近发生或正在发

---

① iReport：About
http://www. ireport. com/about. jspa.

② Reyhan Harmanci. CNN discovers downside of “citizen journalism”.（2008－10－05）.
http://www. sfgate. com/cgi-bin/article. cgi?f=/c/a/2008/10/04/MNIV13B9E4. DTL.

③ Reyhan Harmanci：CNN discovers downside of “citizen journalism”.（2008－10－05）.
http://www. sfgate. com/cgi-bin/article. cgi?f=/c/a/2008/10/04/MNIV13B9E4. DTL

④ iReport Community Guidelines：what is “news”?
http://www. ireport. com/guidelines. jspa

生的事实报道，无论是什么，无论在何处。目前有许多关于新闻的定义，但没有一个是完美的，让我们共同创造出一个新的定义。”

iReport 没规定统一的新闻概念，只要求用户作报道时，须包含最基本的新闻要素，即“何时、何地、何人、做什么、为什么和怎么样”，而且报道要真实、公正。①

2. 媒体控制权释放

不编辑不过滤的做法，显示出媒体控制权的释放，这让公民主动掌握新闻的采访权与编辑权。iReport 的这一机制显示出 CNN 的开放态度，表明 CNN 对大众持信任态度。

不可否认，iReport 网站的信息会展现良莠不齐的状态，因为用户的个人技能、知识、道德水平等参差不齐。或许，某些用户或由于专业知识的欠缺或由于主观故意，会发布一些不太准确或不怀好意的信息，但对于日均上传量达四五百条原创新闻的 iReport 来说，被删除的信息只占了极少极少一部分。iReport 上线不到一年，引发较强负面效应的新闻也只是乔布斯这一虚假报道。而随着网站的日益规范与公民素质的日益提升，网站零把关审核带来的积极作用会远超其消极作用。

3. 新闻传播独立化

不编辑不过滤的原则使得新闻传播更加独立化。公民记者没有媒体定位的牵绊，也没有广告利益的束缚，更多的是凭借个人兴趣与爱好去采集信息。iReport 不编辑不过滤的零把关机制，有利于提升公民记者的话语权，也能保证公民新闻快速发布。特别是面对敏感新闻或负面新闻时，专业媒体或许会因政治、经济等因素，无法发布或无法及时发布信息，这时公民记者能发挥媒体监督功能。

4. 过滤机制非良策

过滤机制对阻止假劣新闻的发布有一定的积极作用，但是这无法保证筛掉的新闻全是假劣新闻。相对不过滤机制来说，过滤机制易阻碍新闻的顺畅快速发布。而网站也很难制定出完善的过滤标准。什么信息应该被过滤？谁来履行过滤权力？如何评定报道质量？负面新闻应否被过滤？要作出明确的回答，似乎有些难度。

而一旦实行过滤机制，公民发布的信息都要被审核。若这种审核主导权

---

① iReport. Toolkit：The Ingredients of a Good Story
http://www. ireport. com/toolkit. jspa

归政府或财团控制的媒体，那就很难确保审核的公平性。或许对政府、财团不利的信息，将会无法通过审核，从而无法被发布。由于审核规则是人制定的，可能把关者也会是人，人多少会带一定的主观意志或利益倾向。从这个角度来说，过滤机制对公民监督作用的实行是一种打击，同时也会打击公民采集新闻的信心。

退一步来看，传统媒体的把关相对来说是较为严格的，一条新闻要经记者、编辑、部门主任甚至主编把关，但这仍免不了假新闻的出现。从某些媒体的岁末盘点专题十大假新闻就能看出，当今传统媒体的假新闻数量不少。

所以说，过滤机制无法阻断假新闻的发布，传统媒体也无法避免假新闻的出现。当传统媒体出现假新闻时，大众一般不会责备媒体推行的层层把关制度，更多的是对采集假新闻的记者加以指责，质疑记者或编辑的职业修养。

因此，大众不能因为乔布斯假新闻事件，就对 iReport 的不编辑不过滤机制加以指责。况且，过滤机制对公民新闻的开放性是一种伤害。公民新闻的顺利发展，需要社会的宽容与信任。

iReport 前 100 条热门报道之特点分析

为窥视 iReport 热门报道的特点，本文以 iReport“最多观看”（Most Viewed）这一分类栏作为选取标准，选取排名前 100 的报道做分析对象，选取时间为 2008 年 2 月 14 日至 2009 年 1 月 8 日。从 100 条被选报道中，可分析总结出以下特点：

1. iReport 设定的选题占四成，热门报道被 CNN 选登的概率高

在选取的 100 条热门报道中，有 80 条报道是网站预先设定的选题，包括 2008 年总统选举、飓风天气、油荒、失业等。为更好地引导公民记者参与新闻事件的报道，公民新闻网预先设定选题，这是一个有效的做法。

100 条报道中，有 99 条被 CNN 选登，唯一没被 CNN 采用的报道是：《坏到极点——最丑的伴娘服饰》（This takes the cake—THE UGLIEST BRIDESMAID DRESSES EVER）。这是一则图片报道，点击量高达 83224 次，图片描述 4 个穿着金黄色服饰的伴娘，伴娘脸部被打了马赛克。也许由于图片不够美观或者报道者主观色彩较浓，CNN 没有选登这条报道。不过，99% 的选登率，从一定程度上反映出，CNN 所选的报道也是大众颇为关注的。

2. 政治、气象成热门话题，报道方式以视频为主

所选的 100 条报道中，视频报道居多，占 77%，图片报道则占 23%，

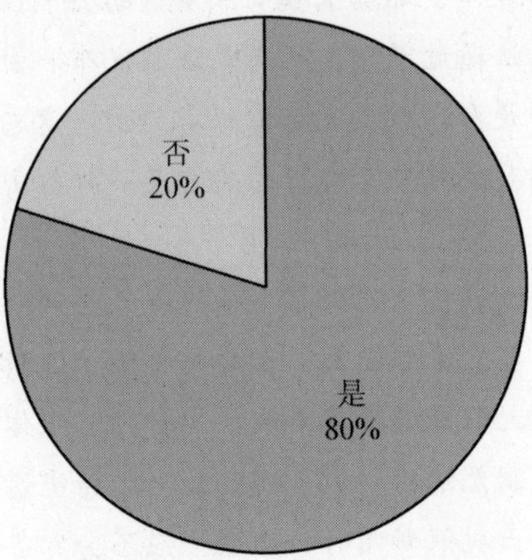

图6 是否 iReport 设定的选题

无纯文字报道。视频、图片具有直观性，能较为客观、直接地呈现报道内容，同时也容易吸引受众眼球。

被选范围中，政治和气象成两大热门话题，分别占29%和25%；日全食、熊猫洗澡、夏威夷海滩虎鲸出没等奇闻类报道也出现了8条。另外，同性恋题材也成大众关注的话题之一，前100条里占了3条。《加利福尼亚攸勒郡同性恋婚礼遭反对者抗议》（Gay Marriages in California and Protestors, Yolo County）这则报道排名第19，观看次数为211012次，评论数高达2812条。截至2009年1月8日24点，iReport上"对同性恋结婚的看法"这一选题的报道共有1219条报道，其中132条报道被CNN选登。

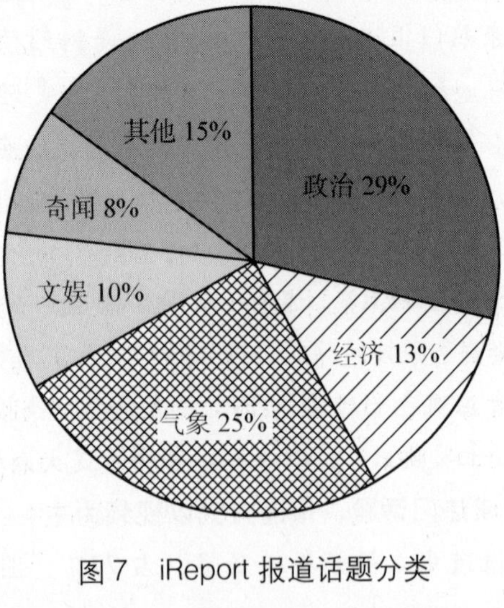

图7 iReport 报道话题分类

3. 半数报道者以第一人称作报道，报道形式多样

公民记者没有专业记者那么多束缚，所以在作报道时也更具自由性和灵活性，报道形式较为多样。所选的100条报道中，有对“开车不用手”的妙策进行边演示边解说，有表情愤怒地批评克莱斯勒汽车CEO的出镜评论，有飓风来临后的现场实况报道等等。

一般来说，由于公民记者对自身所处的地域或从事的领域较为熟悉，在作报道时他们可能会更关注自己的所见所闻所感。前100条报道中，以第一人称作报道的占半数，而用户现场出镜报道的占13%。

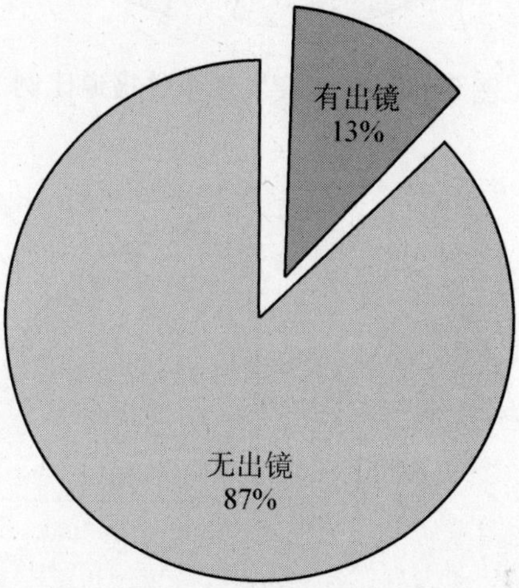

图8　iReport 报道者有无出镜

4. 突发性事件报道近半，批评性报道占一成

在突发性事件发生时，越来越多的媒体除派驻专业记者做前线报道外，还开始选用公民记者的报道素材。突发性事件发生时，公民记者占有地理优势，能亲身参与突发性事件或能很快赶到事发现场作报道，这有利于快速搜集第一手材料。所选的前100条iReport报道中，其中对飓风、洪灾等突发性事件的报道占46%，而该类视频报道有一个普遍的缺点是：镜头比较摇晃。

公民记者除在突发性事件报道中扮演日益重要的作用外，在批评性报道中也有着不可忽视的作用，比如，重庆钉子户事件和厦门PX事件，中国公民周曙光就曾进行过曝光，引发较强的社会反响。在iReport所选的前100条报道中，有11条批评性报道，有对布什经济政策的批评、对意大利某城市垃圾处理不当的批评、对爱荷华州政府相关部门未作好洪灾预告的批评等。

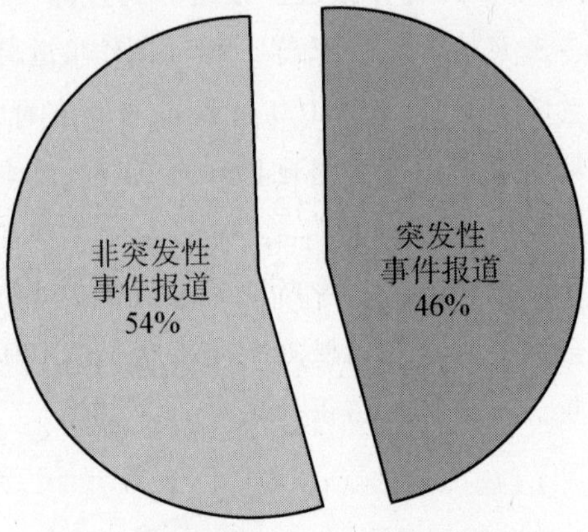

图 9　iReport 突发性事件报道比例

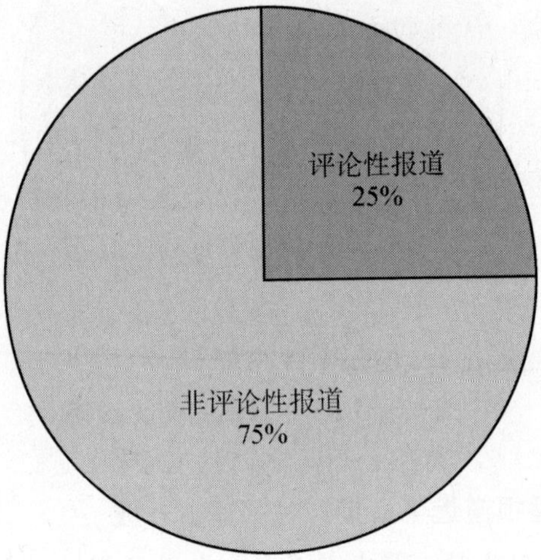

图 10　iReport 评论性报道比例

5. 点击量高的报道评分未必高

选取的前 100 条报道，其观看量都在 10 万次至 50 万次之间。观看量最高的报道是一则视频，展现 21 万盏电脑遥控圣诞灯把房子装饰得无比闪耀的场面。这则报道的点击量达 40 多万次。

从图 11 中可以看出，观看量与评分点数并不成正比，这说明点击量高的报道不一定是受到大众好评的报道。而其中最受大众好评的报道，其观看量排名第五，评分点数达 127，共有 1886 条评论，这是一则由用户 David P. Kronmiller 作的时政评论报道，其在报道中批评美国总统对加沙和平的不作为。

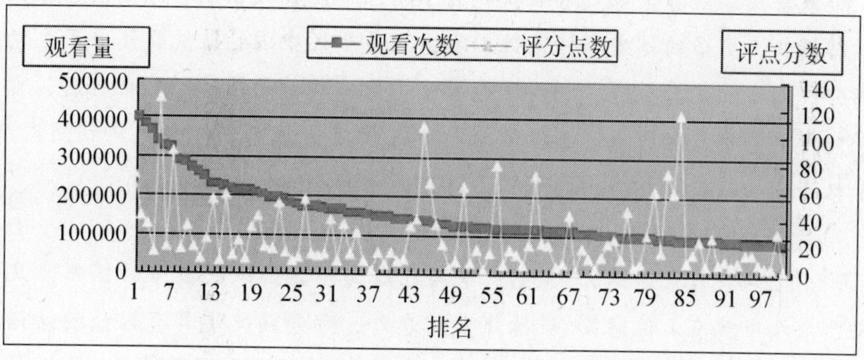

图 11 iReport 的观看量、评分点数、排名关系

iReport 对中国传媒业的启示

“在新闻传播中，专业新闻工作者将永远是新闻报道的主力，他们能以专业的眼光、技能和社会赋予他们的权利对最有价值的事实进行深入调查。但不能忽视的是，公众在新闻传播中的主动权越来越大，他们不仅能提供新闻事实或线索，还可以对专业记者的报道进行补充或质疑”。① 随着互联网技术与数码摄像、摄影技术的发展，公民参与新闻报道已愈来愈便利，而公民新闻也将愈加受到社会的关注，专业新闻与公民新闻的融合发展正渐成趋势。

CNN 创建 iReport，取得较好的反响，为传统新闻与公民新闻的融合发展提供了良好的示范作用。中国可从 iReport 的成功经验，得出几点有关新闻融合发展的启示：

1. 传统媒体可借助公民记者创新报道机制

CNN 专门开辟公民新闻栏目 iReport，鼓励公民上传新闻，选播新闻价值高的报道。有时，CNN 还会连线公民记者进行现场播报，或向公民搜集采访问题。公民记者的主动参与，拓宽了 CNN 的报道队伍，使得 CNN 的报道机制得到创新。

从中国目前的现状来看，大多传统媒体局限于接受新闻报料，或借助通讯员的力量作报道，它们还没有具备如 CNN 这样主动接受普通市民投稿的意识，没有真正借助普通民众的智慧与力量来创新报道机制，其新闻生产流

① 蔡雯．报道策划在媒介融合时代的困局与对策［J］．中国记者，2007（12）．

程暂且停留在记者采编辑编的传统流程中。

或许由于经济条件或专业技能的限制，中国公民在采集原创内容方面还不够活跃，更多的是发布评论性内容。但是如果中国的传统媒体勇于主动选用公民记者的优秀报道，相信这能激发公民采集的热情。尤其在地震、雪灾等突发事件中，传统媒体不仅需派驻专业记者前往事发地，更应利用网络、手机等途径搜集公民提供的资料，让信源采集形态更加多元化。

2. 统一的平台便于提升公民记者的“发声”作用

中国网民数量达到2.53亿，中国已成为世界上网民最多的国家，几乎每5个人中就有1位网民。[①] 除浏览信息外，部分网民还具有较强的话语表达欲，会在天涯、新浪、猫扑、百度贴吧等网络社区上写写博客、发发帖子来讲述身边的故事，或抒发内心的感受，或表达自己的见解等。由于中国社区网站多，网站的内容功能多内容泛，网民的信息分享因此呈现出分散、杂乱、无规模的特点，这样就很容易淹没公民的话语。

由此看来，若要促进中国公民记者的养成，加强公民的监督作用，需设立一个聚合的、有规模的话语发布平台，这个平台的作用应该要单一，是为公民发布原创报道服务的。

3. 公民新闻的发展需要知名媒体的助推

2008年7月，北京中盘国际传媒创办的中国公民新闻网通过国家信息产业部互联网信息网络中心注册备案，成为我国目前唯一定位于公民新闻的门户网站。[②] 网站创办至今，仍没多大影响力，公众参与不积极，而网站内容无特色，大多是转载传统媒体的稿件。

iReport的成功经验表明，依托知名媒体的宣传、推动与引导，公民新闻能更迅速地向前发展。毕竟，专业新闻媒体具有较高的知名度，已形成了比较强的公信力，而职业新闻人也具备相关的新闻采集技能。在中国，类似中国公民新闻网这样致力于公民新闻服务的网站，若缺乏知名媒体的助推，公民新闻或许在短时间内将难以赢取社会关注与认可。

可喜的是，目前中国的个别知名媒体已在推动公民新闻这方面作出了一些尝试：比如，中国日报设立直播客（中国草根记者门户网），口号是“存贮+分享+出售，直播客——打造全球最好的华人图片分享社区！”网站对稿件采用要求和稿件发布方法作出详细说明，并与《直播客通讯》、《行游

---

① 中国网民数量达到2.53亿. 新华网.（2008-09-23）.
http://news.xinhuanet.com/newscenter/2008-09/23/content_10097489.htm

② 中国第一家公民新闻网上线. 中国新闻出版.（2008-07-22）.

数码》、《完美家居》、《旅游界》等媒体合作开展征稿活动，以此来鼓励公众参与。不过直播客主要是图片分享平台，与真正意义上的公民新闻报道还有一定的差距。

结语

iReport的成功，显出了公民新闻的发展活力。专业新闻行业的佼佼者CNN，在培育公民记者和推进融合新闻发展方面起着良好的示范作用。

CNN创建公民新闻栏目iReport，利用三重互动的方式，吸引网民持续参与公民新闻的采集与报道。iReport坚持实施不编辑不过滤的新闻发布制度，表明了CNN对公民新闻持开放、信任的态度，这也有利于媒体控制权释放和新闻传播独立化。反之，若对公民新闻的发布实施过滤审核机制，一方面无法真正实现阻断假新闻发布的愿望，另一方面对公民监督作用的实行会是一种伤害，同时也会打击公民采集新闻的信心。

CNN创建iReport的启示告诉我们：公民记者的养成，需要一个聚合的、规模化的话语发布平台；公民新闻的顺利发展，需要社会的信任、宽容与知名媒体的助推；而传统媒体报道机制的创新，可借助公民记者的力量来实现。

在中国，公民新闻发展尚不成熟，还没有建立一个规模化的公民新闻发布平台，传统媒体也缺乏对公民记者的培养意识。希望借鉴CNN创建iReport这一做法并结合本国国情，在中国走出一条专业新闻与公民新闻互相融合和共同发展的道路。

专题报告二

CNN“明星公民记者”研究[①]

从“公民新闻”这个概念诞生至今，业界和学术界对其关注有加，对公民新闻的研究也很多，但是，国内外学术界对“公民记者”——公民新闻的行为主体的研究却十分少见，对公民记者的实证性量化研究尚未见到。本项研究选取了知名度较高、影响力较大的美国CNN电视新闻网旗下的公民新闻网站——我播报（iReport）来进行研究，以其中的“超级明星公民记者”（Superstar iReporters）群体作为研究样本。

不同于传统媒体职业记者，公民记者的公民新闻行为绝大多数是无报酬的，即便有，也只是领取象征性微薄报酬，他们是自愿贡献时间和精力制作并发布文字、图片或视频信息的。对于公民记者，密苏里新闻学院的副教授克莱德·本特利认为，传统意义上的新闻和公民新闻的主要区别就在于，专业记者是被派往报道一些可能他们并不关心的一些新闻，而公民记者并不是为了报道而报道，他们是为了分享而报道，他们是想向世人展示他们的热情。[②] 那么，在这股热情背后，他们公民新闻行为的动机是什么？

本研究以使用与满足理论为理论框架，采用问卷调查的方法探寻公民记者使用公民新闻媒体的动机以及从中如何获得满足的事实，同时，还从公民记者的行为特征的角度，如贡献内容题材和发布信息频率等，考察公民记者使用公民新闻媒体的方式，以及分析其动机、内容主题、内容更新频率、人口特征之间的相关性。

何为公民记者？

目前对公民记者的描述和解析只散见于有关公民新闻的研究文献中，而这些研究中对公民记者的理解，多数只停留在用“业余人士”（Amateurs）和“非专业记者”（Non-professional Journalists）来表述，在与传统媒体专业记者的对比中体现含义。

---

① 作者为本书课题组成员，本文为作者硕士论文的摘要，收入本书时有删改。

② Bowman, S., & Willis, C. The future is here, but do news media companies see it?［J］Nieman Reports, 2005, 59 (4), 6—10.

在一项关于公民新闻运动对新闻编辑把关程序影响的研究中，公民记者的定义是“收集、分析并报道他自己的新闻内容的未经专业训练的个体”。① 这个定义，就是从专业和非专业的角度分析公民记者的。另一项研究从公民记者出现的社会意义和对新闻行业影响的角度，对公民记者作了一番意义层面上的论述。两位研究者泰利和考克利（Tilley, E.，& Cokley, J.）认为，“公民记者”这个词本身就包含着积极的和消极的因素，积极因素可以从三个方面来体现，分别是使新闻业民主化、声音多元化和促进传统媒体的变革；消极因素也有三个方面，包括新闻行业伦理价值与商业价值的降低，新闻专业技术的渐失、新闻的整体质量下降和假借公民记者之名恶意散布信息从而危害社会。他们分析说，不同于公民的标准定义，在“公民记者”这个词中，公民也许更应该指网民，而且还应该暗指“文明的”和“有公德心的”这两种含义；不像医生、药剂师和律师等需要某种专门知识和资格的职业从而受到法律保护那样，公民对“记者”这个职业名称的使用并不违背法律，而且，当今学界有关新闻多元化的讨论也意味着传统受雇佣的职业记者并不是唯一一种新闻从事者，其他人也可以参与进来。②

亚利桑那州立大学新闻与传播学院的助理教授卡朋特从行为和动机角度对公民记者进行了一个较全面的解析。在她的研究中，公民记者被定义为“有意在互联网上发布信息用以得益社区的个体”。③ 在她的个人网站上，一篇名为《分析和定义公民记者》（Dissecting and Defining Citizen Journalist）的文章中，她仔细地剖析了她下的这个定义。她认为，美国第一修正案就确立了公民有言论自由的权利，公民有自由发布信息的权利；但发布信息的意向（intent to publish）这点很重要，因为记者的权利并不仅仅在信息发布后必须受到保护，还应当体现在收集信息的过程中；发布的信息应该是用以使个体或公众得益，而不是损害其利益；社区既可以是地理区域上的，也可以指一群兴趣相投的群体。公民记者和传统专业记者都可以归入记者一类，并不是每一个人都是记者，但是公民能够成为记者。④

---

① Storm, E. J. The endurance of gatekeeping in an evolving newsroom: a multimethod study of web-generated user content. Paper presented at the annual meeting of International Communication Association, San Francisco, CA. 2007.

② Tilley, E., & Cokley, J. Deconstructing the discourse of citizen journalism: Who says what and why it matters [J]. Pacific Journalism Review, 2008, 14 (1): 94—114.

③ Carpenter, S. How online citizen journalism publications and online newspapers utilize objective standard [J]. Journalism and Mass Communication Quarterly, 2008, 85 (3), 531—548.

④ Carpenter, S. (2008, November 11). Dissecting and defining citizen journalist. Message posted to: http://serenacarpenter.com/?cat=6

笔者认为，公民记者不应该从是否经过专业训练和是否受雇于某新闻媒体来定义，这并不是公民新闻赋予公民记者的实质含义所在。传统媒体职业记者也同样可以无偿将信息发布到非职业所在的某公民新闻媒体而成为该公民新闻媒体的公民记者；受过专业训练的新闻学院学生也可能从事非新闻类工作，并活跃于某公民新闻媒体。

卡朋特对公民记者的理解角度虽然和另两位学者的不同，但是却有异曲同工之处。首先，他们都提出公民记者中的公民应该是网民。其次，泰利和考克利对公民记者应是“文明的”、“有公德心的”的看法和卡朋特所下公民记者定义中的“得益于社区”的理念不谋而合。只是卡朋特在定义中没有将公民记者发布信息的无偿性或近似无偿性体现出来。

综合上述文献研究，再从非谋生职业的角度考虑公民记者发布信息的非牟利性，笔者认为，在本研究中公民记者可以定义为：志愿在互联网上发布信息用以得益社区的个体。

本文研究方法

依据网络社区研究专家金（Amy Jo Kim）将著名的马斯洛需求层次理论在网络社区中的运用模式，波曼和威利斯（Bowman & Willis）作出了对公民记者动机的研究假设，分别是：获得团体归属感、建立自尊、获得身份认同、发展新技能和机会实现自我。通过对公民记者的访谈和对公民新闻的研究，波曼和威利斯概括了6种公民记者公民新闻行为的动机，分别为在某个社区内获得地位或博得名声、和志趣相投的人建立网络和现实的关系、寻求对某事件的理解、告知和被告知、娱乐和被娱乐、创造以实现自我。①

本研究据波曼和威利斯的假设及研究结论设计问题，如对公民记者进行动机考察，包括获得团体归属感、建立自尊、获得地位或博得名声、和志趣相投的人建立网络和现实的关系、寻求对某事件的理解等。事实上，如果从使用与满足理论视角分析他们提出的这6种动机，就会发现这些动机都能归入卡茨（Katz）等人提出的使用与满足理论5种满足类型，不同的是，网络媒介的交互性、去一体化和异步性②赋予了这些需求与传统媒体时代不同的特点。

本研究的调查对象为CNN旗下公民新闻网站iReport. com中的明星公民

---

① Bowman, S. & Willis, C. We Media: How audience are shaping the future of news and information. 2003.

② Ruggiero, T. E. Uses and gratifications theory in the 21st century［J］. Mass Communication & Society, 2003, 3 (1): 3—37.

记者。

据观察，几乎每天都有新的公民记者加入，除去当天新加入的成员以外，还是有大部分已经注册的公民记者是没上传任何内容的，而由网站计算系统评出的超级明星公民记者人数相对稳定，且是活跃的公民记者，因此本研究选择 CNN 旗下网站 iReport. com 中的超级明星公民记者群体为研究对象。

打开超级明星公民记者的网页，会看到每一页三行四列共有 12 名超级明星公民记者，根据 2008 年 12 月至 2009 年 3 月为期 3 个月的观察，其页数总是在 35 页左右波动，即，超级明星公民记者的人数总是在 420 人左右，因此，本研究将问卷发放对象确定为 400 名超级明星公民记者。调查问卷是置于国内一问卷网站上的，然后通过向 400 名超级明星公民记者发站内信的方式来邀请他们填问卷。从 2009 年 3 月 13 日陆续发放问卷至 2009 年 9 月 2 日，共收回有效问卷 119 份，问卷回收率为 29.8%。

由于该调查采用网络在线问卷的发放形式，对调查对象的问卷填写情况不像实地发放问卷那样容易控制，由此，本研究的研究样本为便利样本。虽然便利样本的外在效度不高，但是本研究的研究对象本来就是活跃的超级明星公民记者，这部分人也正是公民新闻的主要贡献力量，因此这个样本对于本研究来说是合理的。本研究的调查问卷一共分为四部分，分别为：公民记者对我播报和因特网的使用情况，公民记者贡献内容的主题，公民记者对我播报的使用动机，公民记者的个人信息。

本研究采用 SPSS 13.0 英文版进行数据分析，分析方法主要为频率分析、信度分析、因子分析、相关分析和独立样本 T 检验。

频率分析主要用来对样本超级明星公民记者人口特征的描述。

信度分析用于检测问卷的核心部分公民记者对我播报的使用动机中各个问项的内部一致性与稳定性，以及测量经因子分析后得出的组成公因子的若干个动机问项之间的信度。

因子分析用于对问卷中 19 项动机变量进行数据降维，得到清晰明了的具有代表性的动机变量，并用累加量表的方法将在同一个因子上载荷最高几个问项的均值作为与因子同名的新变量。

相关分析用来研究公民记者公民新闻动机、公民记者对公民媒体的使用情况、公民记者贡献内容主题和公民记者人口情况之间的相关性。

独立样本 T 检验主要用于检测不同人群（男女之间、主流媒体工作者和非媒体工作者之间）的公民新闻行为动机差异、贡献内容差异和贡献程度差异。

主要研究结果及讨论

本研究的核心部分为公民记者对我播报的使用动机，其涉及的动机问项共有19项，若逐一分析，会使结果繁杂、不明了。为了得到更为清晰的结果，且验证问卷设置的七个动机类别是否真正反映了公民记者的公民新闻动机，本研究将采用主成分分析与最大方差正交旋转法对19个动机题项进行因子分析来进行数据降维。根据因子分析结果，公民记者的公民新闻行为动机有五类，分别为：(1) 社会联系；(2) 自我提升；(3) 价值观；(4) 寻求信息；(5) 娱乐。因子分析之后，笔者采用累加量表法计算各因子对应变量的均值，生成一组与因子同名的新变量，因子分析得出的结果及各因子的均值、标准差、α值归纳于表1。

表1 对公民新闻动机的因子分析结果

公民新闻动机描述	公民新闻动机因子载荷				
	1	2	3	4	5
因子1：社会联系					
记录我的生活	.63				
展现我自己的个性	.50				
我朋友和我分享了其对 iReport 的兴趣	.70				
获得该社区的归属感	.77				
和新朋友建立网络或现实关系	.77				
建立自尊	.68				
使自己感觉到自己被需要和重视	.68				
因子2：自我提升					
获取当职业记者的经验		.81			
建立新联系以帮助提升事业		.83			
获得地位或博得名声		.72			
因子3：价值观					
自由表达我对任何事物的看法			.53		
和其他人分享信息			.59		
我觉得告诉他人正在发生什么很重要			.81		
我认为公民应该知道事实真相			.84		
我认为公民新闻可以加强民主			.79		

续表

公民新闻动机描述	公民新闻动机因子载荷				
	1	2	3	4	5
因子4：寻求信息					
寻求我感兴趣的信息				.92	
寻求对某事件意义的理解				.93	
因子5：娱乐					
iReporting 是一件有意义的事					.89
我对 iReporting 感兴趣					.89
均值	2.63	2.65	4.29	3.65	3.74
标准差	1.04	1.25	0.74	1.20	1.15
Cronbach Alpha 值	0.88	0.85	0.79	.0. 96	0.87
特征值	3.71	2.89	2.79	2.05	2.03
方差贡献值	19.54	15.22	14.68	10.80	10.67
因子提取方法：主要成分					
旋转交换方法：最大方差法					

从本研究结果可知，绝大多数的超级明星公民记者的年龄从25至55岁不等（占总体样本的76.2%），低于25岁的公民记者仅占总体样本的10.9%，相对于公共事务的参与来说，也许25岁以上这个年龄群的人更具有社会责任感，对事物的看法较之年轻人来说也趋于成熟。这个群体的教育程度较高，从本研究来看，大学学历或以上的公民记者占到总体样本的83.3%，此外，还可以发现，样本中有将近两成（19.7%）的公民记者就职于主流媒体，这也表明公民记者和专业的媒体从业人员是有交集的，不能将这两类人群完全对立开来。另外，须注意的是，在18至24岁之间的占总体样本10.9%的受访公民记者中，83.3%的公民记者是学生，换句话说，在这个年龄段的公民记者中，学生占了绝大部分比例，他们是一个不容忽视的公民记者群体。

至于公民记者的性别特征，虽然本研究中男性样本比例63.9%大于女性样本36.1%，但是并不能说明公民记者中男性居多。在前人的博客研究中，贡献主题方面，女性更倾向于写内部主题，男性更倾向于写外部主题；动机驱使方面，女性更倾向于受到内部情感动机需求，男性更倾向于受到外部信息需求方面的动机。然而，本研究结果证明，公民记者的公民新闻行为并无性别差异，对于公民记者来说，男女天生的性别差异在公民新闻行为上并无显著体现，是跨越性别的。

首先，该公民记者群体是重度网络使用者，他们中的83.2%都是有着8年以上网龄的网民；其次，这个群体也是比较活跃的，每周更新2次以上的公民记者占了样本总体的52.3%，这也保持了该公民新闻媒体内容的丰富性和时新性；再次，从贡献程度来看，有大约1/4的公民记者对该公民媒体的贡献是很高的，他们一周花在上面的时间超过了10小时。

在上一章公民记者公民新闻行为动机和公民记者贡献内容主题的相关性研究中，分析结果发现首要动机价值观在众多贡献内容主题中，只和政治、罪行法律和灾难事故有显著相关关系。公民记者受到价值观驱使越多，越倾向于贡献这三类信息，且这三类信息都是外部主题。另外，寻求信息动机也是驱使公民记者使用公民新闻媒体的重要动机，在贡献内容主题中，该动机只和政治、灾难事故、罪行法律和健康这四类主题相关，值得注意的是，这几类主题同样也是外部主题，而且是和公众事务相关的。

从上述研究结果中，可以看出，公民记者是一群与外部事件之间的联系、交互和指向的程度非常高的，年龄分布在25至55岁之间的高学历高网龄人群，他们关注外部事物，并乐意寻找、发布或评论以及分享对该事件的发生情况或看法。

在本研究的调查中，受访公民记者贡献主题最多的是政治。根据对我播报长时期的观察，对政治事件的观点评论是非常受欢迎的，而且还能引起很热烈的讨论。这个公民新闻平台为普通公众提供了一个发布政治消息和评论政治观点的非常便利的渠道。

在2009年7月，伊朗大选期间，我播报上也新添了许多超级明星公民记者，其中一位女性伊朗学生公民记者在回答本研究问卷中每周贡献时间时写道："当我想发布有关伊朗的新消息时我就上iReport。你也许知道，伊朗现在正处在一个决定性的危急时刻。我们努力将消息发布到世界各地，而iReport是我们使用的网站之一。所以，当我想发布有关伊朗的消息时，当我想看别人发布的有关伊朗的信息时，当我想看看有关的评论时，我一周会花上三四个小时在这里。"

虽然我播报上的内容主题五花八门，涉及社会生活的方方面面，但是这种公共话题、公共事务的参与和公民新闻的含义是有很高的重合度的，这从公民记者受到驱使的首要动机可以看出，首要动机为价值观，含义包括：自由表达"我"对任何事物的看法、和他人分享信息、"我"觉得告诉他人正在发生什么很重要、我认为公民应该知道事实真相和我认为公民新闻可以加强民主。从这些动机问项当中，不难推断，这应该是政治消息或评论在我播报里涉及最多的一个可信的原因。

对公民记者公民新闻行为动机的因子分析结果表明，价值观动机为受访明星公民记者的首要动机，而且通过数据可以看到，这五类动机中，只有价值观动机变量的标准差 SD < 1，表明本研究的调查对象在这个动机变量的评价差异很小，有很高的一致性，也就是说，本研究的绝大多数受访者都认为价值观是驱使他们公民新闻行为的首要动机。而自我提升动机和社会联系动机的均值都不足中间值 3，这似乎表明这两种动机并不是促成公民记者使用公民新闻媒体的可靠理由。

此外，值得注意的是，自我提升的动机问项有“获得地位或博得名声”等，这里边是包含一些有私心的名声地位追求的，而价值观动机和自我提升动机并不存在显著的相关关系。这又似乎恰巧印证了公民记者价值观动机的显著性和可靠性，该动机使得公民记者的公民新闻行为是一种无私的、不求回报、不求功名的志愿行为。例如，明星公民记者之一 Hedi Enghelberg 是一个电信和计算机公司的拥有者，同时也是一位作家，他对问卷中有关公民新闻动机的问题向笔者作出了详细的回答：当被问及是否是想通过参与我播报来消磨时间时，Hedi 说：“不是的，这并不是用来消磨时间，分享新闻信息和我对事实的看法是一种社会责任和义务，我是怀着一种尊敬、专业和责任的态度来报道事实的。”在回答中，他多次用到了“责任”（duty）这个词，如回答“记录我的生活”这个问项时，他写道：“我这样做是出于一种责任感。”值得注意的是，对问卷中最后三个有关价值观的问项，他的回答非常鲜明：问项 36“我觉得告诉他人正在发生什么很重要”和问项 37“我认为公民应该知道事实真相”，他的回答分别是“非常认同”和“是的，的确如此！”至于问项 38“我认为公民新闻可以加强民主”，他的回答是：“非常认同，公民新闻正改变着新闻运作和发布的方式”。显然，他作为公民记者也清楚地看到了这一点，公民新闻的产生，大量公民记者的出现深刻改变了传统的新闻自上而下的传播方式。

研究结果表明，绝大多数的公民记者都认为价值观动机是驱使他们使用公民新闻媒体的首要原因。而其他的动机也或多或少地起着作用的，如娱乐动机。据笔者对明星公民记者的页面进行的观察，在自我介绍中写着参与我播报是我的业余爱好或者认为我播报有意思等相关类似内容的公民记者不在少数，在重大事件发生的时候，登录我播报发布分享信息或寻求信息，查看他人对事件看法以获取对该事件的理解者也不少，他们会因为共同关注的事情争论不断、跟帖不断。

本项研究统计发现，半数以上（52.3%）的公民记者每周花在我播报上达4小时以上，在这半数以上的公民记者中又有25.2%每周花的时间在10小时以上。这一结果可以看出，公民新闻行为并不是源于一时对新技术的好奇贪新，也不是在某些重大的新闻事件结束之后便随之结束。2009年10月26日，CNN的iReport给公民记者发了一封邮件，说明CNN已将我播报从独立网站改为CNN网站的一部分，打开CNN的主页，网页页眉处就可以发现我播报（iReport）和新闻分类标志并列在一起。邮件中说，现在CNN公民记者的作品在帮助CNN报道新闻上将起到更为不可或缺的作用，同时将赢得更多受众。

专题报告三

维基新闻规则初探[①]

维基新闻是利用维基软件建立的一个大规模协作创作的公民新闻网站，与维基百科同属于维基媒体基金会的产品。与其他公民新闻网站相比，它拥有网络时代的自由、开放精神，人人可以参与新闻产品的编辑与输出。但它同时又确立了一些基本的价值取向，如中立性、全球视野和禁止侵权等。这些基本原则衍生出的内容和形式上的规制使得维基新闻输出的产品具有鲜明的风格。维基新闻也作为独特的传媒现象而开始受关注。

本文试图在介绍维基新闻项目的基础上，探讨维基新闻作为公民新闻实践的运行规则。同时对这些规则进行分析，看有哪些因素影响着维基新闻的可信度，同时展望维基新闻项目的前景。研究维基新闻的运作规则也对公民新闻的未来实践，乃至中国媒体的数字化管理有着重要的参考价值。

美国学者斯蒂夫·奥汀（Steve Outing）将公民新闻的表现形式由浅入深分为11种方式，[②] 按照传统内容来源的比例可以简单分为三类：第一类仍以传统内容为主，吸纳公民新闻的一些因素，如开放评论；第二类以公民新闻为主要特色，但由新闻从业人员进行把关，掌控重要内容的发布权；第三类就是从撰写到发布全开放的维基新闻。

维基新闻是由用户提供新闻的专门的公民新闻网站之一。笔者认为，维基新闻使得传媒民主化的发展进入了一个新阶段。它进一步模糊了编辑和读者之间的界限，创造了一个公民记者可以自由参与，无等级协作的新闻发布流程。任何人只要拥有一个可以接入互联网的终端，就可以撰写、发布并编辑文章，改动结果即时显现在网页上，不用事前审查。

国外文献中，提到维基新闻，大多作为一种公民新闻的实践方式来介绍，却很少把它作为独立个体来研究，对于其运作规则的研究几乎没有。而纵观国内文献，也几乎没有对于维基新闻运作规则的任何研究。因此本文的研究有助于填补学术领域的一个空白点。

---

① 作者为本书课题组成员，本文为作者硕士论文的摘要，收入本书时有删改。

② Steve Outing: The 11 Layers of Citizen Journalism, Poynter online, Jun. 13, 2005, Retrieved Mar. 18, 2009. http://www.poynter.org/content/content_view.asp?id=83126

研究方案

为了研究方便起见，本文在研究维基新闻时，仅研究英文版维基新闻网站的内容。英文版维基新闻活跃程度较高，其结构和规则也较为完整和成熟。

本文通过对于网站的整体观察和51个优秀英文维基新闻的样本分析，比较维基新闻的可信度考察标准与传统媒体以及在线新闻的不同，剖析维基新闻所倡导的规则价值所在。并通过对维基新闻编辑规则实施情况的考察，评价维基新闻作为公民新闻载体的优势和弱势。

维基新闻网站的运作规则一部分是针对内容的编辑规则，还有一部分是维基社区的管理规则。本文将着重于对前者进行研究。

维基新闻的崛起与角色

维基新闻网站由维基媒体基金会于2004年创建，维基媒体基金会还同时运作著名的维基百科。除了有英文版本，维基新闻网站还拥有众多其他语言的版本。维基的大规模协作特性和传媒民主化之间的契合点使它立即成为公民新闻新的试验场。在2005年3月的东南亚海啸中，“维基新闻网在海啸当日8点52分就刊登了一篇题为《东南亚发生40年来最强烈地震》的新闻，字数不足200字，但该报道夜以继日被数以百计的市民新闻爱好者补充、修改，如今已成为了一篇几乎涵盖整个事件方方面面的深度报道”。[①]其迅速的反应和世界各地的现场报道引起主流媒体的关注。

Mike Thelwall 和 David Stuart 的调查发现，维基百科和维基新闻网站在伦敦爆炸案期间的访问量剧增，尽管高峰用户数未及BBC用户数目的一半，但它们在事件周期内已成为有影响力的信息渠道之一。在2005年8月末的新奥尔良飓风事件中，维基百科网站在事件发生初期的访问量甚至比BBC要高出不少。[②] 维基这种新的传播方式似乎特别适合分享某个特定事件的信息和人们急于探明的真相。突发事件后，维基百科和维基新闻的访问量又大幅回落。

维基新闻的作者们来自世界的各个角落，这个项目的使命是不同主题的新闻报道。在维基百科上，已经有一些基于重大新闻事件的在线协作报道，

---

① 宋昭勋：从海啸报道看市民新闻学的崛起［J］. 传媒透视（中国香港），2005（4）.
② 宋昭勋：从海啸报道看市民新闻学的崛起［J］. 传媒透视（中国香港），2005（4）.

维基新闻作为一个新闻协作写作项目脱胎于维基百科，于2004年12月正式独立试运行。到目前（2010年4月10日）止，已经有21种语言的版本。维基新闻中规模最大的英文版维基新闻，已有超过16600篇文章。中文版启动于2006年3月，也已经拥有3312条新闻。

维基新闻延续了维基百科的中立性、可查证、自由版权等原则，同时也设立了一些和新闻报道有关的独特原则，如新闻写作风格、原创报道的标准和流程、新闻提交期限等。

根据维基百科的在线讨论页，设立维基新闻最初的目的是“以中立的立场来协作报道和汇总所有主题的新闻”。[①] 在维基新闻的使命声明页里描述的维基新闻的目标是“建设一个具有时效性、相关性、有新闻价值和娱乐性的没有偏见的网站”。

和维基百科一样，维基新闻属于维基媒体基金会资助的在线协作项目，在维基新闻中体现出的维基文化和价值和一般的博客圈完全不同。博客一般以个人观点吸引关注，而作者的个性、背景甚至偏见都是被博客用以获取读者信任和建立信誉的因素。[②] 在维基新闻中，所有的文章都必须剔除观点和评论。每篇新闻都有一个专属的评论页和供合作者们完善新闻的讨论页。维基新闻的作者都是匿名的，署名统一为“维基新闻”，但是注册用户会留名在文章的编辑历史里。

维基新闻力求创建免费的新闻来源，以达到战胜数字鸿沟的目的。目前，维基新闻的新闻报道分为两类，一类是综合类报道。这些文章以已有的媒体报道为基础进行综述，综合尽可能多的事实，同时剔除所有的偏见，提供统观全局和充满细节的报道。另一类是原创报道。这些第一手报道是由那些在事件现场的维基参与者们撰写的。维基新闻希望能够推广“公民记者”的概念，相信所有人都能参与描绘在这个世界上所发生的每一件事。维基新闻是基于互联网的具有全球视角的新闻源，因此，即便是本地新闻，也应该对全世界的受众有所关涉。文章要能够关系到相当数量的人。

点击进入维基新闻英文版的主页，在“欢迎来到维基新闻”的欢迎条正下方即是撰写新闻的快速链接，右侧是维基新闻的各个板块，分别是：复制通道、新闻工作室、我们的使命、报道原创新闻、印刷版、社会网络、聊天、最佳范例和捐助。

---

① 杨志宏：Wiki新闻初探［J］．东南传播，2006，22（6）：27—29.

② Wales & Gillmor：Looking to the Future，conference papers—Blogging，journalism and credibility，2005，32.

和一般的媒体网站类似，正中是最新发生的头条新闻，占据页面大半的是四条今日的重要新闻，右部罗列着 15—20 条不等的最新新闻。页面中部是按照地区和新闻主题划分的快速链接。（见图 1）

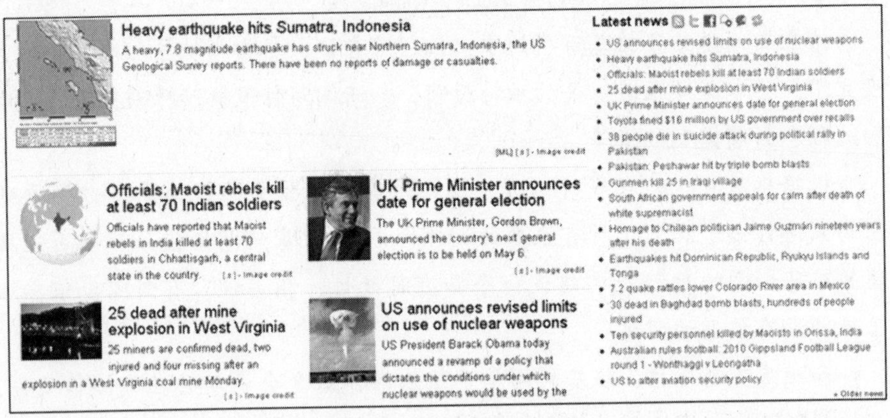

图 1　维基新闻主页面

左侧是导航条，有方便撰写新闻和了解维基新闻需要的各种链接，如新闻工作室、最新改动、随机文章、历史文章、上传自由版权媒体文件等。下部是帮助、撰写文章、测试页面、风格导引、在线聊天、世界新闻测试、捐助、联系我们等等。

点击“撰写文章”，进入文章撰写页面：撰写文章需要使用维基语言，并非一种网络通用语言，而是在 HTML 基础上发展出来的一套可视化程序标记。

在每个维基项目中，都有一群为之奉献大量时间和精力的网友，我们称之为“维基人”。在维基新闻中，参与编辑活跃的一部分注册会员通过维基社群的提名和投票会被提升为管理员。管理员拥有封禁用户，删除和保护页面，赋予其他用户相关权利，发布系统消息等权利。但是他们相比较于普通用户并没有更多的编辑权利。英文版维基新闻一共拥有 58 个管理员。研究表明，在一个维基系统中，管理员是确保文章质量的中坚力量。从英文维基百科抽取的样本分析中得出，管理员只占维基百科贡献者的 6%，却完成了 21% 的编辑量。①

讨论页是每个维基合作项目共有的组件。每个维基项目是由每一个相对

① Besiki Stvilia, Michael B. Twdale, Les Gasser, Linda C. Smith: Information Quality Discussions in Wikipedia http://mailer.fsu.edu/bstvilia/papers/qualWiki.pdf

独立又互相联系的页面组成的。每个页面拥有一个讨论页，用户可以在讨论页上就关于该页面改进发表意见。它主要是为了促进用户之间的交流，更好地提高文章质量而设立的。在维基新闻上，只要在维基管理员将文章锁定之前，用户都可以就文章主题交换意见，尤其是围绕维基新闻的几大核心编辑准则——中立性、版权、引用来源、真实性等。此外，用户有时会提出有关维基项目编辑准则的质疑，其他用户可以就发言进行回复和辩论。

在维基新闻里，每一篇新闻都有对应的编辑历史。在文章被锁定或删除之前，匿名或者非匿名的每一次编辑的文章版本都记录在案。通过点击历史版本和现有版本的比较，文章中改动的部分将清楚地标示出来。编辑过程的透明化提升了维基群体的开放性和可信度。①

维基新闻管理流程

路透亚太地区首席经济记者魏伦（Alan Wheatly）提出，就路透社新闻产品的横向生产流程而言，基本环节包括：采集—加工—发布—反馈，就生产而言，产品需要受众的反馈来检验，同时为下一件产品的生产提供改进的依据，随着时间的推移，产品质量逐步形成上升的循环，如图2所示。

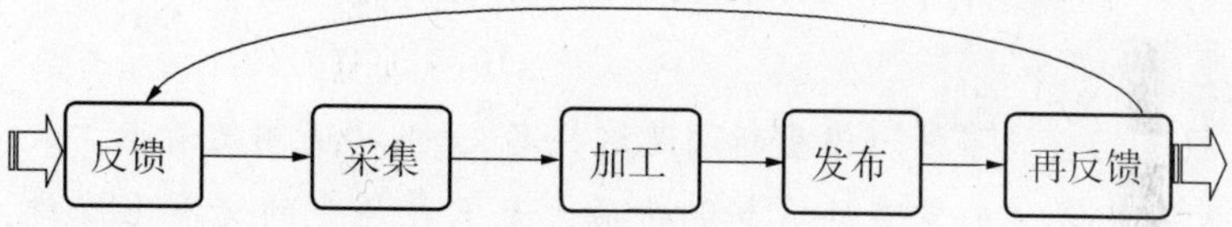

图2　路透社新闻管理流程②

在维基新闻中，有相似的新闻生产流程。公民记者经过信息采集后，撰写文章，此时文章标记为｛｛Developing｝｝，撰写完毕后，换成｛｛Review｝｝的标签，即等待评议。此时由一位编辑检查文章的所有来源或原创新闻提交的所有资料，确认新闻的事实准确。在评议过程中，编辑可以使用｛｛同级评议｝｝工具，对文章的版权、新闻性、可查证来源、中立性和风格进行评议，评议过程的评论和结果都将被放入讨论页。评议结束后，文章将被打上｛｛Publish｝｝的标签，正式发表，若未达到发稿要求则会在评论页上留下修改意见。其他编辑可以继续评议，即使在文章发表后仍可以将其退回至评议

① Lih A.：The foundation of participatory journalism and the Wikipedia projects http://jmsc. hku. hk/faculty/alih/publications/aejmc-2004-final-forpub-3. pdf

② 申淼：路透社新闻生产流程管理体制研究［J］．今传媒（学术版），2008（2）．

阶段｛｛Review｝｝，重新评议，这一过程一直持续到文章正式发表后管理员锁定这篇文章，或文章超过规定时效限制被遗弃为止。

维基的新闻生产模式里，反馈、采集、加工、发布、再反馈这五个过程不是按顺利进行的，除了普通用户无权直接发布，反馈、采集、加工等每一个环节都是开放的。整个过程是一个开放、立体而平衡的体系，直到新闻被锁定不再修改。

现阶段的维基新闻能够最终发布文章的编辑必须是注册用户，且经社群投票批准后授权，普通用户对文章进行反馈的方式是在页面下方对于以上提到的五点标准进行投票，或可在讨论页和观点页发表意见。

衡量维基新闻质量的标准

在维基新闻网站，其自有一套新闻操作规范，即关于其内容的约束准则。

在介绍页面中，维基新闻定义了两类文章，一是综合新闻，二是原创报道。综合新闻是根据已有事实综合多家新闻媒体的报道，试图展现“更全面、更细节、剔除偏见”的报道。原创类报道则以现场报道为主。

关于“什么是新闻”，根据维基新闻内容引导页面，维基新闻的质量准则可以总结如下：

1. 报道完整的事件。维基新闻是这样定义的：“新闻是着眼于最近发生的事件或是现象（如果事件有新的进展，无需在原先的文章上修订，重新写一篇）。”就一个事件进行报道时，往往是由许多独立的事件构成的。和本条新闻直接相关的内容可以加进来，但有关事件的最新进展可以另外展开一条新闻。

2. 观点和事实分开。“新闻不是观点”，维基新闻认为，新闻必须是确实发生的事情。如果要引用观点必须从有资质的来源引用，“这些人说了什么”是观点，但“这些人表达了这些观点”是事实。

3. 中立性。经过编辑，维基新闻最后呈现的文章必须是中立的，没有偏见的，不能对任意一方有诽谤和轻视。

4. 新闻性。维基新闻的新闻性定位于全球性和基于网络的。维基新闻的目标是建立一个自由的新闻源，从不同的渠道萃取精华，提供免费的中立的全面的新闻报道，甚至成为美联社、路透社之类新闻机构之外的另一个选择。维基新闻希望能够推广“公民记者”的概念，相信所有人都能参与描绘在这个世界上所发生的每一件事。维基新闻是基于互联网的具有全球视角的新闻源，因此，即便是本地新闻，也应该对全世界的受众有所关涉。文章要能够关系到相当数量的人。

5. 复杂性。不能简单地照抄新闻通稿。新闻通稿通常代表着一方利益，不符合“中立性”的原则。简单地照搬一个来源的内容，不加入多方来源，不作维基化改写的文章不会被通过。

6. 时效性。新闻是有及时性的。维基新闻规定新闻必须是一星期内发生的事情，且来源最好是2—3天内的。事实永远是事实，但新闻有时效性要求。人物采访也必须符合这个新闻标准，并且要和最近的新闻有所联系。

7. 可查证。维基新闻里报道的新闻必须要有一些已有背景作支撑。维基新闻建议在写完文章后，利用搜索引擎上网查一查相关新闻的背景资料，并将来源网址列在文章下面。但是即使是同一件事情也不可直接引用，这会导致侵权，只有一种情况例外：引用的来源是自由版权。维基新闻一般要求文章标出相同事件其他媒体的报道作为新闻事实的基本佐证，世界知名或者具有国际公信力的引用来源从侧面反映了新闻的报道价值。

8. 拥有合适的版权标记。

9. 原创性。维基新闻鼓励原创，鼓励维基记者的第一手采访报道。维基记者必须得到社群内部的认可。对于原创新闻，维基新闻规定了详尽的原创报道的流程。记者必须在原创报道中提供所有的证据，并将其放在文章的讨论页。其中包括所有采访记录和电子邮件的副本，另外将音像文件上传到维基共享资源。

维基新闻和维基百科同属维基媒体基金会项目，维基新闻的不少规则是从维基百科继承而来的。但两者之前每一项规则的含义并不完全一致。版权、图片、可查证、合适的风格和焦点（即维基风格）是维基项目中的共同标准（见表1）。

但从维基新闻和Gaziano & McGrath传统模型的对照比较可以看出，衡量维基新闻的标准和衡量传统媒体的标准仍有不少偏差，尤其是在体现维基项目风格上的衡量准则偏差较大。但在基本价值上是一致的，如都有公平、准确、中立、完整性等价值。

表1　三种模型的比较

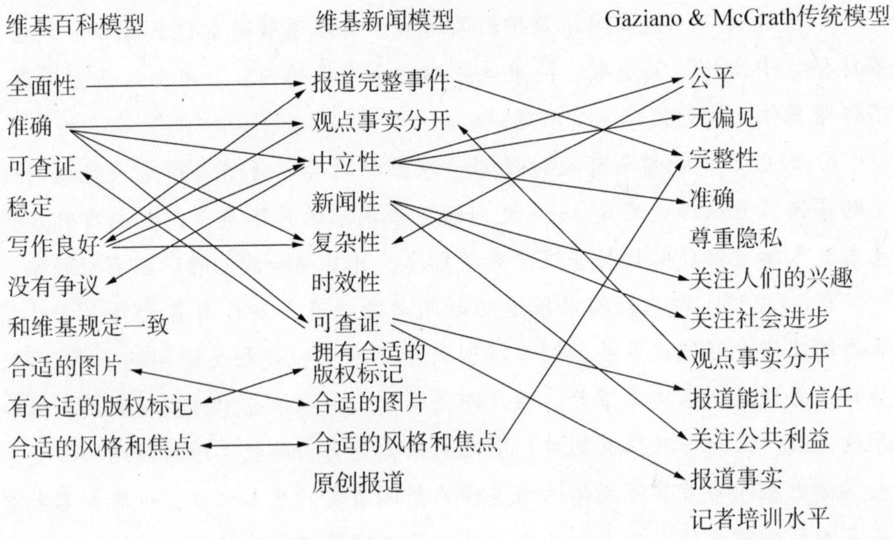

对于51篇优秀文章的分析

特写文章（Featured Articles）被认为是维基新闻最好的范例，是由维基社群投票产生的。编辑可以将文章申请为FA候选，被提名后，经过同级评议，看文章是否达到了维基新闻的标准。英文维基新闻的历史显示，从2005年7月2日到2009年11月10日，共有51篇文章被选为特写文章。另有7篇文章在候选状态，处于投票表决阶段。

特写文章首先是符合维基新闻基本标准的，分析特写文章，能够很好地理解维基新闻对于新闻的理解和所要提倡的新闻价值。

本文选取了维基新闻英文网站51篇特写文章，用内容分析和个案研究的方式，分析其讨论页和历史记录中所提到的各类问题，如，中立性争议、准确性争议、新闻价值争议、新闻完整性争议等，从参与者的讨论记录中分析维基新闻的规则取向，并用实例说明是如何通过修改将一篇有争议的文章去除争议性从而达到要求的。

在FA页面的介绍页上，FA文章应该达到的要求有：（1）在格式上完全正确，包括来源；（2）有图片，且配图视觉效果佳；（3）写得很好，符合维基的风格；（4）全面充分地报道了某个事件，而非泛泛而谈。

同时还有一段补充说明："我们尽量选择那些多人合作完成的文章，更好地体现维基新闻的合作本质。同时，我们也努力去寻找优秀的原创报道，维基新闻的独家报道。”这体现了另两条标准：合作报道和原创报道。

具体到每一篇FA文章，都有5项标准的审查：版权、新闻性（是否值得报道）、消息来源、中立性、风格和格式。5项标准在社群内都得到投票通过，则可以被列入特写文章。

另一个在维基新闻中FA文章的潜标准是人气（在维基百科也是如此），和网络新闻的点击率类似，不过维基新闻并不以点击率计算人气，而是看文章的被编辑次数——这一点尽管不是绝对的，但在对51篇入选的FA文章中可以发现，被编辑10次以下的仅有2篇，平均被编辑次数为70次。维基新闻FA文章都相对较长，最多的拥有11192字，平均长度为2059字。有7篇文章没有外部来源参考，最多的列出了25个外部来源，平均拥有7.8个外部来源。维基新闻网站内的相关链接则大大减少，有21篇文章没有相关新闻，平均相关新闻仅1.5篇。这说明维基新闻报道的大多数是独立事件，较少对于同一事件进行系列报道。

从FA文章类型上看，有18篇文章是在综合已有新闻基础上合作撰写的，有20篇新闻是合作原创完成的，有13篇文章有维基新闻记者独家专访的成分。涉及原创的文章有33篇，占64.7%，说明维基新闻更加推崇和鼓励原创报道。

维基新闻的文章按照其首页的分类，分为法律和犯罪、文化和娱乐、灾难和事故、经济和商业、教育、环境、健康、讣告、政治和冲突、互联网和科技、体育、奇闻轶事和天气。按照其官方分类对51篇文章的类型进行统计，发现排名处于前三位的分别是灾难和事故、互联网和科技、法律和犯罪。灾难和事故大多是突发性事件，维基新闻对于新闻性的定义是，具有全球视野或与互联网相关的。值得注意的是，在所有FA文章中，涉及维基项目的新闻有5篇，可以窥见维基新闻对于报道自身的兴趣。

按照地区分类，和美国有关的新闻有17条，数目最多占到所有新闻的33%，可见维基新闻对于美国和欧洲发生的新闻具有明显的地域偏向。

在51篇FA文章的讨论页中，涉及对文章准确性的质疑有26篇，涉及对文章新闻价值的质疑有3篇，涉及对到完整性的质疑有20篇，涉及消息来源讨论的有11篇，涉及文章风格讨论的有19篇，涉及复杂性讨论的有13篇，涉及版权争议的有11篇，涉及对中立性质疑的有12篇。另外有3篇文章在讨论中提到了语言障碍，1篇提到了权威问题。

表2　FA讨论页里提到的各种问题

问题类型	出现的次数	出现原因	纠正方法
准确性	26	语法、拼写错误 语言运用不熟练 新闻事件更新 因为采用了有偏见的语言（POV） 对于事实有争议	编辑更新 采用更大众更可读的词语 删除争议性词语或句子
新闻价值	3	过于地区性 过于热衷报道维基相关新闻	提交维基社群删除申请或直接删除
完整性	20	事实交代不完整 报道中各方意见不平衡 处理敏感议题的争议	补充新闻事实 平衡各方观点 对于有争议的部分进行讨论并改进
消息来源	11	链接不可用 不够中立	去除不可用链接 补充各类来源链接
文章风格	19	文体上不够维基化，表意上没有完全考虑国际化语境 表达冗长、啰嗦，语言运用不够熟练	在时限内对文章进行维基化
复杂性	13	不相关内容太多 事件描述不够丰满 维基百科和维基新闻的方式不一样	添加、删除相关内容 去除过多不相干内容，或者移往相关主题的维基百科
版权争议	11	图片质量、版权和相关性博弈 新闻内容侵权	找图片原作者授权 删除或改写
中立性	12	用词和语句上带有感情色彩 来源不够中立 不同观点和角度在文中表达不够平衡	改变措辞 添加不同立场来源 添加不同观点和角度

续表

问题类型	出现的次数	出现原因	纠正方法
权威性	1	缺乏支持来源 不够专业	添加支持来源
语言障碍	3	使用英语之外的其他语言 可读性差	使用英语表达 改写文章

规则与争议问题解析

1. 准确性

准确性是一个并没有在维基新闻模型里被提及的原则，但却在FA文章中被多次涉及讨论。根据《牛津高阶英汉双解词典》的解释，准确性（Accuracy）的含义就是恰当、正确和不出错，但从新闻报道的角度来说，准确意味着没有偏见地获取新闻，以真实的方式浓缩或提供新闻。它通常暗示努力做到客观，报道没有偏袒或私利，①② 意味着恰当或正确的状态、有技巧地做事而不出错的能力，准确与真实、公正、客观密不可分。

和维基百科一样，维基新闻只是用“认为准确性有误”去评判讨论中的意见，然后通过讨论来确认是否准确性有误，并采纳意见。③ 维基对于准确性的评判并不是完全客观的标准，而是通过“共识”来进行决策的。

在有关准确性讨论出现的问题通常是：文章中的一些事实，如具体数字和引用来源的有误，或是拼写和用词错误等。提出准确性有误的原因有：因为新闻在进行中，没有来得及更新最新事实；文中的一些具体事实，如数字和引用来源的错误；拼写和用词错误；文化和地域上的差异；偏见；等等。

2. 新闻价值

维基新闻作为一个定位于全球视野的自由新闻源，希望能够推广“公民记者”的概念，让所有人都能够参与描绘这个世界上发生的每一件事。但同时又要求所有的新闻都有全球视野，即使是地方新闻，也应该对全球受众有所关涉。“文章必须能够关系到相当数量的人”。但这是一条相当难以

---

① 张宸．当代西方新闻报道规范：采编标准及案例精解［M］．上海：复旦大学出版社，2008.

② Joseph Straubhaar，Robert Larose. Media Now：Understanding Media，Culture，and Technology（Fourth Edition）［M］．北京：清华大学出版社，2004.

③ Besiki Stvilia，Michael B. Twdale，Les Gasser，Linda C. Smith：Information Quality Discussions in Wikipedia http://mailer. fsu. edu/bstvilia/papers/qualWiki. pdf

执行的标准，因为维基新闻并没有明确地定义“全球视野”指的是什么，“相当数量”如何界定。从维基社群挑选出的51篇FA文章来看，维基新闻有明显的地区倾向（更倾向于美国）和话题倾向性（更倾向于互联网话题）。这一方面可能和英文维基百科的参与者和受众有关，另一方面和维基新闻的互联网媒体性质有关。

维基新闻的软肋是显而易见的。首先，是新闻的时效性。在合作撰写合作编辑的模式下，能在讨论和争论中不断改进文章，但在一定程度上影响了新闻时效性。时效性是新闻价值的重要组成部分。在讨论页里，有不少关于“如何处理截稿期”的讨论。在截稿期过后，文章关闭了编辑功能，但仍然有错误或者误导性信息怎么办？维基新闻认为，任何媒体发布的新闻都难免有错误的时候，只能在编辑过程中尽量避免。对于记者来说，遵从截稿期非常重要。如果有更新的信息，可以重新写一篇新闻，而不是在原来的文章上进行编辑。其次，调查性报道的缺失和深度报道的匮乏。因为维基记者的数量稀少，能够进行的原创报道、专访数量有限。和《纽约时报》、《华盛顿邮报》相比，对于公共价值、民众知情权的关注明显要弱化许多。这是一个公民新闻网站值得思考的问题。在传统媒体中，对于有能力有视野的记者，报社会给予更多的资源和机会，而用户自发的新闻站点往往无法做到这一点，只能凭借公民记者自身的努力。加上时效性的欠缺，维基新闻更像一个在事后收藏新闻的博物馆，而非一个有影响力的媒体。

用户在讨论页里就新闻价值提出的问题主要有：认为不符合全球视野的要求，太过地区化；认为有太多和维基项目有关的新闻，有自我宣传嫌疑；认为时效性不够强，无休止的修订和相关内容的添加使得新闻性削弱等。

3. 消息来源（权威性）

在所有影响新闻报道准确性的事项中，消息来源是对报道准确性影响最大的一个，因为记者是依赖消息来源工作的。[①] 美国职业新闻记者协会（SPJ）规定：任何可能的时候，都要指明消息来源。公众应该有尽可能多的信息来判断消息来源的可靠性。这在维基新闻也不例外。维基新闻坚持所有的新闻都必须有明确可靠的渠道来源，“必须引证你的来源”是英文版维基新闻的核心方针。在维基新闻发表的文章大多是各种不同渠道媒体对同一新闻事件的综述，原创报道数量较少。撰写原创报道的要求也更加严格。撰写者必须在文章的讨论页上留下草稿原文，供公众查验。

---

① 张宸．当代西方新闻报道规范：采编标准及案例精解［M］．上海：复旦大学出版社，2008.

维基新闻规定消息必须来源于可靠的渠道，且要避免单一消息来源，尤其是匿名消息来源。如果是原创报道，则必须提交同消息源的谈话。所谓可靠的渠道指的是“被大众所信赖的，在特定领域从事报道的个人或组织。他们应该是在报道所涉及的领域中最权威的可能的渠道，比如对于疫情的报导，援引卫生部就比公安部更合适。从一般的来源得到的消息也会有帮助，但只有在与权威消息不同的情况下”。并且，发布的新闻来源必须可以核实，并且“只有别人能够访问的新闻来源才能使用，如公共网络新闻或是公共图书馆的资源。对于网络素材，可以使用需要免费注册的新闻来源，而需要收费才能访问的网站不能作为新闻来源”。

维基新闻规定了多层次的“引证”，实际上是对消息来源的规定。首先是每个有关新闻事实的直接引语都必须在文中标明非匿名消息来源。除非是常识。引用和文章下面标明的参考来源不同，引用必须在文中，而且有一定的可读性。如：“车子在最高点。”多伊说。“车子是从悬崖上掉下来，烧了起来。”米勒认为。多伊说：“有5个人在车上丧命。”

对于其他的引用来源，维基新闻确立了四个层次：其他的维基新闻文章、网络上的外部链接、印刷来源、网络上的一些背景信息和相关信息。他们以“其他相关维基新闻”、“来源”和“外部链接”加以区别。那些关于支持事实的链接和背景信息的链接必须分开处理。来源里，必须是可供查阅的在线新闻及印刷来源的网络版，如果是原创新闻，则必须提供采访者的笔记，同时尽可能在网络上找到能够相互印证的参考来源。

在写明来源的时候，也要注明有关这个来源的相关信息，比如作者、来源的标题、发表的时间等。同时，来源须有一定的权威性，在基本事实上一致，且范围要广泛，避免地域偏见、党派偏见、宗教偏见、意识形态偏见等，同时要兼顾“有声誉”和“接近信源地”。

讨论页里关于引用来源的问题主要有：无法访问引用来源；引用来源不够平衡，有地域、党派、宗教、意识形态偏向性；引用来源过于偏激；等等。

4. 接近性（Accessibility）

新闻价值的重要构成要素之一就是接近性。在美国，许多新闻界人士把接近性列为新闻价值要素的第二位，仅次于趣味性。[①] 新闻的接近性影响着

① 钟克勋，袁瑜．从传媒分众化看新闻接近性的嬗变［J］．重庆工商大学学报社会科学版双月刊，2004（12）：23.

受众关注，这通常与空间距离、心理感情上的接近，年龄性别上的接近，兴趣爱好、职业上的接近及利害关系方面的接近等有关。①

维基新闻作为网络新闻通讯社性质，新闻内容主体跨度很大，用户在讨论页中也提出不少和接近性有关的问题。如文章主题关注内容过于小众，因为文章布局不合理以及其他原因造成的信息埋没、语言障碍、网站技术原因造成的无法阅读等。

5. 完整性、复杂性争议

报道的完整性是新闻公正性的重要组成部分，新闻媒体可信度的一条重要衡量标准。报道的完整性意味着它讲述了一个有头有尾的故事。这两者和新闻的可读性及品质密切相关。完整性和复杂性并不是说要新闻写得像百科全书那样复杂，而是要多方面多角度地剖析一个事件，并在前后保持着写作风格的连续性。在维基新闻里，完整性和复杂性属于写作风格范畴内的衡量标准。参与者们在维基新闻 FA 讨论页里提出的问题主要有：不相关内容太多，事件描述不够丰满，处理敏感议题的争议等。

维基新闻的撰写、完善依赖着参与者的合作，但在 FA 文章的讨论页里，一些优秀的原创采访类文章大多依赖个人的力量完成。原创报道是媒体的生命力，最能体现维基新闻本质的是合作报道，而这两种形态之间却很难完美吻合。究其原因，原创类报道中的人物专访，客观上在采访阶段要求多人参与基本不可能，但是在后期的资料补充阶段还是有编辑群策群力的进一步发展空间。维基参与者在 FA 讨论页的发言显示了在维基新闻编辑过程中合作不足，或者存在“编辑给原作者提要求加以改进”的状况。这是影响维基新闻质量提高客观存在的障碍。

6. 风格争议

各大媒体都有各自钟爱的写作风格。维基新闻也不例外。在写作上，维基新闻有一套偏好风格指引。如“能使用主动语态的时候尽量不使用被动语态”，“尽量用短小精悍的表达而不是冗长的句子”，“在文字的选择上，尽量选择短的词语”，“别用不常用的语言拒绝你的读者，尽量不用理解有困难的外文词组、科技术语、高科技术语，如果有简明的英语可代替的话”，“别用和传统媒体一模一样的陈旧比喻和结构，要坚持原创”，“礼貌，尤其是当你看法不同的时候。不要夸大事实，人身攻击，尽量避免讽刺和夸张，否则在读者眼中的可信度就会下降”。

---

① 刘英．新闻界进行的理论嬗变及操作误区［J］．新闻界．2006（2）：12.

具体的写作风格上，维基新闻的建议细致到了标题和导语。标题必须非常特别，可以选择和这条新闻有关的独特的细节作为标题；要精炼，宜短不宜长；必须要有动词；对于句子中重要的信息单词要用大写表明；在语言和语气的使用上注意中立；使用现在时而不是过去时；多用主动语态，少用被动语态；标题提供尽可能多的细节，“起义军在巴格达北部袭击美军部队”就比“美军在巴格达北部被袭击”要好；避免使用大众不熟悉的语言，如技术用语、缩写等等；多用逗号隔开人名、地名，少用“和”或者“&”标记。

写出一条完美的导语难度更大。维基新闻建议，文章的第一段要控制在50—80字内，用不多于三句话简明概括大意，回答5W和1H的问题（Who、What、Where、When、Why和How）。如果不能写全5W和1H，可以在后文交代，但必须写得生动有趣，能抓住读者兴趣，不可简单堆积事实。每个在文章中提到的事实都必须在后文有所展开。你不一定要完整地写完这个故事，但是要避免有误导读者的错误信息出现。如果其他的合作者看不懂文章，是很难合作完成这篇文章的。

一般的文章至少要有三段。必须有一个以上的参考链接。如果少于一个或者没有，这样的文章将很快会被删除。如果是突发新闻，很可能需要多人参与协作，则建议打上｛｛Breaking review｝｝和｛｛Expand｝｝的标签，表示需要更多参与者关注这篇文章。

比较通用的标准有：尽量使用简单的句子；集中写好新闻事实点以及它们可能有的影响；使用倒金字塔结构，将最重要和最具有新闻性的事实放在最前面，重要性较低和非及时性的背景信息放在最后，这和维基百科介绍式的静态写作不同，它一方面有利于读者阅读，另一方面也给后续编辑者提供最基本的信息；使用精炼的、平白的英语；报道平衡、清楚、准确、不含糊；另外，要在文章中重点突出和人有关的部分，并使用引语，这会让文章更有趣，也会拉近和读者的距离。

在维基新闻的FA讨论页上，围绕风格相关的讨论，参与者提出的问题层出不穷。主要集中在：文体上不够维基化；表意上没有完全考虑国家化语境；表达冗长、啰嗦，语言运用不够熟练。

7. 版权争议

自由是维基媒体基金会所有项目立足的核心原则之一，维基新闻也不例外。这不仅仅意味着维基新闻是一个人人可撰写、人人可编辑的新闻网站，更重要的是维基新闻所有的内容都是版权自由的。只要遵守一定的版权协议，就可以自由转载使用。

英文维基新闻所有的文字材料均在“创作共用—署名”2.5协议的条款下发表，所有的作品皆署名为“Wikinews”。英文维基新闻的新闻报道中所使用的所有图像，也都是版权自由的。但是所使用的版权协议各不相同。

“创作共用”协议是一种特殊的版权许可协议，诞生于西方反对现行版权过度保护的思潮中，“是开放资源创造者拥有权利和行使权利的依据，使用这种版权协议的作者让渡出部分权力，使作品能够在公共领域更好地流通，实现人类智力资源的共享”。[①] 该协议提供署名（by）、非商业使用（nc）、非演绎作品（nd）、相同方式共享（sa）等4个常见的授权选择，任何作品都可以通过选择这种组合声明自己的作品授权，现在的2.5版本，允许有6种常见的组合方式。

维基新闻所采用的“创作共用—署名”是该条款中开放程度最大的，也是著作权人保留权利最少的条款。对于通过该协议的作品，后来的使用者只需要保留其对原作品的署名，便可以对该许可者的作品及演绎作品进行复制、发行、展览、表演、放映、广播或通过信息网络向公众传播。出于对版权的重视，维基新闻只采用和维基新闻著作权相容的供稿来源，如处于公有领域“知识产权关注小组”和采用cc-by 2.5的全球之声。就连维基新闻的姊妹维基百科的内容也不可随意引用。因为维基百科采用的是“GNU自由文档协议”，和cc-by 2.5协议并不相容。

在对于图片的使用上，维基新闻制定了更加严厉的规则。维基新闻鼓励使用版权自由的图片，包括属于公有领域范围内的，使用GNU FDL、创作共用（非商业性或禁止改作除外）及其他自由授权的图像。同时严厉限制“合理使用”图片的采用。维基新闻的服务器架设在美国，在中文维基新闻使用“合理使用”的图片有严格的条件限制，必须同时符合中、美两国版权法对于“合理使用”的规定。维基新闻是新闻网站，如果某张图片在维基新闻上有利用价值，那它也可能被其他新闻机构所使用，首先在维基新闻上曝光便影响了该作品的潜在市场或价值。为了避免不必要的诉讼，维基新闻严格限制了图片合理适用的条件，规定“在某些特定的情况（需要有相关列表）下是可以的”，规定“不管合理使用与否，在未标明或错放图像版权情况下，都是可以被快速删除的，图像的描述必须包含档案网址来源、叙

---

① 秦柯：CCL China 2.5 by_nc_sa的主要内容与使用中的若干常见问题［J］. 河南图书馆学刊，2007，27（1）：2—6.

述，上传的图像如有不完整的信息，都有可能被删除”。

所有受版权保护的资料，都不能在未经版权所有人同意下加入维基新闻。维基新闻也不接受违反版权，取自其他网站或出版品的文字或图片。在中国大陆的网站上，随意地复制、粘贴已经成为一种常态。简单地从其他媒体复制、粘贴文字，哪怕只有一句话，到维基新闻，就会被认为是侵权，并且即使列出了引用来源，如果照搬字句，还是会被认为侵权。

维基管理员在解释“引用来源”时说：其他网站作为新闻编写过程中参考的资料来源，但不是字句来源。维基新闻十分重视违反版权事件，持续违规者将被封禁，禁止其编辑。

在FA的讨论页，有关版权问题的讨论集中在图片的版权问题上，引用的图片既要和文章关联性强，质量也要尽可能好，最重要的是版权还要符合要求。三者都符合的图片选择范围很窄。因此在图片选择上存在着质量、版权和相关性的博弈。

8. 中立性争议

维基新闻的一个重要原则是中立和不偏不倚。即上传的所有文章不得宣传和推广任何特定的观点。要求所有上传的文章拥有“中立的立场，中性的描述”。

在西方主流传媒的视野里，可供操作的规范是避免偏见，保持中立，在报道冲突、指控或批评、争议的时候特别注意保持公正，避免发表个人观点，尤其是记者个人观点与传媒观点不一致或问题存在有争议时。避免使用匿名消息来源。在报道有关自身的新闻时，要避免记者和相关人员不卷入潜在的利益冲突。①

维基新闻的中立性原则沿袭自维基百科。中立的观点并不是其字面上的意思。一些中立的观点对于具争议性的观点提供了一个中性或者温和的观点。这是对中立观点的一种解释。作为一部更优秀的百科全书，维基百科懂得所谓“中性的观点”根本不是一种观点或立场。维基百科的管理员这样解释中立政策：“我们应该把争论中各方面的声音都公平地表达出来，而不是在文章中指出或暗示任何一方的观点是正确的。”

在维基百科创始人威尔士的描述中，中立性是一系列可操作执行的步骤，而非一个理想化的目标：我们只是寻求一种写作方式使得在一些特定观点上相左的具有基本理性的人能够认可。贡献者应该去搜集并展示所有能够

---

① 张宸．当代西方新闻报道规范：采编标准及案例精解［M］，上海：复旦大学出版社，2008.

得到的观点。但并不是简单地发布了事，它们应当被有层次地归纳和描述，适度加工以及去除任何偏见使得最后的叙述趋向中立。

中立性曾是被传统媒体尤其是报纸推崇至上的新闻原则。① 但在多年的实践中，人们认为：完全客观在传统媒体里很难实现。传统媒体的版面有限，且有一定的发行时间限制，要完全客观中立地展现关于某个事件的所有事实和观点是不现实的。并且，传统媒体本身还受到其所处的国家对于媒体立场的态度、媒体定位本身以及编辑记者的个人立场的影响，要实现完全中立客观很难。

从客观上说，网络空间的无限性为呈现各种事实和观点提供了可能，特别是对于维基百科这类没有时间限制的线上出版物，随时可以增补各方信息。但维基百科并不能够描述出世界上每一种对某个事实的观点，而是“试图去描述争论，而不是参与争论”。但这种不同参与者的归纳和描述难免因为个人的立场而起争执，在维基新闻中如果一篇文章被标记出中立性的问题，而在一段时间内参与讨论者们不能达成共识，它就将被删除。许多事件和题材因此而不能呈现，这种选择性本身是尊重中立性的，但在客观上又造成了不中立。② 并且，维基新闻承认它反映了“盎格鲁-美国中心主义”，并在此自由资本主义思维立场上寻求中立性和不偏不倚。③ 这一点在中文维基新闻中体现得格外明显。只要使用了“呐喊”、“呼吁”、“赞扬”等字眼的新闻，一般会被认为是官方语调，意识形态挂帅，而不能够顺利发表。这也从侧面反映了要在报道里完全地去除所有的立场是很困难的。

在英文维基新闻的操作中，被认为“中立性有问题”的有三大类：一类是在用词和语句上带有感情色彩体现的立场不平衡，一类是来源不够中立，一类是不同观点和角度在文中表达不够平衡。

小结

通过对维基新闻讨论页的分析可以看出，维基新闻的各项规则的实施，是在维基社群的讨论中完成深化的。所有维基条款的确立都依赖共识，即维基社群通过讨论后投票决定的规则。

---

① Einar Thorsen. Journalistic objectivity redefined? Wikinews and neutral point of view [J]. New Media & Society, 2008 (10): 935.

② Einar Thorsen. Journalistic objectivity redefined? Wikinews and neutral point of view [J]. New Media & Society, 2008 (10): 935.

③ Einar Thorsen. Journalistic objectivity redefined? Wikinews and neutral point of view [J]. New Media & Society, 2008 (10): 935.

如果把维基新闻比作一家报社，那么从记者开始撰写一篇文章，到报纸的最后出街，所有的编辑流程和讨论过程全部是透明公开的。在维基新闻首页的记者室、编辑室和茶馆栏目，你可以选择撰写或编辑新闻，也可以参与对文章或维基新闻规则的讨论。开放的决策机制是维基新闻网站的运作规则。

维基社群的民主氛围浓厚，任何人都可以对他人的观点提出挑战，对有争议的文章发表自己的看法，例如，某篇文章是否有中立性问题。新撰写的新闻在经过两周的修订时间后将被保护，不允许作内容上的进一步改动。但如果对某篇文章有意见，不受此期限限制，尽可以发表在该篇文章的对话页里。如果参与各方对某一篇新闻的意见分歧较大，这篇文章会被列入“有争议”之列，在讨论页上进行争辩，最后各方如果不能达成一致，则通过投票来决定去留。

尽管在维基新闻发布新闻不需要注册，但注册成为维基新闻会员后，可以更深入地参与维基社群活动，如参与对于某项讨论的表决（常见的是关于某条新闻是否应该删除的讨论），对于维基管理员当选的投票表决，以及对于维基新项目的投票表决等等。

管理员的特权是可以查封破坏者（Vandalism），经过社群的一致同意删除页面，保护页面防止编辑战（Edit Wars），以及删除和阻止特定用户，还可以编辑首页。但是管理员的申请是开放的，任何注册用户在获准社群同意后都可以被任命为新管理员。为了确保维基社群成为文明的争鸣之地，维基新闻确立了一整套道德规范，包括真诚公正、最低伤害和承担责任三项原则，规定严禁剽窃、转载注明出处、准确展示和避免误导，规定了争议解决的具体途径；要求报道者要有同情心和怜悯心；尊重他人，避免人身攻击。①

维基社群的活动精确地反射着网络文化的多元性、开放性、平民化和非权威主义。在这里，每个参与者都有权发出自己的声音，但每个声音都不可能成为绝对的声音。

维基新闻虽是在线新闻的一种形态，但因为确立了一套严密的质量控制体系，和一般在线新闻相比质量较高，但也因为这样的质量控制体系影响了效率，在曝光率上略逊一筹。和维基百科相比，维基新闻的参与门槛比维基百科更高，知名度也不如维基百科，吸引的“维基人”没有百科那么多。因为除了掌握维基写作的方式和风格还要适应新闻写作的要求。除了那些影

---

① 张羽，赵俊峰．中、美、韩三国公民新闻的比较研究［J］．新闻知识，2006（11）：19—22.

响重大的突发新闻，维基新闻要求新用户发布的文章也要拥有一定完整性和可读性，最起码是一条“新闻”。而维基百科往往只要求信息点的罗列，对前后关联逻辑要求不高。换言之，维基新闻更难写。

在中国，尽管自媒体市场化以来，涌现出一批已脱胎于西方新闻操作理念的市场化媒体，但在国内现有的新闻宣传制度和媒体框架之下，建立专门的公民新闻媒体并不现实。[①] 同时维基项目在中国也遭遇了水土不服。一方面是由于互联网的管制，另一方面由于中文维基人的稀缺，导致维基新闻项目的参与度并不高。运行4年多，截至2010年4月10日，只有3561篇中文新闻稿。

关于维基透明化的管理模式，中文互动百科的CEO潘海东在评价时说：“维基本身的概念和其能实现的机制已将防备作恶行为发挥到极致，相比BBS只有一个具备删改权力的守门员，维基百科相当于每个人都是守门员。”[②] 在维基新闻，传统媒体“把关人”的角色被分散到各参与者上。但也正因为如此，文章的改动周期较长，会在较长时间内处在完善状态，和路透社的扁平式发稿体系相比，效率偏低。

但维基新闻透明、开放的管理模式对于现行的传媒管理方式仍有借鉴意义。崇尚群体智慧的维基项目，具体到新闻运作，是编辑、作者、读者深度互动的关系。在传统媒体里的内部采编平台完全可以借鉴维基架构搭建相似的后台操作系统，它能大大提到工作效率并减少错误的发生。

① 韩鸿，张娜．公民新闻的中国实践——成都商报“QQ记者”模式探析［J］，新闻爱好者，2007（9）：54.

② 杨琳桦：维基东进和互动西游
http://www.21cbh.com/HTML/2009-12-7/156744.html

第五章

上下求索

□第1节　寻找新的价值源
□第2节　谁是报业救主

第1节

寻找新的价值源

在互联网的强烈冲击下，传统报业的最大危机，便是长期以来安身立命的经营模式遭到破坏。美欧报界多数人把报业未来的生存希望寄托于数字化。但是数字化真的能使传统报业重获生机吗?

仍然身陷低谷的美欧报业一直在寻找对应之策，力求发现新的价值来源，以补偿高昂的运作开支，维持经营利润。

网上能否收费?

自20世纪90年代中期以来，一向相信“内容为王”的美国报界人士似乎对报纸内容在网上的价值失去了自信与判断力。迄今为止，美欧及全世界报社的网站收入来源基本上靠广告，绝大多数报社网站的内容全部是免费阅读的。对于报纸网站的内容是否应该收费，如何收费，以及究竟何种收费方式合理可行，一直存在反复和激烈的争论。

在2000年前后，有十余家报纸实行过网上收费制，但是2001年波瑞尔公司（Borrell & Associates）的一项研究显示，除了《华尔街日报》等个别特例之外，大多数网站吸引到的订户微不足道，不足纸报总发行量的2.6%。[1]

《纽约时报》这样的报业领袖，也在变化多端的新媒体市场上犹豫不决，似乎乱了章法。《纽约时报》网络版（NYTimes. com）是在1996年1月

---

① Gordon Borrell & Associates: The Free vs. Paid Debate
http://www. borrellassociates. com/reports/industrypapers/online-archives/112-the-free-vs-paid-debate

上线的。[①] 在上线之初，该报曾试行网上收费，结果只有大约 4000 人登记订阅，于是不得不取消收费制。[②③] 随后该报于 2005 年 9 月开始，再次实行一种特别内容收费制，称为“时报精选”（Times Select），即对该报的 22 位专栏作家的文章以及该报 1951 年之后的历史档案，收取年费 49.95 美元。推出这项收费制的目的是希望吸引到 100 万付费用户。[④] 而实际上在该报实施内容收费期间，网上订户只达到 22.7 万，每年订阅收入约为 1000 万美元。但是在时报精选制实行了整整两年之后，该报 2007 年 9 月又一次改弦易辙，宣布放弃该项收费制度，网站内容完全免费浏览。该报当时认为，由于搜索引擎的发展，网站内容收费制会限制搜索引擎的链接，从而限制和减少该报网站的访问量。如果免费开放网站内容，则可以借助搜索引擎的链接，迅速提高网站浏览量，因而有望获得更多的网上广告收入。

《洛杉矶时报》也曾在 2005 年短时间内实行过网站收费制，同样很快就放弃了。[⑤]

至今绝大多数中外报纸网站都实行免费浏览，最初的理由是有诱惑性的：免费阅读可以带来点击量的增长，而点击量的增加将带来广告收入的回报。但事实上，网上盛行“免费大餐”，其效果适得其反，已使报业陷入进退两难、几乎绝望无解的经营怪圈：

——因为互联网抢走了读者和广告，所以报纸为了扩大网上读者群，自己创办网站；

——因为互联网内容大多是免费的，所以报纸网站也提供其原创内容供免费阅读；

——因为商业门户网站和搜索引擎网站有更大的影响力，所以报社自愿与对方合作，以廉价甚至免费方式，将其原创内容提供给网上竞争对手；

——免费促使门户网站、搜索网站、新闻聚合网站等迅速成长，变得愈加强大有力；

——报纸网站愈加处于弱势地位，依赖广告赢利的希望变得更加渺茫，与商业性网站的差距越拉越大。

10 多年来报业痛苦的尝试尤其是美欧报业大危机证明，网站内容免费

---

① http://www.nytco.com/company/milestones/timeline_1971.html

② http://www.theglobeandmail.com/news/technology/new-york-times-to-erect-pay-wall/article1437461/

③ 吴蔚．付费阅读，值得吗？［J］．南方传媒研究，总第 25 期 P74

④ http://www.businessweek.com/magazine/content/05_39/b3952034.htm

⑤ Richard Perez-Pena：Times to stop charging for parts of its web sits
http://www.nytimes.com/2007/09/18/business/media/18times.html?_r=1&hp/

阅读而期待大量增加网络广告，并不是一个可持续的有效赢利模式。正如伯恩斯坦研究所（Bernstein Research）的克雷格·墨菲特（Craig Moffett）说，“免费不是一种经营模式”，“它看起来似乎不错，人人都对此兴高采烈，可是当你多加了解就很清楚，它正在带来大混乱，长此以往是行不通的”。①

《时代》周刊前主编沃尔特·艾萨克森（Walter Isaacson）2009 年 2 月发表了题为《如何拯救你的报纸》的长文，论证报纸应恢复有效的网上收费制度。他感叹道：“甚至像我这样的老报迷都已经退订了《纽约时报》，因为如果看来它对内容收费并不适当，我也不想像傻瓜一样花钱去买报纸。”他指出报刊拥有三个传统的收入来源：零售、订阅和广告，而新的商业模式仅依赖网络广告。他把这比作“一张即使一条腿是结实的但依然颤巍巍的凳子”，而当经济危机中网络广告也开始衰弱时，这张凳子就再也无法站立起来了。他指出《时代》杂志的创始人之一亨利·卢斯非常反对只依靠广告收入而免费赠刊的做法，认为这种模式“在道德上令人憎恶”，“在经济上自讨苦吃”。卢斯相信，“出版物的首要职责是为读者服务，而不是为广告客户服务”。艾萨克森说，“在广告是唯一收入的模式下，这种刺激是反常的”，“因为你若感觉不到你的收入直接依赖于你的读者，这会减弱你和读者的联系”。因此，他提倡另一种模式选择，即回复到古老而勇敢的观念，即新闻机构向用户提供有偿新闻产品和服务。②

2009 年 7 月，《金融时报》编辑莱昂内尔·巴贝尔（Lionel Barber）宣称，网络免费时代已经过去，他预测在未来的一年里，大多数的媒体网站都会对内容实行收费。③ 美国报业研究所（The American Press Institute）在 2009 年 6 月提出一项题为《报业经济行动计划》的报告，建议报业领导人采取五个新信条，其中包括：

——通过收费方式，确立网上新闻内容是有价值的；

——应通过谈判对新闻聚合网站和其他再传播者收取更高的内容使用费；

——从以广告商为中心转变为以消费者和用户为中心的创收策略。

该报告主张依靠“核心忠诚读者”，认为这些读者占网页浏览量的

---

① David Carr：Let's invent an itunes for news
http://www. nytimes. com/2009/01/12/business/media/12carr. html

② Walter Isaacson：How to save your newspaper
http://www. time. com/time/business/article/0,8599,1877191-4,00. html

③ John Plunkett：Financial times editor says most news websites will charge within a year
http://www. guardian. co. uk/media/2009/jul/16/financial-times-lionel-barber

85%，他们愿意为网上新闻付费。①

报纸网站收费的建议引起美国报界的热议和期望。但是也有不少业界人士对此深表怀疑。

《时代》周刊载文说，网站收费制最大的缺陷或许是，大部分有收费价值的内容，都可从网上其他渠道免费获取。比如说《纽约时报》的国际新闻很出色，但是大量类似内容可以在CNN和MSNBC的网站上看到，这些网站上还有实时的新闻视频等。《时代》周刊的地方体育报道很棒，但是CBS和雅虎都有类似的体育专栏。② 博客作者帕特·北野（Pat Kitano）指出，报界抱怨说“新闻是值得付费的”，“但是他们论点中的问题在于：免费的新闻总是存在的”，总有其他一些新闻人或者博客和微博，愿意免费传递新闻。在这种情况下，报纸能够提供哪些值得读者付费的新闻呢？文章指出，如果网站重新建立收费堡垒，“将威胁到新闻业的整体价值目的”。因为这样做的结果将把读者赶到其他网站去。文中说，“如果将时钟倒转，试图回到旧时代的经营模式——我们媒体拥有内容——是没有多大意义的。现在我们知道，很多公民记者通过他们的生活体验，能写出比专职记者好得多的观点和专题，未来究竟什么可以叫做真正的新闻，不妨拭目以待”。③

《时代》周刊的另一篇文章举实例说明网站内容收费不可行：2008年《底特律自由报》（*Detroit Free Press*）独家揭露该市市长滥用职权等罪行，该市市长后被迫辞职并被判入狱，该报因揭露这项轰动性丑闻而获得普利策奖。④ 但这份周日发行量达60多万份的地方性大报同时面临着严重财务困境，该报2009年3月月底被迫将家庭订阅的报纸减到每周3天，其他时间只在网上发布新闻。⑤《时代》周刊评论说，《底特律自由报》给两位记者提供了充裕的时间和资源，让他们去作深入调查，写出色的报道，“现在的都市报纸很少还能这样做”。上世纪70年代，《华盛顿邮报》的两位记者为揭露“水门事件”也曾花了几个月的时间作调查，但当时的报纸都是很赚钱的，互联网也是此后25年才发明的。该文说，现在人们又在说《纽约时

---

① Rick Edmonds：API report to exec summit：Paid content is the future for news websites
http://www.poynter.org/column.asp?id=123&aid=164522

② Times：Google's advice to the newspaper industry is late
http://www.time.com/time/business/article/0，8599，1890037，00.html

③ Pat Kitano：The new newspaper business model
http://mediatransparent.com/2009/03/01/the-new-newspaper-business-model/

④ Gannett's Detroit Free Press wins Pulitzer for coverage of mayoral scandal
http://www.gannett.com/news/pressrelease/2009/pr042009.htm

⑤ Bill Mitchell：Detroit Free Press，News Shifting Revenue Burden from Advertisers to Readers
http://www.poynter.org/column.asp?id=131&aid=172280

报》等专业记者的原创新闻比谷歌新闻或博客文章更有价值，“但是很不幸，大多数的读者是绝不会为网上内容付费的”，揭露底特律市长丑闻的报道“可与莎士比亚的优秀作品相媲美”，但并不能多增加几位订户。实际上，在该报刊出报道之后，底特律的电台电视台以及美联社，都立即播出报道中最精华的内容，将其传遍全世界。一家媒体披露的重大新闻，现在会合理合法地转载到其他媒体上。①

《纽约时报》专栏作家戴维德·卡尔（David Carr）指出，就算《纽约时报》通过网上收费可得4000万美元年收入，但是在网络广告方面却会出现更大的空洞。如果重新实行网上收费，对于一个处境十分艰难的媒体公司来说，将是对公司命运的赌博，需要全力以赴，如履薄冰般小心处之，方能渡过难关。②

英国《卫报》新闻与媒体主编阿兰·拉斯布里杰（Alan Rusbridger）强烈质疑默多克等主张的网上收费制，他说：“设立网站付费墙就是在切断新闻工作和世界的联系。”③ 他认为所谓的“付费墙”对《卫报》的新闻和经营都是个坏主意，因为《卫报》的新闻已经从网络的自由思想交换中获益，而《卫报》的经营则有望通过读者的增长而带来更多的广告收入。他说，那些逆潮流而动的报纸，将冒“在梦游中走向默默无闻”的风险。④

值得一提的是，一直以来以默多克为代表的一些美国报界人士强烈抨击搜索引擎大王谷歌“偷走了”传统媒体创造的独家内容，让读者无偿阅读。⑤ 针对这个批评，谷歌在2009年12月宣布作出让步，发布了一种称为“首次点击”（First Click）的新网上程序，可供报纸出版人对搜索引擎进行一定的控制：如读者免费阅读的文章每天不能超过5篇。谷歌还提供了一种新程序，使报纸出版人可以选择拒绝被选入“谷歌新闻”。⑥

麦克拉奇报业集团的主席加里·普鲁伊特（Gary Pruitt）也不赞成建立

---

① Times: The pulitzers: Does great journalism pay?
http://www.time.com/time/business/article/0,8599,1892831,00.html

② David Carr: The Times and the future
http://www.nytimes.com/2009/05/18/business/media/18carr.html?pagewanted=2&_r=1

③ Alan Rusbridger: The hugh cudlipp lecture: Does journalism exist
http://www.guardian.co.uk/media/2010/jan/25/cudlipp-lecture-alan-rusbridger

④ Eric Peanner: Free vs. Paid, Murdoch vs. Rusbridger
http://www.nytimes.com/2010/02/08/business/media/08iht-cache08.html?scp=2&sq=media&st=cse

⑤ Dirk Smillie: Murdoch wants a google rebellion
http://www.forbes.com/2009/04/03/rupert-murdoch-google-business-media-murdoch.html

⑥ Oliver J. Chiang: Murdoch 1, google 0
http://www.forbes.com/2009/12/02/rupert-murdoch-publishers-technology-internet-google.html

付费墙以封杀谷歌的主张。他指出，由于与雅虎和谷歌的战略合作关系，麦克拉奇集团的网站流量增加了20%，他说："割断（与谷歌的）联系就要冒被边缘化的危险。"[1]

收费制成功个案

目前全球报纸网站中，只有《华尔街日报》和英国的《金融时报》等极少数报纸网站成功地采取了内容收费方式。

华尔街日报网站是1996年创办的，该网站一直实行网上内容收费。自2006年才开始同时刊登网上广告。[2] 该网站2007年的付费订户数达到100万，此项收费总收益为6500万美元。[3] 进入2008年，尽管报业总体状况严峻，华尔街日报网站的付费订户数仍然增长迅速。根据美国发行量统计局2008年4月的统计数据显示，2008年第一季度，该网站付费订户达104万，比往年同期增长11%。[4]

新闻集团在2007年5月收购《华尔街日报》之后，老板默多克曾一度打算放弃《华尔街日报》的收费制度，但是他出于商人的精明，最终改变了主意。[5] 默多克在2009年年底发表文章说："高质量的新闻内容不是免费的。在未来，优秀的新闻业有赖于新闻机构吸引消费者付费阅读新闻和信息的能力。"他指出："主要依赖广告的旧式经营模式已经死亡。"他认为即使在经济高涨时，这一点也不会改变了。默多克宣称，"在新的经营模式中，消费者将为阅读网上新闻而付费"，他相信，只要新闻是高质量和有用的，消费者就会愿意付费。[6]

英国《金融时报》独特的网上收费方式被称为"频次模式"（Frequency Model），即尚未注册的新用户访问网站时，允许免费阅读三篇文章，注

---

① Jennifer Saba：McClatchy CEO Pruitt：We've Got No Beef with Google
http://www.editorandpublisher.com/eandp/news/article_display.jsp?vnu_content_id=1004066128

② Amit Chowdhry：Rupert murdoch：WSJ.com expected to increase ＄100 million per year over next several years
http://pulse2.com/category/the-wall-street-journal/

③ Richard Perez-Pena：Times to stop charging for parts of its websits
http://www.nytimes.com/2007/09/18/business/media/18times.html?_r=1&hp/

④ News Corporation：The Wall Street Journal Announces Circulation Growth for the Third Consecutive Reporting Period
http://www.newscorp.com/news/news_377.html

⑤ Catherine Holahan：The case for freeing the WSJ online
http://www.businessweek.com/technology/content/aug2007/tc20070810_305348.htm

⑥ Rupert Murdoch：Journalism and Freedom
http://online.wsj.com/article/SB10001424052748704107104574570191223415268.html#printMode

册用户可以免费阅读10篇文章，超过10篇就要收费。① 2009年上半年的数据显示，《金融时报》多媒体平台运作良好。虽然该报所属出版公司的利润比2008年同期暴跌40%，但是该报纸本身却表现不错，经营状况仍然赢利，这在欧美报业中十分罕见。2009年上半年，虽然该报在英国发行量同比下跌了6%，但由于该报成功实行网上内容收费制度以及报纸提价策略，其网站收入占总收入的比率，已从2007年的14%增加到2009年的20%。同一时期该网站的个人付费订阅人数增加18%，目前个人订阅达到11.7万人，同时有企业订户650家。该报主编约翰·雷丁（John Ridding）将这样的经营业绩归功于高质量的编辑内容。他举例说，该报的新闻专题“中国秘闻”（China Confidential），提供关于中国发展的“可靠信息”，报道对象涵盖中国草根阶层至政界高层，是作为“特别投资信息”来收费的（每年约2500英镑）。雷丁表示，这个例子说明利基市场还可以再作细分，报纸推行信息定价收费，潜力非常大。② 据该报称，2009年3月开始创办的“中国秘闻”，除从下至上广泛搜集信息并进行经济预测之外，还自行举办消费者调查和产业调查，并选取刊登中国经济分析家的评议精粹。③

PREMIUM INVESTMENT INTELLIGENCE
CHINA
CONFIDENTIAL

图5－1　英国《金融时报》的“中国秘闻”标志

美国个别地方性网站也成功地实行了内容收费制度。

例如，美国华盛顿州斯波坎市的《代言人评论报》（*The Spokesman-Re*

---

① Emma Heald：FT editor Lionel Barber：Almost all news outlets will charge online within a year http://www.editorsweblog.org/newsrooms_and_journalism/2009/07/ft_editor_lionel_barber_almost_all_news.php

② Roy Greenslade：Financial Times chief on why his multi-platform paper is in the pink of health http://www.guardian.co.uk/media/greenslade/2009/aug/04/financialtimes-pearson

③ Thomas Crampton：Posted March 18，2009. China Confidential：FT's Great New Newspaper Model http://www.huffingtonpost.com/thomas-crampton/china-confidential-fts-gr_b_176141.html

view）网站，是在一个相对独立的报业垄断市场中创办的网站，它由《代言人评论报》创建。《代言人评论报》已有着120多年的历史，一直是当地最大的新闻信息中心。该网站收纳了《代言人评论报》刊登的大部分文章，但除主页的几条要闻和阅读广告不收费外，其他新闻内容以及数据库内的储存信息都要收费。该网站在实行付费阅读的同时，进行了大胆而富有特色的数字化改革。近年来这家报纸及其网站多次在美国国内获奖。①

美国新墨西哥州阿尔伯克基市的《阿尔伯克基日报》（*Albuquerque Journal*）网站，也于2001年8月始实行了网上内容收费制。除博客和多媒体等内容仍免费外，网站其他内容均需付费阅读，若网民想进行免费试阅读，则必须浏览30秒广告。该网站实行收费制后，网上流量并没有减少。其10万报纸订户中有35000人在网站上注册，2000人订阅了网站内容，网站因此增收10万美元。与免费制时期相比，付费制的实行，使得网站浏览量增加了30%，广告收入增加了50%，而报纸订户数并没有下降。该报主编唐·弗里德曼（Donn Friedman）在总结该报经验时，肯定该报所做的事是有价值的："我们日夜工作，创造和提供了高质量和适用的服务，这和消费者使用其他产品是一样的，他们需要为报纸付费，无论是送到家里还是在网上看。"②

实行网上收费较为成功的地方报纸还有美国俄亥俄州的《哥伦布电讯报》（*The Columbus Dispatch*）和俄克拉何马州的《塔尔萨世界报》（*The Tulsa World*）等。③ 以上地方网站收费制获得成功的原因，与其对当地新闻信息高度垄断有关。但不可低估的是，这些网站往往也在数字化改革方面走在前列，网页制作颇有特色，数字化水平不低，收费办法也经过精心策划。

不过以上报纸网站收费的个案，长期以来只被视为不可复制的例外。

恢复收费制的尝试

无论经历过怎样的反复，存在怎样的争论，至2010年年初，美国和欧洲有一些媒体网站已开始尝试恢复收费制。

《匹兹堡邮报》（*Pittsburgh Post-Gazette*）在2009年9月月初开办了一家会员收费网站"PG+网"，对超出印刷版和网络版的互动和独家内容向会员

① http://www.spokesman.com/about-us/

② Tim Windsor: Will paid content work? Two cautionary tales from 2004
http://www.niemanlab.org/2009/02/will-paid-content-work-two-cautionary-tales-from-2004/

③ Donn Friedman: From free to fee in 10 easy steps
http://www.ojr.org/ojr/business/1068080483.php

收取订阅费。同时，会员可获得网站提供的各类消费折扣券。[①] 一家新闻在线公司（Journalism online）宣称它推出了一种称为 Press + 的网上收费系统软件，供各报社选用（如图5－2）。[②] 但该公司的负责人强调说，对这个收费软件不可期望过高，可能“要花很多年时间，才能靠向网上用户收费，来改善深受困扰的报业经济”，“我们的劝告是，不必操之过急，但可进行

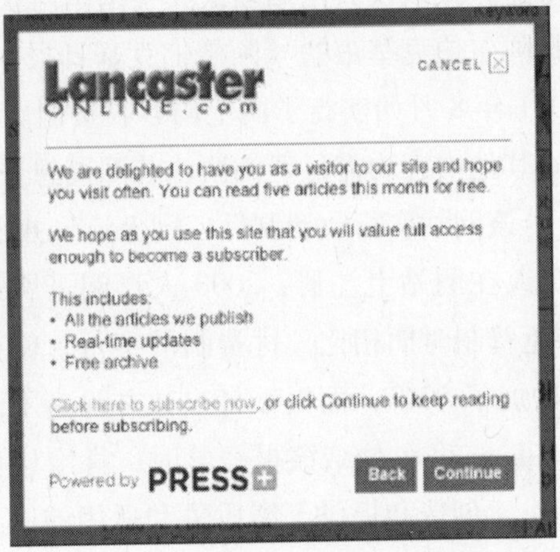

图5－2　Press + 网上收费窗口

试验”。[③] 2009 年 10 月，拥有 40 万份发行量的纽约长岛地区的《新闻日报》（*Newsday*）开始实行网上收费制，读者需要注册登记并付费（每周 5 美元）才能阅读其网站新闻。但该报披露，在实行网上收费的前三个月里，竟一共只有 35 个人登记付费，这个人数只相当于该报发行量的 0.009%。该报花费了 400 万美元重新设计和推出新的网站，而从 35 个网上订阅者一年所获得的收入总共只有 9000 美元。[④] 拥有 300 家地方报纸的英国最大的报业公司之一的乔斯顿报业公司（Johnston Press）2009 年年底宣布试验网上付费制：读者阅读其属下三家出版物的网上内容，须按每季度 5 英镑付费。此外另外三家出版物，网上只提供每篇文章的内容简介，读者阅读全文需要

① Editor and Publisher：Pittsburgh “post-gazette” launches members-only site tonight
http://www.editorandpublisher.com/eandp/news/article_display.jsp?vnu_content_id=1004007970

② Staci D. Kramer：Journalism Online tests one-click paywall tool
http://www.guardian.co.uk/media/pda/2010/feb/03/journalism-online-tests-paywall-tool

③ Richard Pérez-Peña：Some news outlets ready to try charging online readers
http://www.nytimes.com/2010/02/03/business/media/03brill.html? pagewanted=1&ref=media

④ Justin Rohrlich：Why Paywalls Will Block Revenues，Not News
http://www.minyanville.com/articles/news-paywall-newsday-new-york-times-online-content-per-article-subscribers-revenue-/index/a/26569

去购买报纸。这是第一家英国地方报业集团尝试网上收费。这家报业公司一直受到广告收入下跌的困扰，2009 年上半年广告收入比 2008 年下跌 32.7%，因此希望借这一举措，试验网上增收的效果。[①] 但在三个月以后，这六家乔斯顿地方报纸宣布的收费计划却由于几乎无人问津，不得不静悄悄停止施行。有关评论指出，这几家网站设计制作粗糙，更新不及时，可读性差，缺乏参与互动性等，都是导致付费墙试验失败的重要原因。[②] 显然，报纸网上收费制举措如果失败，必会导致自损品牌和丧失更多读者及广告市场的严重后果。

已有 225 年办报史的英国老牌报纸《泰晤士报》根据老板默多克的主张，于 2010 年 5 月 25 日开始，试行网上收费制，该报编辑詹姆斯·哈定说，“现在是结束白送（giving away）新闻的时候了”。该报将原有网站重新设计，分为《泰晤士报》和《星期日泰晤士报》两个网站，经过五周时间的试用期，从 7 月 2 日起正式收费。[③④⑤] 但是，《泰晤士报》收费制的实施效果看来与默多克对读者的期望大相径庭。根据 Experian Hitwise 的分析报告，在正式开始收费的试用期内，《泰晤士报》和《星期日泰晤士报》在英国报纸网站流量中所占的份额开始大幅下滑，从 5 月 22 日的 4.34% 下跌到 6 月 23 日的 1.81%。[⑥] 另据 Beehive City 网站披露的数字，在免费注册期间有 15 万读者注册试用，但截至 7 月 19 日，真正注册付费的用户只有 1.5 万人。[⑦] 而在建立付费墙之前《泰晤士报》和《星期日泰晤士报》网站的每日用户为 122 万，实际付费订户的比例远远低于业界预期的 5%（6.1

① Matt Dickinson：News firm launches pay-to-read online service
http://www.independent.co.uk/news/media/online/news-firm-launches-paytoread-online-service-1831388.html

② Roy Greenslade：Johnston Press paywall “failure” proves the publisher is not up to the job
http://www.guardian.co.uk/media/greenslade/2010/apr/01/johnston-press-charging-for-content

③ BBC：Times and Sunday Times newspaper websites unveiled
http://news.bbc.co.uk/2/hi/business/8702575.stm

④ Vincent Dowd：Will the Times save the newspaper industry?
http://www.bbc.co.uk/news/10440862

⑤ http://www.newstatesman.com/blogs/the-staggers/2010/08/times-paywall-site-data

⑥ Robin Goad：Times paywall：initial data and analysis
http://weblogs.hitwise.com/robin-goad/2010/06/times_paywall_initial_data_and.html?utm_source=feedburner&utm_medium=feed&utm_campaign=Feed%3A+hitwise%2Fuk+%28Hitwise+Intelligence+-+UK%29

⑦ Dan Sabbagh：Times paywall：the numbers are out（should we charge for this?）
http://www.beehivecity.com/newspapers/times-paywall-the-numbers-on-the-street-should-we-charge-for-this180712/

万）。[1][2]

尽管如此，默多克属下的另一家销量最大的英国周报《世界新闻》（*News of the World*）也决定从2010年10月起建立网上付费墙。显然新闻集团正在以破釜沉舟的决心，不惜代价打破白送新闻的僵局，创造新的经营模式。[3][4]

令人瞩目的是，《纽约时报》也在2010年年初宣称，将于2011年1月开始恢复网上收费制度，届时读者只能免费阅读一定数量的文章，超过这个限额，就必须付费订阅。《纽约时报》没有急于重建网上收费制度，其态度与动作非常谨慎。[5][6] 该报小心地避讳将这个收费系统称为“付费墙”（Paywall），而是称为“计数方案”（Metered Solution），这个解决方案将保证在收入、广告和覆盖率三个方面取得平衡。[7] 但不少传媒界人士预测，如果《纽约时报》恢复施行网上收费，其网络浏览量将丧失90%。[8] 由于《纽约时报》在美国报业中居于旗舰地位，作为综合性报纸，该报的品牌几乎无人可比，因此该报网上内容收费计划广受关注。万一《纽约时报》2011年恢复网上收费计划亦遭失败，这很可能不仅是该报的滑铁卢之役，甚至整个美欧报业依靠网上内容收费重振旗鼓的梦想，都将随之破灭。

现在从一方面看，报业十多年来实行网上新闻全部免费，是急功近利、自贬身价、自断退路的败招。从另一方面来看，十多年来网络技术的变革和持续发展，已经根本改变了社会传播环境，新一代网络用户形成了不同于传统读者的阅读需求、口味和习惯，主流媒体的垄断性地位业已大为削弱，同时在互联网上“新闻应该免费”的消费心理业已形成。因此，传统报界今后

---

① BBC：Times and Sunday Times websites to charge from June
http://news.bbc.co.uk/2/hi/business/8588432.stm

② Rory Cellan-Jones：The Times paywall：Hit or miss?
http://www.bbc.co.uk/blogs/thereporters/rorycellanjones/2010/07/the_times_paywall_hit_or_miss.html

③ UK's Top-Selling News of the World Moving behind Pay Wall
http://www.nasdaq.com/aspx/stock-market-news-story.aspx?storyid=201009161427dowjonesdjonline000551&title=uks-top-selling-news-of-the-world-moving-behind-pay-wall

④ The News of the World follows The Time's lead with paywall
http://www.thedrum.co.uk/news/2010/09/16/15680-the-news-of-the-world-follows-the-times-lead-with-paywall/

⑤ New York Time's to Begin Website Charges in January
http://online.wsj.com/article_email/SB10001424052748704635204575243142431123962-lMyQjAxMTAwMDEwMzExNDMyWj.html

⑥ PBS Newshour：New York Time's looks to charge online readers，again
http://www.pbs.org/newshour/bb/media/jan-june10/nytimes_01-20.html

⑦ Mercedes Bunz：New York Time's executives reveal details of metered paywall model
http://www.guardian.co.uk/media/pda/2010/feb/22/new-york-times-paywalls

⑧ Michael Wolff：The Guardian smacks（in its way）the Times and Murdoch
http://www.newser.com/off-the-grid/post/383/the-guardian-smacks-in-its-way-the-times-and-murdoch.html

打算在网络或其他终端上重建内容收费制，这条回头路必然会走得相当艰难。

正如本书第三章所述，从经济学观点来看，报纸原本不属于基本生活必需品，而属于较高层次的必需品，因此在充斥着大量替代性信息产品的市场环境中，报纸网站内容的“价格弹性”明显增高了。一般地说，一旦某家报纸网站开始实行收费制，大多数网民读者便肯定将“移情别恋”。关于读者对付费墙的态度，2010 年尼尔森公司公布了一项对 52 个国家 27000 名网民进行的调查，结果显示：79% 的用户表示如果一家网站实行收费，他们就不会再上那家网站。他们相信可以免费得到同样的信息。71% 的网民认为，那些必须付费的网上内容，必须明显地优于可以免费得到的内容。[①] 而新闻网站一旦真的实行收费，网民登记付费的人数比例还会低得多。美国早在 2001 年对 9 家报纸收费网站的调查结果就已显示，实际登记付费的网民数只占报纸发行量的 0. 2%—2. 6% 。调查报告得出明确的结论说，“企图对现有网站实行内容浏览收费的地方报纸，无法在近期建立显著有效的经营模式”。[②]

从迄今为止国内外新闻网站的经验看，综合类、同质化、替代性高、非原创、非独家以及非接近性等新闻内容很难实行网上收费制。

但是事情尚非如此绝望，实践也已证明，至少在以下三种特定条件下较易成功地实行网上内容收费：

1. 在内容上：对于与用户的基本生活需求密切相关的某一类信息（如财经或其他专有特殊服务性内容）可以实行收费。

2. 在对象上：对有较高的品牌忠诚度的特殊用户群（如注册会员、社交网络圈子等），有可能实行收费制。

3. 在收费办法上：同样的报纸内容，在网站上难以实行收费，但是通过移动网络（手机、平板电脑等终端设备）实施套餐式收费或小额收费制则便利可行，用户比较容易接受。《时代》周刊前主编艾萨克森在报业危机中就曾提出小额收费（micropayment）的建议：在目前网站笨拙的付费系统下，读者办理注册支付手续非常麻烦。他提出要创造一种像苹果公司创造的 iTunes 那样简便的支付方法，即在界面上设置一个简单的点击系统供购买者

---

① Wayne Friedman：Nielsen：Users Won't Pay for Web sites
http：//www. mediapost. com/publications/？ fa = Articles. showArticle&art_aid = 122606&nid = 111243

② Gordon Borrell & Associates：The Free vs. Paid Debate
http：//www. borrellassociates. com/reports/industrypapers/online-archives/112-the-free-vs-paid-debate

使用，对报纸、杂志、博客或视频等内容，可根据内容制作者设定的价格小额付费。在平板电脑 iPad 上市之后，用户纷纷下载媒体 iPad 版阅读程序，证明艾萨克森的提议确是切实可行的。[①]

现在付费墙之战已在欧美报业拉开帷幕，默多克新闻集团等究竟将成为拯救新闻业价值的英雄豪杰，还是违背网络开放潮流的堂·吉诃德？报业曾在互联网发展的第一个十年失去创建新媒体经营模式的主导地位，在今天移动网络异军突起之际，此时再有差池，可能会再一次失去历史机会，损及报业品牌的根本利益。各家报社是否恢复或建立何种内容收费制，均须因报制宜，立足长远，审慎权衡。

公民新闻：众人拾柴火焰高

在 2008 年以来的美欧报业大危机中，公民新闻呈现出多重意义：一方面它被看作是引发传统报业危机的一个深层原因，[②] 另一方面又被视为是对传统媒体报道方式的改革和补充，此外公民新闻还被赋予经济学上的意义，成为降低报业成本的一种有效途径。因此，公民新闻从一种另类理论演变为媒体实际运作的合理组成部分。

新媒体专家克莱·舍基撰文说，新闻界获得资助的渠道，现在发生许多变化，其中包括更多公民志愿参与新闻报道，以及新闻专业人员在与业余人员合作中，发挥更大的杠杆作用。[③] 现在越来越多自愿组合的社会公众志愿参与新闻报道，吸引读者，提供分析和进行评论，以及对新闻进行观察、处理和报道，这些新闻工作的基本内容，已经更多地从专业机构手中转到公众手中。这种公民新闻为媒体提供了大量和丰富的报道素材。自从伦敦地铁爆炸案之后，人们似乎已经习惯首先从业余人士所拍摄的事发现场照片中，去了解事态发展，而不是从专业摄影记者事后拍摄的照片中去了解。例如，由纽约博客网站“哈芬顿邮报”和纽约大学卡特（Arthur L. Carter）新闻研究所合建的一个公民新闻网站 Off the Bus（OTB），其各项专题报道中，大量使用普通非专业人员担任公民记者，去观察和报道各类新闻事件，每个人干几个小时，成百上千人参与，同时还有一支人数甚少的专职队伍负责检查、

① Walter Isaacson：How to save your newspaper
http://www.time.com/time/business/article/0,8599,1877191-4,00.html，参见本章第 2 节。

② Sarah Perez：How Japanese Newspapers Are Trying to Save Themselves
http://www.readwriteweb.com/archives/how_japanese_newspapers_are_trying_to_save_themselves.php

③ 两者的结合又被称为“专业＋业余”混合新闻（Pro-am Journalism）。

编辑和编排原始素材。①

OTB 的创办人阿曼达·米歇尔（Amanda Michel）说，他们并不想去重复传统媒体已经做得很好的事，相反要去关注那些传统媒体不能做或者不会做的事——去报道草根阶层，让草根新闻作主导。她说，数字技术已经打破了新闻制作的垄断，所以利用这个现实，组织几千名普通人（他们的表现常常很不平凡），去报道类似总统大选这样的生活中最重要的事。②

根据美国新闻界政治报道的传统，记者必须亲赴新闻事发现场。但是由于各报社财务困难，在 2008 年的美国大选中，只有《纽约时报》、《洛杉矶时报》、《华尔街日报》、《华盛顿邮报》和《芝加哥论坛报》5 家报纸有能力派遣记者在大选最后几个月里跟踪两党竞选人的足迹。像《休斯敦纪事报》（*Houston Chronicle*）、《克利夫兰平原经销商报》（*Cleveland's Plain Dealer*）等地方大报都无力派出记者到现场采访大选。全美发行量最大的报纸《今日美国》、《时代》周刊和《新闻周刊》都只是偶尔派出记者去现场。对于各家报社来说，在经济危机中，在竞选长达两年的报道过程中派员随访，费用十分昂贵，有时是难以承受的。华盛顿的《政客》（*The Politico*）主编约翰·哈里斯（John Harris）估算，在大选中跟踪两党的 4 位竞选人，每天派出记者所花的费用约 1 万美元，所以该报不打算长时间派专职记者上两位副总统候选人佩林和拜登的专机。③ 而在 2008 年总统大选期间，OTB 网站有一位 61 岁的老大妈博客梅西尔·佛勒尔（Mayhill Fowler）却自费跟随总统候选人奥巴马参加各地竞选活动，两度成为公民记者明星。她以竞选捐助人的身份进入竞选会场，记录了奥巴马在旧金山一次筹款会演讲中说的话——悲惨的小城选民“紧靠枪杆子和宗教”，然后把它放在网上。随后她又在采访前总统克林顿时提出尖锐的问题，同样将克林顿“讲粗口”记录下来放在网上。这位老大妈博客在美国传媒界一石激起千层浪。后来克林顿不得不为他言辞不当表示道歉。

OTB 有 7000 名像梅西尔·佛勒尔这样热情的公民记者，他们活跃在竞选活动现场，写出第一手的报道。虽然有时公民记者的报道不够专业，但是他们带来的丰富人力和信息资源，是主流媒体以往不能想象的。正像 OTB

---

① Clay Shirky：Not an upgrade — an upheaval
http://www.cato-unbound.org/2009/07/13/clay-shirky/not-an-upgrade-an-upheaval/

② Amanda Michel：Get off the bus：The future of pro-am journalism
http://www.cjr.org/feature/get_off_the_bus.php?page=1

③ Paul Farhi：Off the bus
http://www.ajr.org/article.asp?id=4644

的创办人阿曼达·米歇尔所说："OTB以及其他地方独特的公民记者一族，打开了公众参与信息传播的通道，而这是传统的记者们无法做到的。"[①]阿曼达·米歇尔根据自己的亲身经历总结说，"OTB的经验表明，克莱·舍基所说的'大众化业余新闻'（'Mass Amateurization' of Journalism）可以带来真正的突破——不仅在于新闻与信息的民主化，而且在于支撑媒体作为民主制度基石的作用。我们所做的，并不是取代传统媒体，但如果认真和恰当地运用，'专业+业余'的模式将有潜力极大地扩展专业新闻的覆盖面和传播效果"。[②]

明传媒集团（The Clarity Media Group）创办的考察者网（Examiner. com）从旧金山、芝加哥、巴尔的摩、丹佛和西雅图5座城市起步，广泛招聘被称为"考察者"（Examiners）的公民记者，对社区新闻进行报道。该网站还建立了根据博客页面以及相应广告的点击量支付稿酬的经营模式。[③] 虽然一般考察者实际平均稿酬低微，但是他们之中的很多人都怀着很大的热情投入工作。[④] 到2009年8月，该网站已经覆盖了109座城市市场地区，全美注册的考察者发展到13000名之多。该网站代理总裁瑞克·布莱尔（Rick Blair）说，该网站已经成为美国最受欢迎的消息来源之一，人们可以从中寻找关于他们所在社区及其感兴趣的信息和观点。[⑤] 2009年9月该网站合并了另外一家公民新闻网站——公众参与网（NowPublic. com）。这两家网站一年中均成长很快。据统计，前者独立访客量从2008年的每月73.5万人增加到2009年7月的610万人，后者从23万人增加到110万人。该网站计划继续扩大国内外覆盖地区，完善依靠网络广告支撑的经营模式。[⑥]

总之，从本质上看，公民新闻反映了全球传媒业民主化的趋势。从财务上说，媒体机构可以借助公民新闻吸纳外在资源，以"众包"（crowdsourcing）方式降低编辑成本，缓解人手短缺的压力。此外，由于超级地方公民

---

① Paul Farhi：Off the bus
http://www.ajr.org/article.asp?id=4644

② Jay Rosen：Rosen's flying seminar in the future of news
http://journalism.nyu.edu/pubzone/weblogs/pressthink/2009/03/26/flying_seminar.html

③ Erick Schonfeld：The Examiner.com now wants to become a bastion of citizen journalism
http://www.techcrunch.com/2008/10/22/the-Examinercom-now-wants-to-become-a-bastion-of-citizen-journalism/

④ Writersweekly：How much are Examiner.com writers really earning?
http://www.writersweekly.com/the_latest_from_angelahoycom/005364_05132009.html

⑤ Business Journal：Anschutz's Examiner.com grows to 109 U.S. market
http://www.bizjournals.com/denver/stories/2009/08/10/daily6.html

⑥ Mark Walsh：Citizen Journalism site Examiner.com buys rival nowpublic
http://www.mediapost.com/publications/?fa=Articles.showArticle&art_aid=112808

媒体[①]的出现和发展以及社交媒体和移动商务的成长，未来的公民新闻将以手机或平板电脑等交互式便携终端为平台，很有可能以人们所意想不到的方式，创造出新的赢利模式。

融合媒体：危机中的亮点

美国麻省理工学院的传媒实验室创办人尼古拉斯·尼葛洛庞帝（Nicholas Negroponte）早在1979年就提出“媒体融合”的概念。他说：“所有的传播技术都在承受着共同的嬗变，这只有被看作一个单一的主体才能被恰当地理解。”他并且用以下图示来阐述他的思想：[②]

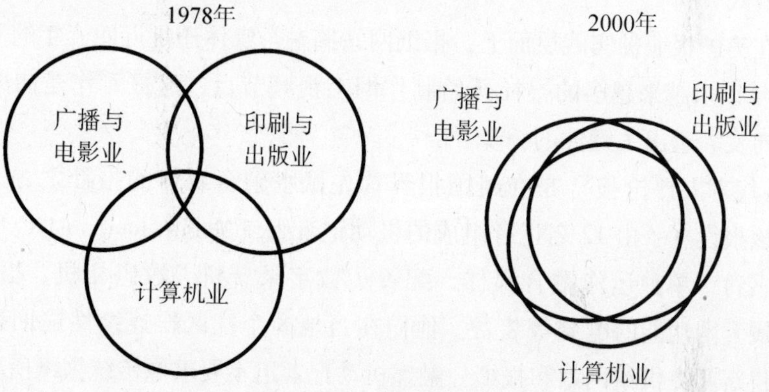

图5－3　媒体融合[③]

有34年报业经验的著名的电子出版专家罗杰·菲德勒（Roger Fidler），于1997年出版了《媒体嬗变：理解新媒体》（*Mediamorphosis*：*Understanding New Media*）一书，阐述了媒体融合的理论。他在书中说，尼葛洛庞帝等最早认识到，“传媒行业和数字技术的融合趋势，将最终导致所谓多媒体传播（multimedia communication）的新形式。多媒体或混合媒体如同人们所知道的那样，总的来说被定义为——任一媒体运用两种以上的传播形式，进行整合传播”。他还说，纸张被认为是旧媒体，而人们选择展示混合内容的新媒体，就是电子屏幕，“新的多媒体系统可以用视频、动画、音频，以及静止

① 参见本书第四章第2节。

② Roger F. Fidler：Mediamorphosis：Understanding New Media
http://books. google. com/books?id=y2gcg1 qcffoc&dq = roger + fidler + mediamorphosis&printsec = frontcover&source = bn&hl = en&ei = bbxrsrsgby36kawr9_y1cw&sa = x&oi = book_result&ct = result&resnum = 4

③ 根据尼古拉斯·尼葛洛庞帝“媒体融合”原图改制。

图像和文字等各种混合方式传递信息”。他强调媒体融合不会导致传播形式减少，而是更加丰富。①

南加州大学数字未来中心主任杰弗里·科尔（Jeffrey Cole）教授说：“尽管报业前景不佳，但仍有明显亮点，包括‘生存的最大机会’。”他说，“60多年以来，报业第一次回到突发新闻报道的行业中来，只是他们现在的报道手段是电子，而不是纸张。自从广播出现之后，在发布即时新闻方面，报纸无法与广播业竞争。但是在数字世界里，报纸至少可以像广播电视一样有效地发布突发新闻。在网站上，报纸可以作现场报道，可以用音频、视频和丰富的数据档案的无价资源，来作补充报道。”他还说，“报业成功的关键，就是采取大胆的举措，全面进入数字领域，创建可以在网上兴旺发展的经营模式”。②

在美国报业的实践层面上，报纸网站搞融合媒体还是近四五年的事。自2006年以来越来越多的报社开始制作网上视频节目，这被看作是向融合媒体方向发展迈出关键性的一步。③

《代言人评论报》是在美国报界首先试水融合媒体的报社之一。2006年，该报设立了由12名记者组成的机动记者组（Mobile Journalists，后增加到30名），单独运作融合媒体，配置了数字录音机、数码相机、摄像机、有无线上网功能的电脑等装备。他们在当地8个社区作连续性巡回采访报道，将新闻提供给网站和报纸。融媒机动记者组不要求像传统报纸所要求的那样写长篇文字报道，而是提供新闻事件发展状态的连续性报道，反映草根阶层真实自然、点点滴滴和现场发生的情况。机动记者使用机动发布系统，直接将鲜活的报道传送上网，并和网友上传的内容结合起来。记者所使用的摄像机既有专业的设备，也有小型普通机。利用机动记者组供给的新闻素材，该报开办了一档网上视频新闻节目，每日中午播报15分钟，包括体育、社区活动和评论。这个视频节目受到当地广告商的欢迎。④

---

① Roger F. Fidler：Mediamorphosis：Understanding New Media
http://books.google.com/books?id=y2gcg1qcffoc&dq=roger+fidler+mediamorphosis&printsec=frontcover& source=bn&hl=en&ei=bbxrsrsgby36kawr9_y1cw&sa=x&oi=book_result&ct=result&resnum=4

② Jeffrey Cole：Annual Internet Survey by the Center for the Digital Future Finds Large Increases in Use of Online Newspapers
http://www.prnewswire.com/news-releases/annual-internet-survey-by-the-center-for-the-digital-future-finds-large-increases-in-use-of-online-newspapers-61998632.html

③ The Digital Journalist：How not to do newspaper video
http://www.digitaljournalist.org/issue0805/how-not-to-do-newspaper-video.html

④ Carla T. Savalli：Newsroom of the future
http://www.knightdigitalmediacenter.org/images/uploads/leadership/newsroom%20of%20the%20future.pdf

据拜威咨询公司（Bivings Group）的报告，至2007年被调查的大多数美国报纸网站都已经有视频内容，其中2/5制作原创视频。①

美国报纸利用网上视频开展经营已取得明显效果。根据2008年美国广告咨询公司博雷尔研究所（Borrell Associates）对3000家地方网站的一项调查，视频是地方广告投入增长最快的部分。2007年地方网站的视频广告收入为3.63亿美元，其中报纸网站不仅在视频开发方面先于其他网站，而且占有最大的广告份额（26%）。接受调查的报纸约有半数卖视频广告。分析家认为，这是因为报纸网站在掌握目标受众方面具有优势，有利于商家推广品牌。根据美国在线出版商协会2007年的调查，56%的被调查者表示接受与视频内容相关的广告。调查还显示正确使用视频广告取得了实效：80%的网友浏览了视频广告，31%的人访问了相关网站，22%的人搜寻更多资料，15%的人进了商店，12%的人购买了商品。最初报社广告人员不善于推销网络广告，大多数将网上广告和报纸上的广告捆绑销售，因而低估了网络广告的价值。据2007年博雷尔研究所的调查，2006年经过培训的专职网络广告销售人员增加了26%，2007年又增加了35%。该调查报告说，视频广告潜力很大，是最受地方广告商欢迎的形式，报纸因而可以开辟一个全新的广告领域。②

即使在报业发生危机的2008年，由于用户市场有很强的需求，报纸网站的视频制作上载量仍然增长很快。据一家专门为媒体提供多媒体出版软件工具的Brightcove公司调查显示，它所服务的美国、欧洲和亚洲共30多家报纸网站，为了努力扩大网上用户群，在2007年每月平均上载186个视频节目，而2008年每月平均上载视频数量猛增到638个。该调查还显示，报纸网站的视频流量每个季度平均递增35%，在2009年第一季度，报纸网站的视频流量达到4200万，而2008年第四季度只有1530万。各报社普遍培训摄像记者，并聘用以前的电视台编辑来制作原创视频节目。在美国，该软件公司的报纸客户包括赫斯特报业集团、考克斯报业集团和纽约时报报业集团。③

据美国知名调查机构电子营销商（eMarketer）2009年8月的调查报告

① 参见本书第二章第1节。

② Deborah Nason：Making money：Pre-roll，post-roll and the ads in between
http://www.naa.org/resources/articles/digital-media-online-video-broll-making-money/digital-media-online-video-broll-making-money.aspx

③ Lisa van der Pool：Brightcove report shows spike in video activity at newspaper Websites
http://boston.bizjournals.com/boston/stories/2009/04/06/daily46.html

显示，视频网站的收看方式，除了对少量电影和体育专题节目实行收费以外，其他大部分内容还是免费观看，并由广告资助支持的。此外随着视频观众群不断扩大，视频内容也从快餐式的视频片段向较长的视频专题片方向发展。

该报告称，美国目前已有72%的网民是视频观众。预计到2013年，将有85%的网民成为视频观众，也就是说，1.88亿网民每个月至少会在线观看或下载一段视频。而就美国人口总体来说，2009年，视频观众人数占总人口的47%，至2013年该比例将达到59%，2010年就将有半数美国消费者观看网上视频。①

报纸网站制作视频内容尚处于发展初期，目前所带来的广告收益还只是杯水车薪。但从长远来看，报纸网站添加视频节目，是一项深具潜力的改革措施，此举将有利于吸引更多网民浏览网站，有利于增强报纸在媒体市场的竞争力，并提高其经济效益。

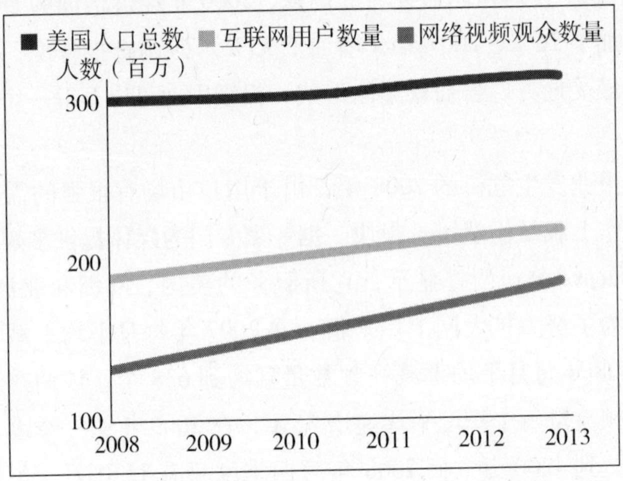

图5-4 美国网络视频观众数量与渗透度②

视频只是多媒体信息呈现形式之一，对于目前大多数报社来说，互联网潜在的多媒体（multimedia）形态远未得到充分开发应用。多媒体体现出新的叙事理念以及新的采写、摄录、编辑与设计等技术手段。这些全新的信息形态和采编手段，与平面媒体与旧式电子媒体的表现手法有重要和本质的差

① Gavin O'Malley: Video consumption goes up, willingness to pay down http://www.mediapost.com/publications/?fa=articles.showarticle&art_aid=111099

② 根据 http://www.mediapost.com/publications/?fa=Articles.showArticle&art_aid=111099 原图改制

别，并不是文字、图片、声音和影像的简单相加。一流的多媒体叙事作品在形态上是无法在传统媒体的介质上复制和充分展现的。一家报社需要组建具有全新知识结构与技术开发能力的采编制作团队，充分借助网站平台和其他新型数字终端为载体，方能产出高水平的多媒体作品。

未来的新闻人需要全面掌握多媒体网络制作的技能。正如南加州大学副教授罗伯特·赫南德兹（Robert Hernandez）所说，网络新闻人需要掌握以全媒体形态叙事的能力，包括文字、图片、音频、视频以及它们的组合运用，“最起码应该了解和尊重每一种媒体技能，知道它们是怎样在网络上使用的”。同时也如同他强调指出的，在网络时代，“最重要的仍然是新闻技能，而不是最新的科技”。①

---

① Robert Hernandez：Wanted：Required Web journalism skills http://www.ojr.org/ojr/people/webjournalist/201002/1821/

第2节

谁是报业救主

美国报界在经济衰退的沉重打击下陷入绝望。《时代》周刊主编艾萨克森说，这种情形就像“当一个人知道自己两周内就要被绞死后，他的脑海里往往会萌生种种绝佳的主意。我们正面临新闻业的‘两周’，新闻机构意识到继续缩减成本并不能阻止即将到来的刽子手，我猜想2009年将会因此而被铭记”。① 许多报界人士在危机中对前途失去信心，殷切期盼出现报业救主。

非营利模式

早在2007年8月，评论家巴勃罗·艾森伯格（Pablo Eisenberg）便呼吁大慈善家们收购并支持那些最重要的报纸，以及处境最困难的报纸，把这些媒体当作非营利民间机构来进行捐赠。② 2009年年初，在美国报业似乎面临全面崩溃的时候，非营利模式成为一个有现实意义的选项。耶鲁大学捐赠与投资基金会主席大卫·史文森（David F. Swensen）在《纽约时报》撰文说：“开明的慈善家现在必须采取行动，密切关注美国民主制度的关键因素（这里指报纸——作者注）正在消退而变得无足轻重。”他说，可以考虑一项选择，不仅可以挽救报纸，而且可以使其更加强壮：把它们变成非营利和接受捐赠的机构，就像学院和大学一样。现在新闻机构被迫削减成本，正带

---

① Walter Isaacson：How to Save Your Newspaper
http://www.time.com/time/business/article/0,8599,1877191,00.html

② Charles Lewis，Bruce Sievers：All the news that's fit to finance
http://philanthropy.com/free/articles/v21/i10/10007201.htm

来严重的后果。对其提供捐赠，可以把它们从过时的经营模式的束缚中解放出来，可以给予它们像大学那样永久性和不可动摇的地位，使它们有更强的稳定性和独立性，免除股东和广告商的压力，更加有效地为公众利益服务。①

2009 年 3 月，美国国会议员本·卡丁（Benjamin L. Cardin）提出一项《报业复兴法案》（The Newspaper Revitalization Act），主张在报业普遍面临困境的情况下，允许将报业经营作为非营利性经营看待，报业地位相当于教育机构，与公共广播台类似。按照美国的法律，这种媒体机构不能认同某一政治派别，但可以对所有社会问题包括竞选进行自由报道。广告和订阅收入可以免税，赞助款可以抵税。②

哥伦比亚大学新闻学院在 2009 年 9 月发表了一份名为《美国新闻业的重构》（The Reconstruction of American Journalism）的报告，伦纳德·唐尼（Leonard Downie Jr.）和迈克尔·舒德逊（Michael Schudson）两位学者在报告中主张，报纸可以向非营利或者低营利的公共机构转型。作为非营利组织，立法机构和政府可以并且应该提供帮助。两位学者指出：美国国税局或者国会应明确税收规定以确保地方新闻组织可以成为非营利性或低营利的组织，在捐助、广告以及其他收入上实行免税。另外，应该为地方新闻建立一个国家基金会，基金会的资金来自联邦通信委员会对电信用户、广播电视拍照持有者或者网络服务供货商收取的费用。补助金通过竞争发放，一个独立的地方新闻基金会理事，将依据地方新闻组织在地区新闻报道和方式上的改革，来决定补助金的发放。除却政府，新闻机构还可以从慈善团体和基金会获得资助。③

但是对于这种非营利模式，美国报界不少人提出质疑。《金融时报》发表文章针对“慈善捐赠模式”的观点评论说，无论国内国外，对媒体捐赠的案例久已有之，但是搞捐赠并不容易。④ 举例说，有两家美国报纸就是受资助的机构，一家是《基督教科学箴言报》，现在已经停刊，另一家是波因特传媒研究所，其所拥有的《国会季刊》（*Congressional Quarterly*）也卖掉

① David Swensen, Michael Schmidt: News you can endow
http://www.nytimes.com/2009/01/28/opinion/28swensen.html

② Susan Sullam: Senator Cardin introduces bill that would allow American newspapers to operate as non-profits
http://cardin.senate.gov/news/record.cfm?id=310392

③ Leonard Downie Jr. & Michael Schudson: The Reconstruction of American Journalism
http://www.cjr.org/reconstruction/the_reconstruction_of_american.php?page=all

④ Jordan J. Ballor: Acton commentary: The state of the fourth estate
http://blog.acton.org/archives/8913-acton-commentary-the-state-of-the-fourth-estate.html

了。文章说“媒体的所有权丝毫不能给你什么豁免权”。①

丹·吉尔默也发表博文，从道义上强烈质疑和抨击报纸经营的捐赠模式。他说，有人估算如果捐赠支持每一家美国报纸，一共需要1140亿美元，但这些钱只够支付采编人员薪酬，没有考虑其他方面的费用。他强调现存的报业不值得资助，“当我观察今天的报纸时，我只看到‘没血没肉’的内容：这些年来这个行业已经被系统地掠夺了，钱都流入公司总部。经理人员拿高薪，股票价格被抬高。维持他们吗？为什么我们要这样做？”②

新闻集团的老板默多克则从维护新闻自由原则和美国宪法第一修正案的角度，坚决反对由政府资助新闻业，认为这是与新闻独立于政府的原则相违背的。他说：“美国政府直接介入商业化新闻业的前景，使任何关心言论自由的人不寒而栗。（美国）建国之父们知道，赢得独立的关键是允许企业作为对政府权力的抗衡力量而发展繁荣。正是因为报纸能够营利，并且不依靠政府而生存，所以它们具备资源和实力，可以监督政府使其负起责任。”③

尽管存在争议，在美国由民间捐助和基金会支持的非营利模式还是初见端倪：如《得克萨斯月刊》（*Texas Monthly*）前任编辑埃文·史密斯（Evan Smith）在奥斯汀开办了非营利性的得克萨斯论坛网（Texas Tribune），开办网站的预算为350万美元，这主要来自风险投资商、基金会和私人捐赠。④恺撒家庭基金会（Kaiser Family Foundation）则启动了一个非营利性的卫生保健新闻项目。⑤ 伊利诺伊州的一家名为“富兰克林政府与公众正直中心”的基金会支持创办了一家报纸《伊利诺伊州府新闻》（*Illinois Statehouse News*）。该报在发刊词中说：“被金钱束缚的新闻机构在很多领域正在收缩，包括对州政府的报道，使选民更难得到充分消息。本报的职责是帮助填补这个空白，向读者提供客观、无党派的新闻报道。”⑥

美国还出现了地方政府向一家报社伸出援手的第一例：新罕布什尔州政

① Andrew Edgecliffe-Johnson：Yesterday's newspapers
http://www.businessspectator.com.au/bs.nsf/article/when-newspapers-fold-$pd20090320-qb4dc?opendocument&src=sph

② Dan Gillmor：Endow newspapers? Wrong question
http://www.pbs.org/idealab/2009/01/endow-newspapers-wrong-question030.html

③ Rupert Murdoch：Journalism and Freedom
http://online.wsj.com/article/SB10001424052748704107104574570191223415268.html

④ Mallary Jean Tenore：Journalists Leave Full-time Jobs to Work for Texas Tribune，Embrace Uncertainty
http://www.poynter.org/column.asp?id=101&aid=170570

⑤ Kaiser health news：Daily Health Policy Report
http://www.kaiserhealthnews.org

⑥ http://www.editorandpublisher.com/eandp/news/article_display.jsp?vnu_content_id=1004050561

府同意向宣布破产的当地日报——《鹰时代》提供25万美金信用担保中的75%，帮助其重新开业。新闻学教授杰克·鲁尔（Jack Lule）说，他相信政府对报纸的资助是未来新闻业的一部分。①

随着技术的不断进步，媒体运作成本大幅度降低，草根媒体的蓬勃发展和非营利化运作将是顺理成章之事。哥伦比亚大学新闻社会学家迈克尔·舒德森（Michael Schudson）预见，美国有望出现“一系列更好的公共信息资源”，这种新的媒体生态环境将包括专业和业余新闻方式以及不同经济模式的混合，如商业的、非营利的、公共的以及由大学支持的。②

但是，鉴于美国新闻业自由竞争的历史传统以及“保障新闻自由”的社会制度，指望慈善家和政府出手来拯救已经高度商业化的美国报业，希望普遍推行非营利模式，实际上只能是望梅止渴，缘木求鱼。

移动网络：定位性改变一切

从技术上看，美欧报业危机也可以说是纸质载体的危机，因此拯救报业的另一条出路，就是寻找适合显示和阅读报纸内容的新型信息发布平台和显示终端。在平面媒体危机的刺激之下，有关手机、电子阅读器、平板电脑等各类便携式移动终端设备的技术发明，在近两年内发展极为迅速，并已取得重要的技术突破。

在电视、电脑之后，手机有“第三屏”（third screen）之称，被看作是引领生活消费与信息消费的一项新营销手段。③ 据国际电信联盟的统计数字，2008年全球使用中的手机总数已达41亿台，即每100位居民拥有61.1台，而全球电话座机总数只有12.7亿台，即手机拥有量超过座机拥有量2倍多。④ 另据Gartner调查公司的统计数据，2010年全球智能手机销售同比增长达72%，全球手机销售总量到达16亿台。⑤

---

① Roy Greenslade：State offers cash lifeline to newspaper
http://www.guardian.co.uk/media/greenslade/2009/nov/13/us-press-publishing-downturn

② http://pewresearch.org/pubs/1523/state-of-the-news-media-2010

③ Eric Pfanner：Marketers Have Eyes on the “Third Screen”
http://www.nytimes.com/2007/03/22/business/media/22adco.html

④ New ITU ICT Development Index compares 154 countries
http://www.mocom2020.com/?CewTLBX7

⑤ Diana ben-Aaron：Smartphone sales gained 72 percent last year，helping propel the worldwide mobile-phone market to 1.6 billion units.
http://www.bloomberg.com/news/2011-02-09/global-smartphone-sales-rose-72-in-2010-as-androids-gained-gartner-says.html

据加西亚（Garcia）传媒咨询公司提供的数字，美国通过手机了解新闻的人数，从2008年1月的1080万人增加到2009年1月的2240万人。[①] 皮尤研究中心2010年3月公布的调查显示，26%的美国成年人在手机上阅读新闻，其中50岁以下的被调查者中有43%阅读手机新闻。72%的手机读者查阅天气预报，68%阅读当前新闻。[②] 另据移动通信公司Verve Wireless 2010年2月公布的调查结果，2009年12月手机新闻的页面浏览量达到1亿页，比上一年增长160%。2009年以来300万个手机新闻软件被用户下载。其中与全国性突发新闻有关的地方性新闻浏览量最大。[③]

手机的普及触发了新型移动商务（M-commerce）的发展。1997年在芬兰赫尔辛基，出现了最早的移动商务尝试：在自动售货机上用手机支付购买可口可乐。同年芬兰也出现了第一家提供手机交易服务的银行。在美国，虽然移动商务的发展起点迟于欧洲与亚洲，但同样增长迅速，移动商务继电子商务之后，开始进入大众化市场。[④] 据美国国际数据公司（IDC）和市场调查公司Jupiter Media Metrix的数据，美国移动商务的收入从2001年的1.27亿美元，猛增到2007年的584亿美元。[⑤] 另据德勤咨询公司（Deloitte）在2009年年底的调查，在被调查者中，45%的消费者表示会用手机搜索商品价格，32%的人会用手机寻找折扣券和阅读消费评论，25%的人会用手机购买商品。[⑥] 移动商务的服务类型包括手机订票、手机折扣券、手机银行、手机内容购买、定位服务（Location-based services）、移动经纪、移动拍卖、移动营销与移动广告等等。[⑦] 移动商务的迅速发展，给报业创建数字化赢利模式打开了新的天地。

苹果公司于2007年6月推出智能手机iPhone，随后技术不断更新升级，iPhone成为集通信、娱乐和信息功能于一体的新型多媒体移动网络终端。

---

① Emma Heald：Mobile money：could iPhone apps be a significant revenue stream for newspapers?
http://www.editorsweblog.org/analysis/2009/03/mobile_money_could_iphone_apps_be_a_sign.php

② AP：Pew Study：One in Four Now Read News on Cell Phones
http://www.editorandpublisher.com/eandp/news/article_display.jsp? vnu_content_id = 1004071749

③ Verve Wireless Serves up 100 Million Mobile News Pages per Month in 2009—on Track for 2.2 Billion Total News Pages Served in 2010
http://crosscutventures.com/news/?p=58

④ U.S. mobile commerce sales to hit $2.42 billion & 1.53% of e-commerce
http://www.us-ecom.com/u-s-mobile-commerce-sales-to-hit-2-42-billion-1-53-of-e-commerce/

⑤ Wireless Center：Key M-Commerce statistics
http://www.wireless-center.net/Mobile-and-Wireless/2463.html

⑥ Claire Cain Miller：Mobile Phones Become Essential Tool for Holiday Shopping
http://www.nytimes.com/2009/12/18/technology/18mobile.html?_r = 2

⑦ Wikipedia：Mobile commerce
http://en.wikipedia.org/wiki/Mobile_commerce

iPhone 上市后销售火爆，具备 3G 功能的 iPhone 手机仅在 2009 年财政年度第二个季度就销出 380 万台。[①] 据尼尔森公司 2009 年 4 月的数据，在美国 iPhone 的活跃用户数达 640 万，比 2008 年增加了 210 万。[②] 苹果公司于 2010 年 6 月 26 日推出新型 iPhone 4，在上市三天之内即售出创纪录的 170 万台。[③]另据摩根斯坦利分析师对美国市场预测，iPhone 手机在 2011 年将达到 1 亿台。[④]

智能手机功能丰富，特别是兼具便携性和定位功能，由此构成手机用户的一个重要特点——具有身份可辨识性及地理方位的可确定性。因此媒体可以根据用户的方位，定制化地为每个用户提供相应的新闻和信息，这将是创立手机媒体新经营模式的关键点之一。[⑤⑥] 手机的定位性可以将传统新闻价值观中的接近性原则发挥到极致。

美国《连线》（*Wired*）杂志网站特约编辑马修·霍南（Mathew Honan）评论说，方位导向的未来（The location-aware future），就在眼前。现在数以百万的人们手持 iPhone 3G 或者谷歌的机器人（Android）手机出行在外，不仅可以知道他们在哪里，而且将这些方位信息放在互联网上共享，融入在线信息库，就可以找出邻近地区的人和物。以往有人说，有朝一日当人们经过一家星巴克咖啡店时，手机会收到一杯卡布奇诺咖啡的折扣券，这个预想今天已经可以实现了。“简单地说，定位性改变一切”，“一旦我们将定位与网络相融合，我们在哪里购物，与谁同往，看什么，找什么，到哪里去，这些都会改变”。[⑦] 摩根斯坦利咨询公司（Morgan Stanley）分析师玛丽·米克尔（Mary Meeker）将定位服务称为移动互联网的秘笈（secret sauce）或钥匙（key）。[⑧]

读写网（Read Write Web）的内容开发副总裁马歇尔·科克帕特里克（Marshall Kirkpatrick）描绘了消费者将如何使用手机定位平台：

---

① Apple Q2 Surprises to the Upside; Sells 3.8 Million iPhones
http://www.wired.com/epicenter/2009/04/apple-q2-surpri/

② http://blog.nielsen.com/nielsenwire/online_mobile/iphone-users-watch-more-video-and-are-older-than-you-think/

③ http://www.apple.com/pr/library/2010/06/28iphone.html

④ http://www.pcworld.com/article/199237/iphone_sales_forecast_to_hit_100_million_by_2011.html

⑤ Russell Adams: Washington Post revamps mobile strategy
http://blogs.wsj.com/digits/2009/07/29/the-washington-post-revamps-its-mobile-strategy/

⑥ Emma Heald: Mobile money: Could iPhone apps be a significant revenue stream for newspapers?
http://www.editorsweblog.org/analysis/2009/03/mobile_money_could_iphone_apps_be_a_sign.php

⑦ Mathew Honan: I Am Here: One Man's Experiment with the Location-Aware Lifestyle
http://www.wired.com/gadgets/wireless/magazine/17-02/lp_guineapig?currentPage=all#

⑧ Mary Meeker: Mobile internet is "bigger than most think"
http://moconews.net/article/419-meeker-on-the-mobile-internet-bigger-than-most-think/

当某用户通过手机登记之后，自己的方位随即被锁定，如某条街的某个咖啡馆。

此时他可以看到来自地方报纸的如下信息：上周刊登的他目前所在街区内的3条都市版消息、1条商业消息、2条体育消息。报纸最早报道这家咖啡馆的时间是某某年（加链接）。他还可以看到与自己所处地点相关的社区活动日程，如距离三个街区之内，将有2场音乐会、1场政治集会、1场宗教活动等。同时他还可以查阅维基百科上3个介绍与其方位有关的区域情况的条目。甚至可以了解在社交网络中，他的哪位朋友位于或曾经来过他当前的位置。他还可以接收到与其位置相关联的广告，如附近哪家商店有其喜欢的食品。①

另据comScore的一项最新统计表明，通过手机浏览器接入脸谱网和微博推特网的用户数增长十分迅速。2010年1月通过手机浏览器接入脸谱网的用户达到100万人，与2009年同期相比增加了112%，而接入推特网的用户达到470万人，增长了347%。comScore高级副总裁马克·多诺万（Mark Donovan）称“社交媒体是移动网络的一个自然的‘最佳点’（sweet spot）”。②

2009年3月在纽约创办的四方网（foursquare）就是一家新型定位性社交网站。该网站以网站和手机应用程序为平台，使注册用户与网络好友相互连接，并相互了解和更新各自地理位置。自2009年11月以来，两个月中该网站的访问量增加了3倍。四方网还与加拿大都市报业集团（Metro）达成协议，该报将根据用户登录时的方位，向用户提供地方性新闻。这一项协议被誉为“定位平台时代的来临”。至2010年4月，四方网被称为“硅谷最受追捧网站”，该网站的注册用户接近100万人时，雅虎曾出价1.25亿美元希望收购四方网。手机与社交网络连接聚合的新趋势，具有深厚的商业潜力。③④⑤

---

① Marshall Kirkpatrick：The era of location-as-platform has arrived
http://www.readwriteweb.com/archives/foursquare_location_platform.php?utm_source=rwwhome&utm_medium=featuredslot1&utm_campaign=featured%2bpost%20slot%201

② Mike Sachoff：Facebook and Twitter See Big Mobile Gains
http://www.webpronews.com/topnews/2010/03/03/facebook-and-twitter-see-big-mobile-gains

③ Jessica Guynn：Foursquare tops Silicon Valley's most-wanted list
http://latimesblogs.latimes.com/technology/2010/04/foursquare-tops-silicon-valleys-most-wanted-list.html

④ Marshall Kirkpatrick：Location Is Hot：Foursquare Traffic up 3X in 2 Months
http://www.readwriteweb.com/archives/location_is_hot_foursquare_traffic_up_3x_in_2_months.php

⑤ SXSW：Foursquare Scores Despite Its Flaws
http://www.washingtonpost.com/wp-dyn/content/article/2009/03/18/AR2009031802819.html

图 5 -5　四方网主页

虽然手机报的读者目前在总人口比例中只占少数，但是随着移动通信的迅速普及，各家媒体为了应对报业危机，纷纷把目光投向手机报的研发。

例如，美国考克斯报业公司为了应对报业危机，与一家移动通信公司合作，2008 年 6 月创建了 19 个手机网站，向用户提供地方新闻、地方搜索资料以及定位广告。①

甘尼特报业集团看中了移动网络地方搜索服务的巨大潜力，于 2008 年 6 月全资控股买下了购物网站——地方购物（Shop Local），这是一家专门经营网络营销和网上广告的公司，它的合作者包括 29 个全美最大的零售商，如塔吉特（Target）、劳氏（Lowes）、沃尔格林（Walgreens）和 CVS 等。②

《休斯敦纪事报》的手机网站在开发分类广告的地方搜索方面树立了范例。除了突发新闻、天气预报、交通信息等内容外，这个网站提供可供搜索的各类商品、汽车和房地产的完整目录，如购房者可以在网站上搜索休斯敦及周边地区 6 万住房的详细信息。购买家具者可以通过手机获得广告商提供

---

① David Weir：With everyone's ad revenue nose-diving，one newspaper chain goes mobile
http://industry. bnet. com/media/1000151/with-everyones-ad-revenue-nose-diving-one-newspaper-chain-goes-mobile/

② Gannett acquires all of ShopLocal LLC
http://www. gannett. com/news/pressrelease/2008/pr070808. htm

的购物折扣券。该网站于 2007 年 5 月创办，页面浏览量从第一个月的 2500 次，跃升到一年后的 50 万次。①

由于苹果公司的 iPhone 具有类似阅读器的功能，并允许第三方软件开发商自行开发用于 iPhone 的各类应用程序，因而被传统报纸视为富有吸引力的一条新的信息发布渠道。传统主流媒体争先恐后尝试开发 iPhone 版，通过 iPhone 程序库 App Store 发行销售。

在 iPhone 新款上市几天之后，路透社即推出 iPhone 应用程序，通过 iPhone 界面发布新闻、显示视频和幻灯片，路透社手机网站功能还包括汇率计算、视频片段、搜索和股市图表以及动画等。路透社的实验室还专门开发了适合本社记者在新闻现场用手机上传新闻视频的软件工具。路透社媒体部（Reuters Media）首席科学家尼克·富尔顿（Nic Fulton）说，媒体机构通常把手机报看作媒体网站的附加物，或者是一个 24 小时的新闻渠道，但是从长远看，手机报将是利润率最高的产品，因为手机广告比目前其他方式有更大的价值。②

2008 年 5 月美联社也推出了手机网站（www. apnews. com），并与 iPhone 和黑莓（BlackBerry）合作开发应用软件，在一年的时间里，该手机网站发送了 5500 万条地方新闻，覆盖 100 个市场潜力最大的地区。最初登记与美联社合作的媒体成员单位为 107 家，一年后增长到 1000 多家。美联社手机用户中 63% 为 18—34 岁的年轻人。据统计，一年中美国手机报用户增加了 58%，每位用户平均每个月浏览 17 分钟手机报。美联社还致力于开发国际市场，研制英语、法语和西班牙语的手机报版本。③

《纽约时报》于 2006 年 9 月创办手机网站。至 2007 年年底，手机网站的页面浏览量为 1000 万次，2009 年 6 月剧增到 4100 万次。④ 该网站功能丰富，包括信息、电邮转发、营销项目、数据库等。《纽约时报》手机网站 2007 年 9 月创建了房地产信息目录，深受读者和房地产经纪人的欢迎，

---

① A. S. Berman：The tipping point for mobile local search
http://www. naa. org/resources/articles/digital-media-moving-to-mobile-local-search/digital-media-moving-to-mobile-local-search. aspx

② Paul Berger：Mobilized：Reuters
http://www. naa. org/resources/articles/digital-media-moving-to-mobile-reuters-case-study/digital-media-moving-to-mobile-reuters-case-study. aspx

③ Reuters：AP mobile rings in one-year anniversary，more than 55 million local stories read by consumers on the go
http://www. reuters. com/article/pressrelease/idus168297 +21-may-2009 + bw20090521

④ Russell Adams：Washington Post revamps mobile strategy
http://blogs. wsj. com/digits/2009/07/29/the-washington-post-revamps-its-mobile-strategy/

2008 年该专题目录获得威比（Webby）网络大奖。①

报界人士密切关注的问题是：手机报如何为报纸赢利？未来的报纸的生存可以依赖移动网络吗？

图5－6　手机报

到目前为止，通过手机报大量获利的报社并不多见，但是各报业公司仍然各显其能，纷纷尝试各种赢利途径——

第一种途径：手机报附加广告。由于一般的手机屏幕尺寸较小，容量较少，手机报只是报纸网站内容的缩略版，广告的制作和播发都大受限制。不过 iPhone 等智能手机的上市，特别是下文讨论的平板电脑 iPad 的问世，为新型移动终端开发广告创造出全新的方式与机会。

第二种途径：收取订阅费（如每月或每期）。在过去十年互联网发展过程中，用户已经习惯在网络上免费获取新闻与信息，而且使用手机的阅读体验尚未能令人满意，因此大多数用户是否愿意在手机上付费阅读新闻及其他媒体内容，仍有待实践检验。目前，多数传统媒体制作的手机版是完全免费的，手机报的付费模式主要是作为用户套餐计划的组成部分而获得收益。

第三种途径：《纽约时报》、《华盛顿邮报》、《今日美国》和法国《世

① Beth Lawton：Mobilized：The New York Times
http://www.naa.org/resources/articles/digital-media-moving-to-mobile-nyt-case-study/digital-media-moving-to-mobile-nyt-case-study.aspx

界报》(*Le Monde*)等报社自行开发可供在 iPhone 上下载该报新闻及资讯的应用程序，收取小额程序下载费。如《华盛顿邮报》在 2010 年 3 月开发出 iPhone 应用程序，下载费为 1.99 美元。英国《卫报》开发的 iPhone 程序下载收费为 3.99 美元，在推出 10 周之内有 10 万用户下载。[①]

美国最大的移动通信公司 Verve Wireless 为 500 多家地方媒体网站提供移动通信网络平台，创造了独特有效的赢利方式。该公司董事长汤姆·肯尼(Tom Kenney)说，该公司大多数的收入与手机流量无关，而是通过手机发送手机折扣券(mobile coupon)与“短词租赁计划”(texting program)等相结合的营销策略，来取得大宗收入。具体做法是，首先通过手机平台帮助地方企业建立消费群电邮数据库，在此基础上可以投放广告。然后报纸出版者或广告商租赁由移动通信公司提供的关键词(例如“啤酒”)，当消费者输入关键词以及某个商品的目录编码时，就可以通过手机获得某个酒吧或者商店的折扣券。报纸出版人可以使用手机、网站和印刷品同时推销租赁的关键词。据汤姆·肯尼说，这种营销计划是成功的，受到消费者欢迎。报纸出版人在这样的营销计划收入中可以得到 70% 的分成。[②] 该公司通过它所合作的地方网站，服务 300 多万手机用户，每月页面浏览量超过 4750 万次。[③] Verve Wireless 公司 2009 年 6 月宣布与媒体新闻集团(Media News Group)、阿美拉达赫斯报业集团(A. H. Belo Corporation)、赫斯特集团(Hearst Corporation)和考克斯报业集团(Cox Newspapers)合作，帮助《丹佛邮报》、《达拉斯晨报》、《西雅图邮讯报》等报纸建立手机报网站。[④]

手机最终能否拯救报纸，目前得出结论为时尚早，但移动网络的发展无疑将给报业转型带来丰富的机会。

Kindle 能否替代报纸?

电子阅读器又被称为“电子书”、“电子纸”。美国奈特－里德报业公司

---

① Editor & Publisher: Launching Paid iPhone App
http://www.editorandpublisher.com/eandp/news/article_display.jsp?vnu_content_id=1004072190

② Alisa Cromer: Local going mobile: How much revenue is in it?
http://www.newmediahub.com/2009/07/07/local-going-mobile-how-much-revenue-is-in-it/

③ Mark Walsh: Verve to power newspaper mobile sites
http://www.mediapost.com/publications/?fa=Articles.showArticle&art_aid=108666

④ Business Wire: Verve wireless partners with A. H. Belo, Media News, Hearst, Cox Newspapers, Examiner.com and Khaleej Times to Mobilize Publishers' Poperties, Lunches Nw Iphone Web App and Mobile Video for Publishers
http://www.smartbrief.com/news/aaaa/industrybw-detail.jsp?id=b42f7590-bf3d-4906-940d-cde8a46fb66d

（Knight Ridder）曾经在20世纪90年代中期研制一种使用电池的平板报纸，这个项目是早期报业对类似电子阅读器（e-reader）设备的前瞻性研究计划，可惜后来不幸流产。在2008年报业危机中出现了各类电子阅读器，由于其具有无纸化、使用电子油墨、大容量、互动性、无线上网、自动下载、内置字典等一系列功能和显著优点，因此被认为有可能成为“报纸的救星”。《纽约时报》出版人苏兹伯格说：“10多年来我们就已经知道，有一天电子阅读器可以像印刷的报纸一样，为读者提供满意的阅读体验。”① 并称赞Kindle是“印刷与数字媒体相融合的重要里程碑”。②

最早应用于商业化报纸的电子阅读器，是由荷兰iRex公司研制的iLiad电子阅读器，2006年2月由《比利时时报》（*De Tijd*）发行试用。2007年9月，法国日报《回声报》（*Les Echos*）正式发行了可供订阅的电子报纸，用户在订阅一年电子报纸的同时，可免费选择使用两类阅读器的任一类阅读电子报。从2008年年初开始，荷兰《鹿特丹商务日报》（*NRC Handelsblad*）也开始通过iLiad电子阅读器发行报纸。③

自2007年以来，推向市场的电子阅读器种类不下几十种，新品种不断更新。在美国的报业危机中，亚马逊公司2007年11月引人注目地推出第一款Kindle电子阅读器，随即售罄，2008年4月再度上市。2009年2月，亚马逊公司推出了第二款阅读器Kindle 2。在报界人士密切关注中，2009年6月该公司又在市场推出了新款Kindle DX电子阅读器，这款阅读器可存储3500本书，尤其是其大显示屏看来似乎适于阅读报纸版面，因此报界人士一时纷纷议论：Kindle DX能否成为未来无纸社会中报纸的救主？④⑤

图5－7　亚马逊Kindle电子阅读器

《华盛顿邮报》电子杂志《石板杂志》科技专栏作家法哈德·曼约奥

① Bobbie Johnson：Kindle DX heralded as saviour of newspapers http://www.guardian.co.uk/technology/2009/may/06/amazon-kindle-saviour-of-newspapers

② Farhad Manjoo：The newspaper isn't dead yet：Why newsprint still beats the Kindle http://www.slate.com/id/2220793/

③ http://www.articleszones.com/health-fitness/addiction/electronic-paper/

④ http://www.amazon.com/Kindle-Wireless-Reading-Device-Display/dp/B0015TCML0

⑤ http://www.findingdulcinea.com/news/business/2009/may/Can-the-Kindle-DX-Save-the-Newspaper-Industry-.html

(Farhad Manjoo)指出，如果一位读者购买一台 Kindle DX，并订阅一年电子版的《纽约时报》，费用一共约 650 美元，而《纽约时报》纸质版的全年订阅费（全额）是 770 美元。因此两相比较，Kindle 可以说是物美价廉。也正因为如此，《纽约时报》、《波士顿环球报》和《华盛顿邮报》曾拟推出套餐计划，若长期订阅报纸，报社将以补贴方式帮助读者购置 DX 阅读器。[①]

目前亚马逊 Kindle 版电子报刊有《纽约时报》、《华尔街日报》、《经济学人》、《今日美国》等 40 多种，其中包括中国出版的英文报纸《上海日报》(*Shanghai Daily*)。该款阅读器 2009 年售价 489 美元。[②]

但是专栏作家法哈德·曼约奥认为，Kindle 还是存在一些比较明显的缺点。阅读 Kindle 的体验远不如阅读报纸好，例如，Kindle 的新闻是单式排列的，缺乏报纸版面的视觉设计，报纸一向所具有的编辑手段都无从体现，新闻价值轻重无序，资料检索耗时不便，它的大显示屏在这个意义上实际上是一种浪费。而且新闻只在每天午夜才更新一次，跟不上网络 24 小时即时更新的频率。因此曼约奥称 Kindle 只是"报纸的一个不完美的对手"，"它甚至不如智能手机"。[③]

还有一些报界人士指出，Kindle DX 电子阅读器对报业并不是一种理想的赢利方式，因为此项经营的大部分收入（约为 70%），都流入了阅读器运营商的口袋中，而且 Kindle DX 阅读器侧重于教科书市场，而不是报纸杂志。[④] Kindle DX 阅读器也没有为报纸提供新的广告平台，报纸只是单纯的廉价内容提供者。[⑤]

尽管如此，在美国，商家与报界仍然看好电子阅读器市场的前景与潜力，为争夺新市场主导权而展开激烈的角力。在 Kindle 上市的同时，索尼公司也推出两款电子阅读器，一款阅读器为触摸式屏幕，售价 299 美元，另一款为袖珍型，售价只有 199 美元。但两款索尼阅读器产品须连接电脑才能下载内容，不能像 Kindle 系列那样无线上网和自动下载。索尼阅读器还下

---

① Farhad Manjoo: The newspaper isn't dead yet: Why newsprint still beats the Kindle
http://www.slate.com/id/2220793/

② http://www.amazon.com/s/qid=1249557251/ref=sr_ex_n_1?ie=utf8&rs=634370011&bbn=165389011&rh=n%3a165389011

③ http://www.amazon.com/s/qid=1249557251/ref=sr_ex_n_1?ie=utf8&rs=634370011&bbn=165389011&rh=n%3a165389011

④ Caroline McCarthy: Is Kindle a newspaper savior? Not quite
http://news.cnet.com/8301-13577_3-10233764-36.html

⑤ Nancy Herther: Amazon announces the Kindle DX—third-generation ebook reader
http://newsbreaks.infotoday.com/NewsBreaks/Amazon-Announces-the-Kindle-DXThirdGeneration-Ebook-Reader-53843.asp

调了畅销书和新版书的订阅价格，并连接谷歌公共图书馆中大量免费的书籍。[①] 面对市场竞争，Kindle 也针锋相对采取连番降价的对策：2007 年亚马逊推出第一款 Kindle 阅读器时，售价 399 美元，2008 年 2 月推出第二款功能更强的 Kindle 2 时，售价降为 359 美元，2009 年 8 月又将 Kindle 2 售价大幅调低至 299 美元。2010 年 6 月，在苹果公司 4 月推出新型终端 iPad 的压力之下，亚马逊再度将 Kindle 2 杀价至 189 美元，仅为首款 Kindle 上市价的一半。Kindle 的重要竞争优势是可向读者提供拥有 63 万本电子书的庞大网上书库，此项资源远远领先于竞争对手（如 2010 年上市的 iPad 只能提供电子书 7.5 万本）。[②③]

2009 年赫斯特报业集团自行研制了一种 Skiff 阅读器，这是美国报业自主开发的唯一一种阅读器。这种阅读器具有比 Kindle DX 更大的触摸式显示屏，机体更薄且可弯曲，像素更高图像更清晰，带彩色，有动画，内容无线下载，可以随时更新，因此更适合阅读报纸杂志、博客和显示报纸广告，可以将出版人、读者以及广告商的需求联结起来。有关技术公司的负责人说，“Skiff 体现了现场内容传输的新时代”，可以“在任何地点任何时间，传递任何容量的高质量文字、照片和图表，定制化地满足今天消费者的不断需求”。[④⑤] 默多克的新闻集团 2010 年 6 月买下了 Skiff 的数字发布平台。[⑥] Skiff 阅读器由该报业集团自主开发，应能保证有利于报社自身的数字化转

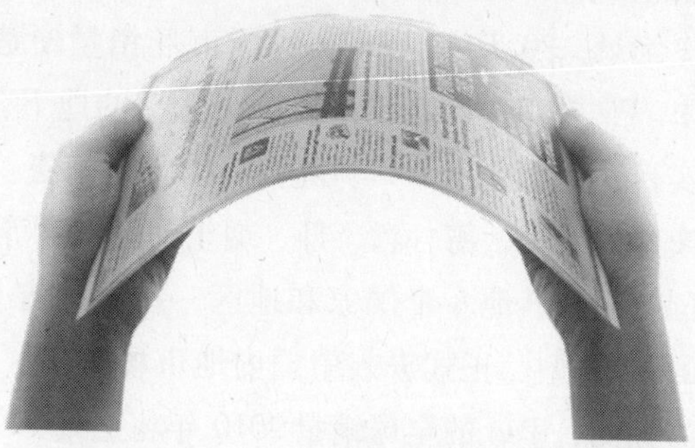

图 5－8　Skiff 阅读器

① Steven E. F. Brown：E-reader Competition Heats up San Francisco Business Times
http://www.bizjournals.com/sanfrancisco/stories/2009/08/03/daily63.html

② Los Angeles Times：Amazon lowers price for Kindle e-reader
http://latimesblogs.latimes.com/technology/2009/07/kindle-price-lowered.html

③ Nicholas Kolakowski：Apple iPad Owners Outnumber Amazon Kindle's：Analyst
http://www.eweek.com/c/a/Mobile-and-Wireless/Apple-iPad-Owners-Outnumber-Amazon-Kindles-Analyst-720232/

④ http://www.editorandpublisher.com/eandp/news/article_display.jsp?vnu_content_id=1004050989

⑤ Jeff Bertolucci：Can hearst save newspapers with an e-reader?
http://www.pcworld.com/article/160403/can_hearst_save_newspapers_with_an_ereader.html

⑥ Nat Ives：News Corp. Buys Skiff, Stake in Journalism Online
http://adage.com/mediaworks/article?article_id=144422

型和持续发展。但这种阅读器能否及何时上市，以及将采取何种模式开展经营，尚为未知之数。

iPad 的启示

在 Kindle DX 问世仅半年之后，苹果公司于 2010 年 1 月底宣布推出报业危机以来最为引人注目的新型媒体终端——平板电脑 iPad，苹果首席执行官乔布斯称之为“真正神奇和革命性的产品”。该产品于 2010 年 4 月初在美国上市，4 月底推出其 3G 机型。iPad 创出了惊人的市场奇迹，28 天内总销量便突破 100 万台，打破了智能手机 iPhone 上市 74 天销出 100 万台的历史纪录，80 天内 iPad 在美国市场销量便达到 300 万台，而且一直供不应求。[①][②] 在纽约曼哈顿苹果公司总部的地下营业厅里总是排着长龙，不得不实行“每张信用卡只卖两台”以限量销售。自 6 月开始，iPad 开始进入英、澳、加、法、德、意、日、瑞士和爱尔兰等国市场。7 月 24 日 iPad 进入中国香港及其他 8 个国家和地区，在港销售十分火爆。9 月 17 日开始，iPad 的 WiFi 型已正式进入中国内地市场销售。据 iSuppli 调查公司 2010 年 7 月的预测，iPad 的全球销量 2010 年将达到 1290 万台，2011 年可达 3650 万台，2012 年将达到 5040 万台。有关人士称，iPad 销量的唯一限制就是其生产能力。[③]而据最新数据，2010 年 iPad 的全球实际销量超过预期，达到 1480 万台。[④]

iPad 由于具有显著的技术优越性而有“Kindle Killer（杀手）”之称，成为各类电子阅读器的致命竞争者，据 7 月的一份市场调查报告，iPad 3 个多月的销售数字达到 327 万台，已超过 Kindle 两年多来达到的 300 万台的估计销量。那些刚刚进入市场不久或正在计划进入市场的一些其他品牌的电子

---

① Philip Lam：Tag Archive：iPad sales figures 3,000,000 iPads in 80 Days
http://www.ipadinsider.com/tag/ipad-sales-figures/

② Connie Guglielmo：Fully operational：Apple's iconic CEO at full speed one year after liver transplant
http://businessmirror.com.ph/index.php?option=com_content&view=article&id=25209：fully-operational-apples-iconic-ceo-at-full-speed-one-year-after-liver-transplant&catid=46：bloomberg-specials&Itemid=70

③ Nicholas Kolakowski：Apple iPad Owners Outnumber Amazon Kindle's：Analyst
http://www.eweek.com/c/a/Mobile-and-Wireless/Apple-iPad-Owners-Outnumber-Amazon-Kindles-Analyst-720232/

④ Andrew：ipad sold 14.8 million units in 2010
http://www.fonehome.co.uk/2011/01/19/ipad-sold-14-8-million-units-in-2010/

阅读器，突然面临“先兆流产”的危险。[1][2]

THE WALL STREET JOURNAL.

What's News –

Blasts Shake U.S. Consulate in Peshawar

Strong Quake Strikes Baja California

Home Sales Data Boost U.S. Stocks

Parents' Struggles Hit Adult Kids

Republicans Worry About Census

图 5 －9　iPad 版《华尔街日报》

iPad 具备多点触控式全彩色界面（full color multi-touch screen），9.7 英寸高分辨率 LED 背光 IPS 显示屏，重量仅为 1.5 磅，厚度只有 0.5 英寸，接近于一本书或一本杂志的分量与尺寸。电池待机时间可多达 10 小时。[3]这种新型终端设备外形大小介乎智能手机 iPhone 和笔记本电脑之间，屏幕大小与 Kindle DX 相仿，但它的功能却明显超越了 Kindle 系列以及其他任何品牌的阅读器。

电子阅读器初期的设计制作理念是基于“只读文化”，即与印刷品相同，是用于阅读文字和图片，只是以电子油墨取代印刷油墨，将平面印刷品的内容（甚至只是不含设计的纯文字信息）搬到阅读器显示屏上。虽然电子阅读器完成了重要的数字化技术转变，可与网络连接实现内容下载，省去

① Nicholas Kolakowski：Apple iPad Owners Outnumber Amazon Kindle's：Analyst
http://www.eweek.com/c/a/Mobile-and-Wireless/Apple-iPad-Owners-Outnumber-Amazon-Kindles-Analyst-720232/

② Baltimore Sun：Reviews of Apple iPad and iBooks
http://weblogs.baltimoresun.com/entertainment/books/blog/2010/01/reviews_of_apple_ipad_and_iboo.html

③ http://www.apple.com/ipad

图5－10 薄薄的 iPad

了印刷发行的环节，降低了制作费用，使阅读电子读物更加方便和便宜，但目前电子阅读器所呈现的内容仍局限于平面媒体。

而 iPad 却使以往所有类型的阅读器相形见绌，其设计理念、功能及用途明显超越了复制平面内容的阅读器。iPad 是对“融合媒体”概念最鲜活的诠释。iPad 像其他阅读器一样可用于读书读报，但它的阅读方式是既传统又新颖的，即一方面可以丝毫不差地完美复制印刷品，另一方面又能以更精美的质量与更丰富的方式，将文字、图片、音响、影像和动漫等形式融为一体，给用户带来全新的阅读体验。同时 iPad 的功能远不止于阅读，它还可以用来搜网页，听音乐，看电影，发邮件，写文章，查资料，玩游戏。iPad 的程序库（App Store）打破了由某家媒体机构或运营商操控媒体消费内容及形式的传统方式，以开放方式运作，可以不断添加大量新的应用程序，以满足用户形形色色的需求，实现了服务功能的高度定制化。例如，iPad 虽然未预设手机通信功能，但用户可以通过下载使用 Skype 程序，同样进行网络即时通信和拨打网络电话。从性价比看，iPad 的普通机型在美国售价为 499 美元，仅比 Kindle DX 高 10 美元，但信息存储量却多于后者 4 倍。①

与 iPad 相比，通常的笔记本电脑分量还是比较笨重，仍需要背在肩上摆在桌上，而且待机时间较短，因此难以成为普通用户的随身之物。iPad 可拿在手上轻松把玩，轻巧携带，“便携式”三字实至名归。

iPad 精巧的操作设计是富于人性化的，个中三昧是使技术服务于人，而不是强迫人去适应技术。使用 iPad 不仅给工作和学习带来更大便利，而本身也成为一种乐趣。与笔记本电脑相比，iPad 突出的特点之一是使用户的

① Claudine Beaumont：Apple launches iPad tablet computer
http://www.telegraph.co.uk/technology/apple/7086268/Apple-launches-iPad-tablet-computer.html?utm_source=tmg&utm_medium=TD_tablet&utm_campaign=tech2801am

操作变得十分轻松与简单，无论是幼稚孩童还是耄耋长者，不需要经过复杂的培训和学习都能轻易掌握，使一向被视为高科技的电脑不再神秘。在其多点触控界面上，只需用手指轻轻点触，便可以实现所有选择与操作，虚拟键盘把人们从传统键盘和鼠标的累赘中也解放出来了。

从传统报刊读者以及出版人的眼光来看，iPhone 手机尽管功能超强且便于携带，但其狭小的屏幕却同时是一种严重的物理性空间局限，信息显示不够清晰，输入方法不够方便，尤其是无法展示报刊版面丰富的内涵与设计技巧，更加严重的是报刊所赖以生存的各种广告形式也被迫削足适履，大受限制。手机很难满足传统印刷品读者的阅读习惯和审美偏好，因此无法真正成为平面媒体的替代品，也无法维系传统报刊业与广告业的世纪联姻。

而 iPad 给传统报刊业和广告业带来利好消息：iPad 不仅可以像制作报刊、图书一样进行版面和图片的设计，还可以运用更加丰富的 iPad 语言，显示动画、幻灯片、视频和网页，展现更加优质美妙的视听效果。当人们慨叹互联网摧毁了报业广告的传统经营模式时，平面媒体 iPad 版的开发却带来了新形态广告的机会。如《纽约时报》的首发 iPad 版两个月的广告被大通银行买断，FedEx 快递公司买断了路透社 iPad 版三个月的广告，《华尔街日报》iPad 版在四个月内有可口可乐、FedEx 等六家大公司各支付 40 万美元刊登广告。[①] 可以说，iPad 是展示平面印刷广告效果的最佳数字使用终端，这一点对传统报刊业和广告商具有很强的吸引力。

iPad 在美国市场上不属于富裕阶层享用的奢侈品，iPad 基本机型 499 美元的售价，在美国只相当于低工薪阶层 1/3 到 1/2 的税后月薪。与所有的电子产品一样，随着市场的进一步普及，iPad 的售价只能是随之不断下降，从而更快地走进千家万户。iPad 在中国香港上市，最低配置售价为 3888 港元，在内地首发 iPad 16GB WiFi 型的最低售价为 3988 元人民币。考虑到 iPad 超强的性价比，这个价位是中国香港以及内地中等收入家庭可以接受的。

iPad 不仅提供了人们获取信息的新的通路与展台，而且改变了内容传播、媒体运营及服务的思路与方式，从创造新型终端着手，打开了互联网长期以来缺乏有效赢利模式的死结。iPad 可以比作在全球网络平台上建立的一座媒体品牌连锁超市。与街边的货摊相比，超市意味着不同的商业理念、

---

① Ryan Chittumhttp：IPad Review：New York Times vs. Wall Street Journal http://www.cjr.org/the_audit/ipad_review_new_york_times_vs.php

不同的规模、档次、环境、条件和方式，进入超市的产品也必须遵循新的交易规则，以新的尺度去衡量产品的价值。

2001 年 1 月苹果公司开发出 iTunes 软件程序，用户最初主要是通过使用该软件，下载和欣赏歌曲音乐。随着 iTunes 版本的不断升级，该软件的功能也不断扩大，在 iPad 上的程序库中，几乎可以向用户提供所有形式的媒体产品。苹果公司自 2008 年 7 月开始，在 iTunes 软件中建立 App Store 程序库，向全球第三方软件开发商开放，经过苹果公司的审核，App Store 程序库一直在不断添加来自不同开发商的新的应用程序。在 iPad 程序库中，有成千上万种收费或免费的应用程序可供用户选择，内容涵盖新闻、娱乐、理财、教育、科技、文化、时尚、历史、体育、卫生与生活知识等各个领域，可谓应有尽有。这种极富创意的做法意味着 iPad 可以几乎无限地扩展其服务项目与功能，而用户可以根据自身的需要，通过 iTunes 软件定制下载相应的应用程序。至 2010 年 6 月月初，App Store 至少有 22. 5 万个第三方开发商正式提供的应用程序，总共用户下载数量达到 50 亿次，苹果公司此项年收入超过 10 亿美元，苹果与开发商三七分成。① 至 2011 年 1 月下旬，App Store 全球用户下载总量已突破 100 亿次。在 iPad 2010 年 4 月上市两个月后的时间里，用户从中下载的应用程序多达 3500 万个，从 iBook 程序中下载的电子书多达 500 万本，平均每位用户定制下载 17 种程序。② 有国外评论说，智能手机与平板电脑的普及，使人们日益生活在一个“程序世界”里。③

与往日鱼龙混杂的“网络垃圾场”不同，iPad 创建了一个富有魅力而规范严格的媒体交易平台和消费市场，建立了一种规则清晰而可持续发展的新媒体运营模式。由于每一种媒体产品在这个统一的交易场所里是自主定价的，因此每项媒体产品在这里待价而沽，其市场价值得以公平地体现。

在互联网的冷酷打击下变得似乎已一钱不值的平面媒体，其 iPad 版却可以重新论价，这无异于为平面媒体数字化转型提供了再造之机。全球诸多主流媒体趋之若鹜开发 iPad 版，而不甘于在这个媒体超市中缺位。按理说，

---

① Apple says App Store has made developers over $1 billion
http://www. appleinsider. com/articles/10/06/07/apple_says_app_store_has_made_developers_over_1_billion. html

② Chris James：WWDC 2010：35 million Apps downloaded for 2 million iPads since launch
http://www. pocketgamer. co. uk/r/iPad/Apple + iPad/news. asp?c=21240

③ Steve Rubel：It's Time to Prepare for the End of the Web as We Know It
http://adage. com/results?endeca=1&return=endeca&search_offset = 0&search_order_by=score&search_phrase=07/12/2010

iPad 版省去了纸质版印刷和发行的费用，定价似应低于印刷版，但出人意外的是，一些出版物的 iPad 版定价却等于甚至高于纸质版。如 Bonnier 公司出版的《大众科学》（*Popular Science*）纸质版每期售价一年杂志网上订购价是 12 美元，但是 iPad 版的定价是 29.93 美元，印刷版每期售价 0.83 美元，iPad 版每期是 2.5 美元。对于 iPad 版的定价，《时代》周刊杂志总裁摩尔的说法是："事情变得越来越清楚，消费者愿意支付受到信任的高质量的内容。"出版人相信，iPad 版的制作需要更先进的编辑技术和更丰富的表现手段，可以给用户更满意的阅读体验，当然成本也更高，所以应该收取更高的费用。[①] 至于消费者对某家媒体的 iPad 版定价是否买账，则是另外一回事，查一下 App Store 中的下载量便可一目了然。

iPad 是目前最受市场追捧的平板电脑，但是可以预见，由于市场竞争的规律，由苹果公司在平板电脑市场独占鳌头的局面将会被群雄争霸所取代，其他各种类型的平板电脑产品正在纷纷涌入市场，各争一席之地。例如，Dell 公司宣布 10 月 1 日在澳大利亚推出 7 英寸 Streak 平板电脑，三星公司同时推出同样尺寸的 Galaxy 平板电脑，BlackBerry 的制作公司 RIM 也在第四季度推出称为 BlackPad 的平板电脑。[②③]使用谷歌开发的 Android 操作系统的各类平板电脑在市场中所占份额增加很快，2010 年第四季度总共已占到 22%。[④]

国外专业人士将平板电脑（computer tablets）称为电视、电脑和手机之后正在迅速普及的"第四屏"。[⑤] 在未来若干年内，在全球范围内将有越来越多的普通人使用这类第四屏作为优选的媒体终端。iPad 等第四屏的出现，对传统报刊影响之大不难估量。在美国发行量最大的日报《今日美国》是 200 多万份，一般大报发行量仅为几十万份，美国日报发行总量也不过 4800 万份。[⑥] 而 iPad 在上市三个月内销售量就达到了 300 万台，而每一台 iPad 可以同时阅读几十种甚至更多报刊。iPad 的便携性与简捷性大大降低了电脑操作技能与使用的门槛，为其迅速实现市场普及和大众化铺平了道路。可以预

---

① Nat Ives：Why You'll Pay More to See Popular Science on Ipad
http://adage.com/mediaworks/article?article_id=144157

② http://topnews.co.uk/213587-dell-launch-streak-australia-unveils-7-inch-tablet-prototype

③ http://finance.yahoo.com/family-home/article/110783/rim-readies-its-answer-to-ipad

④ Pavel Alpeyev and Hugo Miller：Android Tablets Gain on Apple IPad in Fourth Quarter
http://www.businessweek.com/news/2011-01-31/android-tablets-gain-on-apple-ipad-in-fourth-quarter.html

⑤ http://www.couriermail.com.au/news/battle-hotting-up-as-android-joins-the-tablet-computer-market/story-fn5kfsdd-1225916103503

⑥ The State of News Media 2009
http://www.stateofthemedia.org/2009/narrative_newspapers_audience.php?media=4&cat=2

见，iPad 和其他品牌的移动终端将在很短的时期内进入全球亿万用户手中，移动网络将成为全球覆盖率最高的信息传播平台之一。在 iPad 的刺激和带动之下，适合本土、功能先进的智能手机和平板电脑品牌亦将出现在庞大的中国媒体市场，并将快速普及。人人可以拥有便捷移动终端的时代离我们已不遥远。当每个普通人都能轻松方便地使用移动终端阅读喜爱的报纸时，纸质报纸的命运将是不言自明的。

智能手机和平板电脑的普及，为创建新的媒体消费和经营模式提供了技术和市场条件。传统报业模式中的两个基本点——发行和广告，将转换为一系列新的关键词：便携式使用、组合式功能、内容定制化、“交叉补贴”、即时更新、社区式传播、用户数据库、目标性广告、定位服务、个性化消费等等。

谷歌总裁施密特曾形象地描述了人们使用移动网络的未来图景：

“这是 2015 年。我手中的聚合设备不时传来世界上的新闻。我翻阅着喜欢的报纸和杂志，图像和印在纸上的一样清晰，不需要耗费时间等待下载。这个设备甚至知道我的身份、我的喜好、我读过些什么。所以在阅读新闻的时候，我看到的是根据我的兴趣选择的新闻。新闻提供的方式，有些是属于每月订阅套餐，有些是免费试读，然后在我的账户中收取一点阅读费，还有一些是完全免费而由广告来支持的。但这不是那些吹嘘我从不使用的产品的广告，而像读新闻一样，这些广告也是为我定制的。广告商很乐于为这样的目标性广告大笔花钱。”①

实际上施密特的未来畅想，在技术上已经在 iPad 的应用程序中提前成为现实：如美联社开发的 iPhone 和 iPad 版程序——AP News，已可以根据用户地理定位信息，自动提供相应的本地新闻。

iPad 是目前世界上最先进的新型移动媒体终端之一，不过它会成为报业的救主吗？

苹果公司正在采取与 19 世纪便士报创办者颇为相似的思路，在急剧扩展其移动网络用户群的基础上，推广用于苹果各类终端设备的 iAds 广告程序系统，广告商家们已是纷至沓来，前景十分可观。但是在未来移动广告的诱人大饼中，提供内容的传统媒体能够获取多少份额？能否与终端制造商合

---

① Eric Schmidt：How Google Can Help Newspapers
http://online. wsj. com/article/SB10001424052748704107104574569570797550520. html

作而争得双赢局面。[1]

也许报界本不该等待任何外来的救主。拯救报业的根本之点在于重塑自身，激活报业富于传统的创造力和推动变革的勇气。广告经营模式的创意，原本是200年多前由报业的先驱者提出的，他们曾经既是媒体技术变革的推进者，也是创新经营模式的主导者。在过去10年中美欧报业却因守旧自满而错失历史机遇，难道说在未来10年中，全球报业仍将像某些未来学家所预言的那样会活力枯竭，无所作为，乃至将坐以待毙吗？

答案应该是否定的。

值得关注的是，2011年2月2日默多克新闻集团投资3000万美元与苹果公司合作，创办了世界上第一家专门在iPad上发行的日报——The Daily。这份平板电脑报每日更新100多个版面，报道和评议时事、人物、艺术、娱乐、科技、生活以及体育等方面的丰富内容，以不同于纸质报纸的全新形态呈现给读者，为读者提供了与传统报纸截然不同的阅读体验，具有很强的欣赏性、吸引力和互动性。该报每周订阅价仅为0.99美元，全年订阅折扣价为39.99美元。该报如何借助iPad的技术优势与经营平台，创造出物美价廉的高质量新媒体产品，并建立新的盈利模式，或许有望走出一条数字报业发展的新路。

---

① Peter Kirwan：Google and Apple prepare for mobile advertising battle
http://www.guardian.co.uk/media/2010/aug/09/apple-google-mobile-advertising

第六章

设置路标

□第1节　确立数字优先战略
□第2节　数字报业评估指标

第1节

确立数字优先战略

俗话说“置之死地而后生”。报业危机的沉重教训，促使更多的美欧报界人士认识到，只有摆脱平面思维的束缚，顺应传媒生态变化，充分利用产业资源，引领技术变革的潮流，向数字化方向加快转变，才是未来报业可持续发展的生存之路。

回顾报界10年经验，以往美国报业最大的失策就在于战略目标上的短视：当雅虎、谷歌、苹果、脸谱网和推特网等在传媒市场上不断创新一路领先的时候，不少报人对传媒生态大环境大变迁似乎熟视无睹，在他们看来，无论是互联网或其他什么新技术，都只是平面媒体的附加物，报社的目标只是在固有经营模式的基础上继续扩张规模而已。在一场万米长跑中，只打算跑500米的选手是注定要被淘汰出局的。在传媒技术变革的竞争中，传统报业在起跑线上就已经输给了对手。

2008年2月，在报业危机山雨欲来之际，美国报业研究所发布了第二份关于“下一代报纸”的研究报告，[①] 题为《超越报业的思维》（Making the Leap Beyond Newspaper Companies）。该报告结合24个案例的研究，提出在日益紧迫的不利形势下，报纸要超越自身，尽快从传统的报社转变为地方性信息与联结的公用机构（local information and connection utility），最大限度扩展核心业务，突破新闻产品的局限，着眼于全市场，服务所有消费者，运用新的经营模式，服务新老广告客户，同时创建激发创新的组织结构。[②] 这份报告虽然出炉已晚，不能阻止美国报业跌入危机的漩涡，但这份报告犹如一位灯塔瞭望人发出的强烈海啸的预警，一位工程师留下的未及实施的蓝

① 参见本书第二章第1节。

② American Press Institute：Newspaper Next 2.0，Making the Leap Beyond “Newspaper Companies” Section 1

图，该报告所提出的“超越报业思维”的战略目标，反映出美国报界对于报业数字化转型终于有了更深刻的认识。

在随后到来的报业危机的巨大压力和冷酷现实面前，越来越多的美欧报界人士幡然醒悟，提出“数字优先”（Digital First Strategy）的新的发展战略。在普华永道咨询公司（PWC）与世界报业协会共同发表的《2009 年世界报业形势报告》中，被调查者“有一种普遍的共识，就是必须在数字化方面成功运作”。PWC 媒体主管莫斯指出，在过去的调查中，报纸出版人没有把数字化当作重点，只把它看作附加措施，但是发行量的大幅度下降和残酷的经济衰退已迫使出版人将数字化置于报社的优先地位。①

值得关注和令人欣慰的是，一些美欧报刊社实施数字优先转型战略已初见成效。

有 153 年历史的《大西洋》月刊从 20 世纪 60 年代起财务状况日益恶化，每年亏损达百万美元。该刊从 2007 年开始大力推行多平台（multi-platform）改革，确立数字优先战略，经过几年的努力，2010 年终于开始转亏为盈，取得经营成效。该刊社长史密斯说，印刷并没有死亡，但是数字优先战略可以打开拘泥于传统模式的纠结。他认为，杂志网站的改革目标，就是要对印刷版造反（insurgency），用他本人的话来说，“如果我们的任务就是‘杀死’这本杂志，那我们该怎么干呢?”他还补充说，反正数字竞争对手也会这样干的，还不如自己干。该刊数字广告的收入 2007 年仅占收入总额的 9%，2009 年年底增加到 31%，2010 年预计将增加到 40%，与此同时印刷出版的收入也有显著增长。②③

拥有 19 家日报和 154 家网站的美国报刊记录公司（The Journal Register）大胆突破“经营报纸”的概念，提出“数字优先，印刷置后”（Digital First, Print Last）的发展战略，该报业集团总裁约翰·佩顿（John Paton）解读这项激进的战略时说：“由于认识到我们的竞争者和未来都将是数字化的，所以我们所构建和制作的一切都必须朝着这个方向。”他指出，传统报业 2/3 以上的成本开销都用在支持印刷品的内容制作、市场营销和广告经营方面，而报业的数字化竞争对手却没有这些负担，所以该集团将所有印刷、

---

① Jleiman: Newspaper Industry Research— Investing in Digital Strategies
http://www.marketresearchbulletin.com/2009/05/newspaper-industry-research-investing-in-digital-strategies/

② Bill Mickey: Behind The Atlantic's Brand Reinvention
http://www.foliomag.com/2010/behind-atlantics-brand-reinvention

③ Ellie Behling: “Atlantic” hits new highs for Web traffic, revenue
http://emediavitals.com/article/1005/atlantic-hits-new-highs-web-traffic-revenue

发行、广告和版面制作实行外包，从而节省大量资源投入网站、视频、手机平台和其他数字业务，同时注重培养具备多媒体采编技能的新闻工作者。[①] 2010年4月该集团还推出“本·富兰克林计划”，通过使用免费和开放式网络工具，吸引社区读者积极参与新闻报道过程。[②]

2009年3月底停刊的《基督教科学箴言报》，其壮士断腕之举曾广受关注，该日报停止印刷后转为以网站为主发布新闻，同时出版一份新闻周刊。该报停刊时，订户数已下跌到不足5万，而该报停刊转网一年以后其运营状况有了改善：其新闻周刊创刊一年后订户数增加到7万人，比创刊时增长63%。该报网站（Csmonitor.com）的全年页面浏览量从7620万增加到1.136亿，增长49%。该报还开发出其他种类的数字产品，如有3000名付费订户的《每日新闻播报》，有5万名订户的免费《电邮新闻快信》，并积极开发在各种阅读器上使用的数字版本。[③]

美国报界数字化转型的醒悟是从2006年前后开始的，几乎与其同步，中国国家新闻出版总署报刊司在《中国报业发展报告2005》中，首次提出要树立数字报业发展战略，并向全行业发出大力发展数字报业的号召，以推动传统报业实现战略转型。2006年7月新闻出版总署报刊司制定公布了《全国报纸出版业“十一五”发展纲要（2006—2010）》，于当年8月正式启动中国数字报业实验室计划。这项颇具前瞻性的计划，目的是联合传统出版业和新兴的传媒机构，利用数字技术和新兴的传播手段，对报纸出版的内容和产品的形态加以改造和更新，共同重塑报纸出版产业的新边界，锻造新的产业链，同时寻求新的赢利模式。[④] 根据中国数字报业实验室秘书长冯玉明女士的看法，数字化报纸出版产业链意味着，报社将作为新闻信息供应商，一次采集制作内容，通过手机、互联网以及移动终端设备等N次分发，不再单纯以纸介质为报纸内容单一载体，塑造全新的数字报纸出版环境。2007年6月，经过专家团队的评估，最终推出首批45个数字报业创新项目和九大实验方向，包括：报业数字化平台、报纸网站、电子商务、电子阅读器、多媒体数字报刊、户外数字媒体、手机报、手机二维码、移动采编系统。

---

① Jeff Jarvis: John Paton on newspapers' future
http://newsinnovation.com/2010/01/11/john-paton-on-newspapers-future/

② Roy Greenslade: U.S. newspaper boss urges his journalists to experiment with digital tools
http://www.guardian.co.uk/media/greenslade/2010/jun/09/digital-media-newspapers

③ Matt Kinsman: Media Mavericks
http://www.foliomag.com/2010/media-mavericks

④ 本书作者曾有幸参加由新闻出版总署信息中心传媒研究所牵头的“中国数字报业实验室”的课题研究工作，并先后前往该实验室成员单位广州日报、宁波日报、烟台日报等报社进行学习考察。

2009年年初再次推出30个创新项目。通过共计75个创新项目的策划、设计、实践、尝试和推进，取得了一批实际成果，也为全行业的数字化转型积累了重要经验。尤其是创新项目中的手机报、报业网站、多媒体数字报刊和多媒体数字化平台等四个类型成果显著。如在2008年年底报纸行业的手机报已达300余种，有的报社手机报年收益已超过千万元。广州日报大洋网、烟台日报水母网等报业网站，富有创新意识，内容特色鲜明，扩大了本报品牌影响力，也增加了报纸收益。解放日报报业集团、广州日报报业集团、湖北日报报业集团等在建设多媒体数字化平台方面取得了成功经验。冯玉明女士解释说，“这相当于为报刊出版单位建造了一整套数字化媒体传播生产线”，为数字报刊的采编、制作、发行和再度的信息整合、升值和传播乃至电子商务创造了良好的技术条件。① 2005年宁波日报报业集团开始明确以互联网为基础的数字媒体业务，即建立在中国宁波网基础之上的互动多媒体报、手机报、电子纸报、户外电子屏报和手机二维码（简称“四报一码”）。宁报集团投资3000万元建成集新闻采编发、决策管理、客户服务于一体的全媒体数字技术平台，并正式成立了全媒体新闻部。据中国宁波网总编辑田勇介绍，该报的全媒体数字技术平台将文字、图片、音频的采集与编辑融于一体，成为适应数字技术发展的新闻内容产品平台，以应对纸媒可能的衰退趋势，并对数字技术发展中可能出现的新传播介质作好准备。②

今天我国报界精英人士在数字化转型的必要性上已形成共识。解放日报一直以来在新媒体领域引领行业发展前沿，该报社长尹明华指出：“中国报业正在经历的选择，是一种现实的选择，是一种不可避免的选择。这是因为过去完整的报业产业链已经越来越受到高成本的挤压，既有的商业模式已经发生不同程度的破碎，报纸被阅读和消费的唯一性、重要性、不可替代性已经大大降低。”③ 基于这种清醒的认识，包括解放日报报业集团在内的各大报业集团纷纷积极采取改革举措，应对新媒体的挑战。南方报业传媒集团提出了“媒体聚合战略”，实行跨媒体跨品牌的产业经营，要从报纸生产者转变为信息提供者，向受众提供的是新闻产品，而不再局限于报纸等具体的传播形态。④ 南方都市报总编辑曹柯写道：“如果到现在还认为南都只是一张

---

① 据本书课题组对国家新闻出版总署传媒研究所所长、中国数字报业实验室秘书长冯玉明的访谈录整理。

② 据本书课题组宁波日报考察记录及田勇《打造全媒体数字技术平台》。

③ 尹明华：报业正在经历的选择
http://tech.sina.com.cn/i/2009-10-23/16403533477.shtml

④ 南方报业的新战略与新发展
http://www.docin.com/p-23797322.html

报纸，那是不了解南都。南都全媒体运营机制建立、南都传播研究院成立、南方民间智库建成、南都文化列车启动、南都电子商务项目开张、南都第一块巨幅 LED 广告屏亮灯、鲜橙网番茄网上线、‘南都视点’开播、八城读本全面升级、800 记者配备 iPhone 手机……一个立体的南都全媒体集群呼之欲出。南都已经达到传播渠道、传播形态、传播内容、城市群影响力和社会影响力的无处不在。”① 在苹果公司的平板电脑 iPad 未在国内上市之前，南方都市报开发的 iPad 版已经成功上线运行，南都成为中国首家制作 iPad 版的都市日报。国际上，默多克创办了 iPad 报《The Daily》（如图 6－1），这是报业数字化一个很重要的新发展。烟台日报传媒集团社长、总编辑郑强说：“传统报业要想扭转新媒体不断冲击的被动局面，就要有新的考量。就如今信息技术日益发展进步的现实背景来看，传统报业不可能与新的媒体形态、技术手段、传播渠道等势不两立，必须融入其中，否则，就会与时代相逆。而要实现融入，纸质媒体内部传统的生产方式、运行方式、传播方式首先需要实现自我转型，从传统报业独立作战向各种新旧媒体整合运营转变，进入到以互联网为中心进行整合传播、整合营销的新的媒体时代。”②

图 6－1 默多克创办的 iPad 报《The Daily》

① 曹柯：《深圳这些年》总序
http://read.dangdang.com/content_2091396
② 郑强：解读烟台日报传媒集团全媒体模式
http://www.soubaoad.com/news/8640.shtml

与美欧报业重灾区情形不同，中国经济的高速增长，给中国报业的数字化变身提供了较大的转圜余地。在短时期内，由于长期以来形成的政治、社会和其他方面拥有的资源优势，中国传统报业应该还会有一段稳定成长空间。但是从长远来看，中国报业同样必须面对新媒体的激烈竞争，必须应对全球纸媒衰落的明显趋势。同时，由于中国报业管理体制的刚性制约，阻碍报业资源顺畅而有效率地跨行业与跨区域自由流动和融合，在这个意义上说，我国报纸产业的全面数字化转型将比美欧同行以及广播电视产业的数字化转型面临更多的困难，很可能更加缺乏抵御“破裂性技术”变革风险的能力。因此，报业转型更加需要建立明确的数字优先战略目标及其可行性实施方略。

第2节

数字报业评估指标

本书认为，研究和建立有关数字报纸转型的评估指标体系，对于报业制定战略目标和确定具体实施方案将有助益。在传统报业走向衰落的大背景下，设置这套指标体系有助于加深理解报业数字化转型对报业生存的重要意义。无论是对于转型过程中的领头羊还是后来者，参照这个评估指标体系，通过本报及国内外其他报纸的测评比较，有助于对本报数字化转型状况作出客观的评价与定位，以便为报社进一步制定数字化转型路线图提供参考。

美国咨询公司拜威集团自2006年以来，连续三年运用其研发的指标体系，对美国排名前100位的报纸使用互联网的情况进行了对比测评和研究。随着互联网和新媒体的不断发展，该机构提出的指标也有所丰富和变动。

2008年该机构提出的测评指标包括以下内容：

用户登记、社会书签（Social Book Marking）、标签（Tags）、手机版、发送短信新闻的功能、视频、图片、播客、聊天服务功能、RSS功能、每个专栏的RSS功能、RSS是全部内容还是部分内容、RSS是否包含广告、记者博客、是否设置对记者博客的评论、最受欢迎（阅览最多、电邮转发最多等）栏目、对文章可否添加评论、读者是否可以上载自己的文章、读者是否可以上载自己的图片、读者是否可以上载自己的视频、是否建立社会网络（Social Networking）、可否建立个人档案、主页定制、显示各类新闻的Flash新闻窗、各种互动功能、天气预报、交通播报、社区活动日程、首页的PDF版、各类广告（含与谷歌的合作广告）。

以上指标共计29项。该研究机构根据其中26项指标作出对100家美国报纸使用互联网的测试情况（如图6－2）：

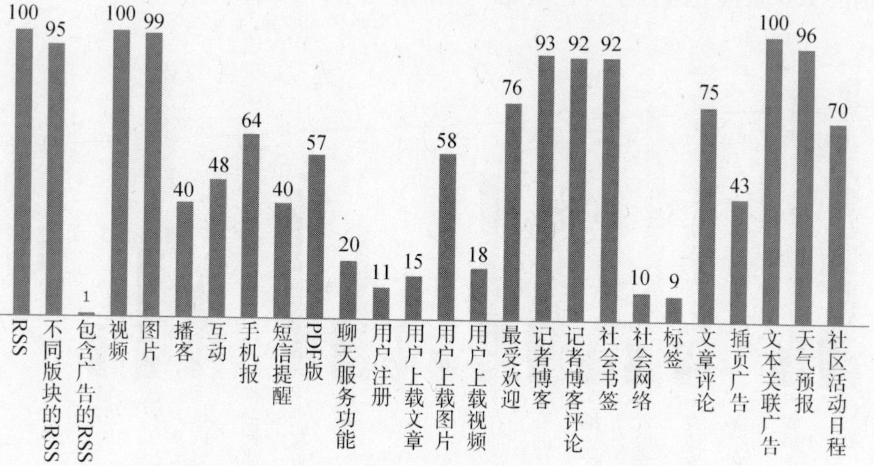

图 6－2　100 家美国报纸使用互联网测试情况

该机构还根据同类指标，对 2007 年至 2008 年美国报业数字化趋势作出对比：

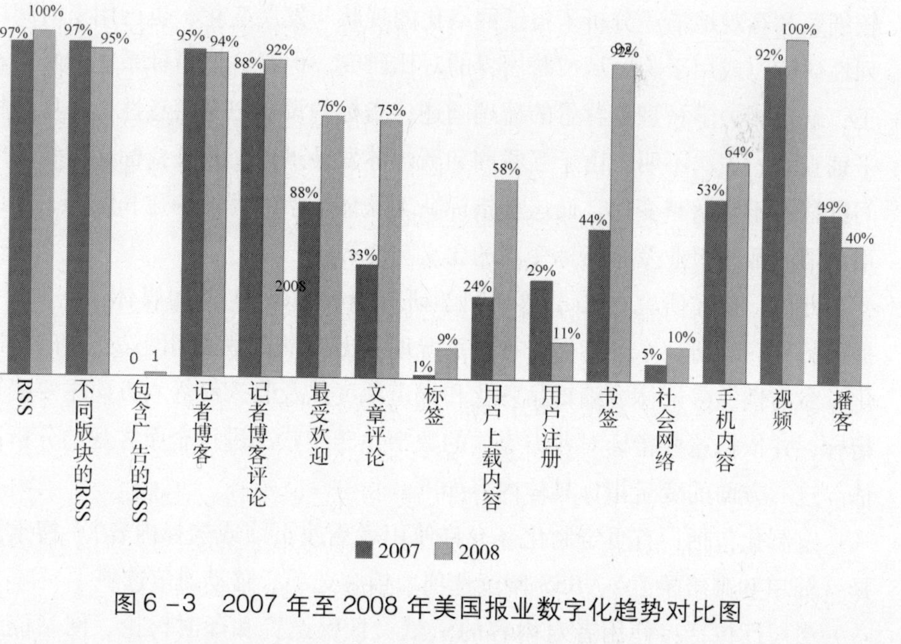

图 6－3　2007 年至 2008 年美国报业数字化趋势对比图

本书作者于 2008 年 1 月曾参照拜威研究机构的指标，分别对中国和美

国的 100 家报纸进行了对比研究。主要研究结果参见图 6 –4：①

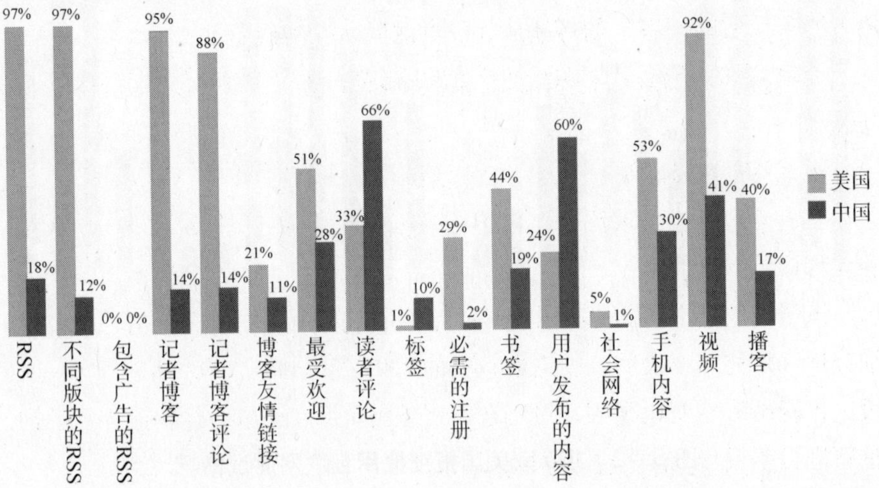

图 6 –4　中美 100 家报纸网站数字化对比图

从以上研究报告的结果可以看出，拜威研究人员率先提出的系列指标比较细致和客观地描述分析了报纸网络化的现状与发展变化，也可用于时间序列性研究，或用于跨区域或跨国界的对比研究。但是，该指标系统的缺点在于：缺乏相关学科理论背景的梳理阐述；指标的设立似有随意性，各项指标平铺直叙，主次不明。由于互联网和新媒体发展迅速，相关指标必然将随时间推移而不断增减变化，而这套指标缺乏整体框架的理论构建和解释，因此很难清晰解读报业及其指标变动的含义与原因。

此外，皮尤研究中心卓越新闻学研究所在《2007 新闻媒体报告》中，提出另外一套研究系列指标，首次系统地提出衡量新型新闻网站质量的定制化、参与性、多媒体、编辑品牌化和报道深度以及收入流等六方面主要变量指标，并依据这些指标对各类媒体的数字化转型状况进行全面客观的分析评估。这六方面的变量指标具体内容如下：

定制化包括：首页定制化（允许使用者更改页面或选择内容）、搜索选择（简单和高级检索）、RSS 阅读选项、播客选项、移动通信选项 ；

参与性包括：使用者对内容的贡献、日程设置和即时讨论、网站能力（指给作者发电邮、发表评论、给文章帖子评分、民意测验）、最热新闻列

① 引自范东升、周翔：《中外数字报业赢利模式比较》，该项研究为国家新闻出版总署数字报业实验室委托进行的专项研究报告。

表、最多邮件新闻列表、最多链接新闻列表；

多媒体包括：陈述、图片/非互动性图片、视频、音频、实时视播、使用者博客、实时问答、幻灯播放、民意测验、互动式图示；

编辑品牌化包括：来源广度、编辑流程、署名文章、文章链接（内部与外部）；

报道深度包括：更新频率、使用相关文章链接、使用档案链接；

收入流包括：要求注册、内容收费、查档收费、首页广告（自身广告和外部广告）数量。

该研究所选取了38家美国各种类型的新闻网站根据上述指标进行了详细分析。研究结果表明，在选取数据的2006年9月至2007年2月这一时间段，各网站形态变化很大，纷纷在进行各种革新与试验，至少有1/4的网站重新进行了设计或是作了很大改变，总的发展趋势则是向“使用者为中心”（User-centric）转变。在以上六个变量指标方面，美国各类网站普遍进行了不同程度的改革努力。皮尤研究中心所提出的系统指标在理论的归纳概括方面前进了一大步，揭示出具体指标的深层含义。本书作者也曾参照这一套系统指标，尝试对我国的人民网、解放网和大洋网进行了测评。①

他山之石可以攻玉，由于传媒技术变革发展迅速，报业数字化进程起伏多变，笔者认为，有必要学习借鉴美国学者研究成果，并尝试进一步作理论上的探讨与梳理，提出新的评估指标体系，用以研究国内外特别是中国数字报业的发展状况。

本书提出的评估指标体系旨在辨识影响数字化报业及其转型过程的各种变量因素，从而有助于衡量数字报业的转型状态与发展程度。这个指标体系是基于以下理论思考而提出的：

经典的大众传播理论模式已经过时。互联网和新媒体的迅猛发展，已经完全改变了全球传媒生态环境，创造出前所未有的丰富信息形态，开发出以往无法想象的信息资源，从根本上撼动了传统媒体运作的经营模式。昔日的单向传播模式转变为以参众为中心的互动传播模式，即以用户的信息消费需求为目的，由用户选择和使用信息平台及终端，由媒体提供信息产品和服务。传播效果研究的内涵与方式也发生了改变：不再只是注意研究受众在多大程度上接受传者的信息，或受众有何反应，还必须研究传者与参众在传播

---

① 参见范东升、周翔：《中外数字报业赢利模式比较》，该项测评是由汕头大学新闻与传播学院2007级研究生张婷、华琪完成的。

过程中处于何种性质的关系及其变化，研究媒体如何给参众提供服务及其效果等。

本书所称的“报业数字化转型”是指传统报业超越平面印刷的局限，转向运用数字技术，通过互联网、移动网络平台及各类网络终端设备，采集、制作、发布新闻和各种信息并提供其他服务的新产业形态。从课题的可操作性考虑，本书研制的评估指标体系将主要用于测评和分析报业网站的实际内容及其表现，目的是透过有关报业网站的可适度量化的客观指标，观察评估传统报纸向数字化方向转型的情况。

本书认为，一个报业网站从策划、创建到不断发展演进的过程，就是一个新闻传播项目的动态建设工程，因此为了分析的方便，我们首先可以借用工程学中分析产品设计与工程设计的鱼骨形示意图，来表明网站工程的动态过程（见图6－5）：

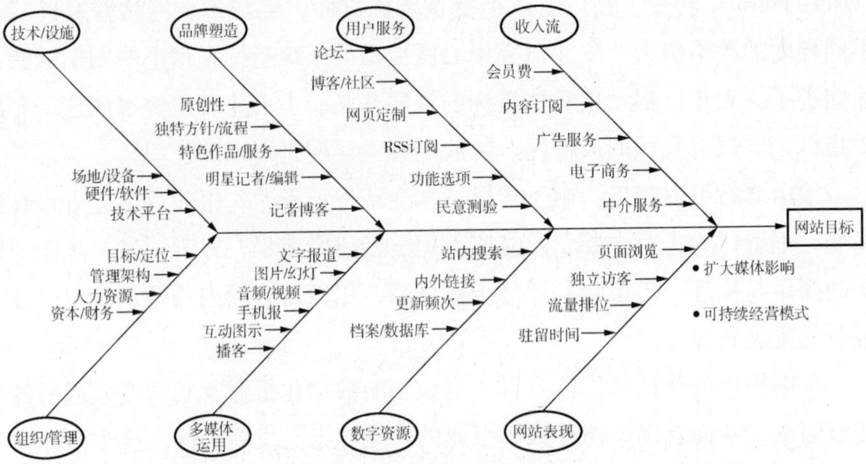

• 在数字化转型中，报社设立网站主要有两项主要目标：一是扩大本报的社会影响力，一是形成基于数字平台的可持续发展的经营模式。
• 影响报社网站建设的因素可以分为八组变量，即技术设施、组织管理、品牌塑造、多媒体运用、用户服务、数字字资源、收入流和网站表现。八组变量缺一不可，而且互相制约。

图6－5　数字报业评估指标体系鱼骨形示意图

该图可以用来表示：

第一，报业设立网站有两项主要目标：一是扩大媒体的社会影响力，二是形成基于数字平台的可持续的经营模式。

第二，影响报业网站建设的因素可以分为八组变量指标，即技术设施、组织管理、品牌塑造、多媒体运用、用户服务、数字资源、收入流和网站表现。这八组变量可以从不同方面反映出报业网站建设和报业数字化转型的现状、水平、所处阶段和成效。反过来说，任何一个报社全面的数字化转型，都可能会涉及到这八个方面。

第三，其中每组变量都含有一系列的次级指标，图中所列出的次级指标只是示意性的，随着全球数字报业的发展与逐步成熟，这些次级指标将不断充实和调整。但是个别指标的增减或调整，不影响整个指标体系的完整性。

为了实际测评的可操作性的需要，本书用以下系统结构图来表示这个数字报业评估指标体系，并对八组指标变量的含义解释如下：

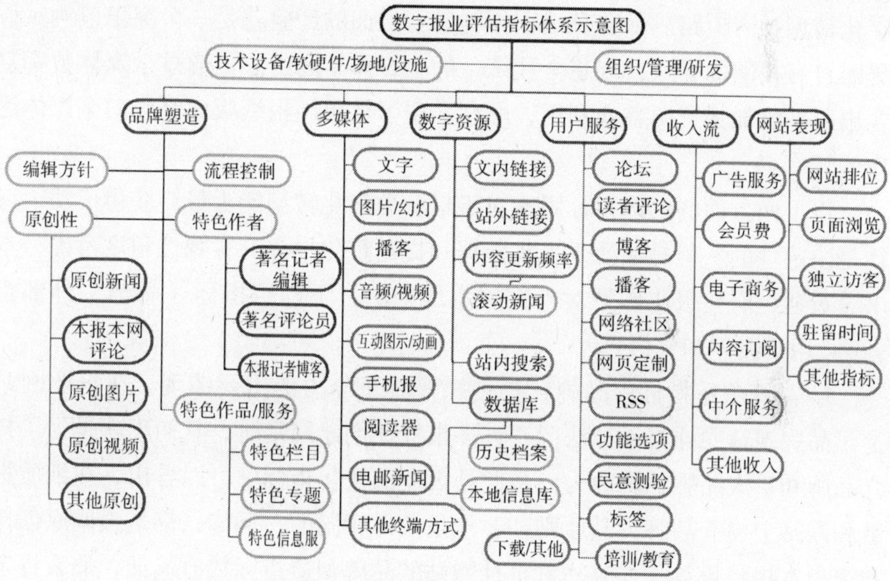

图6－6　数字报业评估指标体系统结构示意图

首先，本书将以上鱼骨工程图中的八组变量分为内部指标和外部指标两大类。这里所称的内部指标包括：

1. 技术/设施指标：如服务器、电脑及其他终端等设备购置、软硬件开发及配置、编辑部、演播室等场地建设、多媒体数字平台建设及其他设施设备的投入等，从财务的角度说，也就是数字报业基础建设方面资金的投入。

2. 组织/管理指标：如相应的机构设置（如创立数字产品的采编、制作和研发机构等）、人力资源（数字技术专业人才的延揽、培养和使用）、相关的管理改革及制度创新等。

在报业转型的实际运作方面，以上两组内部指标因素是非常关键的。一般地说，数字媒体的经营成本明显低于平面媒体，但是软硬件设备和其他人力、物力和财力资源的必要投入，仍然是创建高水平网站以及实施整体数字转型战略的基础条件。富有远见的报业管理者，必定会顺应数字技术变革的未来发展趋势，逐步加大对数字转型项目的资源投入。同时经验说明，在数字化转型中，难度最大的方面却往往并不在于缺乏财力物力，而在于旧有管理体制的阻碍，在以印刷产品及其业务为中心的原有组织结构之下，很难实施“数字优先”的战略转轨：往往很难吸纳和留住有创新意识和数字媒体专业技能的优秀人才，很难为数字媒体创新项目提供适宜的孵化条件和发展空间。因此必须着力推进报社内部管理体制的改革和创新，才能为报社的数字化转型扫清道路。烟台日报在体制创新方面的经验就是一个突出范例。该集团打破报网的界限，创建全社统一的全媒体新闻中心，通过全媒体数字复合出版系统加强资源整合利用，顺利实现了从单纯报纸版面制作向全媒体运作的转变。①

以上两方面的内部指标因素对于报业数字化转型能否最终获得成功，往往是决定性的。但是从便于采集数据和提高量化指标的客观性角度考虑，本书着重通过研究报业网站对外部展示出来的以下六组指标（简称“外部指标”）用于测评和分析。

1. 品牌塑造指标：品牌化是传媒核心竞争力的重要体现。在报业网站上，品牌塑造同样是不二法门。许多报社在创建网站时，其初衷就是为了树立品牌和扩大品牌的影响力。从此处设立的量化指标中可以看出，在纸质报纸和网站上树立品牌，其原则和要求是大体相同的，例如，都是强调原创性和突出本报特色等。如果一家报社网站的品牌塑造指标数值偏低，那么肯定说明该网站处于数字化的较低发展水平。

但是根据经验及观察我们知道，品牌塑造只是报纸数字化经营中的一个环节，而且仅仅是初始阶段的重要环节，有时品牌塑造与其他几组变量指标未必有因果关系或正相关关系。甚至还会有负相关的关系。如博客网站哈芬顿邮报原创性文字类新闻比例很低，但该网站点击量却一路上升，2009 年年底该网站流量已超越各主流媒体网站，仅次于《纽约时报》。② 又如 1986 年奈特－里德报业集团获得了 7 项普利策奖，但是在宣布获奖那一天，该集团的股票却应声下跌。该集团负责人向股市分析家询问为什么，得到的回答

① 郑强：解读烟台日报传媒集团全媒体模式
http://www.soubaoad.com/news/8640.shtml

② 参见本章《中外报纸网站个案测评比较研究报告》第四部分及第四章第 1 节。

是：你们获得的普利策奖太多了，你们在那些项目上花了太多的钱。[1] 如果报业网站只是企图将其在报纸版面上树立品牌的经验直接搬到网站上，并就此止步，而忽略了其他方面的开发，那么就有可能导致“注意力不经济”现象。[2]

2. 多媒体指标：麦克卢汉提出的“媒介就是信息”的说法，如果扬弃其表述方法的怪异性，其学说的实质是强调媒体的技术特性在很大程度上决定了人类如何传递和接受信息，以及传递什么信息内容。现在越来越多的报界人士认识到，互联网和各类新媒体所提供的新闻与信息发布形态比平面媒体丰富得多，其在时间和空间上传递信息的能力也比纸媒强大得多。实施数字化转型的报社认识到媒体融合的趋势，不约而同地努力增添网站的音频和视频内容。需要理解的是，媒体融合不仅是音频、视频内容与图片文字的简单堆砌相加。网站、手机、平板电脑等新型数字发布平台和终端都是展现和创造各类信息新形态的大舞台，其未来发展变幻无穷，潜力巨大。《纽约时报》等国外一批数字报业的先行者已在互动图示、Flash 动画制作、手机报、电邮新闻、iPhone 版、iPad 版等方面创造出丰富而优秀的作品，提供了可贵的经验，值得认真研究与借鉴。

3. 数字资源指标：本书提出的这一组指标，可用于辨明数字报业的数字资源库与纸质出版物之间的一项主要区别。印刷出版物是一次性制作与发布，一般最短的出版周期是以日计算的。一张报纸当天出版送到报摊，一位读者不会再买第二份同样的报纸，而这一份报纸也是他此时所能得到的全部，他无法从中找出印刷版面上所没有的东西。但是，在报业网站以及移动网络终端上，信息作品的生命却既是即时的也是永久的，它在空间的广度与纵深、时间频率、跨度和连续性以及信息链的延展性上远远超越平面媒体。它在向网民用户提供与纸报相同的新闻版面的同时，可以几乎无限地扩展其空间容量，可以 24 小时滚动更新内容，可以通过内外链接延长组合信息链，可以构建便于搜索的历史档案与适应本地生存需要的立体数字资源库等。是否注重建立、开发和运用数字资源，是数字报业转型程度的重要标志，也是报业发挥自身优势，提高在数字时代媒体核心竞争力的一项重要体现。例如，许多报纸虽然在读者群、本地信息与人脉等方面曾占有多年积累的资源优势，但是并没有在网络平台上相应建立有关资源的数字化数据库，因而在

① Philip Meyer: The Vanishing Newspape P11
② 参见本书第三章第 4 节。

数字化竞争中，这些优势无从体现，因而难免被对手轻易超过。例如，由于iPhone/iPad产品在市场畅销，苹果公司利用这两项产品在短短几个月中在全球形成的急剧膨胀的庞大用户群体，立即建立起数据丰富准确的用户资料数据库，随即推出iAds广告程序系统，从而在这个新媒体超市上占据无可匹敌的主导地位，取得立竿见影的经济效益。

4. 用户服务指标：本书提出的这一组指标是用来表明数字化报业与网民用户之间新关系的构建。如前所述，传媒数字化时代的到来，传统传播学理论中的受众已经转变为主动参与传播活动的参众。[①] 前文介绍的皮尤研究中心所提出的“定制化”和“参与性”指标，实际上都是反映了报纸网站对用户建立的新型的互动式服务关系。这种网络服务方式在单向传播的平面媒体上是无法实现的，因而是体现数字报业特色与优势的重要指标。缺乏此类服务项目的网站，在很大程度上还只是“放在网上的平面媒体”。本书以用户参与为中心，将体现定制化、互动性和参与性有关的指标均归在“用户服务”指标项下。需要指出的是，图中所列出的各项服务指标，远未穷尽全部项目与内容，新的网民用户服务项目还在不断创造出来，但是万变不离其宗，都将是体现网民的深度参与性以及与媒体的即时互动关系。

5. 收入流指标：根据建立这一组广告、订阅、会员制、电子商务等指标，我们可以比较清楚地观察报业网站的收入方式与渠道，分析评价一家报纸或报业集团借助网站发布平台所建立的各类赢利模式。尽管并不能从这些指标中直接了解到一个网站的经营收益的具体情况，但依靠观察这组指标，仍然可以显示该网站的基本经营方式与水平，以及是否有可持续发展的能力。例如，一家经营状况良好和善于作市场营销的报社，一定会按照广告经营的规范充分利用本报网站经营广告业务。比如，刊出该报发行及网络覆盖情况、读者调查分析资料，以及广告刊例等。有实力的报纸会提供广告公开报价。媒体手册（Media Kit）的制作水平与内容是否详尽充实，实际上也从一个侧面反映出该报社的经营状况。

6. 网站表现指标：这一组指标是网站运营成效的检验指标。这一组次级指标显示的数据，无疑是报社网站运营总体表现水平和成果的客观表征。由于不同报纸或报业集团所处的传播环境、报社性质、覆盖地域及传播对象等因素不同，绝对的流量数据有时没有横向可比性。但是在一定时间段上同类网站的流量变动，是观察比较个案网站运营状况和发展趋势的有说服力的

---

① 参见本书第四章第3节。

客观资料。

参考以上设置的六组外部指标，可以看出10多年来国内外报业运用互联网和数字化历程的阶段性：

在最初阶段，大多数报社只是把互联网当作其平面媒体品牌化延伸，因此在处于这个阶段的报业网站上，基本上只能找到品牌塑造相关指标，其他指标很难观测得到。而进入第二阶段后，一些报社开始突破印刷版面的局限，在网站上增加音频、视频，再进一步研发其他多媒体信息形态。进入第三阶段以后，许多报业网站继续其数字化成长，具备了主动和充分开发各类数字资源的能力。到了第四阶段时，更多报业网站在用户服务方面走向成熟，建立自己独具特色的网络社区并扩展网络用户群，形成数字用户资源库。再下一步，顺理成章的就是新赢利模式的营建和运营了。

从目前我国报业大致情况观察，相当一部分报社网站仍然处于数字化转型的第一阶段，即局限于平面媒体的品牌延伸，甚至在品牌塑造方面也处于较低水平，但不少报社网站已经进入数字化过程第二阶段与第三阶段之间，即增加音频、视频等，并开始注意通过建设统一数字出版发布技术平台，开发利用各种数字资源。而少数更具前瞻意识的报业网站，已经突入第四阶段，即营建本报网络社区和提供各种用户服务。例如《南方都市报》等的网站社区化建设独具特色，十分活跃，堪称范例。

综上所述，本书认为运用以上两级指标建立的指标体系，通过对一家报社或报业集团所建网站的观测，以适度量化的方式并结合定性分析，可以评估推断其报业数字化转型的程度与水平。例如，假定我们据此观察比较《纽约时报》与《基督教科学箴言报》网站之间在各组指标之间的差距，便可以清楚具体地了解两家报社网站在各方面差别何在，差距多大，孰优孰劣。运用该指标体系，还可以对中外报业开展一次性或连续性的比较研究。本章附录中的《中外报纸网站个案测评比较研究报告》，就是本书课题组所作的一次初步的尝试。

由于报业的数字化过程总体来说还处于比较初始的阶段，本书研制的指标体系还是粗糙的和初步的，必须随着世界媒体技术变革的进程与发展变化而不断补充、调整和完善。本书的研究期望能最终促成建立一套完整、科学和客观的数字报业指标体系，用于对国内外报业数字化转型过程的连续观测与评估。本课题研究对我国数字报业的顺利转型如有所贡献，即本书作者的诚挚心愿。

附录

中外报纸网站个案测评比较研究报告

为了研究和比较国内外新闻媒体在数字化转型过程中运用网站的情况，本报告作者试用了本书课题组研制的数字报业评估指标体系，对纽约时报网站、CNN网站和基督教科学箴言报网站3家美国权威新闻网站以及国内4家综合类新闻网站进行了个案测评和分析。旨在通过评估国内外新闻网站个案在各项指标上的表现，了解和发现国内外新闻网站在品牌塑造、内容设置、用户服务及经营模式等各方面的特点，并通过比较分析，总结其中值得探讨及可借鉴之处，以期为我国报业网站的建设和数字化转型提供参考。

一、美国典型新闻网站个案测评与比较分析

（一）抽样方法

本项研究选取纽约时报网站（NYTimes. com）、CNN网站（CNN. com）和基督教科学箴言报（以下简称“箴言报”）网站（CSMonitor. com）这3家美国权威性新闻网站，运用上文中所提出的指标体系进行个案测评比较分析。《纽约时报》是美国报业中最具代表性的报纸之一，长期以来在读者中有良好的公信力、权威性和全球性影响力，纽约时报网站也一直在美国报业数字化转型建设中居领先地位。CNN（Cable News Network）为美国著名有线电视台，首创全天候24小时滚动更新的新闻频道，CNN高度重视网站建设，其网站的点击率也一直位居新闻网站前列。CNN网站2007年和2009年两度进行大刀阔斧的改版，改版后该网站融入多媒体和Web 2.0的要素，令人耳目一新。①

《箴言报》是美国有影响力的国际性日报，以政治、经济性的严肃新闻为主，先后曾7次获得普利策新闻奖。特别是《箴言报》于2009年4月停止印刷出版日报而改为以网站为主发布每日新闻，同时出版一份新闻周刊，并以电子邮件的方式为读者提供每日新闻短信，该报成为美国第一家停刊转网的

① Jason Kincaid：The New CNN. com（First Screenshots）
http://techcrunch. com/2009/10/22/the-new-cnn-com-first-screenshot/

大型日报。因此，本项研究特选取以上3家媒体网站作为个案测评的样本。

本研究采用随机简单抽样方法，排除了周六、日两天休息日，在周一至周五这5个工作日之间通过抽签进行抽样，抽得周三（2009年11月18日）作为考察各新闻网站的具体日期。由于各网站更新速度快，不断有新的网页内容出现，而且已有内容也经常随时被移除或替换，所以编码员每隔6小时分别对这3个网站进行网页内容保存。具体的抽样时间为纽约时间11月18日的早8点、下午14点及晚间20点（时差换算后，即北京时间的11月18日晚21点、11月19日凌晨3点及早9点），取得3个新闻网站的内容样本共9个。

（二）信度测试

两名编码员参与了编码。[①] 从剩余的6个样本中运用随机抽样方法，随机抽取了一个网站保存页面作为信度测试的样本，其中，对主题问题类型编码员间的信度的斯科特Pi系数为.89，达到了令人满意的程度。

（三）分析结果

第一组指标：品牌塑造

在品牌塑造方面，3家网站的表现如下：

1.3家网站均有明确的编辑方针，并在网站文章内容及多媒体技术运用等方面皆有明显的体现。如CNN网站的编辑方针为“提供世界最新新闻，利用最先进的多媒体技术全天候滚动更新”。除此以外，在CNN网站的每次改版中均能看出CNN网站在时效性、定制性、互动性等方面的努力。

2. 在运作流程这一测评指标中，纽约时报网站和CNN网站明显属于“以编辑为主导的半开放性网站”，其网站的绝大部分内容是由所属的新闻报纸所提供的。另外，这两个网站中的部分内容是由网民提供的，例如，CNN网站的我播报（iReport）栏目及纽约时报网站的博客及社区等。而箴言报则属于传统型报纸网站，其网站的全部内容仍是由网站及报社人员采编制作，并有可与网民进行互动的栏目或专题。

3. 相较于后文中的几家中文网站，3家美国新闻网站在原创性方面表现出色。选取的样本均为3家网站首页新闻中的所有内容，其中，评论性内容除外。

① 《编码表》及《编码指南》见本报告第五部分。

	原创新闻数量	所有新闻数量	原创所占比例
CNN	68	68	100%
NYT	69	72	95.8%
CSM	22	22	100%

	原创图片数量	所有图片数量	原创所占比例
CNN	6	8	75%
NYT	14	14	100%
CSM	8	21	38%

	原创视频数量	所有视频数量	原创所占比例
CNN	8	8	100%
NYT	4	4	100%
CSM	0	0	0

（CNN 指 CNN 网站，NYT 指纽约时报网站，CSM 为基督教科学箴言报网站）

如表所示，箴言报及 CNN 网站的全部内容均为原创，纽约时报的新闻原创率达到95.8%，在纽约时报的网站首页上，专门设有一个 News from AP & Reuters 栏目，专门转发美联社及路透社的一些报道，因为这一原因，所以其原创率未达100%。在图片的原创性上，纽约时报表现最为突出，其图片的原创率为100%。CNN 的原创率为75%。箴言报的图片原创率最低，只有38%，而其网站新闻中所引用的原创性图片则更少，大部分来自美联社等其他媒体。在视频原创性方面，CNN 网站和纽约时报网站的全部视频均为原创。CNN 网站首页有8个视频链接，纽约时报网站有4个视频链接，而箴言报网站首页没有视频链接，在其“多媒体”栏目中，有部分新闻视频。但大多数视频均为图片和音频的结合。

此外，在这3个新闻网站首页中，均有原创性的本报新闻评论。

4. 在特色作者这一指标中，3家网站表现均较为出色。3家网站作为美国著名媒体，在网站上均有自家拥有的著名作者，并且也均设立了“本报记者博客”这一栏目。在著名评论员中，CNN 首页上新闻内容大多为报道最新新闻，相对于纽约时报和箴言报，缺少著名评论员的专栏。

5. 特色作品及服务。根据上文的定义，特色栏目指的是网站具有的原创性栏目。纽约时报的特色栏目较多，如“纽约地区”（N. Y. Region）等。CNN 的特色栏目为“我播报”（iReport）等。《箴言报》也有较具原创性的栏目，如“首页论坛”（The Home Forum）。此外，3 家网站在特色专题中也均有所表现。详细的对比结果将在后文多媒体指标等部分作测评报告。在信息服务方面，纽约时报表现最为突出，如提供股市、基金、票务等大量丰富的信息。CNN 提供了 CNN 电视节目信息。尽管箴言报在信息服务中也有表现，如“地方商业指南”（Local Business Directory），但因多媒体技术运用水平等限制，其个性化设置等方面则远远落后于前两家媒体。

第二组指标：多媒体

比起一般新闻网站，纽约时报的多媒体形态丰富，制作水平远在平均水平之上。在多媒体界面的右上部分设有搜索栏，可以搜索出自 2000 年 1 月 1 日起所有的多媒体栏目。

该报原创性多媒体制作主要包括以下几个类型：幻灯片（Slide Show）、互动专题（Interactive Feature）、互动图示（Interactive Graphic）、视频专题（Video Feature）及音频幻灯片（Audio Slide Show）等。其中建立在强大的资料数据库基础上的互动图示（Interactive Graphic）做得最为出色。而其他类型的多媒体作品也各具特色。

纽约时报的一批视频作品融入具有融合媒体特征和互动性质的新闻专题，成为其中的组成部分，其采编制作技术颇具创新性，已超越普通电视专题的制作方法。

例如，2009 年 1 月 20 日的专题视频《分析奥巴马就职演说》（Analyzing Obama's Inaugural Speech①）。在界面上看似普通，左侧是视频部分，右边是奥巴马讲话的文本材料。但其技术的关键在于页面中部加上了一个时间轴。奥巴马的演讲内容被分成不同的主题，如“奥巴马导言”、“金融危机”等，然后以不同演讲主题的时间段为依据，将一个长达 19 分 23 秒的视频划分成不同的单元格。用户只需点击自己感兴趣的主题观看视频，右侧将同步出现演讲内容的文字材料。这一简单的技术处理为用户提供了极大的方便。

又如，专题《奥巴马的里程碑》（Milestones：Barack Obama）列出了一个简明的时间表，记录了奥巴马从 1961 年出生到 2010 年获得诺贝尔和平奖期间所有有关奥巴马的重要事迹。在每个重要年份中，都有相关的视频、图

---

① http://www.nytimes.com/interactive/2009/01/20/us/politics/20090120_INAUGURAL_ANALYSIS.html?scp=10&sq=obama&st=cse#

片及相关新闻链接。这个时间表就像树干一样，将有关奥巴马的重要新闻资料都串联起来，形成了一个枝繁叶茂的大树。用户只需查询观看这个专题，就可以对奥巴马的重要事迹作最全面、最个性化的理解。网站编辑还会对这个专题的内容不断进行更新。这一专题是从 2007 年 12 月 29 日便开始发布在其网站上的，而有关奥巴马的最新事件已经更新至 2009 年 12 月 10 日奥巴马获得诺贝尔和平奖。而这一系列的视频、图片、新闻等资料都是建立在纽约时报强大的内容数据库基础之上的。

不过，3 家网站相比，在视频新闻报道方面 CNN 在总体上还是明显领先，其视频在新闻内容中所占的比例远远高于其他两个媒体。这显然与其作为电视台拥有更多视频资源有关。2009 年 10 月 26 日，CNN 网站再次改版，给用户又一次全新的视觉体验。除了人们预期内的页面布局更加工整、合理，信息含量增加之外，CNN 改版的重头戏仍在于强调突出视频新闻这一块。①

CNN 网站对视频新闻的高度重视，体现在导航栏中“视频新闻”（Video）的顺序排在了“世界新闻”（World）、“美国新闻”（U. S.）等栏目之前，仅在“主页”（Home）键之后。而在 CNN 醒目的红色 Logo 标志下方的核心位置显示的就是视频新闻，点击之后即可直接播放。

图 1　CNN 网站截图

① Jason Kincaid: The New CNN. com (First Screenshots)
http://techcrunch. com/2009/10/22/the-new-cnn-com-first-screenshot/

首页上方的左栏是24小时滚动的突发新闻，主要以图片方式呈现，体现了网站对视觉效果的重视。如果遇到重大的突发新闻，网站的Logo标志下方就会出现显眼的黄底黑字——Breaking News，强烈的视觉效果冲击着人们的眼球，文字搭配视频的方式也能更进一步激发受众的好奇心。

而箴言报在多媒体方面的表现则相对落后，其网站的视频作品大部分内容实为音频和图片幻灯的结合，原创性的视频较少见。在箴言报网站上，首页有一则新闻采访的音频。

	图片	幻灯	播客	音频	视频	互动图示	阅读程序	手机报	渠道/终端
CNN	是	否	是	否	是	否	否	有	有
NYT	是	是	是	否	是	是	是	是	是
CSM	是	否	否	是	是	否	否	否	是

3家网站对比，只有纽约时报网站制作了幻灯片，而CNN网站和箴言报网站没有采用此项技术。

最能体现各报多媒体应用之间差距的，则表现在“互动图示”指标上。纽约时报独家拥有一支高水平的多媒体专题制作技术团队，对较重大的新闻专题均运用互动图示进行详细报道。而CNN网站及箴言报则未见同类专题作品。

只有纽约时报有供本报读者下载的“时报阅读程序”（Times Reader）。[①] CNN网站和纽约时报网站的手机报也富有特色，均有单独手机报页面。而箴言报尚未见开发手机报。此外，CNN网站设有CNN. com Desktop等可供用户下载使用的多种专用程序，可用于在电脑上阅读CNN网站最新消息摘要。

第三组指标：数字资源

在这一组指标中，3家网站之间也存在显著差距。在文内链接这一指标上，CNN网站及纽约时报网站的每篇新闻都有相关内容的站内及站外链接。而箴言报网站首页的新闻中，只有一小部分新闻中有站内链接，而没有站外链接。

① 以往该程序可免费下载，现Times Reader 2.0版需付费下载。

	文内链接	站外链接	滚动新闻	站内搜索	历史记录	档案/数据库
CNN	是	是	是	是	否	否
NYT	是	是	是	是	是	是
CSM	是	否	否	是	否	否

在内容更新频率方面，纽约时报网站和CNN网站都是24小时实时更新，滚动式提供给用户最新的国内外新闻，而箴言报的网站内容更新速度较其他两个网站相比缓慢，形成鲜明对比。

这3家新闻网站均有站内搜索的功能。但CNN网站及箴言报只能通过关键字搜索相关文章。而纽约时报的搜索功能分类更加细化，因而给读者提供了更大的方便。通过纽约时报的站内搜索这一功能，可以按关键字、文章发布时间及类型进行搜索，值得一提的是，其搜索功能还设有时间段选择，用户不仅可以选择搜索当天的内容，也可以选择搜索从1851年迄今的结果、过去12个月的结果、过去30天的结果和过去7天的结果，同时也可以对网站内的多媒体项目进行搜索。

“档案/数据库”这一栏目在纽约时报网站上的表现最为突出，在该报的各个新闻专题中大量开发利用其长期积累的丰富数据库资源，并运用互动图示等多媒体技术加工制作，不仅包容超大信息量，而且形式活跃引人。阅读纽约时报的新闻专题，不仅可以清晰地了解当前发生的新闻动态，还可很方便地回顾查询有关此条新闻的所有历史信息。而CNN网站及箴言报网站未见相关功能。

第四组指标：用户服务

在CNN网站及纽约时报网站里，用户可以对任何一篇新闻留言进行评论。而箴言报只有少量的新闻允许评论。在博客和播客方面，CNN网站及纽约时报网站也均有亮丽表现。如CNN网站的“我播报”及纽约时报的博客。而在箴言报网站中，用户服务显得很弱，网民基本上还是只能被动地接受提供的信息。

	论坛	读者评论	博客	播客	网络社区	网页定制	RSS订阅	功能选项	民意测验	标签提要	反馈
CNN	否	是	是	是	否	是	是	是	是	是	是
NYT	否	是	是	是	是	是	是	是	否	是	是
CSM	否	是	否	否	否	是	是	否	否	是	是

3家网站均未见相关的论坛，但是纽约时报设有网络社区——“时报人”（Times People），这或将成为新闻网站此后的一种发展趋势，即从论坛到网络社区的发展。3家网站都可以进行网页的定制。用户可以通过自己的个人偏好定制网页，如语言、网站模板等。

CNN网站、箴言报网站和纽约时报网站均可进行RSS定制。上文中提到，由于CNN网站及纽约时报网站的多媒体技术应用更为出色，所以在用户服务指标方面，两家网站都可以通过登录和设置后，为读者显示和提供更为个人化的相关信息。而箴言报网站在此方面远远落后于前两个网站。

3家网站中，只有CNN网站在首页进行民意测验。而在其他两个媒体中未见这方面的功能。另外，3家网站均比较注重“标签及相关提要”这一项目。尤其是CNN网站，在其每条新闻的左侧均有提示新闻的重点内容。在对自家网站的读者反馈方面，3家网站均有反映，但程度和表现形式不同，如CNN网站是一份完整的比较简单的调查问卷。

第五组指标：收入流

从课题组选取的网页样本来看，在3家美国的新闻网站中，均设有广告服务项目，但其广告数量看起来少于国内一般报纸网站。而且这些广告主要以本集团自我推广的广告为主，不过每个网站也均有少量集团外的广告。3家网站都不收取任何会员费。在内容订阅指标上，3家网站的用户也都不需付费，便可阅览全部新闻内容。CNN网站及纽约时报网站在电子商务上有所尝试。例如，纽约时报网站的N. Y. Times Store、CNN网站的CNN Shop。而箴言报网站未见任何电子商务项目。此外，纽约时报提供一些中介服务，而其他两个网站则没有。

	广告服务	会员费	电子商务	内容订阅	中介服务	其他收入
CNN	是	否	是	否	否	否
NYT	是	否	是	否	是	否
CSM	是	否	否	否	否	否

第六组指标：网站表现

根据Alexa的流量统计显示，CNN网站排名最前，排名第18位，纽约时报网站排名第26位，箴言报网站排名第1200位，远远落后于前两个网站。此外，在新闻类网站排名中，CNN网站位居第3位，领先于第7位的纽约时报网站。在其他网站数据方面，CNN 网站也均明显领先，而箴言报网站则远远落后于其他两家网站。详见下表：

	网站总排名	同类网站排名	用户量	页面访问量	人均页面访问量	蹦失率
CNN	18	3	1.71%	0.0588%	3.45	47.9%
NYT	26	7	0.876%	0.0264%	3.03	55.9%
CSM	1200	*	0.086%	0.0014%	1.64	75.3%

综合以上六组指标项目的测评结果，得出的主要量化数据可以归纳为下图：

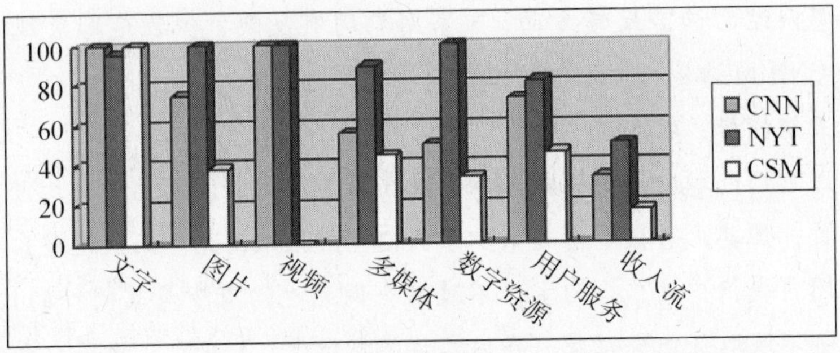

（说明：本统计图以 100 分作为每项指标的总分。不考虑指标中子指标的权重，平均计算而得。如纽约时报的多媒体中有八个项目符合指标要求，而多媒体一共有九个子项目。按照总分为 100 分计算，纽约时报的得分则为 88.8%。）

以上测评结果反映出 3 家媒体之间网站表现的差距，实际上也反映出这 3 家典型媒体网站在数字化转型的长期战略和当前转型程度上的差异。纽约时报在大多数指标上的领先地位，表明该报在美国数字报业发展中领袖群伦，目前数字化水平明显高于其他媒体同行。但是测评结果也反映出该报的数字化改革举措尚未转化为成熟和可持续的经营模式，在增加报社收益方面效果尚不明显，该报内容质量虽高，但其市场价值未能在网络上得到充分体现。CNN 较高的测评值（包括其网站访问量居前位），可以解读为视频这种多媒体形态在吸引用户方面具有优势。从测评结果中也可以清楚地看出，箴言报虽然首家停止印报而主动转向网络出版，但这本身远不能保证该报在数字化转型方面步步领先。事实上各项测评指标显示，该网站目前的编辑方针与制作方式基本上还是很传统的，并未形成新的有效经营模式，因此该报离真正完成转型的目标应还有很长的路要走。

二、中国4家新闻网站个案测评与比较分析

（一）抽样方法

中国数字报业实验室于2006年成立后，首批参加实验室的试点成员单位包括广州日报报业集团、浙江日报报业集团、深圳报业集团等在内的18家报业集团。在18家报业集团中，根据Alexa的用户排名，由于浙江在线、深圳新闻网、大洋网分别位列前三名，再鉴于《南方日报》及其所属的南方报业传媒集团在传媒大省广东以及全国深具影响力，本课题组选取了深圳新闻网（sznews. com）、大洋网（dayoo. com）、浙江在线（zjol. com. cn）和南方报网（nfdaily. cn）这4个综合类新闻网站作为本次研究测评的个案样本，运用前述指标体系进行个案测评和比较分析。

采用随机简单抽样方法，排除了周六、日两天休息日，在周一至周五这5个工作日之间通过抽签进行抽样，抽得周一（12月7日）作为考察新闻网站的具体日期。由于各网站更新速度快，不断有新的网页内容出现，而且已有内容经常被移除或替换，所以我们采用抽签法，随机选择的具体抽样时间是周一（12月7日）下午3时整，取得4个新闻网站的网页内容保存样本共4个。

（二）信度测试

两名编码员参与了编码。运用随机抽样方法，在4个新闻网站中，随机抽取了1个网站的除下午3时外的保存页面作为信度测试的样本。其中，对主题问题类型编码员间的信度的斯科特Pi系数为.85。达到了令人满意的程度。

三、分析结果

第一组指标：品牌塑造

在品牌塑造方面，4家网站的表现如下：

1.4家网站中，只有大洋网和浙江在线的网站简介里提及明确的编辑方针，其中大洋网的编辑方针是“明确定位、打造品牌、新闻海量、传播创新”，浙江在线是“打造‘新闻家、生活家、财富家’，追求‘吸引力、影响力、公信力’”。

2. 在“运作流程”这一测评指标中，4家国内的新闻网站都属于“以

编辑为主导的半开放性网站”，其网站的绝大部分内容是由所属的新闻报纸所提供的，而部分内容是由网民提供的。如浙江在线开辟了“在线投稿”一栏，以供网友方便快捷地提供稿件。而南方报网也有专门的“新闻报料”栏目，注册用户可直接发帖提供新闻线索和发布新闻内容。

3. 与3家美国新闻网站相比，国内4家新闻网站在原创性方面显得较为薄弱。

	原创新闻数量	所有新闻数量	原创所占比例
浙江在线	31	65	47.7%
深圳新闻网	21	81	25.9%
大洋网	11	50	22.0%
南方报网	25	78	32.1%

	原创图片数量	所有图片数量	原创所占比例
浙江在线	0	6	0.0%
深圳新闻网	2	28	7.1%
大洋网	2	14	14.3%
南方报网	6	14	42.9%

	原创视频数量	所有视频数量	原创所占比例
浙江在线	3	4	75.0%
深圳新闻网	0	20	0.0%
大洋网	0	14	0.0%
南方报网	9	9	100%

如表所示，在原创性方面，4家国内新闻网站的原创新闻指数都没有超过50%，新闻多为转载类报道，原创性指数较低。如南方报网的新闻很多就来自新华网、人民网等其他专业新闻网站。在图片的原创性方面，南方报网的原创图片占所有图片的42.9%，原创性比例最高。其余3家网站的新闻中所引用的原创图片数量较少，大部分是来自其他媒体，导致这一指标普遍偏低。在视频的原创性方面，值得一提的是南方报网，该网站设有视频播报专栏，由网站自行采编制作，原创性达到100%。浙江在线凭借“我的DV我的团·网友DV团”这一原创性极高的视频栏目，使其原创视频指数

达到75%。而深圳新闻网和大洋网的该项表现落后，原创视频指数均为0。此外，在这4个新闻网站的首页中，均有原创性的本报新闻评论。

4. 在著名作者和著名评论员两个指标中，除大洋网之外的另3家新闻网站都表现出色，均有推出自己的记者和评论员，并且深圳新闻网和浙江在线都设有“本报记者博客”专栏，以便更好地展示记者风采，紧密联系网友。

5. 特色作品及服务。特色栏目指的是网站具有的原创性栏目。大洋网的特色栏目有“羊城手机学堂”、“广州讲坛”等，形式新颖具有独创性。浙江在线提供在线试听服务，能在线收看全省各级地方台的节目。南方报网也有“食在广东”这样具有地方特色的栏目。此外，4家网站都有策划制作新闻专题，但南方报网还设有“给汪洋书记捎句话”这样的民意沟通专题。在信息服务的提供方面，4家网站均有天气预报、股市行情之类的信息提供。

第二组指标：多媒体

4家网站对于图片的运用较为普遍。除大洋网之外，其余3家还采用了幻灯播放的形式作为新闻提示。大洋网和浙江在线都有播客。4家网站都没有采用音频播报新闻的方式，而是采用更为直观的视频播报新闻，值得一提的是南方报网在视频新闻方面首屈一指，其原创性和新闻制作都遥遥领先于其他3家网站。国内4家新闻网站都未见互动图示、动画和供下载的阅读程序，如借鉴国外新闻网站的做法，在多媒体形态方面将还有发展空间。4家新闻网站都设有手机报栏目，大洋网还有《广州日报》的彩信产品，从中可以看出国内新闻网站的手机报发展已经如火如荼。在其他发布渠道和终端上，大洋网先行一步，可以将新闻分享到开心网和人人网，利用这些社交网站来扩大新闻传播范围，这或将成为新闻网站今后的发展新趋势。

	图片	幻灯	播客	音频	视频	互动图示	阅读程序	手机报	渠道/终端
浙江在线	是	是	是	否	是	否	否	是	否
深圳新闻网	是	是	否	否	是	否	否	有	否
大洋网	是	否	是	否	是	否	否	是	是
南方报网	是	是	否	否	是	否	否	是	否

第三组指标：数字资源

在这一组指标上，国内4家网站表现出高度一致。4家新闻网站的头条新闻中都有文内链接，而且链接都指向站内而没有站外的链接。4家网站都设有滚动新闻，实时更新即时新闻，大洋网还在即时新闻旁边设有“提提建议”，以便更好地进行互动。4家新闻网站都有站内搜索功能，利用关键词进行搜索。南方报网的搜索功能更为细化，分为全文检索和图片检索，可以按类型和时间进行搜索，并且还可以在线直接查阅往期报纸。在“档案/数据库”指标方面，国内媒体网站可以借鉴前述纽约时报网站的做法加以改进。

	站内链接	站外链接	滚动新闻	站内搜索	历史记录	档案/数据库
浙江在线	是	否	是	是	否	否
深圳新闻网	是	否	是	是	否	否
大洋网	是	否	是	是	否	否
南方报网	是	否	是	是	是	否

第四组指标：用户服务

在用户服务方面，浙江在线网站有7项达到指标要求，大洋网为6项，南方报网为4项，深圳新闻网仅为3项。

在“论坛”这一项的比较中，国内的4家网站与国外的3家网站截然不同，4个网站均设有论坛，并且均需要进行注册。新闻评论方面上，除了深圳新闻网外，其他3家网站都可以对新闻进行在线评论。浙江在线网站有博客和播客两项供用户进行选择。深圳新闻网有博客，但没有播客。大洋网则有播客，但没有博客。而南方报网没有博客、播客栏目。而在网络社区上，4家网站均无网络社区功能。[①] 浙江在线和深圳新闻网可以进行网页的定制，可以进行网页颜色的自主搭配及语言的选择等。值得一提的是，4家网站中，只有浙江在线可以进行RSS订阅。4家网站在用户的个性化设置方面相对较差，都不能进行“功能选择”项目，即用户不能根据个人情况及需求对信息进行自主化定制。在网站的首页上，浙江在线和大洋网有专门对新闻内容或网站进行民意测验的投票项目。在标题和内容提要方面，大洋网和南方报网表现出色，浙江在线及深圳新闻网的新闻内容没有关键词和内容

① 与《南方日报》同属南方报业传媒集团的《南方都市报》的网络社区未计在内。

提要。

	论坛	读者评论	博客	播客	网络社区	网页定制	RSS订阅	功能选项	民意测验	标签提要	反馈
浙江在线	是	是	是	是	否	是	是	否	是	否	否
深圳新闻网	是	否	是	否	否	是	否	否	否	否	否
大洋网	是	是	否	是	否	否	否	否	是	是	是
南方报网	是	是	否	否	否	否	否	否	否	是	是

第五组指标：收入流

在广告服务上，通过4个网站的首页，就可以很清楚地看到详细的广告位置及相关价目信息。其中在首页上，大洋网广告最多，给用户的视觉冲击力也最大。各网站会员注册及阅读网站全部内容均不需要支付任何费用。在电子商务方面，大洋网相对突出，以大洋书城为例，用户可以直接在书城完成购书的整个流程，这一点在国内的网站中较为领先。此外，浙江在线、深圳新闻网及大洋网都提供了一定程度上的中介服务，如网站用户可以在网站提供的平台上发布一些广告信息。

	广告服务	会员费	电子商务	内容订阅	中介服务	其他收入
浙江在线	是	否	否	否	是	否
深圳新闻网	是	否	否	否	是	否
大洋网	是	否	是	否	是	否
南方报网	是	否	否	否	否	否

第六组指标：网站表现

3家网站流量在中国网站的总排名中相差不大。浙江在线、深圳新闻网和大洋网在抽取样本当天分别为第185、203、212名。南方报网排名第358名。用户量指的是该网站的用户占全球互联网用户的百分比。页面访问量指的是该网站的页面访问量占全球页面访问量的百分比。

统计显示，80%的深圳新闻网用户都集中在网站首页及焦点新闻。而南方报网的较大部分用户集中于“文化娱乐”栏目中。大洋网的用户则相对较为分散，其中新闻中心、《广州日报》电子版、大洋论坛及美食频道的流量都较高。浙江在线的用户分布更为分散，其中浙江新闻和论坛的比例相对较高，但也仅占13.2%及8.6%。

	网站流量总排名	用户量	页面访问量	人均页面访问量	蹦失率
浙江在线	185	0.066%	0.002%	3	62.2%
深圳新闻网	203	0.05%	0.0035%	6.9	48.1%
大洋网	212	0.054%	0.0033%	6	59.2%
南方报网	358	0.027%	0.00139%	5	44.8%

综合以上六项指标，可得出以下数据表：

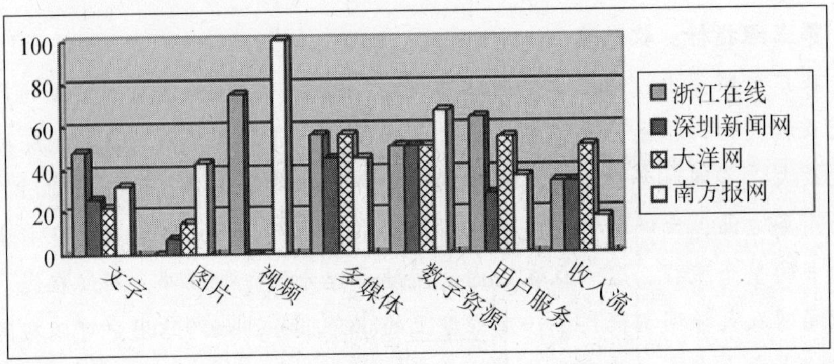

（说明：本统计图以100分作为每项指标的总分。不考虑指标中子指标的权重，平均计算而得。如纽约时报网站的多媒体中有8个项目符合指标要求，而多媒体一共有9个子项目。按照总分为100分计算，纽约时报网站的得分则为88.8%。）

三、国内外媒体网站个案测评比较

通过以上两部分的测评数据，可以很清晰地发现国内外网站的特点以及优势与劣势。以下按测评指标体系各项目指标，逐项作比较分析。

（一）原创性

综合观察国内的4家网站，其原创性新闻主要集中在当地的社会新闻方面。浙江在线的原创性最高，达到了47.7%。而美国网站的原创性新闻都达到或接近100%。其中纽约时报网站的原创性新闻占95.8%，原因是首页设置了“其他媒体链接”栏目。相比国外网站，国内网站在原创性水平方面有较大的差距。

在原创性图片方面，纽约时报网站的原创图片比例达到了100%。箴言报网站则只有38%。而国内选取的4家网站原创性比例都较低。

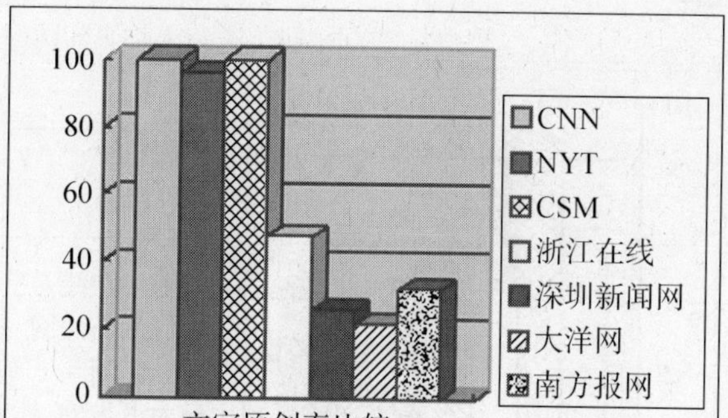

文字原创率比较

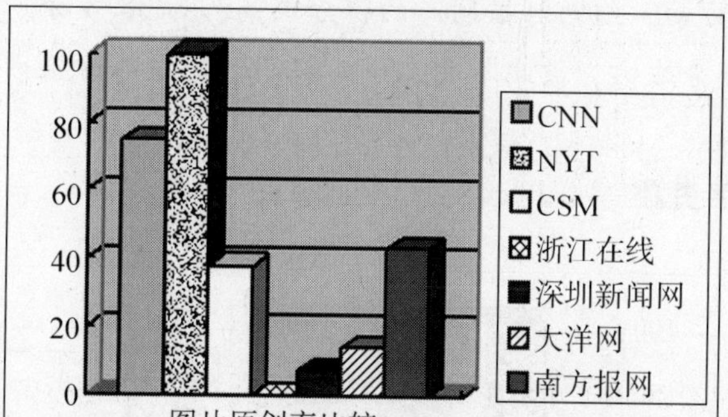

图片原创率比较

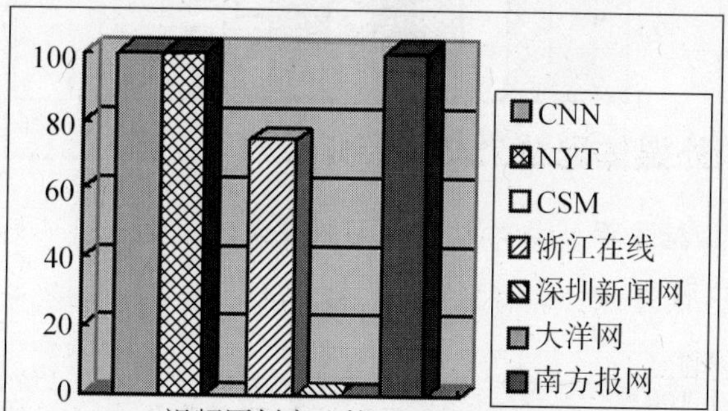

视频原创率比较

纽约时报网站及CNN网站首页上的全部视频均为原创性视频，而箴言报网站首页则没有视频。国内深圳新闻网及大洋网的首页视频大多是来源于其他电视台，而南方报网首页的原创视频达到了100%。

（二）多媒体

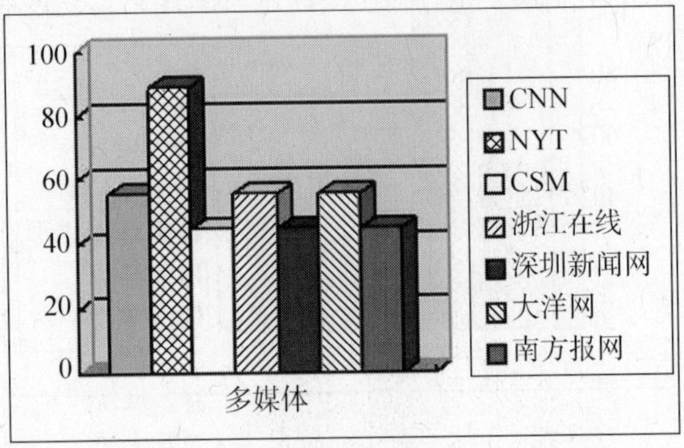

在多媒体方面，纽约时报网站的得分最高，为88.8分。而其他国内外网站大多为50分左右，彼此不相上下，但是较之纽约时报网站的水准都还有相当的距离。

（三）数字资源

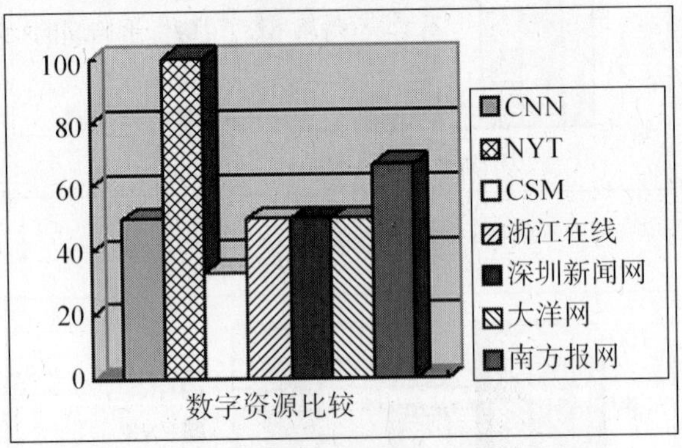

数字资源指标方面，纽约时报网站同样是遥遥领先。

（四）用户服务

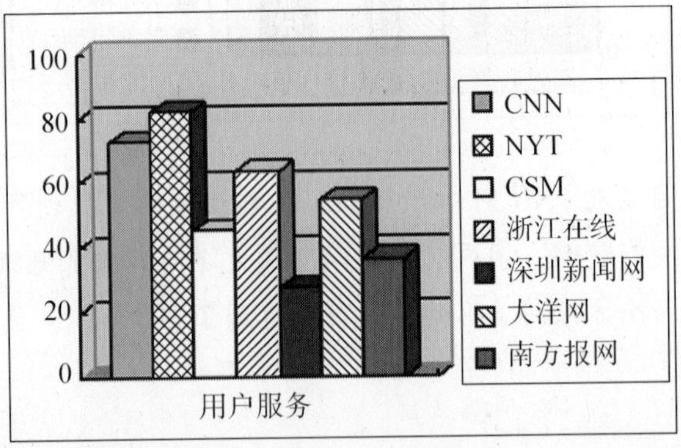

在用户服务方面，较之纽约时报网站及 CNN 网站，国内 4 家网站还存在较大的差距。而网络社区也将会是下一阶段新闻网站发展的重要目标。

（五）收入流

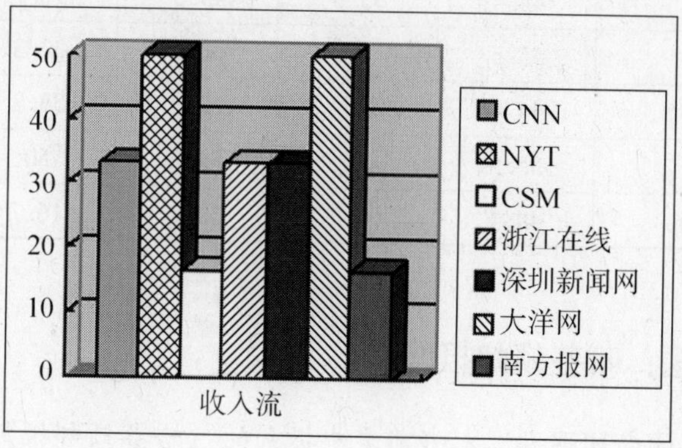

在选取的 4 家国内网站中，大洋网在收入流测评指标中表现不俗，这表明该报在运用网站增加收益方面，作出了很多努力。但尽管其测评得分可以与纽约时报网站持平，但这并不意味着其数字化经营的实际水准可与纽约时报网站相比。

（六）总分测评

除去原创性内容及网站表现不能统计分数的项目之外，可以粗略计算各网站的测评总分。如下图：

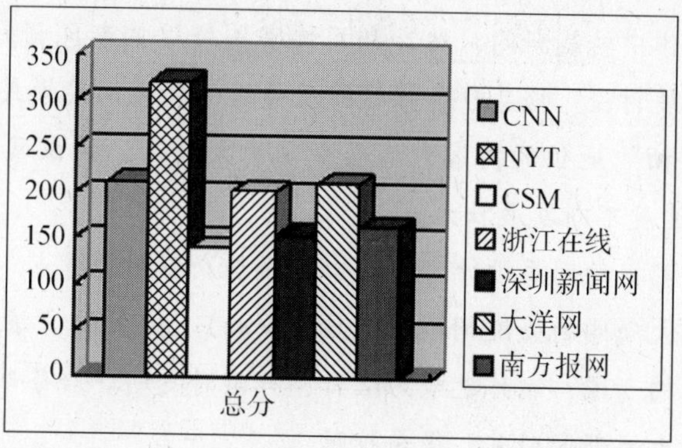

各个网站的综合得分数值如下：

	多媒体	数字资源	用户服务	收入流	得分
CNN	55.5	50	72.7	33.3	211.5
NYT	88.8	100	81.8	50	320.6
CSM	44.4	33.3	45.5	16.7	139.9
浙江在线	55.5	50	63.6	33.3	202.4
深圳新闻网	44.4	50	27.3	33.3	155
大洋网	55.5	50	54.5	50	210
南方报网	44.4	66.7	36.4	16.7	164.2

四、专题：哈芬顿邮报网站

相比传统的新闻网站，本书前文中提到的《哈芬顿邮报》（*The Huffington Post*）属于“后来居上”的博客新闻网站。《哈芬顿邮报》的创始人是美国著名的评论家阿丽安娜·哈芬顿（Arianna Huffington）。该网站自2005年5月创办以来，关注度及点击率一直“扶摇直上”甚至超过了老牌报纸华盛顿邮报网站、洛杉矶时报网站和华尔街日报网站。[①] 如此看来，《哈芬顿邮报》曾声称要做“第一份互联网大报”的口号并非只是虚张声势。

如此傲人的成绩，究其成功原因，在于该网站鲜明的运营特色。有媒体评论将哈芬顿邮报网站的特色概括为“24小时新闻聚合+名流博客评论”。[②] 哈芬顿邮报网站很少聘用专职记者，靠的不是争抢独家新闻，而是从其他主流媒体中转载新闻，然后利用博客围绕这些新闻话题来撰写评论，与读者一起开展讨论。哈芬顿邮报这种反传统的新闻网站模式，汇聚了一批拥有“意见领袖”地位的博客，从而带动广大读者，使该网站的影响力以“滚雪球”的速度不断发展壮大。

从哈芬顿邮报的网页设计可以看出该报与众不同的特点。打开首页，网页第一行是重大新闻的关键词提示（Big News）。首页的“滚动新闻”大多是来自美联社的新闻，制作也颇为醒目，并时时更新。哈芬顿邮报的头条新闻几乎都配以大幅新闻照片，很是抢眼。

该网站左侧设置基本都是以博客为主，并且在首页标注：如果你想说什

---

① 参见本书第四章第1节。

② 《三联生活周刊》（2008.5.4.）：阿丽安娜·哈芬顿——Huffington Post（《赫芬顿邮报》）：互联网第一大报？
http://www.dreamfreeblog.com/huffington-post-newspaper-56.html

图2　哈芬顿邮报网站主页截图

么，就在哈芬顿邮报上说吧。子栏目包括“专稿博客”和“最新博客”等。首页的推荐内容基本上是专栏作者的推荐及文章的部分摘要。这一板块主要以推介文章为主。此外，首页右侧还有以推荐著名博客写手的板块，另外还列有最受欢迎的文章列表。据报道，哈芬顿邮报有800名以上的博客写手，其中既包括美国众议院议长南希·佩洛西，参议院多数党领袖哈里·雷德等著名政客，也有名不见经传的年轻人，哈芬顿女士也通过私交邀请各界一些有特色的作者。①

本报告用上文提出的指标体系对该网站进行了逐项测评，发现如下：

哈芬顿邮报有十分明确的网站编辑方针，即“最新新闻及评论”(Breaking News and Opinions)。不同于纽约时报网站及CNN网站的是，《哈芬顿邮报》的运作流程属于“以网民为主导的半开放性网站”，而这一定位，决定了哈芬顿邮报的编辑方式与传统的新闻网站截然不同。

哈芬顿邮报的原创性新闻比例较低。就新闻性内容而言，几乎为零。考察整个网站首页的文章，包括评论性文章在内，其原创性文字类新闻也仅占

① Spiegel Online："The Role of the Blogosphere Is to Shake-Up the Mainstream Media" http://www.spiegel.de/international/0,1518,462557,00.html

了33%。这与纽约时报网站、CNN网站及箴言报网站的95%以上的原创率形成鲜明对比。(见下图)

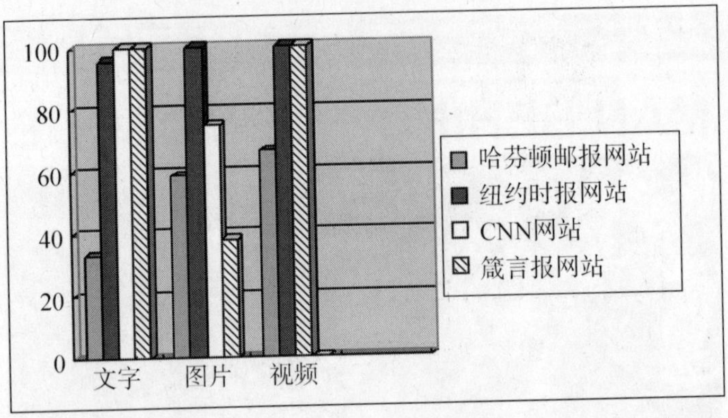

从上图中可以清楚得看到，哈芬顿邮报不仅文字的原创率落后于其他3家网站，图片及视频的原创率也远远落后于纽约时报网站及CNN网站，分别仅为58.5%和66.6%。各媒体原创性上的差别如此悬殊，其实从专职人员的数量上便可找到部分答案。哈芬顿邮报雇佣的几十名全职编辑，仅及纽约时报千名员工队伍的一个零头。既然该报原创性内容比例如此之低，那么究竟它依靠什么夺得网上优势呢?

哈芬顿女士一针见血地说:“我们希望成为一家互联网报纸，新闻2.0。不是主流媒体。”① 在品牌塑造指标方面，哈芬顿邮报网站的特色作者及特色栏目占了较大的比重。这恰恰是该报的亮点。如该报设置了以“专稿博客”(Featured Blog Posts) 为代表的特色栏目和以“推特热点” (Hot on Twitter) 等定制化的特色信息服务等。

在多媒体方面，除了基本的图片、幻灯片等，哈芬顿邮报网站的最大亮点之一在于善用各类新媒体渠道和终端，首页上列出的该报发布渠道多达10种 (见图3)，吸引更多读者成为该报“粉丝”。这一点应是哈芬顿邮报网站取得高点击率的原因之一。在网站的导航栏设置上，还将脸谱网、推特网的Logo标志排在首页 (Front Page) 之前，使得用户可以方便快捷地链接到这些新媒体网站。

正如哈芬顿邮报网站所明示的，该报的编辑方针是发布最新新闻(Breaking News)，哈芬顿邮报网站不仅有滚动新闻，而且不断地进行24小

---

① Spiegel Online: “The Role of the Blogosphere Is to Shake-Up the Mainstream Media” http://www.spiegel.de/international/0,1518,462557,00.html

图3 哈芬顿邮报网站页面截图

时实时更新。打开任何一篇新闻，除了新闻内容外，还有更多的文内链接、站外链接、站内搜索、查询历史记录等功能。哈芬顿邮报的网站底端，是大量的新闻网站的链接，分类明确，有“新闻来源（News Sources）”、“博客（Blogs）”、“专栏作家（Columnists）”等。

哈芬顿邮报在功能选项、网络社区等用户服务方面没有类似纽约时报网站等新闻网站那样亮眼的表现，但该报对RSS订阅、读者评论等方面最为重视，将用户的参与程度视为网站最重要的部分。这与该报一直以来的草根路线一脉相承。

如果说传统老牌大报最懂得如何做新闻，那么哈芬顿邮报则更懂得新时代读者的心理变化，该报在做新闻的同时不断尝试着与读者进行更多的互动。正如该网站编辑肯尼斯·勒若（Kenneth Lerer）所说，“一直以来我们就认识到，（再造新闻事业的）关键不在于模仿‘德拉吉报道’，而在于发挥我们社区的优势”，“要用社区（民众）的眼光来思考我们的所作所为”。另一位编辑乔纳·柏瑞蒂（Jonah Peretti）说，新闻是“制作者与消费者共享的事业”，因此基于互联网的新闻网站“是以纸和油墨所不可能做到的方式生存的”。[①]

该报打破常规的编辑手法使传统报纸感到强大的压力。《纽约客》杂志（*The New Yorker*）2008年在发表《停止印刷：美国大报的生与死》一文时，配发了一幅漫画（见图4）。这幅漫画反映出处于经营困境中的传统报人把

① Eric Alterman: Out of Print: The death and life of the American newspaper http://www.newyorker.com/reporting/2008/03/31/080331fa_fact_alterman?currentPage=all#ixzz0x6TuMnS0

《哈芬顿邮报》视为竞争中的死敌。画中得意的女人正是阿丽安娜·哈芬顿，她的漫画形象正在扼杀报纸的《哈芬顿邮报》及整个互联网世界。

（原题是“阿丽安娜·哈芬顿质疑报纸‘无懈可击的可靠性面纱’”①）

图4　《纽约客》杂志插图

五、编码指南及编码表

（一）编码指南②

第一部分

<u>关于问题2</u>

1. 传统型是指网站采取传统的、由编辑部掌控自上而下的运作流程，与传统报纸的运作流程类似。

2. 网民主导，半开放型是指网站采取半开放的运作流程，该类网站内容大部分由网民提供，同时也有专业记者、编辑进行报道与整合，如公民新闻网站 iReport 等。

3. 编辑主导，半开放型是指网站采取半开放的运作流程，该类网站内容大部分由专业记者、编辑进行报道与整合，网民参与报道程度较上一类型

---

① http://www.newyorker.com/reporting/2008/03/31/080331fa_fact_alterman?currentPage=all#ixzz0gREo8dz5

② 《编码指南》中说明的“问题#”，均指《编码表》中设置的有关测评指标中的相应问题。

低，目前较多网站采用此种类型（举例）。

4. 完全开放型是指网站采取完全开放的运作流程，提供给网民一个完全自由的平台，网站所有内容均由网民自行提供，如Twitter等。

关于问题4

判定作者及评论员著名与否，依据以下方式：

1. 该网站重点推荐。

2. Google的搜索结果。

关于问题5

1. 特色栏目是指网站建立的具有独创性的栏目，这类栏目较为固定。

2. 特色专题特指在新闻事件发生时，网站制作的专题性报道。

3. 特色信息服务是指网站依据当地实际或用户特定需求而建立的专门提供信息服务的栏目。

第二部分

关于文本

在新闻报道中，文本的应用较为广泛和普遍，所以本指标体系不予单独考察。

由于网络本身的超时空性和链接的无限扩展性，网络信息呈现出海量、多元和超时空等特点，所以本次对于网站多媒体指标的分析，仅限于网站首页的内容。

关于问题3

相对于视频而言，播客特指可供下载或可订阅的视频。

第三部分

关于问题1

由于网络信息海量、多元和超时空等特点，本指标体系考察的文内链接仅限于网站当天头条新闻中所链接的网站内相关信息。

关于问题2

站外链接仅限于网站当天头条新闻中所链接的除本网站之外的相关信息。

关于问题4

内容更新频率是指在一定时间段内新闻的更新条数。本次考察选取的3个时间段是某一天的早上8时、中午12时和晚上8时。

关于问题7

档案/数据库是指网站具有提供历史信息或数据，并能据此进行整合利用的功能。

第四部分

关于问题 6

网页定制是指用户可以根据自己的喜好、条件及要求对网页进行个人化设置。如对语言、模板的选择。

关于问题 8

功能选项是指用户可以根据自己的使用情况，设置相关信息。如天气、区域的选择。

第六部分

本次考察的网站包括 3 个国外网站和 1 个国内网站，本次评测国内外网站的“网站表现”这一数据主要依据 Alexa。

关于问题 3

用户量是指该网站的用户占全球互联网用户的百分比。

关于问题 4

页面访问量是指该网站的页面访问量占全球页面访问量的百分比。

关于问题 5

人均页面访问量是指该网站每日人均页面访问量。

关于问题 6

蹦失率是指该网站的访问人次中，只访问一个页面的人次的百分比。

（二）新闻网站评估指标体系编码表

以每个网站和网站首页为分析单位，每一个网站记录一张表。如没有特别说明，所有选题均为单选题。

编码者：________________

1. 编号

网站：□纽约时报网站　□CNN 网站

□基督教科学箴言报网站　□浙江在线

□深圳新闻网　□大洋网　□南方报网

2. 编码日期和时间

第一部分　品牌塑造

1. 编辑方针

有明确的编辑方针 □是　□否

如果有，是什么？________________

2. 流程控制

该网站属于以下哪种运作流程　□ 传统型

□ 网民主导，半开放型

□ 编辑主导，半开放型

□ 完全开放型

3. 原创性

(1) 原创新闻数量____________

所有新闻数量____________

原创新闻数量占所有新闻数量的比例____________

(2) 有本报本网新闻评论　□是　　□否

(3) 原创图片数量____________

所有图片数量____________

原创图片数量占所有图片数量的比例____________

(4) 原创视频数量____________

所有视频数量____________

原创视频数量占所有视频数量的比例____________

(5) 其他原创作品 □有　　□无

4. 特色作者

(1) 著名作者　　□有　　□无

(2) 著名评论员　□有　　□无

(3) 本报记者博客 □有　　□无

5. 特色作品及服务

(1) 特色栏目　　□有　　□无

(2) 特色专题　　□有　　□无

(3) 特色信息服务 □有　　□无

第二部分　多媒体

1. 图片　　□有　　□无

2. 幻灯　　□有　　□无

3. 播客　　□有　　□无

4. 音频　　□有　　□无

5. 视频　　□有　　□无

6. 互动图示/动画　□有　　□无

7. 阅读器 □有 □免费

□收费

□无

8. 手机报 □有 □无

9. 其他终端/方式 □有 □无

第三部分 数字资源

1. 文内链接 □有 □无

2. 站外链接 □有 □无

3. 滚动新闻 □有 □无

4. 内容更新频率 ____________________

5. 站内搜索 □有 ____________（具体说明检索条件等）□无

6. 可查询历史记录 □是 收费 □是 □否

□否

7. 档案/数据库 □有 □无

第四部分 用户服务

1. 论坛 □有 需要注册□是 □否

□无

2. 读者评论 □有 □无

3. 博客 □有 □无

4. 播客 □有 □无

5. 网络社区 □有 □无

6. 网页定制 □有 □无

7. RSS 订阅 □有 □无

8. 功能选项 □有 □无

9. 民意测验 □有 □无

10. 标签及内容提要 □有 □无

11. 反馈 □有 □无

第五部分 收入流

1. 广告服务 □有（广告位） 本集团广告 □是 □否

□无

2. 会员费　□是　□否
3. 电子商务　□是　□否
4. 内容订阅　□是　□否
5. 中介服务　□是（收费）　□否
6. 其他收入　□是　□否

第六部分　网站表现

1. 网站总排名______________
2. 同类网站排名______________
3. 用户量______________
4. 页面访问量______________
5. 人均页面访问量______________
6. 蹦失率______________

后　记

我的新闻生涯与“拯救报纸”有不解之缘。

1994 年底，我从中国新闻社专稿部主任调任《华声报》社长兼总编辑，面对的任务就是能否解救一张报纸。《华声报》系由德高望重的原国侨办主任廖承志先生亲手创办，报纸读者对象是海外华人华侨。但自创办以来，由于新闻时效差和海外发行费用过于昂贵等原因，该报经营多年亏损严重，已到无法维持的地步。上级向我下达的指示不是续办该报而是“停报改刊”，此实为“曲线救报”之计。

由我主持于 1995 年 4 月创办《华声》月刊之后，最头疼的事却仍是过高的印刷发行费用。现在回想起来，一份报纸或是一本杂志打算通过邮寄方式送到五湖四海的读者手中，还想赚钱回来，真是“比登天还难”。恰在《华声》创办的第二年年初，“因特网”这个新名词在国内媒体上出现了。我很快意识到，网络很可能是《华声》唯一一条生路。于是，尽管报社资源缺乏，我仍决心调动本社力量，于 1996 年 6 月开始创办了《华声》月刊电子版，并在当月杂志上正式公布了本刊初期的网址，《华声》因而成为最早的综合性中国新闻电子期刊之一。《华声》在 1996 年 8 月号还专门制作了由靳丽萍、曹海丽等撰写的题为《信息国道决策幕后》的互联网专题封面报道，我在该期杂志的编者按中就创办《华声》电子版以及互联网发展前景这样写道：“《华声》将成为广大读者通过网络了解中国的新视窗。也许用不了太长的时间，国人会感到没有自己在网络上的电子信箱，就像如今没有电话甚至没有自家的通讯地址一样不便。”

《华声》上线初期，只是将杂志的主要内容逐月搬到网上，但是我逐渐发现，网络与纸张是性质非常不同的信息载体，在网络上一个月才更新一次的电子版是没人会看的。于是报社决定打破常规，不受杂志出版周期的限制，逐步加快内容的更新频率，直至后来发布每日新闻，并决定将“华声月报电子版”中的“月”字去掉，正式称为《华声报》电子版。① 我于1997年8月参加由8家大陆主要新闻期刊组成的代表团访问台湾，其中《华声》是当时唯一上线的期刊。访台期间我专门考察了台湾率先发展互联网的情况，并在访问记《梦之旅》中写下“因特网的启示”一节。当年11月我率团首次访美，亲身考察了美国华文传媒市场特别是互联网蓬勃兴起的情况，并决定与北美华渊（Sinanet）网络公司达成合作协议。1998年2月《华声》实现与北美华渊生活资讯网合作上线，这项合作比后来四通利方与华渊联姻在中国建立新浪网还早了10个月。据1998年5月至8月的统计，《华声报》电子版的访问量四个月累积超过1000万人次。我在统计报告中写道：“因特网为中国带来机遇，高科技为《华声》插上翅膀，《华声报》在创刊十余年后终于（在互联网上）死而复生，真正成为在海外有广泛影响的新闻媒体。”

1999年，我受邀去纽约解救另外一家华文报纸——美国《侨报》。经过全社同仁几年的努力，实现《侨报》的采编出版系统全面升级，侨报网站改版，并创办《侨报周末》版等。一分耕耘就有一分收获，原已陷入困境的《侨报》，经营状况终于有了明显改观：在发行量持续增加的基础上，广告和其他本地收入大幅增长。侨报网站在扩大报纸品牌方面也是功不可没，2000年1月改版后，每日点击量翻增六七倍之多。

技术进步是一切社会变革的火车头。有了这一番酸甜苦辣的体验与经历，使我更深刻地认识了这个道理。同时也深切体会到，没有创新的理念、开放的体制和科学的管理来铺设轨道，这个火车头也是寸步难行的。

2006年来到汕头大学长江新闻与传播学院任教后，新媒体是我的主要研究方向之一，我对国内外报业数字化的动向十分关注。

新闻出版总署信息中心于同年组建中国数字报业实验室，本学院亦有幸

---

① 彭兰教授所著《中国网络媒体的第一个十年》一书中，根据中国人民大学高钢教授本人陈述，称“《华声报》电子版于1997年开办，其创始人是高钢”，并称“1997年年初，高钢建议报社利用互联网报道中国新闻”并得到报社支持。这一段记述有两个基本错误：实际上《华声报》电子版早在1996年6月已正式上线，高钢当时是刚调入报社不到半年的一名普通记者，不是《华声报》创办电子版的首倡者和主持者。如前文所述，我作为报社主要负责人，在1996年即已认识到应将《华声报》电子版办成报道中国新闻的网络之窗，并经集体讨论对此形成全社共识，1997年以后的网站建设及发展，一直是按照同一思路，亦均由报社总体策划、安排和组织，没有设置专职人员成立独立的网络部门，直到我1998年下半年调离该报社。本书作者并借此机会，向当年筚路蓝缕共同创办和发展《华声报》电子版的孙一江、邓炘炘、满秀芳、范卫平、靳丽萍、曹海丽、苏建国、李梅以及其他为此作出贡献的同事表示敬意。

成为该实验室成员单位。接受实验室委托，我承担了“中外数字报业赢利模式比较”等产业发展领域的研究课题，同时主持了有关新媒体的一个省级项目“公民新闻运动的兴起与影响及对策”的研究工作。随着2008年美欧报业大危机的戏剧性爆发，我发现Web 2.0和“公民新闻”的兴起与本次报业大危机之间存在密不可分的因果关系，其深刻的背景就是本书第四章所论及的全球传媒生态环境的大变局。于是我将“公民新闻”与报业危机的研究结合起来了。

在近三年的时间里，我一面从事教学，一面随时密切关注美欧报界发生的一切变化。有学生调侃说，每当一家美国报纸倒闭了，老师都会“兴奋”起来。其实面对新媒体带来的种种变化，我担心的倒不是自己神经过敏，而是知识老化感觉迟钝。试想，如果在一场泥石流或大地震即将发生的前夕，人们却依然平静如常浑然不觉，那才是可悲可叹的事，可惜美欧及世界报业所经历的状况正是如此。

为完成本书，笔者伏案三载，四时“在线”，几不知寒暑易节，斗转星移。完稿之夜，掩卷凝思，桑浦山下，万籁静寂。本人深感庆幸的是，李嘉诚基金会和汕头大学给了我十分优越的研究条件，在田园般宁静的学习环境里，本人得以钻研课题而心无旁骛。汕大国际化和兼容并包的学术环境，尤令人视野开阔，活力不竭。本人从事数字报业研究，首先得益于香港大学教授、汕大长江新闻与传播学院陈婉莹院长的指点和帮助。陈婉莹教授在新媒体领域富于洞见，大力倡导“数字优先”的新闻教育理念，在本学院首创“融媒实验室”，每在关键时刻给予我及时的启发和最大的鼓励。原哥伦比亚广播公司新闻副总裁、本学院彼得·赫福德教授年事虽高，对新媒体变革的观察却异常敏锐，传媒界一有“风吹草动”，他即在第一时间发电邮给各位老师，本课题研究常常因此得到最新信息和启示。参加本课题研究的常为民教授学通中西，治学严谨，承蒙他细览全部书稿，对保证本书质量贡献匪浅。来自香港的传媒法专家甄美玲副教授也就本书涉及的版权问题以及全球报业发展状况提供了重要资料和中肯建议。原纽约市政厅经济师、北京大学经济中心教授张帆博士审阅了本书有关章节，并悉心提出宝贵意见。本学院王军副教授也对书稿提出了中肯意见。

国家新闻出版总署新闻报刊司王国庆司长及总署信息中心传媒研究所所长、中国数字报业实验室秘书长冯玉明女士一直十分关心本项研究课题，并曾莅临汕大新闻学院考察，她们的指导对提升本项课题研究质量多有裨益。

中国新闻社总编辑章新新先生一直十分关注本项研究课题，曾多次邀集中新社同仁与本人切磋，对作者的研究工作给予莫大重视与支持。

我谨借此机会向各位领导、各位老师、各位专家学者和各位朋友一并致谢。

我与妻子杨晓齐女士相识于“文革”，结发30年以来无论何时何地，始终福祸共享，不离不弃，相濡以沫。我的女儿范小江现在纽约报界就职，她多年在海外艰苦奋斗，使我这个做父亲的时时牵挂于怀并引以为豪，而她的亲身经历和体验，无疑也是本书一个真切和直接的观察点。家人一直以来毫无保留的理解与支持，给了我笔耕不辍的信心与力量。

汕头大学长江新闻与传播学院的硕士生积极参加了本课题的研究工作，分别撰写或参与撰写了有关章节，或承担了书稿的校对工作。同学们的热情参与为本课题研究增添了无尽活力，丰富了课题成果。各位同学对本书所作的贡献如下：

第一章第2节由王瑜、段悦参与撰写；

第一章附录部分个案研究及资料分别由王颖、段悦撰写和整理；

第三章第2节“报业百年轮回”由王小莉撰写，本人参与撰写；

第四章专题研究《CNN公民新闻栏目iReport的创建及启示》、《CNN“明星公民记者”研究》、《维基新闻规则初探》分别由梁君艳、张婷、华琪撰写；

第四章第2节由梁君艳参与撰写；

第六章第2节由鲁浩参与撰写，本章《中外报纸网站个案测评比较研究报告》由鲁浩、李翾撰写；

屈运栩、张成斌参与撰写第五章、第六章，提供了部分资料；

王颖、梁君艳、刘亚平、陈丽承担了主要章节的校对工作，王颖还承担了全书的制图工作。

除以上部分之外，本书其余各章节均由本人撰写，并由本人负责全书统稿。

由于这场报业危机事发突然，变化迅疾，而笔者限于能力水平，把握起来每感吃力，不得不前后五易其稿，反复更新资料，修正观点、调整思路乃至全书结构。加之学校教学管理与任务压身，本书写作计划因而一再延宕，幸有南方日报出版社周洪威社长、谭庭浩副社长和梁建华编审等多方鼓励耐心敦促，终使本书得以及时完稿付梓，谨此深表谢忱。

在本书杀青之际，传统报业的未来出路仍是悬而未决的难题。李泽厚先生早有不写50年之前可写的书，不写50年之后可写的书之说。本书大概亦如是，因为50年前报业还用不着“拯救”，而50年后的数字报业肯定将成为不足为奇的现实，而本书或许能留下报业数字化发展的若干历史痕迹。由于相关课题牵涉的范围和领域十分复杂广泛，其中颇多研究空白，笔者充其量只能观其大略，本书内容挂一漏万，决无奢望给出任何“正确答案”。书中错讹疏失之处必所在多有，敬希各界读者指正。

范东升

2010年10月8日于汕头大学校园